Orangeriekultur in Sachsen-Anhalt und den Nachbarländern

Orangeriekultur in Sachsen-Anhalt und den Nachbarländern

Orangeriepflanzenkultivierung unter den Bedingungen des Klimawandels

Orangeriekultur

Schriftenreihe des Arbeitskreises Orangerien in Deutschland e. V.

Band 20

Lukas Verlag

Beiträge der 42. Jahrestagung des Arbeitskreises Orangerien in Deutschland e.V., 14. bis 16. September 2023, Schloss Oranienbaum

Herausgegeben vom Arbeitskreis Orangerien in Deutschland e.V.
Vorsitzender: Prof. Dr. Helmut-Eberhard Paulus
Adresse: Friedrichstraße 6 B, 99867 Gotha
E-Mail: info@orangeriekultur.de | Internet: www.orangeriekultur.de

Mitherausgeber

Kooperationspartner

Gesellschaft zur Erhaltung Historischer Gärten
in Schleswig-Holstein e.V.

Lukas Verlag für Kunst- und Geistesgeschichte
Kollwitzstraße 57
D 10405 Berlin
www.lukasverlag.com

Konzeption: Prof. Dr. Helmut-Eberhard Paulus, Burglengenfeld/Regensburg
Redaktion und Lektorat: Dr. Simone Balsam, Dresden
Layout: Dr. Simone Balsam und Prof. Dr. Helmut-Eberhard Paulus
Umschlag und Satz: Lukas Verlag
Druck und Bindung: Westermann Druck Zwickau GmbH

Printed in Germany
ISSN 1617-884X
ISBN 978-3-86732-456-4

Inhalt

Orangeriekultur zwischen Klimawandel und täglicher Praxis

Ereignisse und neue Forschungen in anderen Regionen

Anhang

Vorwort des Herausgebers

Mit diesem zwanzigsten Band innerhalb seiner seit 1992 herausgegebenen Schriftenreihe schließt sich für den Arbeitskreis Orangerien in Deutschland e. V. die bisherige Lücke in der geographischen Bearbeitung der Mitte Deutschlands. Seiner hohen Bedeutung für die europäische Orangeriekultur entsprechend, steht damit das Herzogtum Anhalt in seinen historischen Grenzen im Zentrum der Beiträge, insbesondere mit den Anlagen in Oranienbaum, Wörlitz und Dessau. Auch die weiteren Regionen des heutigen Bundeslandes Sachsen-Anhalt werden erfasst, ebenso die umgebenden Nachbarländer, die von jeher mit dieser Kernregion Mitteleuropas kulturell oder dynastisch eng verbunden waren, vom heutigen Sachsen bis Polen, von Thüringen bis nach Österreich, von der Mark Brandenburg bis Franken, schließlich vom Norden Deutschlands bis nach Tschechien.

Darüber hinaus widmet sich der Band – schon im Untertitel besonders herausgestellt – einer Reihe praxisbezogener Erfahrungsberichte zu vielfältigen methodischen Ansätzen, die eine zukunftsorientierte Kontinuität der Pflanzenkultivierung unter gleichzeitiger Bewältigung der derzeit höchst bedrückenden Auswirkungen des Klimawandels versprechen. Weitere Aufsätze zu den neuesten Forschungen in den Orangerien und zu den Entwicklungen in den verwandten Schatzkammern hoher Pflanzenkultur runden einen breit gefächerten Themenkreis ab, der im Herbst 2023 Gegenstand der 42. Tagung des Arbeitskreises in Oranienbaum war.

Wie die gesamte Schriftenreihe »Orangeriekultur« setzt auch dieser Band programmatisch das Ziel einer breit angelegten Aufklärung über die Kultur der Präsentation und Pflege blühender und immergrüner Gewächse in ihrem besonderen Bezug zur Bedeutungswelt der »Goldenen Früchte«. Als sinnstiftender Kosmos und gleichermaßen ein europäisches Spezifikum reicht das Spektrum dieser Kultur von der Architektur bis zur Pflanzenkultivierung und von der Kontinuität historischer Orangerie-Betriebe bis zu den jüngsten Wiederentdeckungen ihrer Spuren durch die Jahrhunderte, nun insbesondere unter dem Aspekt der Artenvielfalt und der Entwicklung einer Resilienz gegen zukünftige klimatische Herausforderungen.

Selbstbewusst wollen wir damit den Anspruch auf gesellschaftliche Anerkennung und gegenwärtige Wertschätzung der überkommenen und ebenso präsent gelebten Orangeriekultur vertreten. Als kostbares Kulturerbe und folglich auch Gegenstand kulturstaatlicher Verantwortung seien die hohen Qualitäten dieser Kultur hier dem in Politik und Gesellschaft teils festzustellenden Rückzug aus der öffentlichen Verantwortung für unser Kultur- und Bildungsgut gegenübergestellt. Es gilt daher die Werte der Denkmale und der damit verbundenen Symbiose aus Kunst und Natur, ebenso aus menschlicher Kreativität im Gleichgewicht von Kultur und Umwelt, in ihrer Einzigartigkeit und Kostbarkeit immer neu aufzuzeigen. Im breiten Spektrum gilt es den Bedeutungskanon dieser Kulturbiotope zu hinterfragen, von der Extravaganz und Symbolkraft der Orangeriegewächse bis zum menschlichen Prestige aus ihrem Besitz, von der Kultivierung der Pflanzen bis zur daraus folgenden Bauaufgabe, von der allegorischen Dimension ihrer Früchte in Kunst, Religion und Literatur bis zu den Überwinterungs-Techniken für die frostempfindlichen Pflanzen, von den botanischen Kuriositäten bis zu den architektonischen und gärtnerischen Kunstformen in der Präsentation.

Als exquisiter Lebensbereich offenbart sich in der Orangeriekultur eine Hochkultur, wie sie im Zeitalter zwischen Humanismus und Industrialisierung zum unverzichtbaren Teil der europäischen Bildungswelt wurde. Unter dem Gesichtspunkt ökologischer Verantwortung gewinnt sie höchst aktuell an neuer und zusätzlicher Bedeutung.

In denkmalpflegerischer Hinsicht zeigen sich Umgang und Praxis mit der Orangeriekultur keineswegs frei von Herausforderungen. Einige Beiträge des Bandes suchen die Mühsal der Erkundung historischer Spuren einstiger Orangerien und ebenso die aktuelle Problematik ihrer Pflege und Erhaltung herauszustellen. Der substanziellen Gefährdung eines Großteils noch vorhandener Bestände stehen vielfach Hindernisse in der weitergehenden Erforschung gegenüber, verbunden mit der Gefahr, dass Werte verkannt und Zeugnisse gar vernichtet werden. Dringender denn je bedürfen zahlreiche Bauten und Archivalien einer Erfassung oder Inventarisierung, der Auswertung oder fachgerechten Interpretation. Bestehende Pflanzensammlungen erfordern eine aktive Zuwendung der gleichermaßen hochqualifizierten wie kontinuierlichen Gartendenkmalpflege auf der Grundlage einer sachkundigen gärtnerischen Praxis.

Die Aufsätze dieses Bandes sind das Ergebnis der 42. Jahrestagung des Arbeitskreises Orangerien in Deutschland e. V., die als eine gemeinsame Veranstaltung unseres Arbeitskreises zusammen mit der Kulturstiftung Dessau-Wörlitz und dem Landesamt für Denkmalpflege und Archäologie Sachsen-Anhalt vom 14. bis 16. September 2023 in Oranienbaum stattfand. Neben dem Themenkreis der Orangerien in Anhalt und in Mitteldeutschland erfassten die Beiträge eine Reihe historischer Aspekte zur Garten- und Pflanzenkultur dieses Landschaftsraums. Einen wesentlichen Schwerpunkt bildete die Diskussion zu Praxis und Pflege der anspruchsvollen Gewächse vor dem Hintergrund klimatischer Herausforderungen. Im Ergebnis erweist sich erneut die Notwendigkeit gärtnerischer Kultivierung und kontinuierlicher Pflege als wesentliche Voraussetzung für die Erhaltung dieses Kulturguts. Einen durchaus stattlichen Teil des Bandes nehmen schließlich die neuesten Forschungen in Anspruch. Sie unterstreichen, dass die vielfach unterschätzte Welt der »Goldenen Äpfel« und der ihnen zugehörigen immergrünen Pflanzen im breiten Spektrum zwischen Lorbeer und Palme noch immer zahlreiche Neuentdeckungen für Wissenschaft und Forschung bereithält.

Ein besonderer Dank gilt an dieser Stelle den Mitveranstaltern der Tagung und zugleich Mitherausgebern dieses Bandes, der Kulturstiftung Dessau-Wörlitz und dem Landesamt für Denkmalpflege und Archäologie Sachsen-Anhalt. Ebenso ist der Deutschen Gesellschaft für Gartenkunst und Landschaftskultur e. V. (DGGL) – Arbeitskreis Historische Gärten – für die fachliche Kooperation zu danken. Für die freundliche organisatorische Unterstützung der Tagung gilt der herzlichste Dank den Mitarbeitern der Kulturstiftung Dessau-Wörlitz, insbesondere Herrn Michael Keller und Herrn Sebastian Doil.

Die vorliegende Publikation aller aus der Tagung hervorgegangenen Aufsätze wäre ohne die freundliche finanzielle Unterstützung durch Druckkostenzuschüsse nicht möglich gewesen. Daher danke ich allen Kooperationspartnern, Förderern und Sponsoren. Der Kulturstiftung Dessau-Wörlitz sei an dieser Stelle für die Übernahme der Mitherausgeberschaft unter finanzieller Beteiligung gedankt. Doch auch ohne die weiteren finanziellen Beiträge unserer Kooperationspartner, der Deutschen Gesellschaft für Gartenkunst und Landschaftskultur e. V. – Arbeitskreis Historische Gärten, der Pückler-Gesellschaft Berlin e. V., der Gartengesellschaft Schleswig-Holstein e. V. und der Gartenträume Sachsen-Anhalt e. V., wäre die Herausgabe dieses Bandes nicht zustande gekommen. Ihnen gilt daher ein besonderer Dank, ebenso den beiden Projektpartnern, der Stiftung Neuzelle und der Stiftung Thüringer Schlösser und Gärten, für alle ihre Beiträge.

Als Herausgeber ist es mir eine besondere Freude, den beteiligten Autoren für die freundliche Bereitstellung ihrer Beiträge und die kooperative Zusammenarbeit bei der Erstellung des Bandes zu danken. Mein warmherziger Dank gebührt Frau Dr. Simone Balsam für die nun über Jahre bewährte redaktionelle Zusammenarbeit in der Herausgeberschaft und die Lektorierung des Bandes, ferner Frau Katja Pawlak für die Akquisition der Druckkostenzuschüsse sowie dem Lukas Verlag für Herstellung und Vertrieb.

Prof. Dr. Helmut-Eberhard Paulus
Vorsitzender des Arbeitskreises Orangerien
in Deutschland e. V.

Vorwort des Mitherausgebers

Das UNESCO-Welterbe Gartenreich Dessau-Wörlitz ist auf die an diesem Ort beispielhafte Umsetzung philosophischer Ideen der Aufklärung in einer weiträumigen Landschaftsgestaltung begründet, welche zeitgenössische Prinzipien von Kunst, Pädagogik und Ökonomie harmonisch einschließt. Mit diesem zeitgeschichtlichen Rahmen und vor allem mit dem Wirken des Fürsten Leopold III. Friedrich Franz von Anhalt-Dessau (1740-1817) verbinden wir als Erstes Bauten in klassizistischer Formensprache und Gärten in landschaftlichem Stil. Demgegenüber scheinen Orangerien, besonders die in Regelmäßigkeit und Uniformität im Garten aufgestellten Zitrusbäume und eindrucksvolle Pflanzenhäuser, einer anderen Geisteshaltung verbunden. Doch dies bleibt ein Vorurteil, das gerade hier in Anhalt-Dessau deutlich widerlegt wird. So bestimmten auch während der Zeit der Aufklärung exotische Kübelpflanzen die Bilder und Atmosphäre der Gärten mit und fast alle heute noch in diesem Territorium erhaltenen Orangeriebauten stammen aus der Regierungszeit des Fürsten Franz.

Der besondere Stellenwert der Orangeriepflanzen bzw. dieser speziellen Art gärtnerischer Kultivierung hat mehrere Gründe. Neben der Exklusivität, die sich aus den Anforderungen an Kulturbedingungen und vor allem der Notwendigkeit einer frostgeschützten Überwinterung ergibt, zeichnen viele dieser Pflanzenarten emblematische Bedeutungen aus. Zuerst natürlich die Zitrusarten und -sorten mit attraktiven Früchten und immergrüner Belaubung sowie der Gleichzeitigkeit von Blüte und Frucht, die zu vielfältigen Gleichnissen Anlass geben. Und nicht zuletzt der ganz besondere Symbolwert der Orangen für Anhalt-Dessau als Wappenpflanze der Oranier, welche hier über Generationen hinweg die Erinnerung an die verwandtschaftliche Verbindung beider Familien im 17. Jahrhundert transportierte. Schließlich findet dies auch Ausdruck im Namen des Tagungsortes, dem Schloss Oranienbaum.

Daneben bieten die aus mediterranen Gebieten stammenden Arten Erinnerungen an Reisen in südliche Länder, aber natürlich auch vielfältige Bezugnahmen auf die antike Mythologie. Hier verbinden sich gerade im Gartenreich Dessau-Wörlitz die Kunstgattungen bzw. die Bilder des Gartens mit den Architekturen und Interieurs besonders eng. Hingewiesen sei beispielhaft auf die vielfältigen Darstellungen des Granatapfels in Wanddekorationen der Schlösser – einer Pflanzenart, die sich schon sehr lange auch in Pflanzensammlungen Mitteldeutschlands nachweisen lässt – oder die Verknüpfung des Lorbeers mit dem Grabmal des Vergil in Neapel – als Wandmalerei im Obergeschoss des Schlosses Wörlitz wiedergegeben. Teils werden damit die schon in barocker Kunst beliebten Verknüpfungen, z. B. Herkules und die Äpfel der Hesperiden, fortgeführt, teils andere ikonographische Deutungen aufgenommen.

Ein weiterer wichtiger Aspekt liegt in der historisch-geografischen Perspektive begründet. Im Bundesland Sachsen-Anhalt berühren sich verschiedene einstige Herrschaftsterritorien, so dass hier Zeugnisse unterschiedlicher Entwicklungen und Beeinflussungen in vergleichsweise enger räumlicher Verbindung anzutreffen sind. In unterschiedlicher Fokussierung auf unser Bundesland verdeutlichen dies die beiden Referate »Orangerie und

Pflanzenhäuser in Anhalt« (Michael Keller) und »Orangerien in der Mitte Deutschlands« (Heike Tenzer). Ungeachtet der zeitlichen und räumlichen Schwerpunktsetzung des Welterbes Gartenreich Dessau-Wörlitz zeigt sich hier deutlich, dass wir über das Territorium Anhalt-Dessaus hinaus die engen Beziehungen zu den anderen anhaltischen Fürstentümern in Forschungen und Bewertungen mitberücksichtigen müssen. Darüber hinaus verfügt Sachsen-Anhalt über einen reichen Bestand an erhaltenen Orangeriegebäuden oder an wenigstens in Relikten überkommenen Zeugnissen für diese Pflanzenkultur aus unterschiedlichen Zeiten. Der Überblick über diesen Bestand in der Mitte Deutschlands lässt aber auch erkennen, dass diese spezielle Denkmalkategorie nicht immer leicht zu identifizieren sowie in ihrem Wert zu erkennen ist und sich damit auch besonderen Bedrohungen ausgesetzt sieht.

Neben archivalischen und baulichen Zeugnissen bedürfen natürlich die Pflanzensammlungen selbst großer Hinwendung und vor allem der Absicherung hochqualifizierter Pflege in der erforderlichen Kontinuität. Auch diese Facette des breiten Aufgabenspektrums der Gartendenkmalpflege wird von Wirkungen des Klimawandels beeinflusst. So ist es ein ganz besonderer Ertrag dieser Fachtagung, dass wir an den Erfahrungen aus der gärtnerischen Praxis teilhaben durften, welche von der großen Zahl engagierter Pflegerinnen und Pfleger von Kübelpflanzensammlungen im In- und Ausland hier präsentiert wurden.

In mehrfacher Hinsicht stellt die Jahrestagung des Arbeitskreises Orangerien in Deutschland e. V. 2023 eine Fortführung früherer Initiativen dar: so fühlen wir uns bezüglich der Erforschung der Orangeriekultur in Anhalt ganz besonders den Arbeiten von Harri Günther und Heinrich Hamann verpflichtet und möchten an den internationalen Austausch des Symposiums »Oranien – Orangen – Oranienbaum«, das 1997 am gleichen Ort stattgefunden hat, anknüpfen. Das Zusammenwirken zwischen dem Arbeitskreis Orangerien in Deutschland e. V., dem Arbeitskreis Historische Gärten der DGGL e. V., der Kulturstiftung Dessau-Wörlitz und dem Landesamt für Denkmalpflege und Archäologie in Sachsen-Anhalt hat sich hier als sehr fruchtbar erwiesen und wir wünschen dem Tagungsband wie auch der Orangeriekultur die breite Anteilnahme einer interessierten Leserschaft.

Prof. Dr. Harald Meller
Kommissarischer Vorstand der Kulturstiftung Dessau-Wörlitz und Direktor des Landesamtes für Denkmalpflege und Archäologie in Sachsen-Anhalt

Grusswort der Deutschen Gesellschaft für Gartenkunst und Landschaftskultur

Der 1963 innerhalb der DGGL gegründete Arbeitskreis Historische Gärten bildet seit nunmehr fast 60 Jahren eine verlässliche Plattform zum Austausch und der Erforschung unseres einzigartigen gartenkulturellen Erbes. Dazu gehören auch Arbeitsgruppen beispielsweise zur Nachkriegsmoderne, zur historischen Pflanzenverwendung oder auch zu Kurgärten, wo das jeweils sehr spezifische Wissen zu Einzelthemen gebündelt ist; das große Thema der Orangerien aber scheint mir doch seit der Gründung Ihres Arbeitskreises 1979 vor allem hier bei Ihnen verdienstvoll wahrgenommen zu werden.

Ihre 42. Jahrestagung in Oranienbaum – und mehr noch der Rückblick auf zahlreiche Publikationen – zeigen deutlich, welch großes Wissen und welche Erfahrung zur Orangeriekultur hier gebündelt sind. Gerne erinnere ich mich noch an die 38. Jahrestagung vor fünf Jahren in Bremen, als es auch um das Desiderat des Wissens zur bürgerlichen Orangeriekultur in den großen Hansestädten ging. Der Austausch mit den Niederlanden, England, Schottland sowie mit Übersee, aber auch der Handel, die Kultivierung und Vermehrung der Pflanzen haben in Folge des Seehandels der Hanse eine eindrucksvolle Glashaus- und Gartenkultur entstehen lassen, die heute leider nur noch in wenigen Resten erkennbar ist. Zweifellos ist es ein großer Verdienst Ihres Arbeitskreises, diese vielfältigen und spannenden Themen in regionaler wie vergleichender Schwerpunktsetzung aufzugreifen, zu diskutieren, vor allem aber auch zu publizieren und damit der Nachwelt zur Verfügung zu stellen. Und ich bin fest davon überzeugt, dass Ihre Jahrestagungen Spuren in den jeweiligen Regionen hinterlassen und in der Folge die angesprochenen Themen dort mehr Beachtung bekommen haben.

Nach wie vor ist die Erforschung unseres oft jahrhundertealten gartenkulturellen Erbes ein wichtiges gesellschaftliches Anliegen und längst nicht abgeschlossen; neben den Forschungslücken sehe ich aber auch einen großen Kommunikationsbedarf, der sich in einer immer lauter werdenden Konkurrenz behaupten muss. In einer Zeit, in der alles überall verfügbar zu sein scheint, gilt es vermehrt darauf hinzuweisen, dass unsere Gartenkultur – und dazu gehört selbstredend auch die Orangeriekultur – einzigartig und von besonderem Wert ist. Gärten sind immer auch Ausdruck eines Lebensgefühls, spiegeln den Zeitgeist und dienen obendrein der Selbstdarstellung, sie können zudem beispielsweise Orte der Wissenschaft und Forschung und/oder auch der Produktion sein.

Grundlegende Voraussetzung für die dauerhafte Pflege und Bewahrung unserer historischen Gärten sind von jeher botanische Grundkenntnisse, ebenso ein besonderes Wissen um gärtnerische Kulturtechniken, um die oft wertvollen Pflanzenbestände dauerhaft erhalten zu können. Nicht vergessen sollten wir, dass Gartenkultur auch Teil unserer kulturellen Identität ist. Und so frage ich mich manchmal, ob gut gemeinte Aufrufe, Gärten an heißen Tagen nicht mehr zu bewässern und damit in der Konsequenz Substanzverluste in Kauf zu nehmen, nicht auch mit Kulturverlusten einhergehen werden? Ein Ähnliches gilt wohl für die Energie- und Heizungsfragen im Winter, wenn Glashäuser beheizt und belüftet werden müssen.

Mehr noch als des rein gärtnerischen Wissens bedarf die Orangeriekultur auch des Wissens um die zur Kultur notwendigen Baulichkeiten, die in einer Breite vom kleinen Glashaus über gemauerte Pflanzenhäuser bis hin zu den hybriden Nutzungsmöglichkeiten schlossähnlicher Bauten oder der großen Glaspaläste reichen. Aber wem sage ich das.

Ich bin mir sehr sicher, dass unsere beiden Arbeitskreise sich aus Notwendigkeit – und damit zu Recht – mit der Erforschung der Historie der Gartenkultur auseinandersetzen; sie sind aber ebenso in der Lage, mit dem jeweils versammelten Spezialwissen auch Hinweise für das Fortbestehen einer einzigartigen Gartenlandschaft unter sich ändernden gesellschaftlichen und umweltrelevanten Rahmenbedingungen geben zu können. Hilfreich, ja geradezu notwendig, ist dabei sicherlich die Berücksichtigung der europäischen Dimension, denn Gartenkunst war schon immer international und machte nicht vor Ländergrenzen hält. Die Herausforderung der Erhaltung und Pflege unserer vielfältigen europäischen Bau- und Gartenkunst kann angesichts der Vielfalt an Aufgaben überzeugend sicher nur gemeinsam gelingen.

Vielleicht wäre dies eine gute Gelegenheit, unsere Arbeit und unsere Erfahrungen stärker als bisher einmal miteinander auszutauschen, möglicherweise im Rahmen einer gemeinsamen Tagung, einer gemeinsamen Publikation – oder aber auch zunächst erst einmal nur in einer gemeinsamen Sitzung beider Vorstände, um miteinander auszuloten, wie man seine Arbeit sinnvoll miteinander vernetzen kann. Wir sind gern dazu bereit und laden Sie herzlich dazu ein.

Unsere Gartenkultur zählt heute mehr denn je auch zu den sogenannten weichen Standortfaktoren der Kommunen. Dazu gehören beispielsweise nicht nur die barocken Anlagen oder die Landschaftsgärten, sondern auch die großen Stadt- und Volksparks, das soziale Grün der Städte und Gemeinden bis hin zu den Anlagen, die durch Gartenschauen entstanden sind. Kurzum, die Wertschöpfung durch unsere Gärten und Parks spielt vielerorts eine große Rolle, wird aber nur selten bilanziert. Doch das ist ein anderes Thema.

Dem Arbeitskreis Orangerien wünsche ich weiterhin viel Freude und Erfolg bei der Bewältigung der anstehenden – und zweifellos auch schönen – Aufgaben. Mit Sicherheit können gärtnerisches Selbstbewusstsein und Stolz auf Erreichtes dabei helfen.

Heino Grunert
Vizepräsident der Deutschen Gesellschaft für Gartenkunst und Landschaftskultur e. V. und Vorsitzender des Arbeitskreises Historische Gärten

BIGARADIER FRANC, Citrus Bigaradia, Melangolo Silvatico

»Ramis spinosis; foliis ellipticis, acutis, petiolo alato; floribus candidissimis; fructibus magnitudinis mediae, globosis, quandoquè subovatis apiceque depressis, glabris, interdùm rugosis, intensè luteis; pulpâ acidâ et amarâ.«

(Mit dornigen Zweigen; mit elliptischen Blättern, zugespitzt, mit geflügeltem Blattstiel; mit strahlend weißen Blüten; mit Früchten von mittlerer Größe, rund, manchmal etwas oval, auch mit gedrückter Spitze, glatt, zuweilen runzelig, von leuchtendem Gelb; mit saurem und bitterem Fruchtfleisch.)

Risso, Antoine; Poiteau, Alexandre: Histoire Naturelle Des Orangers [...]; Ouvrage Orné De Figures Peintes D'Apres Nature / Par A. Risso [...] Et A. Poiteau, Paris 1818, S. 72, Tab. 30. [HAAB Weimar]
https://nbn-resolving.org/urn:nbn:de:gbv:32-1-10015215203

Citrus × aurantium – Bitterorange
»Bigaradier franc«, die wilde Bitterorange, eröffnet im Klassifizierungswerk von Risso und Poiteau das Kapitel V. über Bitterorangen so wie »Oranger franc« das IV. Kapitel über die süßen Orangen. Die wie immer der Beschreibung vorangehende Liste der botanischen Erwähnungen ist umfangreich. Die Autoren zitieren neben Ferrari, Bauhin, Volkamer, Clusius, Tournefort, Commelin weitere einschlägige und auch arabische Autoren.

Der Wuchs wird beschrieben als Baum mit geradem, gräulichem Stamm, mit buschigen Zweigen, besetzt mit langen, grünlichen Dornen. Junge Triebe sind blassgrün und kantig, wie bei fast allen Pflanzen der Gattung, die Blüten stehen in Büscheln. Die Frucht ist mittelgroß, rundlich oder leicht länglich, glatt oder manchmal auch rau und an der Spitze eingedrückt, gelb bis dunkel orangerot. Die Schale ist bitter, sehr geruchsintensiv und haftet am gelben Fruchtfleisch, das in zwölf oder vierzehn Kammern unterteilt ist; der Saft des Fruchtfleisches ist wenig schmackhaft, halb sauer, halb bitter; die Kammern enthalten außerdem mehrere längliche, spitze, gelbliche Samen. In Indien und China erreiche die Bitterorange eine beachtliche Höhe, in den gemäßigten Regionen Europas jedoch nur eine Höhe von neun Metern.

Auch auf die Vermehrung durch Samen gehen Risso/Poiteau ein und beschreiben, dass Sämlinge nicht sortenecht seien. Es gebe unter dem Namen Bigaradier franc im Gebiet von Nizza Bäume, die glatte, schwere, saftige Früchte tragen, und andere mit rauen, leichten Früchten, deren Fruchtfleisch nur sehr wenig Saft enthalte. Diese Unterschiede seien zuweilen auf das Alter oder auch auf das Individuum zurückzuführen.

Simone Balsam

BIGARADIER FRANC
Melangolo Silvatico.
Tab. 30

Orangerien und Pflanzenhäuser in Anhalt – ein Überblick

Die Kultivierung exotischer Kübelpflanzen als Bestandteil der fürstlichen Hofhaltungen in Anhalt ist bereits vor mehr als 100 Jahren in der heimatkundlichen und in der Reiseführerliteratur berücksichtigt worden. Eine Erschließung diesbezüglicher Quellen verdanken wir Harri Günther und Heinrich Hamann.[1] Wichtige Grundlagenarbeiten lieferten außerdem Dirk Herrmann für Zerbst, Michael Karkosch für Köthen sowie eine wissenschaftliche Untersuchung und die darauf aufbauende studentische Seminararbeit für Oranienbaum.[2] Cordelia Stieler führte damalige Erkenntnisse in einem Beitrag zur Tagung »Oranien – Orangen – Oranienbaum« der Kulturstiftung Dessau-Wörlitz, die 1997 stattfand, zusammen.[3] Anlässlich des Europäischen Kulturerbejahres 2018 wurde dieses Thema wieder aufgegriffen und es entstand eine kleine Ausstellung zur Geschichte der anhaltischen Pflanzenhäuser. Diese ist seitdem während der Sommermonate in der Orangerie Oranienbaum zu sehen und wird von temporären Informationstafeln an den Pflanzenhäusern in den Parks der Kulturstiftung Dessau-Wörlitz ergänzt. Im Zuge der Vorbereitung dieser Ausstellung wurde begonnen, die aus unterschiedlichen Zeiten stammenden Erarbeitungen abzugleichen, verwendete Quellen zu überprüfen und neue Rechercheergebnisse aufzunehmen. Das seit langem angestrebte Ziel einer Publikation zur Entwicklung der Orangeriekultur in den anhaltischen Fürstentümern wird weiterverfolgt, muss sich aber derzeit anderen Prioritätensetzungen im Ressourceneinsatz der Kulturstiftung Dessau-Wörlitz unterordnen.

Mit diesem Beitrag soll ein gestraffter Überblick zum gegenwärtigen Arbeitsstand gegeben werden, der sich in erster Linie auf die baulichen Zeugnisse beschränken muss. Der Betrachtungsraum beinhaltet ein Gebiet, das sich vom Harz im Westen bis in die Elbaue bei Dessau und Wörlitz im Osten erstreckt. Es bildet heute einen Teil des Bundeslandes Sachsen-Anhalt. Im Mittelalter war das askanische Herrschaftsterritorium lange Zeit unter verschiedenen Linien aufgeteilt, bis sich um 1570 durch Erbgang bzw. Verzicht anderer Nachkommen eine Konzentration der Landeshoheit in der Hand des Fürsten Joachim Ernst (1536, reg. 1551–86) ergab. Unter seinen Söhnen wurde zu Beginn des 17. Jahrhunderts allerdings erneut eine Teilung vollzogen. Damals entstanden die Fürstentümer Anhalt-Bernburg, Anhalt-Dessau, Anhalt-Köthen und Anhalt-Zerbst, vorübergehend mit weiteren Unterteilungen. In Ermangelung männlicher Nachkommen erloschen nach und nach die Linien Zerbst, Köthen und Bernburg, sodass die anhaltischen Lande ab 1867 unter dem aus der Linie Anhalt-Dessau hervorgegangenen Herzoghaus Anhalt vereint waren.

Die Frage nach den Anfängen der Zitruskultur in Anhalt beantwortete der Philologe und als Lehrer in Dessau tätige August Fuchs 1843 mit einer Legende. So wurde damals erzählt, dass zwei der ältesten am Dessauer Residenzschloss aufgestellten Orangenbäume von Fürst Joachim Ernst von Anhalt persönlich aus Samen gezogen worden seien.[4] Allerdings gibt es bis heute keinen Beleg für den Wahrheitsgehalt dieser Geschichte. Doch deutet

1 Die Orangerie in Biendorf, Foto: M. Keller, 2010

sich schon hier an, welche Bedeutung der Kultivierung von Orangenbäumen in der Geschichtsüberlieferung dieses Herrscherhauses beigemessen wurde.

Anhalt-Köthen

Tatsächlich belastbare Quellen zur Zitruskultur in Anhalt führen zuerst u. a. nach Köthen. Im Testament des Fürsten Ludwig von Anhalt-Köthen (1579, reg. 1606–50) fand auch die Ausstattung der Gärten des Residenzschlosses Berücksichtigung, womit das Vorhandensein verschiedener in Kübeln zu kultivierender Pflanzenarten und die Existenz eines Feigenhauses als Überwinterungsquartier belegt wird.[5] Schon um 1605 sind Oliven- und Feigenbäume, Lorbeer und Zypressen nach Köthen gelangt, bestellt wurden außerdem »Corbezzole« (Erdbeerbaum/*Arbutus unedo*) und Granatapfelbäume.[6] Kurz zuvor war Ludwig von Anhalt-Köthen von einer ausgedehnten Kavaliertour durch Europa und von einem längeren Aufenthalt am Hof des Großherzogs der Toskana in Florenz zurückgekehrt. Eine weitere Beziehung lässt sich zwischen in Köthen kultivierten Pflanzenarten und ihrer symbolischen Verwendung in den Impresen für die Mitglieder der Fruchtbringenden Gesellschaft herstellen, deren Mitinitiator und Oberhaupt Fürst Ludwig gewesen ist. Eine bedeutende Weiterentwicklung hat die Orangeriekultur in Köthen unter Fürst Leopold von Anhalt-Köthen (1694, reg. 1716–28, Nachfahre der seit 1665 in Köthen regierenden ehemaligen Linie Anhalt-Plötzkau) erfahren. So war die Sammlung an exotischen Pflanzen nicht nur in Anzahl und Artenvielfalt angewachsen. Mit der Neugestaltung des Gartens entstanden ein Orangerieparterre an der Ostseite des Schlosskomplexes sowie das

Große Orangenhaus (1725–28). Auch in der Regierungszeit des Bruders von Leopold von Anhalt-Köthen, August Ludwig (1697, reg. 1728–55), wurden weitere Pflanzenhäuser errichtet: das von zwei turmartigen Pavillons flankierte »Mittelhaus« (auch als »Haus mit den Türmen« oder »Pysang-Haus« bezeichnet) und das »Neue Haus«, eine Orangerie in nüchtern-zweckmäßiger Bauform. Fürst Carl George Leberecht von Anhalt-Köthen (1730, reg. 1755–89) verlagerte einen Teil des Kübelpflanzenbestandes nach Biendorf, wo er ab 1759 seinen Sommersitz einrichtete. Zwischen 1760 und 1763 ließ er dort den Köthener Entwurf für das Große Orangenhaus ein zweites Mal bzw. nur geringfügig modifiziert ausführen. Dennoch blieb auch am Standort der Residenz ein ansehnlicher Kübelpflanzenbestand präsent. Erst um die Wende vom 18. zum 19. Jahrhundert ist ein deutlicher Rückgang zu verzeichnen, schließlich auch der Abbruch des Großen Orangenhauses. Für den noch unmündigen Thronerben Ludwig Emil von Anhalt-Köthen (1801–1818) hatte ab 1812 Leopold III. Friedrich Franz von Anhalt-Dessau (1740, reg. 1758–1817), kurz: Fürst Franz, die Vormundschaft übernommen, bevor das Erbe an die Linie Anhalt-Köthen-Pleß fiel. Nach deren Erlöschen wurde Anhalt-Köthen 1847 unter Anhalt-Bernburg und Anhalt-Dessau aufgeteilt. Die Residenz verlor damit endgültig ihre Funktion. In der Folge wurden die letzten Pflanzenhäuser abgebrochen: 1865 das zwischenzeitlich zum Hoftheater umgenutzte Neue Haus und 1911 das »Haus mit den Türmen«. Als letztes Zeugnis der Köthener Orangeriekultur blieb lediglich die Biendorfer Orangerie erhalten. (Abb. 1)

Anhalt-Bernburg

Im August 1637 vermerkte Fürst Christian II. von Anhalt-Bernburg (1599, reg. 1630–56) in seinem Tagebuch die Besichtigung eines Pomeranzenbäumchens sowie von Feigen, Granatapfelpflanzen und weiteren Raritäten, die der Gärtner im Garten gesetzt habe.[7] Es ist aus dieser Zeit allerdings kaum etwas über den Garten der Bernburger Residenz bekannt, die zudem mehrfach von militärischen Ereignissen des Dreißigjährigen Krieges betroffen war, so im Jahr 1636.

2 Fassadendetail der Orangerie in Bernburg, Foto: M. Keller, 2021

Der Sohn von Christian II., Viktor I. Amadeus von Anhalt-Bernburg (1634, reg. 1656–1718), ließ südlich unterhalb des Schlossberges ab 1699 einen neuen Küchengarten anlegen, der auch einen Keller zur Überwinterung von Gewächsen enthalten haben soll.[8] Wiederum eine Generation später kam im Lustgarten am Schloss eine prächtige Orangerie zur Ausführung (1730–32).[9] Der zweigeschossige Mittelbau mit geschwungenen Seitenflügeln bildete den Abschluss des Gartens und war mit bauplastischem Schmuck reich dekoriert. Anscheinend gab eine Erbstreitigkeit im Haus Anhalt-Köthen einen wichtigen Impuls zu diesem Neubau in Bernburg. Der 1728 verstorbene Fürst Leopold von Anhalt-Köthen hatte wegen Differenzen mit seinem Bruder und Nachfolger August Ludwig sowie mit seiner Mutter testamentarisch allen beweglichen Nachlass seiner zweiten Gemahlin Charlotte Friederike Amalia, geb. Prinzessin von Nassau-Siegen (1702–85), und seiner Tochter aus erster Ehe,

Gisela Agnes d. J. (1722–51), spätere Fürstin von Anhalt-Dessau und Mutter des Fürsten Franz, als Universalerbinnen vermacht. Als Vormund der Letztgenannten war Fürst Viktor II. Friedrich von Anhalt-Bernburg (1700, reg. 1721–65) eingesetzt, der daraufhin den Pflanzenbestand von Köthen nach Bernburg überführen ließ, um angesichts der Gegenwehr des neuen Regenten in Köthen wenigstens diese Vermögenswerte für sein Mündel zu sichern.[10]

Nach dem Tod seines Vaters Viktor II. Friedrich verlegte Fürst Friedrich Albrecht von Anhalt-Bernburg (1735–96) die Residenz von Bernburg nach Ballenstedt. Auch dort hatte man wie in Bernburg ein ebenes Terrain unterhalb des Schlossberges zur Einrichtung eines Küchengartens genutzt. Dessen Nordflanke begrenzten Gewächs- und Treibhäuser, in denen zu Beginn des 19. Jahrhunderts u. a. Aloe, Ananas, Kaffee, Zuckerrohr und Ingwer kultiviert wurden.[11] Als Herzog Alexander Carl von Anhalt-Bernburg (1805, reg. 1834–63) starb, erlosch die Linie und ihr Territorium ging im vereinigten Herzogtum Anhalt auf.

Das Orangeriegebäude in Bernburg erlangte im Juli 1848 nochmals eine besondere historische Bedeutung, als sich hier der Anhalt-Bernburger Landtag versammelte und die neue Verfassung beriet. Später wurde das inzwischen baufällige Gebäude weitgehend abgebrochen (1876/77). In Verbindung mit der Errichtung des Karlsgymnasiums auf dem Areal des ehemaligen Lustgartens erfolgte der Bau einer Turnhalle in der Kubatur des Mittelbaues der einstigen Orangerie unter Verwendung des geborgenen Fassadenschmucks (1880–83).[12] (Abb. 2)

Anhalt-Zerbst

In der Residenz Zerbst scheint die Kultivierung von Kübelpflanzen erst im Anschluss an den Neubau des Schlosses (1681–96) mit der Errichtung einer Orangerie in den Jahren 1704–09 etabliert worden zu sein.[13] Das Gebäude wies einen Mittelsaal auf, welcher für Festlichkeiten genutzt werden konnte. An anderer Stelle des Lustgartens befand sich ein um etwa 1702 fertiggestellter Grottenpavillon mit segmentbogenförmigen Seitenflügeln, die in pavillonartige Kopfbauten mündeten. Diesen ließ der seit 1718 regierende Fürst Johann August von Anhalt-Zerbst (1677–1742) zur Hauptorangerie umbauen (1735–41).[14] Festlich illuminiert bildete das Gebäude den Glanzpunkt der Feierlichkeiten anlässlich der Hochzeit von Großfürst Peter und Prinzessin Sophie Auguste Friederike von Anhalt-Zerbst (1729–96), der späteren Zarin Katharina II. (ab 1762) im Jahr 1745. Da die Pflanzenbestände in dieser Zeit weiter an Umfang gewonnen hatten, wurden ein zusätzliches Orangenhaus im Herzogin-Garten (1736–37) und ein neues Gewächshaus an Stelle eines älteren Treibhauses an der Stadtmauer (1738–39) errichtet. Im Jahr 1750 folgte noch der Bau eines Ananashauses.

Johann August war auch der Bauherr des Schlosses Friederikenberg an der Elbe. Als Erbprinz des Hauses Anhalt-Zerbst ließ er kurz nach seiner Hochzeit mit der Prinzessin Friederike von Sachsen-Gotha-Altenburg (1675– 1709) ab 1704 ein Lustschloss aufführen, das für seine eigenständige Hofhaltung abseits der Residenz seines Vaters bestimmt war. Der frühe Tod seiner Gemahlin führte zu einer längeren Unterbrechung der Arbeiten, die erst ab etwa 1725 fortgeführt wurden. Um das Schloss auf einer künstlichen Anhöhe gruppierten sich mehrere Flügelbauten bzw. Pavillons, welche zum Teil als Orangerien eingerichtet waren.[15]

Als Johann August 1742 kinderlos verstarb, folgten ihm die Nachkommen der von seinem Onkel begründeten Nebenlinie Anhalt-Zerbst-Dornburg als Fürsten von Anhalt-Zerbst nach. Das Schloss Dornburg (Elbe) war in der ersten Hälfte des 18. Jahrhunderts

3 Ruine der Hauptorangerie in Zerbst, Foto: M. Keller, 2018

durch eine Dreiflügelanlage ersetzt worden, die allerdings schon im Jahr 1750 einem Brand zum Opfer fiel. Der daraufhin errichtete Neubau war von Johanna Elisabeth von Anhalt-Zerbst (1712–60, 1747–52 Regentin für ihren Sohn Friedrich August) im Hinblick auf die Standeserhöhung, welche die Heirat ihrer Tochter mit dem russischen Thronfolger mit sich brachte, mit besonders repräsentativem Anspruch in Auftrag gegeben worden. Ein Orangenhaus und eine Ananaskultur waren am Ort bereits vor 1750 vorhanden.[16]

Seit 1758 lebten Fürst Friedrich August von Anhalt-Zerbst (1734, reg. 1747–93) und seine Mutter im ausländischen Exil. Spätestens mit dem Erlöschen des Fürstenhauses Anhalt-Zerbst 1793 und der Aufteilung des Territoriums unter den übrigen anhaltischen Staaten (1797) war auch den aufwendigen Pflanzenkulturen in den verschiedenen Schlossgärten die ökonomische Grundlage entzogen. Schon in den 1780er Jahren wurde die Orangerie in Dornburg aufgegeben, die Pflanzen sollten überwiegend nach Friederikenberg verbracht werden. In dieser Zeit erfolgten außerdem Verkäufe von Kübelpflanzen aus dem Schlossgarten Zerbst. Ein Teil der Sammlungen gelangte nach Anhalt-Dessau. Im Jahr 1832 schließlich wurde der noch in Friederikenberg vorhandene Restbestand versteigert. Das Anwesen war zwar mit Einrichtung eines Schankbetriebes ab 1751 zu einem Ausflugsziel der Zerbster Bevölkerung entwickelt worden. Doch konnten damit nicht in ausreichendem Maße die für den Unterhalt nötigen Mittel erwirtschaftet werden. Ab 1833 erfolgten der Abbruch der Gebäude und die endgültige Aufgabe des Gartens.[17] Auch die Pflanzenhäuser der Residenz Zerbst gingen fast vollständig verloren, lediglich von der ab 1948 dem Verfall überlassenen Hauptorangerie ist noch eine Ruine erhalten. (Abb. 3)

4 Der Orangenbaum auf dem Marktplatz in Oranienbaum, Foto: Kulturstiftung Dessau Wörlitz / H. Fräßdorf, 2017

Anhalt-Dessau

Für den fürstlichen Lustgarten zu Dessau gilt ein Inventar aus dem Jahr 1640 als älteste Quelle zum Bestand an Kübel- und Topfpflanzen. Darin werden u. a. sechs Zitronen und ein Pomeranzenbaum in »Fässern« sowie weitere 22 Zitronen und sieben Pomeranzen in »Scherbeln« (Tontöpfen) genannt.[18] Der Lustgarten wurde unter Fürst Johann Georg II. von Anhalt-Dessau (1627, reg. 1660–93) ab 1664 modernisiert. 1667 erfolgte ein Neubau des Pomeranzenhauses, das Beckmann um 1710 als »amphitheater-artiges Orangeriehaus« charakterisierte.[19] Zu dieser Zeit umfasste die Sammlung an Kübelpflanzen neben Pomeranzen und Zitronen auch Aloe (wohl Agaven), Granatapfel, Lorbeer, Yucca, Jasmin und Myrten, so ein Inventar von 1669.[20]

Jenseits eines ausgedehnten Waldgebietes östlich der Residenzstadt Dessau befand sich die Siedlung Nischwitz, welche gegen Ende des Dreißigjährigen Krieges jedoch weitgehend wüst lag. Dort wurde ab 1645 für Agnes von Anhalt-Dessau (1606–50), Gattin des Fürsten Johann Casimir (1596, reg. 1618–60), ein Landsitz eingerichtet. Anlässlich der Vermählung mit Johann Georg II. von Anhalt-Dessau im Jahr 1659 ging dieser Besitz an ihre Schwiegertochter Henriette Catharina geb. Prinzessin von Nassau-Oranien (1637–1708) über. Ab 1673 ist der Vollzug einer Umbenennung des Ortes in Oranienbaum nachweisbar.[21] 1683 erfolgte hier die Grundsteinlegung für den Schlossneubau, der 1698 eingeweiht werden konnte. Wie im Namen von Stadt und Schloss angelegt, wurden auch in Dekorationen dieses fürstlichen Sommersitzes und mit Aufstellung des eisernen Orangenbaums auf dem Marktplatz Bezüge auf die »Wappenpflanze« des Hauses Nassau-Oranien hergestellt. Sieht man Henriette Catharina als die alleinige oder zumindest maßgebliche Urheberin dieser Manifestationen, so erscheinen sie als Fortführung politischer Bestrebungen ihrer Mutter Amalie, geb. Gräfin zu Solms-Braunfels (1602–75). Diese waren auf den Machterhalt der Oranier bzw. auf die Statthalterschaft der Vereinigten Niederlande gerichtet. Wie in Anhalt-Dessau fanden auch in anderen Fürstentümern, in welche die Schwestern der oranischen Prinzessin eingeheiratet hatten, solche Verbindungen einen demonstrativen Ausdruck in neuen Schlossbauten mit entsprechenden Namensgebungen: Oranienburg (Brandenburg), Oranjewoud und Oranienstein (Nassau-Diez) sowie Oranienhof (Pfalz-Simmern). Aus der Perspektive von Johann Georg II. als Landesherr war die Verwandtschaft mit dem Haus Nassau-Oranien auch ein Schlüssel zu einer engeren Beziehung mit einem starken Nachbarn, dem Kurfürsten Friedrich Wilhelm von Brandenburg (1620, reg. 1640–88). Die Zugehörigkeit zum

5 Die Orangerie im Park Luisium, Foto: M. Keller, 2018

6 Das Palmenhaus in den Wörlitzer Anlagen, Foto: M. Keller, 2019

7 Die Orangerie im Park Georgium, Foto: M. Keller, 2016

8 Die Orangerie in Oranienbaum, Foto: M. Keller, 2017

Beziehungsgeflecht mächtigerer Akteure, der Niederlande und Kurbrandenburg, eröffnete dem Regenten eines kleineren Staates einen Zugewinn an politischen Einflussmöglichkeiten, aber auch die Partizipation an kulturellem Austausch und Knowhow-Transfer.[22] Bedauerlicherweise ist trotz dieser besonderen symbolischen Bedeutung von Zitruspflanzen an diesem Ort kaum etwas über ihre Kultivierung in Oranienbaum zu Lebzeiten der Fürstin Henriette Catharina bekannt. Der Chronist Beckmann erwähnte zwar 1710 eine »angenehme ziemlich starcke Orangerie«.[23] Als der von ihm genannte, für die Aufstellung der Bäume im Sommer genutzte Platz ist sehr wahrscheinlich ein Gartenraum hinter dem nördlichen Wirtschaftsflügel des Schlosses zu identifizieren, welcher jedoch räumlich begrenzt und vielleicht auch nur der privaten Nutzung durch die Fürstin vorbehalten war. Für die Überwinterung wurde ein Gebäude des abseits des Schlossensembles gelegenen Vorwerks genutzt.

Bis etwa um die Mitte des 18. Jahrhunderts sind die Orangeriebestände in Dessau und Oranienbaum beträchtlich erweitert worden. Inventare aus dem Jahr 1753 listen an Orangen und Zitronen für beide Standorte jeweils über 400 Stück in unterschiedlichen Qualitäten auf, wobei in Oranienbaum eine höhere Zahl an Jungpflanzen in kleineren Töpfen vorhanden war. Außerdem wurden Myrten, Lorbeer, Lorbeerschneeball, Yucca, Feigen, Jasmin, Kaffee, verschiedene Kakteen und Sukkulenten, Libanonzedern, Zypressen, Johannisbrotbaum, Granatapfel, Hibiskus sowie weitere Topfpflanzenarten genannt.[24] Eine weitere Inventarisation dieser Zeit gibt auch Auskunft über das 1754 in Oranienbaum errichtete neue Orangeriehaus mit vermutlich 16 Fensterachsen und angeschlossener Gärtnerwohnung. Weitere Bestände an Kübelpflanzen, obgleich in deutlich geringerem Umfang, waren um diese Zeit bei dem vom Thronerben, dem späteren Fürsten Franz, genutzten Landsitz Vogelherd und im Dessauer Garten der verwitweten Fürstin Marie Eleonore Radziwiłł, geb. Prinzessin von Anhalt-Dessau (1671– 1756), vorhanden. Im nahegelegenen Mosigkau entstand in den Jahren 1753– 57 ein Landsitz für die Prinzessin Anna Wilhelmine von Anhalt-Dessau (1725– 80), zu dem auch zwei Orangeriegebäude gehörten. Sie beherbergten eine artenreiche Sammlung exotischer Pflanzen, welche die Prinzessin durch verschiedene Ankäufe zusammengetragen hatte.[25]

In der Regierungszeit des Fürsten Franz kamen weitere Pflanzenhäuser zur Ausführung, mit denen die Kübelpflanzenkultur auch in die neugeschaffenen Landschaftsgärten integriert wurde. In ihrer räumlichen Platzierung und architektonischen Gestaltung zeigen sich noch heute die Orangerie im Park Luisium (1782–84) (Abb. 5) und das neugotische Gewächshaus in den Wörlitzer Anlagen (1798– 99), später als Palmenhaus bezeichnet (Abb. 6), als bildprägende Komponenten der Gartengestaltung. Der 1790– 93 errichtete Neubau der Orangerie am Lustgarten in Dessau war mit seiner ca. 53 Meter langen Schaufassade, die einen einfachen Holzbau verbarg, Bestandteil der architektonischen Gesamtkomposition des Schlossensembles, für die Pflanzenkultur wegen seiner Ausrichtung nach Osten aber weniger geeignet. Um diese Zeit entstand auch die Orangerie des Georgiums, Wohnsitz des Bruders des Fürsten. (Abb. 7) Außerdem soll ein Pavillon im Garten des Erbprinzlichen Palais gegen Ende des 18. Jahrhunderts zum Überwinterungshaus umgebaut worden sein, heute das sogenannte Teehäuschen im Dessauer Stadtpark. Monumentaler Höhepunkt dieser Periode ist aber der in den Jahren 1810/12 bis 1818 errichtete Neubau der Orangerie in Oranienbaum (Abb. 8), welcher mit 110 Fensterachsen und einer Fassadenlänge von 174 Me-

9 Orangenbäume im Schlosspark Oranienbaum, historische Ansichtskarte, gelaufen 1915, Sammlung M. Keller

tern zu den größten Orangeriegebäuden im deutschsprachigen Raum zählt. Dieser Ausbau lässt sich zum einen aus einem höheren Raumbedarf erklären, der aus dem Größenwachstum der vorhandenen Pflanzenbestände resultierte. Zum anderen entwickelte sich Anhalt-Dessau, und hier im Besonderen der Standort Oranienbaum, durch Übernahme von Kübelpflanzen aus Orangerien der anderen anhaltischen Fürstentümer zu einem Kristallisationsort der regionalen Zitruskultur. (Abb. 9)

In Schloss Mosigkau, seit dem Tod der Prinzessin Anna Wilhelmine als Adeliges Fräuleinstift eingerichtet, wurden die beiden Orangerien 1842–43 durch Neubauten ersetzt. (Abb. 10) Außerdem kam 1844 eine neue Orangerie im herzoglichen Küchengarten zu Dessau zur Ausführung, möglicherweise um die ungünstigen Verhältnisse in der Orangerie des Lustgartens zu kompensieren. Letztere brannte im Sommer 1891 ab und wurde in den folgenden Jahren unter Beibehaltung der erhaltenen Schaufassade wiederaufgebaut.[26] Obwohl Herzog Friedrich I. von Anhalt (1831, reg. 1871–1904) noch Pflanzen zur Auffüllung der Bestände angekauft hatte, waren nach dem Ersten Weltkrieg im Dessauer Lustgarten nur noch wenige Zitruspflanzen vorhanden. An manchen anderen Orten hatten die Sammlungen im Laufe des 19. Jahrhunderts Erweiterungen des Arteninventars erfahren. Doch führten ökonomische Sachzwänge zu Reduzierungen oder sogar zur Aufgabe der Kultivierung von Kübelpflanzen. So wurde die Orangerie am Lustgarten ab 1922 als Kulissenmagazin des Dessauer Theaters genutzt.[27] Die Orangerie im Park Luisium, einem Ausflugsziel der Dessauer, widmete man in den 1930er Jahren zum Gastronomiebetrieb um. Angesichts solcher Entwicklungen ist es bemerkenswert, dass das 1923 durch einen Brand beschädigte Palmenhaus in Wörlitz immerhin in seiner

10 Die Orangerien in Mosigkau, Foto: Kulturstiftung Dessau Wörlitz / H. Fräßdorf, 2019

äußeren Form wiederhergestellt wurde. Die Orangerien im Lustgarten und im Küchengarten zu Dessau gingen im Zweiten Weltkrieg verloren. Widrige Umstände setzten den verbliebenen Pflanzensammlungen sehr zu, sodass neben den Beständen in Mosigkau und Wörlitz im Jahr 1990 in Oranienbaum nur noch neun Zitruspflanzen vorhanden waren, neben Lorbeer, Lorbeerschneeball, Kirschmyrten und Dattelpalmen. Ab 1992 wurde dort schrittweise mit dem Wiederaufbau des Orangeriebestandes begonnen, der heute ca. 330 Kübelpflanzen umfasst, darunter 186 Zitruspflanzen in Arten und Sorten.

Resümee

Ursächlich begründet mit der Unterteilung des Territoriums auf mehrere, eigenständig agierende Fürstentümer, lässt sich im hier betrachteten Teil Sachsen-Anhalts eine facettenreiche Entwicklungsgeschichte der Kultivierung exotischer Pflanzen nachvollziehen. Eine besondere Komponente ist die individualisierte Deutung der Orangenbäume als Symbole für die dynastische Verbindung zum Haus Nassau-Oranien. (Abb. 11) Die seit dem frühen 17. Jahrhundert in Anhalt nachweisbare Orangeriekultur hat in einer großen Bandbreite von Formen der Präsentation dieser Pflanzen in den Gärten und in der architektonischen Gestaltung der Überwinterungshäuser Ausdruck gefunden. Auch wenn manche Etappen dieser Geschichte nach dem Verlust von Pflanzensammlungen und Bauten in erster Linie durch Quellenmaterialien nachvollziehbar sind, so hat sich doch eine Anzahl von individuell gestalteten Pflanzenhäusern erhalten und wird teilweise noch heute ihrer ursprünglichen Widmung entsprechend genutzt. Hervorzuheben ist auch der Umstand, dass die meisten dieser noch existenten Gebäude im Territorium des einstigen Fürstentums Anhalt-Dessau stehen und zu einem größeren Teil während

11 Deckenmalerei im Schloss Oranienbaum, Foto: KsDW/ P. Dafinger, 2023

der Regierungszeit des Fürsten Franz errichtet wurden. Daraus folgt, dass die Kübelpflanzenkultur hier in besonderer Beziehung zur zeitlichen und sachlichen Profilierung des UNESCO-Welterbes Gartenreich Dessau-Wörlitz zu sehen ist.

Anmerkungen

1 Günther, Harri: Der Park zu Oranienbaum, seine Geschichte und die Probleme seiner Wiederherstellung, (unveröff. Manuskript), Berlin 1955. – Hamann, Heinrich: Orangerien in Anhalt-Dessau, in: Oranien – Orangen – Oranienbaum. Vorstand der Kulturstiftung DessauWörlitz (Hg.), München/Berlin 1999, S. 14–15.

2 Herrmann, Dirk: Der Zerbster Schlossgarten und seine Gebäude. Die Entwicklung eines bedeutenden Barockensembles um das Residenzschloss, in: Mitteilungen des Vereins für Anhaltische Landeskunde, 15. Jg., Köthen 2006, S. 79–124. – Karkosch, Michael: Der Fruchtbringende Lustgarten zu Köthen und die anhaltische Orangeriekultur, in: Die Gartenkunst, 22. Jg., Heft 2/2010, Worms, S. 177–206. – Geyr, Monica Freiin von: Park Oranienbaum. Wissenschaftliche Untersuchung der Barockphase von 1660 bis 1719 mit Hinweisen zur Rebarockisierung einzelner Teilbereiche. Studie im Auftrag der Staatlichen Schlösser und Gärten Wörlitz – Oranienbaum – Luisium, undatiert (1994, unveröff. Manuskript). Hauptstudienprojekt Parkpflegewerk Oranienbaum. Projektbericht: Vorstudie zum Parkpflegewerk, Technische Universität Berlin, FB Landschaftsentwicklung, 1992–1993 (unveröff. Manuskript).

3 Stieler, Cordelia: Die Zitruskultur in Anhalt-Dessau, in: Oranien – Orangen – Oranienbaum. Vorstand der Kulturstiftung DessauWörlitz (Hg.), München/Berlin 1999, S. 38–48.

4 Fuchs, August: Deßau, Wörlitz und Oranienbaum, Dessau 1843, S. 18.

5 Landesarchiv Sachsen-Anhalt (LASA) Z 70, A 7a Nr. 3.

6 LASA Z 70, A 13 Nr. 85.

7 LASA Z 18, A 9b Nr. 14 Bd. XIV.

8 Büttner Pfänner zu Thal, Franz: Anhalts Bau- und Kunst-Denkmäler nebst Wüstungen, Kreis: Bernburg. Dessau 1894, S. 70.

9 LASA Z 18, A 13 Nr. 28.

10 Karkosch, 2010 (wie Anm. 2), S. 189.

11 Mortell, Heike: Der Schloßpark Ballenstedt, in: Fülle des Schönen, Gartenlandschaft Harz. Edition Schloss Wernigerode Bd. 6, Christian Juranek (Hg.), Halle (Saale) 2022, S. 68–83.

12 Angaben nach der Tafel »4. Ehemalige herzogliche Orangerie« des touristischen Informationssystems der Stadt Bernburg (Saale).

13 Herrmann, 2006 (wie Anm. 2), S. 84f.

14 LASA Z 92, Nr. 8732

15 Hamann, Heinrich: Der Friederikenberg – ein untergegangenes Juwel barocker Gartenkunst in Anhalt-Zerbst, in: Landesamt für Denkmalpflege und Archäologie Sachsen-Anhalt (Hg.): Gartenkunst und Gartendenkmalpflege in Sachsen-Anhalt. Beiträge zur Denkmalkunde 5, Halle (Saale) 2011, S. 252–255.

16 Schüler, Stefan: Schloss Dornburg an der Elbe. 2., verbesserte Auflage, hg. vom Stengel- und Heimatverein Dornburg an der Elbe e. V., Gommern OT Dornburg 2020.

17 LASA Z 44, A 13c Nr. 13, Bde. I und II.

18 LASA Z 44, A 13c Nr. 1.

19 Beckmann, Johann Christoff: Historie des Fürstenthums Anhalt, Zerbst 1710, S. 351.

20 LASA Z 44, A 13c Nr. 1.

21 Graf, Friedrich: Geschichte der Stadt Oranienbaum, Oranienbaum 1899, S. 12.

22 Rohrschneider, Michael: Eine anhaltisch-oranische Eheschließung und ihre Folgewirkungen: Überlegungen zu Dynastie und Politik in der zweiten Hälfte des 17. Jahrhunderts am Beispiel von Anhalt-Dessau, in: Die Niederlande und Deutschland. Aspekte der Beziehungen zweier europäischer Länder im 17. und 18. Jahrhundert, Dessau 2000, S. 53–58.

23 Beckmann Johann Christoff: Historie des Fürstenthums Anhalt, Zerbst 1710, S. 393.

24 LASA Z 44, A 13b Nr. 13.

25 Stieler, 1999 (wie Anm. 3), S. 43.

26 Riesenfeld, E. P.: Erdmannsdorff. Der Baumeister des Herzogs Leopold Friedrich Franz von Anhalt-Dessau, Berlin 1913.

27 Geiger, Antje: Die Nutzung der Orangerie im Lustgarten ab 1922 bis zu ihrer Zerstörung 1944, in: Dessauer Kalender 2000, S. 74–79.

Orangerien und Glashäuser in der Mitte Deutschlands

Gegenstand dieses Beitrags sind Orangerien und Glashäuser in Sachsen-Anhalt, wobei die bereits von Michael Keller vorgestellten Anlagen im ehemaligen Freistaat Anhalt unberücksichtigt bleiben.[1] Sachsen-Anhalt zeichnet sich durch einen dichten Denkmalbestand aus. Dazu gehören die fünf durch die UNESCO geschützten Welterbe-Stätten, unter ihnen das Gartenreich Dessau Wörlitz. Unser Bundesland verfügt über eine beeindruckende Anzahl an Zeugnissen der Gartenkunst aus mehreren Jahrhunderten. Dabei sind stets überregionale Wechselbeziehungen zwischen Garteneigentümern und -künstlern zu verzeichnen. Die Landesgeschichte war seit dem ausgehenden Mittelalter geprägt von der miteinander konkurrierenden machtpolitischen Dominanz der Hohenzollern und Wettiner, die auch die kulturellen und künstlerischen Einflüsse der einzelnen Landesteile prägten. Die politisch-territoriale Gliederung Sachsen-Anhalts im 18./19. Jahrhundert führte dazu, dass Architekten, Landbaumeister und Gartenkünstler hauptsächlich der preußischen und sächsischen Königshöfe, aber auch des Braunschweiger Hofes auf unserem heutigen Territorium tätig wurden. (Abb. 1)

Die typologische Vielfalt der nachfolgend vorgestellten Orangerien und Glashäuser gibt einen Einblick in die gestalterischen Auffassungen der Gartenkunst jener Zeit, auch wenn es sich teilweise nur um gartenhistorisch bedeutsame Fragmente handelt. Die Spanne ihrer Entstehungszeit reicht vom 16. bis in das frühe 20. Jahrhundert.

Region Altmark

Hansestadt Osterburg, Ortsteil Krumke
Die ursprüngliche Burgstelle der Markgrafen von Brandenburg findet ihre Ersterwähnung im 12. Jahrhundert. 1649 wechselte das Gut in den Besitz der Familie von Kannenberg, damit einher ging eine dem barocken Zeitgeschmack entsprechende Erneuerung der Gesamtanlage. General Christoph von Kannenberg (1615–73) ließ 1649 das Gebäude der späteren Orangerie errichten.[2] Sein Enkel Friedrich Wilhelm von Kannenberg (1693–1762), Oberhofmeister der preußischen Königin Elisabeth Christine, beauftragte den französischen Gartenarchitekten Charles La Ronde, einen Lustgarten mit geschnittenen Hecken, Alleen und Bosketts anzulegen.[3] Aus dieser Zeit stammen verschiedene Parkarchitekturen, wie beispielsweise der Tempel der Fortuna und das Kavaliershaus sowie mehrere Sandsteinfiguren. Zu ihnen gehört der östlich der Orangerie aufgestellte, auf einem Weinfass reitende Bacchus. (Abb. 2) Eine dendrologische Besonderheit ist die südlich der Orangerie verlaufende, etwa 400 Jahre alte Buchsbaumhecke, eine der ältesten ihrer Art in Europa. Im Altaktenbestand des Landesamtes für Denkmalpflege und Archäologie Sachsen-Anhalt (LDA) befindet sich auszugsweise eine 1967 verfasste Diplomarbeit über die Gestaltung der Freiflächen der Gemeinde Krumke. Dem Verfasser standen offensichtlich heute nicht mehr einsehbare Archivalien zur Verfügung, unter ihnen eine mit dem 30. Juli 1746 datierte Gehölzliste, auf der u.a. neun Mandeln, 56 Oran-

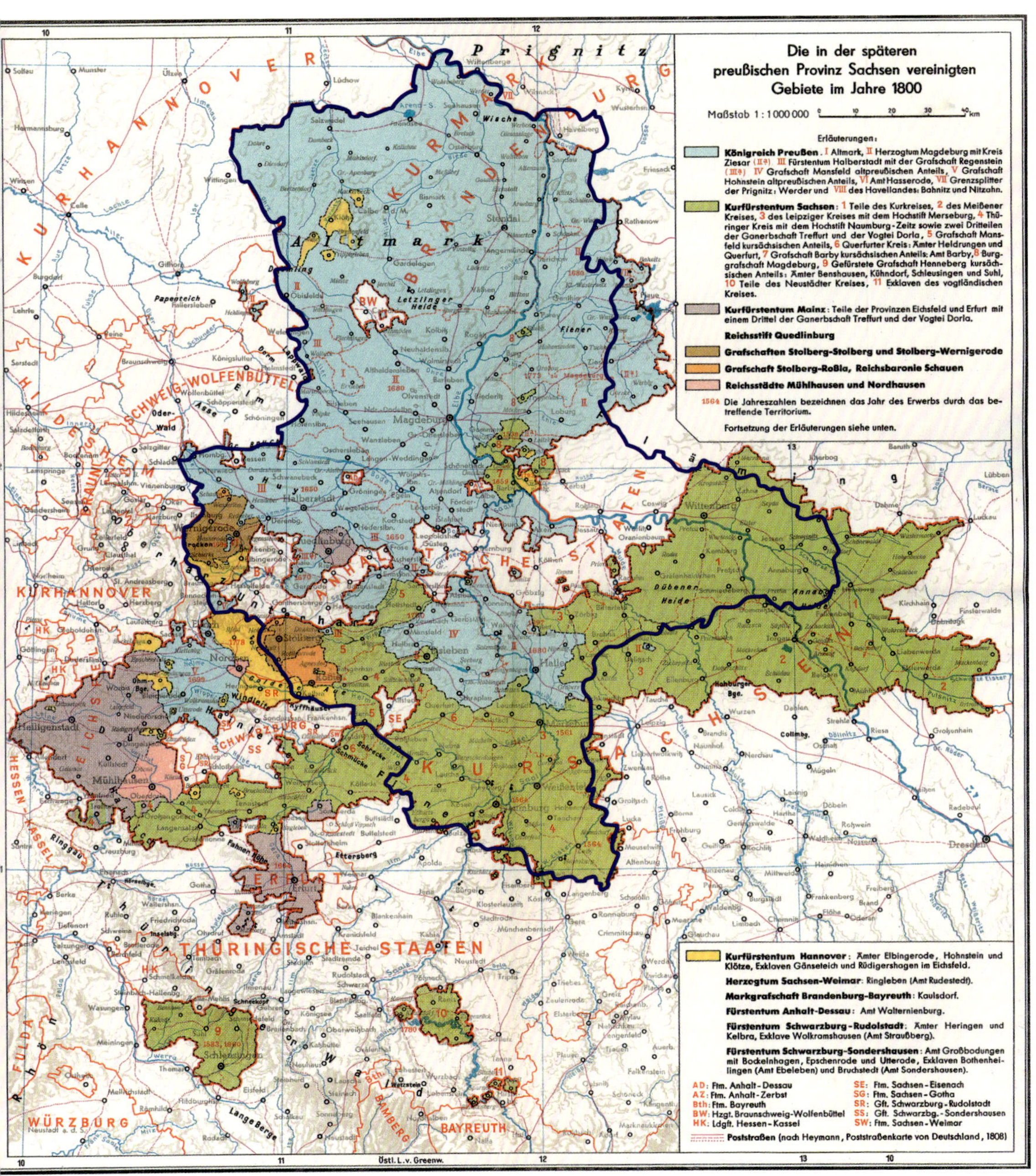

1 Die in der späteren preußischen Provinz Sachsen vereinigten Gebiete im Jahre 1800, überblendet mit der heutigen Ausdehnung des Landes Sachsen-Anhalt (Kartengrundlage: Gesamtübersicht über die Bestände des Staatsarchivs Magdeburg (Landeshauptarchiv Magdeburg), Bd. Hl, 2: Behörden und Institutionen in der Provinz Sachsen 1815/1816 bis 1944/1945 (= Quellen zur Geschichte Sachsen-Anhalts 7), Halle 1972, Kartenbeilage; Bearbeitung Bettina Weber, LDA Sachsen-Anhalt)

2 Bacchus auf dem Weinfass reitend, Foto: H. Tenzer, 2022

3 Schlosspark Krumke, Orangerie 1938, Bildarchiv LDA

4 Krumke, Nutzung der Orangerie als Gaststätte, Bildarchiv LDA, 1994

genbäume, 32 Zitronenbäume, sechs Lorbeerbäume und elf Myrten verzeichnet sind.[4] Spätere Pflanzeninventare konnten bisher nicht nachgewiesen werden, ebensowenig die Nutzungsdauer der Orangerie als Pflanzenhaus. Ab 1806 befand sich das Gut im Besitz der Familie von Kahlden. Zwischen 1854 und 1860 ließ Rudolph von Kahlden (1821–62) das neogotische Schloss auf der Burginsel errichten. Der ursprünglich barocke Garten wurde landschaftlich überformt. Er erhielt geschwungene Wege und beeindruckende Gehölzkulissen. 1911 erwarb Dr. Arthur von Gwinner (1856–1931), Generaldirektor der Deutschen Bank, das Anwesen. Er veranlasste weitere Umgestaltungen in Schloss und Park. Unter anderem wurde der Karpfenteich erweitert und ein Alpinum angelegt. Den einstigen Fortuna-Tempel ließ er zum Kabinett für seine Gesteins- und Mineraliensammlung umbauen. Die Nutzung der Orangerie in jener Zeit sowie der Verbleib ihres Pflanzenbestandes sind bisher nicht archivalisch nachgewiesen. Die älteste Abbildung der Orangerie stammt aus den 1930er Jahren. (Abb. 3) 1934 gelangte das Rittergut, über die ihm übertragene Erbschaft seiner Frau, in den Besitz von Prof. Karl Klingler (1879–1971). Die Enteignung der Familie Klingler sowie die Umsetzung der Bodenreform führten zu weiteren Veränderungen. Von 1945 bis 1954 stand die Orangerie leer. Danach begann der Umbau des Gebäudes zu einer Fachschule für Rehabilitation. Es wurden zwei Unterrichtsräume für 60 Schülerinnen, ein Labor und eine Heizungsanlage untergebracht. 1966 löste man die Fachschule auf; die Räumlichkeiten baute man zu einer Parkgaststätte um, die bis 1994 existierte.[5] (Abb. 4) Der erneute Leerstand endete 2009 mit dem Verkauf der Orangerie. Nach einer umfangreichen Sanierung wird sie seitdem als Wohnhaus genutzt. (Abb. 5) Auch das Schloss wurde nach 1945 mehrfach umgenutzt: als Durchgangs-

5 Schlosspark Krumke, Orangerie, Foto: H. Tenzer, 2018

6 Schlosspark Krumke, Orangerie-Garten, Foto: H. Tenzer, 2008

lager für Kriegsgefangene, Erholungsheim für Tuberkulose-Patienten, Altersheim sowie von 1967 bis 1989 als Kinderkurheim. Während der Schlosspark im kommunalen Eigentum ist, befindet sich das Schloss seit Mitte der 1990er Jahre in Privatbesitz. Der Park ist das bedeutendste Gartenkunstwerk in der Altmark und damit eines der Hauptwerke der Gartenkunst in Sachsen-Anhalt. (Abb. 6)

Verbandsgemeinde Elbe-Havel-Land, Gemeinde Schönhausen

Das Rittergut Schönhausen entstand 1562 durch Gebietsaustausch des brandenburgischen Kurfürsten Joachim II. (1505–71) mit der Familie von Bismarck. Infolgedessen wurde es gemeinsam mit dem Rittergut Krevese als Stammsitz der Bismarcks ausgebaut. Der Dreißigjährige Krieg hinterließ auch in Schönhausen seine Spuren. Nach Zerstörungen im Jahr 1642 veranlasste August II. von Bismarck (1666–1732) zwischen 1695 und 1700 den Wiederaufbau des Rittergutes in hochbarocken Formen, wobei die verbliebenen baulichen Reste der Vorgängerbauten in die neue Gestaltung integriert wurden. 1685 löste man das jüngere Gut Schönhausen II heraus. Schönhausen ist vor allem überregional bekannt, da sich hier der Geburtsort des späteren Reichskanzlers Otto von Bismarck (1815–98) befindet. Dies war ein wesentlicher Grund für die politisch motivierte Sprengung des kriegsbeschädigten barocken Herrenhauses 1956.[6] Die noch immer beeindruckenden baulichen Spuren des historisch bedeutsamen Gutskomplexes umfassen die sichtbar gemachten Grundmauern des Herrenhauses, Gärtner-, Wirtschafts-, Inspektoren- und Torhaus sowie die barocken und gründerzeitlichen Wirtschaftsgebäude. Der dazugehörige Park entstand ab 1711 und wurde schrittweise bis 1770 ausgebaut. Ein orthogonales System aus Wegen, Kanälen und Teichen, einem

7 Schönhausen, Gebäude der Orangerie, Ansicht aus Richtung Nordost, Foto: Luise Schier, LDA-LSA, 2007

8 Schönhausen, Gebäude der Orangerie, Ansicht aus Richtung Südost, Foto: Luise Schier, LDA-LSA, 2007

Boskett, in die Gestaltung integrierte Obstgärten, Heckengänge und Alleen bestimmen bis in die Gegenwart sein Erscheinungsbild. Von besonderem künstlerischem Wert sind die erhalten gebliebenen barocken Sandsteinfiguren. Erst im späten 19. Jahrhundert fand auf einer zuvor nicht gartenkünstlerisch gestalteten Fläche eine landschaftliche Ergänzung des Parks statt. Beide Parkteile sind durch Sichten und Wegeverläufe miteinander verknüpft. Bauzeitlich gehörten eine Orangerie sowie ein Gartenpavillon (nicht mehr vorhanden) zur Gesamtanlage. Das Gebäude der um 1711 errichteten Orangerie befindet sich an dem gärtnerisch gestalteten Übergang

9 Storkau, Ansicht der Orangerie aus Richtung Süden, Foto: H. Tenzer, 2023

zwischen den Parks von Rittergut I und II. Bis Mitte der 1990er Jahre war die Orangerie von Wiesen und Nutzgärten umgeben. Östlich von ihr befand sich eine Wasserfläche, analog dem erhalten gebliebenen, von Skulpturen gerahmten Rundteich im angrenzenden Park. Markant für den auf einen Sockel gestellten eingeschossigen Putzbau der Orangerie sind das Mansarddach sowie seine südseitige Gliederung mit sechs Achsen. (Abb. 7, 8) Der durch das Elbe-Hochwasser 2013 verursachte Deichbruch in Wust-Fischbeck führte in Schönhausen zu großen Schäden. Das untere Gartenparterre des Schlossparks stand ungefähr drei Wochen unter Wasser.[7] Bedingt durch die Staunässe fiel ein erheblicher Teil des Altbaumbestandes aus, wobei die Schwere der Schäden, verstärkt durch die extreme Trockenheit der Jahre 2019 und 2020, erst nach mehreren Vegetationsperioden deutlich wurde. In den vergangenen Jahren wurden die beiden Gutsparke denkmalpflegerisch instandgesetzt. Das ebenfalls von dem Hochwasser betroffene Gebäude der Orangerie wurde umfangreich saniert. Heute beherbergt es einen Blumenladen und eine Wohnung.

Stadt Tangermünde, Ortsteil Storkau (Elbe)
Linksseitig an die Elbe grenzend, liegt unweit der Hansestadt Stendal die Ortschaft Storkau (Elbe). Das Schloss und seine Nebengebäude, dazugehörig eine Orangerie, wurden in den Jahren 1912–14 für Leon von Guaita (1878–1932) erbaut. Beauftragt wurde das Berliner Architekturbüro Breslau & Salinger. Das neu errichtete Ensemble grenzt unmittelbar an einen südlich davon gelegenen, im 19. Jahrhundert entstandenen Gutshof an. Während sich das oberhalb der Elbe errichtete Schloss inmitten eines Landschaftsparks befindet, wurde die Orangerie an der Zufahrt zum Schloss platziert. (Abb. 9) Ihre bauzeitliche Nutzung sowie der dazugehörige Pflanzenbestand sind nicht überliefert. 1920 umfasste

10 Storkau, Ansicht der Orangerie aus Richtung Nordost, Foto: H. Tenzer, 2023

Gut Storkau 320 Hektar. Von 1929 bis 1945 befand sich Storkau im Besitz der Familie Korfes.[8] Das Schloss wurde nach Ende des Zweiten Weltkrieges für Spätheimkehrer, später als Krankenhaus und Sanatorium genutzt. Ab 1970 befand sich dort eine Schwesternschule. 1992 wurde die gesamte Anlage privatisiert und seitdem als Hotel und Fortbildungsstätte genutzt. Das Gebäude der Orangerie wurde in den 1990er Jahren zu einem Seminarraum umgebaut. (Abb. 10)

Region Börde/Magdeburg

Stadt Oschersleben (Börde), Ortsteil Neindorf

Das Rittergut Neindorf befand sich von 1463 bis 1945 im Besitz der Familie von der Asseburg und diente vorrangig der landwirtschaftlichen Bewirtschaftung ihrer Güter. 1583 wurde die Kapelle des Rittergutes errichtet, ab dieser Zeit sind auch die Wirtschaftsgebäude schriftlich überliefert. 1814 wechselte das Gut in den Besitz der früheren Ampfurter gräflichen Linie der von der Asseburg. Zwischen 1824 und 1827 entstand im Auftrag von Maximilian Karl Asche Graf von der Asseburg (1779–1851) anstelle des 1712 errichteten Schlossbaus ein repräsentativer, von natürlich gestalteten Gartenpartien umgebener klassizistischer Schlossbau.[9] Für diesen zeichneten der anhalt-bernburgische Landbaumeister Johann Adolf Philipp Bunge (1774–1866) und der gräflich-asseburgische Bauinspektor Kunkel verantwortlich. Wenige Jahre zuvor, 1819–21, begannen die Arbeiten an der bemerkenswerten langgestreckten Orangerie nördlich des Schlosses, errichtet von Bauinspektor Kunkel und Maurermeister Bahn. Ihre südwärts ausgerichtete Fassade

11 Neindorf, Südfassade der Orangerie, davor das stark veränderte ehemalige Orangerieparterre, Foto: H. Tenzer, 2017

gliedern Pilaster zwischen hohen Korbbogenöffnungen. (Abb. 11) Ab 1833 ist zudem das Mitwirken des Architekten Friedrich August Stüler (1800–65) in Neindorf nachgewiesen.[10] Im Anschluss an den Schlossbau begann ab ca. 1830 die gartenkünstlerische Gestaltung der dazugehörigen Freiräume. Diese lassen sich in mehrere Bereiche unterteilen: der seit Ende der 1990er Jahre überbaute Küchengarten, der die Schlossanlage in Richtung Westen begrenzt; die landschaftlich gestalteten, seit der Mitte des 20. Jahrhunderts zu großen Teilen durch Neubauten des Krankenhauses in Anspruch genommenen Partien südlich und westlich des Schlosses; das nördlich anschließende ehemalige Orangerie-Parterre; den durch ein Stallgebäude früher davon getrennten Garten an der Nordseite des Schlosses sowie eine waldparkähnliche Partie nördlich der Orangerie, wo sich auch das Erbbegräbnis der Familie von der Asseburg befindet. Trotz des baulich zum Teil veränderten Zustandes der Gutsanlage bildet diese ein wichtiges Dokument für eine über Jahrhunderte mit der Orts- und Kirchengeschichte verbundene adlige Rittergutswirtschaft. Der bauliche Zustand der Orangerie ist kritisch. Seit den 1960er Jahren wird sie als Möbellager für das Krankenhaus genutzt. (Abb. 12)

12 Neindorf, Blick auf den Westgiebel der Orangerie, dahinter der angrenzende Waldpark, Foto: H. Tenzer, 2017

Verbandsgemeinde Obere Aller, Gemeinde Harbke

Das Schloss Harbke befand sich von 1308–1945 im Besitz der Familie von Veltheim, einer der führenden Familien der Region. Die heute größtenteils verfallene Schlossanlage wurde an der Stelle einer frühneuzeitlichen Vor-

13 Harbke, Nordansicht der Orangerie, Zustand 1992, Bildarchiv LDA

gängerburg errichtet. Ihre ältesten erhaltenen Bauteile stammen aus den Jahren 1572–78. Im Jahr 1731 zerstörte ein verheerender Brand die ursprüngliche Renaissanceanlage. Erhalten blieben nur die Wohnbereiche. Der Gutsherr Friedrich August von Veltheim (1709–75) beauftragte den braunschweigischen Landbaumeister Martin Peltier de Belfort (1738–69) mit dem in den Jahren 1751–59 erfolgenden Wiederaufbau des Schlosses. Bereits 1754 wird neben dem alten Lustgarten mit seinen rund 400 Obst- und Walnussbäumen ein neuer Lustgarten genannt. Den Entwurf für diesen südöstlich des Schlosses gelegenen Garten lieferte ebenfalls Landbaumeister Peltier. Die barocke Formensprache des Schlosses setzte sich im Außenraum fort. Auch die sogenannte Chinesische Mauer, eine nach dem Vorbild einer »crinkle wall« errichtete Nischenmauer, geht auf Peltier zurück. In unmittelbarer Nähe, am »Faulen Graben«, befanden sich die »alte Orangerie« sowie ein Treibhaus für Melonen. Fast zeitgleich mit der Ausbildung der barocken Partien des Schlossparks begann die Arbeit an den daran angrenzenden sogenannten Wilden Pflanzungen, auf die thematisch bedingt an dieser Stelle nicht näher eingegangen werden soll. August Ferdinand von Veltheim (1747–1801) führte das Werk seines Vaters fort. Christian Cay Lorenz Hirschfeld druckte 1782 im Band IV seiner Theorie der schönen Gartenkünste einen Bericht Du Rois über die Wilden Pflanzungen. Historische Abbildungen der alten Orangerie finden sich in dem 1803 bei Cotta erschienenen Taschenkalender. In den Jahren 1830/31 errichtete man am Platz des barocken Vorgängerbaus eine neogotische Orangerie nach Plänen von Friedrich Maria Krahe (1804–88). Der langestreckte Saalbau mit Satteldach ist

14 Harbke, Blick über den Orangeriegarten auf die Südfassade der Orangerie, Foto: H. Tenzer, 2023

mittig durch ein Querhaus geteilt, das als Risalit beidseitig leicht vorspringt. Alle Giebel sind mit aufsteigenden Bogenfriesen und durch Kreuzblumen bekrönt, zusätzlich die Querhausgiebel mit Wappen verziert. Nach dem Zweiten Weltkrieg wurde die Familie von Veltheim enteignet, ihr Besitz ging in das Volkseigentum über. Die Schlossanlage wurde zunächst von der Agrargenossenschaft bewirtschaftet, es folgten Leerstand und Verfall. Diesen Prozess beschleunigte die Errichtung der innerdeutschen Grenze im Jahr 1961. Harbke lag nun im sogenannten Sperrgebiet der DDR. Die Orangerie wurde unterschiedlich genutzt: 1954 beherbergte sie eine Schule, es folgte 1966 ein Kindergarten. Die dazu gehörigen Spielbereiche, so auch ein Planschbecken, errichtete man auf der vor der Orangerie gelegenen Freifläche, dem historischen Gartenparterre. 1968 wurde aus hygienischen Gründen die Nutzung der Orangerie als Kindergarten aufgegeben, das Gebäude verfiel zusehends. (Abb. 13) Erst 1994 konnte mit dem Beginn umfangreicher Sanierungsarbeiten dieser Verfall gestoppt werden. (Abb. 14) Ein lokal aktiver Verein setzte sich erfolgreich für die Sanierung der Orangerie ein. Heute wird der Innenraum als Veranstaltungsort bzw. Parkcafé genutzt.

Stadt Oebisfelde-Weferlingen, Gemeinde Seggerde

Schloss Seggerde entstand 1834 bis 1838 an der Stelle einer ehemaligen Wasserburg. Bauherr war Werner Friedrich Julius von Spiegel zu Peckelsheim (1802–77).[11] Der östlich an das Schloss mit einer Vielzahl von Gebäuden anschließende Wirtschaftshof ist älteren Ursprungs. Zeitgleich mit dem Schlossneubau wurde an die Stallungen angrenzend ein Palmenhaus errichtet und der bereits vorhandene Garten zu einem Landschaftspark erweitert. (Abb. 15) Östlich grenzen an die Gutsanlage Obstwiesen und Nutzgärten.

15 Seggerde Palmenhaus, 1953, Bildarchiv LDA

16 Segerde, älteste Abbildung der Orangerie, um 1930, Foto: R. von Davier

Hier befindet sich auch die 1853 errichtete Orangerie. Markant ist ihr im Rundbogenstil gestalteter Mittelbau mit angrenzenden Seitenflügeln. (Abb. 16) 1892 vererbte die Witwe des Gutsherrn[12] den Besitz an ihren Schwager, den Kammerherrn und Landrat a. D. Eduard von Davier (1818–94). Nach dessen Tod blieb das Gut bis zur Zwangsent-

17 Seggerde Orangerie, rechter Seitenflügel abgebrochen und Neubau genehmigt, Bildarchiv LDA, 1953

18 Seggerde, Zustand der Orangerie 2017, Foto: H. Tenzer

19 Seggerde Palmenhaus, Foto: H. Tenzer, 2023

eignung 1945 weiterhin in Familienbesitz. Die veränderten politischen Verhältnisse führten dazu, dass sich im Schloss eine Lungenheilanstalt, später ein Lehrlingswohnheim, nach 1961 eine Unterkunft für die Grenztruppen der DDR und eine Kinderkrippe befanden. Ebenso verloren das Palmenhaus und die Orangerie ihre ursprüngliche Funktion. Der Leerstand ging mit einem schleichenden Verfall einher. Weitere gravierende Veränderungen waren der aus heutiger Sicht rücksichtslose Umbau der beiden Seitenflügel zu Wohnungen sowie die teilweise Bebauung des Orangerieparterres. (Abb. 17) Seit 1990 befindet sich die Gesamtanlage wieder im Besitz der Familie von Davier. Anhand historischer Abbildungen wurden das Palmenhaus und die Orangerie denkmalpflegerisch instandgesetzt und Wohnungen in die Gebäude integriert. (Abb. 18) Der komplett erhaltene Gutsbetrieb mit Palmenhaus und Orangerie, eingebettet in einen Landschafts-

20 Marienborn, Gewächshaus im Park, Bildarchiv LDA, 1935

21 Marienborn, Orangerie, Foto: H. Tenzer, 2017

park, ist in seiner Komplexität für Sachsen-Anhalt einzigartig. (Abb. 19)

Nachfolgend soll auf weitere Spuren der Orangeriekultur in der Region Magdeburg/Börde hingewiesen werden: Der Gutspark des Rittergutes Altenplathow bei Genthin entstand in den Jahren 1824–30. Wenige Jahre später, 1839, wurde er in Teilbereichen nach einem Verschönerungsplan von Peter Joseph Lenné (1789–1866) umgestaltet. Von der bauzeitlichen Orangerie zeugen nur noch deren spätklassizistische Pilaster. Ebenso ist das um 1810 in Marienborn errichtete dorische Tempelchen mit beidseitig angefügten Glashäusern nur noch fragmentarisch erhalten.[13] (Abb. 20, 21) Am Nordrand der Schlossanlage Groß Bartensleben, zugehörig zur Stadt Erxleben, befindet sich das baulich veränderte Gebäude der früheren Orangerie des Rittergutes (heute Wohnungen). Weitestgehend unbekannt ist das als Orangerie bezeichnete, um 1840 errichtete Gärtnerhaus des Rittergutes Scharteucke bei Jerichow. Der anspruchsvoll gestaltete Portikus mit seinen doppeltstehenden Säulen und dem Tympanonrelief verleiht dem Gebäude einen wesentlichen Akzent. Inwiefern das heutige Wohnhaus bauzeitlich als Orangerie genutzt wurde, ist nicht überliefert. Abschließend soll an dieser Stelle auf die ehemaligen Orangerien im Schlosspark Hundisburg[14] und in Althaldensleben[15] verwiesen werden. Harald Blanke stellte diese ausführlich 2008 auf der Jahrestagung des Arbeitskreises Orangerien in Glienicke vor.[16]

Region Harz

Stadt Blankenburg (Harz)

Die über der Stadt Blankenburg auf der Kuppe des Blankensteins gelegene mehrflügelige Gebäudegruppe des Großen Schlosses ist als Burg und Schloss der Grafen von Regenstein-Blankenburg (1133–1599) und Residenzschloss der Herzöge von Braunschweig-Wolfenbüttel (1599–1918, in deren Privatbesitz dann bis 1945) von landesgeschichtlicher Bedeutung. Als Glanzzeit dieser landesherrlichen Residenz gelten die Jahrzehnte von 1690 bis 1731, als Herzog Ludwig Rudolf (1671, reg. 1731–35) als Fürst von Blankenburg hier Hof hielt und damit eine unmittelbare dynastische Verbindung zu den Kaiserhöfen in Wien und Petersburg bestand. Das bestehende Große Schloss wurde unter ihm ab 1718 in eine einheitliche Gesamtplanung mit barockem Lustgarten eingebunden. Deren Begrenzung und nördlichen Abschluss bildete das am Hangfuß errichtete

22 Blankenburg (Harz), Kleines Schloss, Foto: H. Tenzer, 2023

»Orangen- und Gartenhaus« mit seinen seitlichen Nebengebäuden. Der bauzeitlich breit gelagerte dreigeschossige Fachwerkbau enthielt neben der Gärtnerwohnung u. a. auch den hohen, zweigeschossigen »Gartensaal«, der im Sommer für Festlichkeiten der fürstlichen Hofhaltung genutzt wurde. In diesem Sinne erfolgte ab 1763 auch die repräsentative, hochbarocke Überformung des ab 1799 »Fürstliches Gartenhaus« genannten, heute als Kleines Schloss bezeichneten Gebäudes. (Abb. 22) Die Außenfassaden erhielten ein

23 Blankenburg (Harz), Orangerie mit Orangenplatz, Foto: H. Tenzer, 2023

massives Mauerwerk mit Sandstein-Werkstein-Verblendung, die Mittel- und Seitenrisalite wurden übergiebelt.[17] In gleicher Flucht schlossen sich in beiden Richtungen bescheidenere spätbarocke Nebengebäude an. Nach Norden liegen im Sockelgeschoss der ehemalige Pferdestall als zweischiffige, gepflasterte Halle und der große Heizraum für die Orangerie. Im Obergeschoss – infolge der Hanglage zum Park hin im Erdgeschoss – finden sich der unmittelbar an das Kleine Schloss anschließende Wohnraum und die im späten 19. Jahrhundert durch einen Drempel erhöhte Orangerie. Daran grenzt ein eingeschossiger Remisen- bzw. Stallungsanbau an; nach Süden Wohnungen und der reizvolle spätbarocke Raum der zeitweiligen katholischen Kapelle. Südlich der Gebäudeflucht entstand ein terrassierter Lustgarten mit markanter Mittelachse, Wasserbassins und reicher skulpturaler Ausstattung. Derzeit wird die Orangerie baulich instand gesetzt. Künftig ist eine kombinierte Nutzung als Überwinterungsraum für Pflanzen und als Café geplant. (Abb. 23)

Stadt Wernigerode

Schloss Wernigerode wurde ab 1714 erneut zur dauerhaft bewohnten Residenz der Grafen zu Stolberg-Wernigerode, nachdem sich diese vorübergehend, vor allem während der Zeit des Dreißigjährigen Krieges, im Schloss Ilsenburg befand. An der nördlichen Hangkante des Lustgartens befindet sich das Gebäude der Anfang des 18. Jahrhunderts errichteten Orangerie, ein eingeschossiger rechteckiger Bau mit Mansarddach. Bauzeitlich war die Orangerie verputzt. Ihre Südseite ist durch hohe rundbogige Fenster mit Werk-

24 Wernigerode, Postkarte Orangerie und Palmenhaus, undatiert, Bildarchiv LDA

25 Wernigerode, Orangerie und Palmenhaus im Lustgarten des Schlosses, Foto: H. Tenzer, 2023

steingewänden in elf Achsen gegliedert und durch ein ausladendes Wappenrelief über der Mittelachse betont. Nach Abbruch des Lustschlosses Mitte des 18. Jahrhunderts nutzte die Fürstenfamilie das Gebäude der Orangerie als Sommerresidenz. 1827 erfolgte der Umbau zur Aufnahme der seit 1746 bestehenden öffentlichen Bibliothek des Fürstenhauses. Im Mansardgeschoss wurde das fürstliche Archiv untergebracht. Nach 1945 stand das Gebäude für beinahe zwei Jahrzehnte leer. Den begonnenen Verfall konnte man erst mit der Verlegung der Außenstelle des Staatsarchives Magdeburg Mitte der 1960er Jahre stoppen. Es begannen umfangreiche, auf die Nutzung als Archiv ausgerichtete Sanierungsarbeiten. Damit einher gingen funktional bedingte Veränderungen im Gebäudeinneren. Seit 1990 befindet sich dort die Außenstelle des Landesarchivs Sachsen-Anhalt. (Abb. 24, 25) Eine weitere gartenhistorische Besonderheit ist das in unmittelbarer Nachbarschaft zur Orangerie gelegene ehemalige Palmenhaus des Lustgartens von Schloss Wernigerode. Es wurde 1872/73 in höchst repräsentativer Ausführung nach Plänen des Bauinspektors Messow unter Einbeziehung des Gewächshausprojektanten G. H. Brunns und Mitwirkung des Hofbaumeisters Carl Frühling für die Fürsten von Stolberg-Wernigerode errichtet.[18] Das Palmenhaus mit der gartenseitigen freitragenden Glas-Eisen-Architektur wurde in bemerkenswert technisch innovativer Bauweise umgesetzt: die wandhohe Glas-Eisen-Front mit zierlichem Laufgang unter der Traufe zum Garten hin war zu dieser Zeit hochmodern und vermutlich einzigartig. (Abb. 24) Auffällig sind ebenso die reich gegliederte Gestaltung der Gebäudefassade nach Norden als Werksteinbau in romanisierenden Formen und an der Westfassade ein hoher Standerker. Der von hohen Schornsteinen gerahmte Zugang ist in der Mittelachse des Gebäudes angeordnet. Das Innere des Palmenhauses ist durch eiserne Sprengwerke stützenfrei in neun Joche geteilt. 1912 kam es durch den Einbau von Archiv- und Museumsräumen zu mehreren baulichen Veränderungen. Das ursprünglich doppelte Glasdach wurde durch ein geschlossenes Dach ersetzt. Seit den 1990er Jahren steht das Gebäude leer. Bisherige Nutzungsideen, wie beispielsweise als Park Café, konnten nicht umgesetzt werden.

Stadt Harzgerode, Kinderheilanstalt
1927 schrieb die Landesversicherungsanstalt einen Wettbewerb zur Errichtung einer Heilanstalt für lungenkranke Kinder unweit von Harzgerode aus, den der Architekt Godehard Schwethelm gewann. Unter seiner Leitung entstand auf der 21 Hektar umfassenden Fläche des ehemaligen Forstgeländes Grubig von 1929 bis 1931 eine Heilanstalt für lungenkranke Kinder, die aus medizinischen und hygienischen Gründen direkt in den Wald gebaut wurde. Ihr zugrunde liegt ein einheitliches Terrassenkonzept in der Formensprache der Moderne bzw. Neuen Sachlichkeit, versehen mit wenigen Elementen des Art déco.[19] Kernbau der Gesamtanlage ist das vierflügelige Krankenhaus mit abgewinkelten Betten- und Funktionstrakten, dessen überwiegend horizontale Gliederung durch zeittypische Liege- und Balkonterrassen bestimmt wird. Die Freiflächen erfüllten einen hohen gestalterischen und funktionalen Anspruch: Alleen verbinden die einzelnen Bereiche, das südlich des Haupthauses etwas tiefer gelegene Reflexionsbecken steigert die Wirkung des Freiraums und der gebauten Architektur. Die Rasenflächen nutzte man für Bewegung und Spiel. Das Gebäude der östlich des Haupthauses platzierten, im Stil des neuen Bauens errichteten Gärtnerei, ähnelt einer Orangerie. (Abb. 26) Aus ihm gelangt man in die beiden davor symmetrisch angeordneten Gewächshäuser. (Abb. 27) Obstbäume und

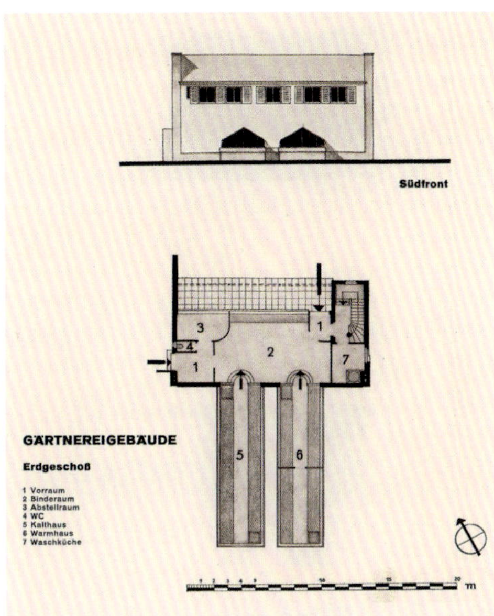

26 Harzgerode, Gärtnereigebäude, Grundriss Erdgeschoss und Ansicht von Süden, Architekt G. Schwethelm, in: Landesversicherungsanstalt Sachsen-Anhalt (Hg.): Der Neubau der Kinderheilanstalt Harzgerode 1931, Geleitwort Dr. Hübener, o. O. 1931, o. S.

Nutzgärten zur Selbstversorgung ergänzen diesen Bereich, bevor er unmittelbar in den angrenzenden Wald übergeht. Als Fachkrankenhaus für Lungen- und Bronchialerkrankungen mit Schwerpunkt der Tuberkulosebehandlung bestand die Einrichtung bis zu ihrer Schließung im Jahr 1998.

Abschließend seien an dieser Stelle weitere Pflanzenhäuser und Orangerien innerhalb der Region Harz kurz erwähnt. In der weitläufigen Parkanlage von Schloss Meisdorf, dem ehem. Sitz der Familie von der Asseburg-Falkenstein, befindet sich ein heute als Café genutztes Glashaus aus dem frühen 20. Jahrhunderts. Kaum bekannt ist die zur Schlossanlage gehörige kleine Orangerie in Roßla. Hier befand sich ab 1706 der Wohnsitz der residierenden Familie von Stolberg-Roßla. Schloss Roßla wurde um 1827 bis 1831 anstelle einer mittelalterlichen Wasserburg als Vierflügelbau errichtet. Der durch Pilaster gegliederte, in spätklassizistischen Formen errichtete Putzbau der ehemaligen

27 Harzgerode, Gärtnereigebäude, Foto: H. Tenzer, 2022

28 Aschersleben, Orangerie im Bestehornpark während der Landesgartenschau 2010, Foto: H. Tenzer

Orangerie befindet sich am nordwestlichen Rand des Hofgartens.[20] Ein weiteres, nur fragmentarisch erhaltenes Beispiel ist die 1891 in Aschersleben auf der Gartenseite der Villen Bestehornstraße 4/5 erbaute Orangerie. Von dem Gebäude sind lediglich drei Außenwände, eine mit Versteinerungen reich verzierte und von einem Glasdach überfangene Grotte an der Ostseite des Baus sowie die Heizkanäle erhalten geblieben. (Abb. 28)

Region Anhalt-Dessau-Wittenberg
Stadt Annaburg, Stadt Prettin
Nur wenige Kilometer von Annaburg entfernt befindet sich in Prettin die Lichtenburg, eine umfangreiche mehrteilige Schlossanlage der Renaissance. Die Kernanlage des Schlosses wurde 1574–82 durch die kurfürstlich-sächsischen Baumeister Hans Irmisch (1526–97) und Christoph Tendler (1540 bis vor 1617) an Stelle des säkularisierten und abgetragenen Antoniterhofes Lichtenberg als Residenzschloss für Kurfürst August von Sachsen (1526, reg. 1553–86) und dessen Gemahlin Anna von Dänemark (1532–85) errichtet. Die Lichtenburg ist eines der Hauptwerke sächsischer Schlossbaukunst. Die Kurfürstinnen Hedwig von Dänemark (1611–41) und Anna Sophia von Dänemark (1647–1717) nutzten bis ins frühe 18. Jahrhundert die Lichtenburg als Witwensitz. Unter Anna Sophia, Mutter des sächsischen Kurfürsten Friedrich August I. (August der Starke) und polnischen Königs August II. (1670, reg. 1694–1733), die hier den Thronfolger Friedrich August erzog, war die Lichtenburg eine der wichtigsten Dependenzen des Dresdner Hofes. Die weitläufigen Gartenanlagen, das ehemalige Orangeriegebäude und ein prächtiger Gartenpavillon entstanden vermutlich um 1700.[21] (Abb. 29) Nach 1727 befand sich in der Lichtenburg ein adliges Fräuleinstift.

29 Prettin, Schloss Lichtenburg, Gewölbeansatz im Inneren der ehemaligen Orangerie, heute als Wohngebäude genutzt, Foto: Mario Tietze, LDA, 2023

30 Prettin, Schloss Lichtenburg, heutige Außenansicht des Gebäudes der ehemaligen Orangerie, Foto: Mario Tietze, LDA, 2023

Spätestens mit dem Nutzungswandel der Lichtenburg, 1812–1928 als Zuchthaus, 1933–36 als eines der ersten Konzentrationslager in Deutschland, verlor die Orangerie ihre eigentliche Funktion. Heute ist das stark veränderte Gebäude ein Wohnhaus. (Abb. 30)

Stadt Bad-Schmiedeberg, Stadt Pretzsch (Elbe)
Schloss Pretzsch wurde als Renaissanceschloss von 1571–74 an der Stelle einer mittelalterlichen Burg zur Sicherung des Elbübergangs, unter Leitung und wohl auch nach einem Entwurf Hans Irmischs, errichtet. Zwischen 1701 und 1727 war es die zeitweilige Residenz der polnischen Königin und sächsischen Kurfürstin Christiane Eberhardine (1671–1727), Gemahlin Friedrich Augusts I. In dieser Zeit erfolgte die hochbarocke Neugestaltung als Residenz. Im Bereich des ehemaligen Vorwerks wurde der Schlossgarten angelegt. Entstanden ab 1702, zählte dieser ehemals zu den bedeutendsten höfischen barocken Gartenanlagen Kursachsens, die Pläne werden Matthäus Daniel Pöppelmann (1662–1736) zugeschrieben. Das obere Gartenparterre flankierten Wohngebäude und eine langgestreckte Orangerie. (Abb. 31) 1798 erfolgte die Umwandlung des Barockgartens im englischen Stil durch Hofgärtner Ast. Von der Barockanlage blieben die ursprüngliche Ausdehnung sowie wesentliche gestalterische Elemente wie die Hauptachse, Boulingrins und Parterre erhalten. Nach 1816 kam die Anlage in königlich-preußischen Besitz. 1829–1923 befand sich dort ein Mädchenwaisenhaus des Großen Militärwaisenhauses Potsdam. Zu diesem Zweck wurden 1828 Wohn- und Wirtschaftsgebäude in klassizistischer Formensprache sowie 1900/01 ein Schulgebäude im Stil der Neorenaissance hinzugefügt. Die Orangerie verlor ihre Funktion, an ihrer Stelle entstand ein Wohngebäude. Heute befinden sich ein Kinderheim und eine Schule in den Gebäuden der Schlossanlage.

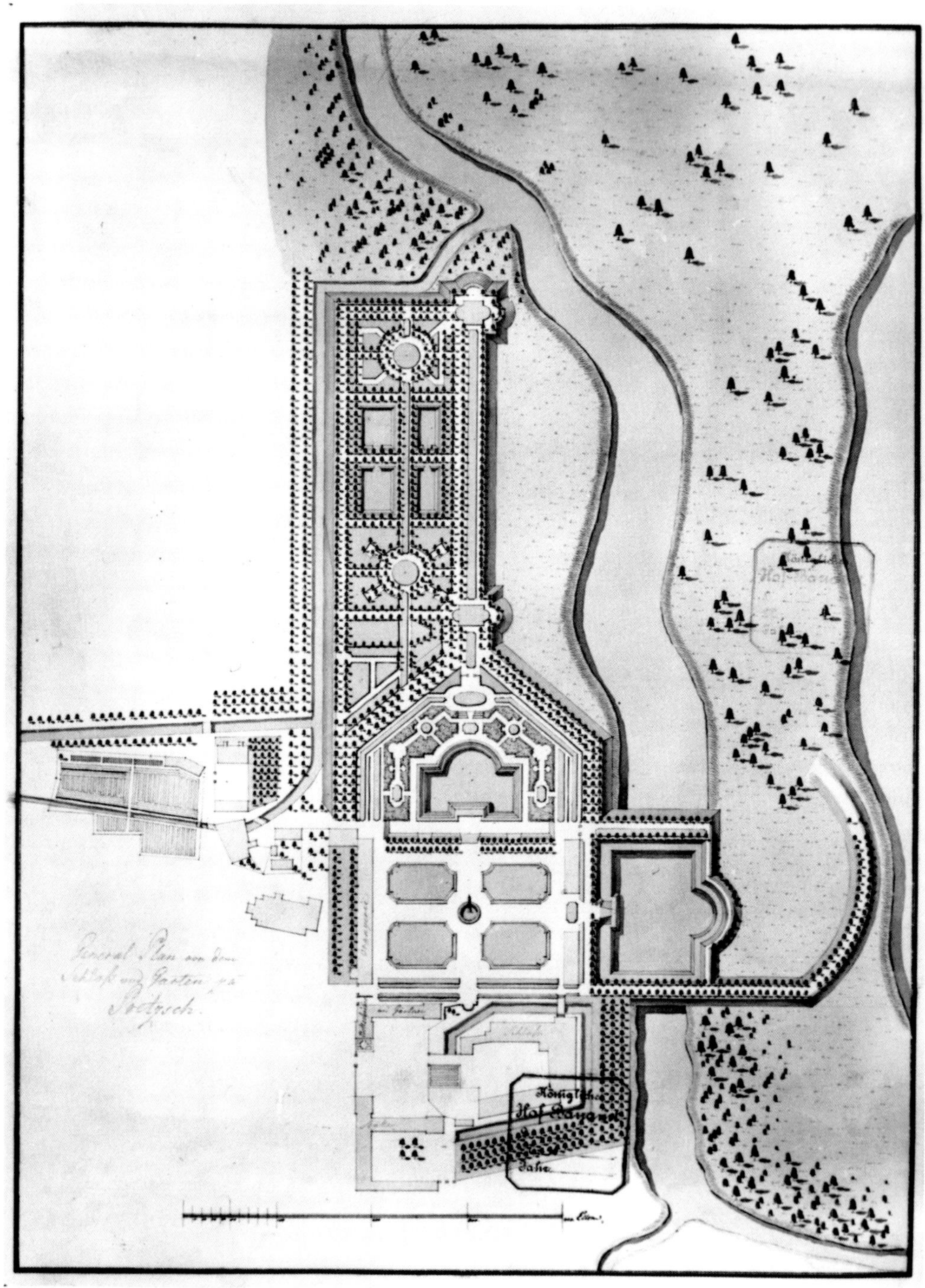

31 »Generalplan von dem Schloss und Garten zu Pretzsch«, undatiert, zwischen 1764 und 1773, Erstreckung des Gartens von Nordwest nach Südost, Orangerie am linken Rand des oberen Parterres, Bildarchiv LDA

Stadt Bad-Schmiedeberg, Ortsteil Reinharz
Schloss Reinharz wurde 1690–1701 für Heinrich Löser (1665–1705) als Barockschloss in malerischer Lage auf einer künstlichen Insel inmitten des Schlossteiches erbaut. 1748 ließ es Hans Löser (1704–63), Erbmarschall der sächsischen Stände, erneuern. Einen Eindruck von der barocken Gartenpracht liefert ein 1756 in der Art der Prospektmalerei entstandenes Gemälde. Dieses hält den Blick auf Schloss Reinharz von der Gartenseite aus fest. Es sind zahlreiche Details der barocken Anlage, wie Treillagen, Pavillons, sowie ein Glas- und Gewächshaus dargestellt.[22] Dieses Gemälde ist die bisher einzige Spur der Orangeriekultur in Reinharz.

Region Saale-Unstrut
Stadt Halle (Saale), Botanischer Garten
1698 ist das Gründungsjahr des aus einem »hortus medicus« hervorgegangenen ersten botanischen Gartens Preußens. Kurfürst Friedrich III. (1657, reg. 1688–1713, 1701 als Friedrich I. König in Preußen) schenkte der 1694 gegründeten halleschen Universität einen Teil des kurfürstlichen Kräutergartens zur Kultur von Arzneipflanzen. Diese waren, einschließlich der dazugehörigen »Demonstrationen«, wichtiger Bestandteil des Medizinstudiums. Mitte des 18. Jahrhunderts erfolgte ein tiefgreifender Strukturwandel. Der fast ausschließliche Anbau offizineller Pflanzen wich einer zunehmenden Pflanzenvielfalt aus verschiedenen Teilen der Erde. Die Strukturen des ursprünglichen »hortus medicus« konnten nicht erhalten werden. 1787 gelang es dem Kanzler der Universität, Carl Christoph von Hoffmann (1735–1801), den damals am Stadtrand von Halle gelegenen botanischen Garten auf seine heutige Größe zu erweitern. Zeitgenössische Abbildungen zeigen, dass er dabei auf die Gestaltungsprinzipien des Landschaftsgartens, wohl auch auf seine Erfahrungen in Dieskau, zurückgriff. Erwähnt werden soll die aus italienischen Pyramidenpappeln (*Populus nigra* 'Italica') bestehende Allee, die vom Eingang direkt zu dem von Carl Gotthard Langhans (1732–1808) erbauten Observatorium führte. Treibhäuser dienten bereits in der frühen Entwicklungsphase des botanischen Gartens der Überwinterung empfindsamer Pflanzen. (Abb. 32) Es bestand eine Harmonie zwischen den Bedürfnissen der Wissenschaft, vor allem der Botanik, und der ästhetischen Verschönerung des Gartens. Die publizistische Tätigkeit der Direktoren Kurt Sprengel (1766–1833) und Diederich Franz Leonhard von Schlechtendal (1794–1866) führte den Garten zu einer weltweiten Bedeutung, die sich auch im ständig wachsenden Pflanzenbestand äußerte: um 1800 wurden hier bereits 3000 verschiedene Pflanzenarten kultiviert.

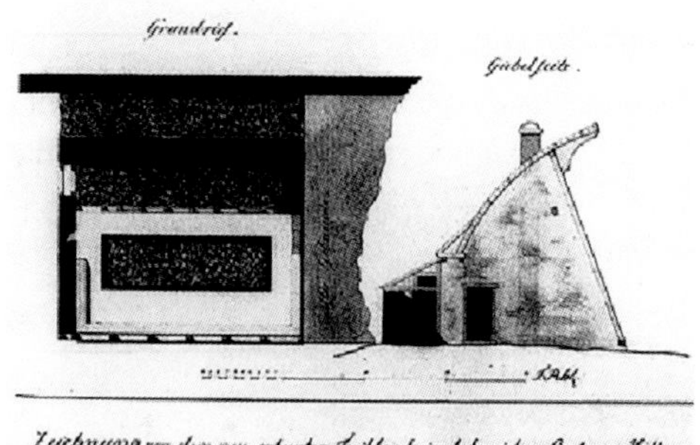
32 »Zeichnung von dem neu erbauten Treibhaus im Botanischen Garten zu Halle« undatiert, Bildarchiv LDA

Einheitsgemeinde Kabelsketal, Gemeinde Dieskau
Die Gemeinde Dieskau liegt unweit der Stadt Halle (Saale). Carl Christoph von Hoffmann, Kammerdirektor des Prinzen Heinrich von Preußen und Kanzler der Universität Halle, schuf ab 1778 die weithin bekannte, den Geist und Geschmack der Aufklärung widerspiegelnde Anlage. Die gartenkünstlerische

33 »Steinernes Gewächshaus mit Sonnenuhr nordwestlich vom Schloß«, Foto: R. Schelenz, Bildarchiv LDA, 1979

Gestaltung des Landschaftsparks geht auf den im Dienst von Leopold III. Friedrich Franz von Anhalt-Dessau tätigen Landschaftsgärtner Johann George Gottlieb Schoch (1758–1826) zurück, die Arbeiten im Park dauerten von 1778 bis 1784. Schoch bezog von Anfang an die sumpfig, morastige Aue des Flüsschens Reide in seine Planung ein. Im Umfeld des Schlosses entwarf er zwischen Orangerie und dem erhöht gelegenen chinesischen Teehaus einen intensiv gestalteten Gartenraum.[23] Die angrenzenden Gartenszenen fasste er weiträumiger. Geschwungene Wege führten an wohl inszenierten, mit Skulpturen ausgestatteten Landschaftsbildern entlang durch den neu entstandenen Park. Anlässlich eines Besuches des Prinzen Heinrich von Preußen (1726–1802) wurde 1783 ihm zu Ehren ein Denkmal in Form eines lebensgroßen Apolls im Park errichtet.[24] 1799 besuchten auch König Friedrich Wilhelm III. von Preußen (1770, reg. 1797–1840) und seine Frau Königin Luise (1776–1810) Dieskau. Zur Erinnerung an den Besuch des preußischen Königspaares pflanzte man einen Baum mit einer daran befestigten Inschrift und errichtete den sog. Luisenstein. Beide Erinnerungsorte wurden 1806 durch die napoleonischen Truppen zerstört. 1801 war bereits Carl Christoph von Hoffmann verstorben. Noch zu seinen Lebzeiten verwilderten die entfernter gelegenen Bereiche des Parks. Bis zu welchem Zeitpunkt die Orangerie der Unterbringung von Pflanzen diente, ist nicht überliefert. (Abb. 33) Seit Beginn der 1990er Jahren sind Schloss und Orangerie in Privateigentum. Von der stark ruinösen Orangerie ist nur die dem Pleasureground zugewandte Gartenfassade erhalten.

Zeitgenössische Inventarien und Berichte zeigen, dass die Schlossanlagen der kursächsischen Sekundogenituren Zeitz, Merseburg und Weißenfels von Gartenanlagen umgeben waren, von deren aufwendigen gartenkünstlerischen Gestaltungen heute jedoch nur noch wenige Relikte erhalten geblieben sind.

Stadt Merseburg
Der Schlosskomplex Merseburg, eine Dreiflügelanlage mit einem der größten Schlossinnenhöfe Mitteldeutschlands, befindet sich oberhalb des steilen Westufers der Saale. In unmittelbarer Nachbarschaft des sich südlich anschließenden Doms errichtet, bildet Schloss Merseburg zusammen mit diesem, dem Küsterhaus und ehemaligen Kuriengebäuden eine Baugruppe von hoher künstlerischer und architektonischer Qualität und beeindruckender Fernwirkung. Als Bischofspalast geht es im Kern auf einen kleineren Bau des 13. Jahrhunderts zurück, unter Bischof Tilo von Trotha (1466–1514) begann um 1480 eine grundlegende Neugestaltung und Erweiterung, die 1537 ihren Abschluss fand. Nach der Reformation wechselte das Stift 1561 in die Herrschaft des Kurfürsten August von Sachsen und wurde ab 1604 weitgehend umgebaut. Herzog Johann Georg (1585–1656), Administrator des Bistums Merseburg und ab 1611 Kurfürst von Sachsen, beauftragte 1604 Baumeister Melchior Brenner (um 1550–nach 1610) mit der Umgestaltung des spätgotischen Bischofsschlosses im Stil der mitteldeutschen Hochrenaissance. Die Ernennung Merseburgs zur Residenz des neugeschaffenen Herzogtums Sachsen-Merseburg (1656 bis 1738) ging mit weiteren Umbauten des Schlosskomplexes einher.[25] An der Stelle des Schlossgartens befand sich zuvor ein Wirtschaftshof der 919 gegründeten benachbarten Pfalz, dem späteren Bischofssitz. In seinem Aufsatz über den Merseburger Schlossgarten schreibt Peter Benecken, dass Kurfürst August 1568 erstmals nachweislich einen Garten anlegen ließ.[26] Wo genau sich dieser befand ist nicht überliefert.[27] Die bisher aufgefundenen Archivalien über die Barockphase des Schlossgartens sind überschaubar, eine erste schematische Darstellung der Fläche findet sich auf einem Stadtgrundriss um 1725. Ab 1727 wurde der dem Schloss gegenüberliegende Schlossgartensalon durch Johann Michael Hoppenhaupt (1685–1751) errichtet. Dieser bildete gemeinsam mit den beiden seitlich angrenzenden Orangerien den nördlichen Abschluss des Gartens. Archivalisch überliefert ist in einer Akte von 1815 ein Bestand von 18 Orangen-, 28 Myrten und 26 Feigenbäumen sowie 10 »Orangen«.[28] Vermutlich zeitgleich mit der Errichtung des Schlossgartensalons stellte man an der südöstlichen Achse des Parks zwei aufwendig gearbeitete Obeliskenpaare, die an die Merseburger Herzogspaare Christian I. und Christiane und Christian II. und Erdmuthe Dorothea erinnern, auf. Mit dem Tod von Herzog Heinrich (1661, reg. 1731–38) fällt 1738 Sachsen-Merseburg an das Kurfürstentum Sachsen zurück. Die Verwaltung des Hochstifts erfolgte nach Benecken aus Dresden. Orangerien und Gärten wurden vorerst weiterhin unterhalten, nachgewiesen ist die Beschäftigung eines Hof- und Schlossgärtners. Um 1800 kommt es zu einer ersten landschaftlichen Umgestaltung des Schlossgartens. Diese ist auf einem Stadtplan von 1807 bereits erkennbar.[29] Ab 1823 werden das Schloss zur preußischen Bezirksverwaltung und der Ostflügel zur Wohnung des Regierungspräsidenten umgebaut. Aus dieser Zeit stammt auch ein Entwurf von Peter Joseph Lenné (1825) für den Schlossgarten.[30] Mit der gartenkünstlerischen Umgestaltung ging eine zunehmende Ausstattung mit hochwertigen Plastiken, darunter bereits 1825 eine bronzene Portraitbüste des Generals F. Kleist von Nollendorf von Christian Daniel Rauch und etwa 1934 ein Reiterstandbild für Friedrich Wilhelm III. von Preußen, einher. In der zweiten Hälfte des 19. Jahrhunderts folgten weitere Veränderungen und Umge-

34 Schlossgartensalon mit Orangerie, Foto: H. J. Krause, Bildarchiv LDA, 1983

staltungen.[31] 1944 zerstörte ein Bombenangriff die westliche Orangerie. Nach 1945 wurden die Beetflächen des Schlossgartens u. a. zum Anbau von Gemüse genutzt, bevor er in den 1950er Jahren als Garten instandgesetzt wurde. 1968 fanden die 10. Arbeiterfestspiele der DDR in Merseburg statt. Aus diesem Anlass beauftragte man den Gartenarchitekten Franz Mengel (1901–79) mit der Umgestaltung des Schlossgartens. Mengel bezog sich dabei auf die noch ablesbaren Elemente der formalen Gestaltung des Schlossgartens.[32] (Abb. 34) Die heutige Gesamtanlage charakterisiert ein Nebeneinander von Gestaltungen und Elementen aus allen wesentlichen Entwicklungsphasen.[33] (Abb. 35)

35 Merseburg, Orangerie im Schlossgarten, Foto: H. Tenzer, 2017

Stadt Weißenfels

Die barocke Dreiflügelanlage von Schloss Neu-Augustusburg wurde zwischen 1658 und 1690 durch die Baumeister Johann Moritz Richter den Älteren und den Jüngeren im Auftrag des Herzog August von Sachsen-Weißenfels (1614, reg. 1657–80) errichtet. In sie einbezogen wurden die baulichen Reste der mittelalterlichen Vorburg. Die stadtbildbeherrschende Schlossanlage bildet den Höhepunkt des barocken Schlossbaus im südlichen Mitteldeutschland. Zu ihr gehörte eine halbkreisförmig mit Achsenbezug zum Schloss angelegte Orangerie mit flankierenden Pavillons. Davon ist nur der

36 Weißenfels, Orangerie, Zustand 2023, Foto: J. Körner, Bildarchiv LDA

stark baufällige östliche Teil der Orangerie mit einem Mansarddach gekrönten Pavillon erhalten. Dieser ist das letzte bauliche Relikt der Gebäude des 1674 fertiggestellten Schlossgartens.[34] (Abb. 36)

Stadt Zeitz

Die derzeitige Gestalt der Parkanlage um das Schloss Moritzburg in Zeitz ist vorrangig auf die Gestaltung der Anlage zur Landesgartenschau 2004 zurückzuführen. Strukturell sind die historische Ausdehnung der unmittelbar an das Schloss angrenzenden

37 Zeitz, Orangerie, Foto: H. Tenzer, 2020

Anlage sowie das weitgehend unveränderte Bodenrelief ablesbar, substanziell ist jedoch nur wenig erhalten. Die aus dem 18. Jahrhundert stammende Orangerie des Schlosses Moritzburg ist ein klassisches Orangerie Gebäude mit hervorgehobenem Mittelpavillon, den Mittelrisalit gliedern ionische Pilaster. Giebel und Mansarddach wurden 2003 nach einem Stich aus dem Jahre 1725 rekonstruiert. Beidseitig des Mittelpavillons befinden sich geschwungene, nach vorn gerichtete Seitengänge mit abschließenden Pavillons. Trotz Verbauung besonders der südöstlichen Seite, ist die Gesamtkonzeption des Gebäudes noch gut erkennbar. Vor der Orangerie befindet sich ein tiefergelegenes Parterre. Dieses wurde 2003 in seiner barocken Grundgestalt und in Anlehnung an den zurückgeführten barocken Zustand der Orangerie als Neuinterpretation unter Einbeziehung gartenhistorischer Substanz teilrekonstruiert. (Abb. 37)

Naumburg, Domplatz 3

Das Grundstück Domplatz 3 ist ein bauhistorisch sowie in Bezug auf die Geschichte des Domstifts herausragender Gebäudekomplex. Das zweigeschossige barocke Gebäude der Dompropstei schließt wirkungsvoll den Domplatz in Richtung Norden. Errichtet ab 1607, wurde es ab 1781 umgestaltet. Den Garten der barocken Anlage begrenzt ein im frühen 19. Jahrhundert überformtes Orangeriegewächshaus. In Richtung Norden verläuft auf der gesamten Länge des Gebäudes ein Isoliergang, unabdingbar für die funktionalen Abläufe. Vorrangig diente er zur Wärmedämmung des Gebäudes, ebenso wurde von dort aus die Ofen- bzw. Kanalheizung betrieben. Das ursprüngliche Gewächshaus ist in seinem äußeren Erscheinungsbild stark überformt. Die Vorderfassade ist »vorgeblendet«, Schmuckfassade und Dachform deuten auf eine frühzeitige Umnutzung des Gebäudes hin. Die noch erkennbare Fassadengliederung des Gebäudes ist für die zweite Hälfte des 18. Jahrhunderts charakteristisch. Jedes zweite Fenster konnte zum Lüften geöffnet werden. Denkbar ist, dass die Glasfront zusätzlich für die Anzucht von Sommerblumen diente. In der warmen Jahreszeit konnte das »ausgeräumte« Orangeriegewächshaus als Sommerhäuschen genutzt werden. Es ist dem Engagement des Arbeitskreises Orangerien, vertreten durch seinen damaligen Vorsitzenden Heinrich Hamann, zu verdanken, dass das stark ruinöse Gebäude 2004 nicht wie beantragt abgebrochen wurde. (Abb. 38) Während eines Termins vor Ort wies er darauf hin, dass ihm ein in Funktionsweise und Aufbau ähnliches Gebäude in Mitteldeutschland nicht bekannt sei. Am ehesten entspräche die Orangerie in Schloss Mirabell, Salzburg, dem Naumburger Gebäude. Ausgehend von dem großen Seltenheitswert des Gebäudetypus und der noch erheblich vorhandenen Substanz sollten dringend Sicherungsmaßnahmen zum Erhalt des Gebäudes initiiert werden. Diese gutachterliche Stellungnahme war ausschlaggebend für ein Umdenken der Eigentümer. 2008 wurde das teilrekonstruierte Orangeriegewächshaus feierlich der neuen Nutzung als Lernort für die im Hauptgebäude ansässige evangelische Grundschule übergeben. (Abb. 39)

38 Naumburg, Orangerie Domplatz 3, Zustand vor der Sanierung, Foto: H. Mortell, LDA, 2005

39 Naumburg, Orangerie Domplatz 3, zustand nach der Fertigstellung, Foto: H. Mortell, LDA, 2008

Abschließend sei an dieser Stelle stellvertretend für weitere Glashäuser und Orangerien im Süden Sachsen-Anhalts die Orangerie in Großjena genannt. Die Bauten und Freiflächen des aus dem 18. Jahrhundert stammenden großflächigen Rittergutes wurden an der Stelle einer historisch wichtigen Niederungsburg der Ekkehardinger errichtet. Die Orangerie, ein barockes zweigeschossiges Gebäude mit Fachwerkanbau, ist in ihrer eigentümlichen Gestaltungsweise und Vollständigkeit ein wichtiger und seltener Bau von hoher kulturgeschichtlicher Relevanz.

Die in diesem Beitrag vorgestellten Anlagen geben einen Einblick in den Denkmaltyp der Orangerien und Pflanzenhäuser in Sachsen-Anhalt. Das Wissen über diese gartenhistorischen Zeitzeugen ist umso notwendiger, da sie in ihrem Bestand durch zunehmenden Verlust aufgrund fehlender Funktionen, Nutzungsänderungen und Eigentümerwechsel gefährdet sind. Die bestehenden Forschungslücken können nur über längerfristig geplante Forschungsprojekte geschlossen werden. Die wissenschaftliche Aufarbeitung der Orangerien und Glashäuser sowie deren konservatorischer Schutz werden auch künftig eine wichtige Aufgabe der Denkmalpflege und Denkmalvermittlung in Sachsen-Anhalt sein.

Anmerkungen

1 Das Land Sachsen-Anhalt prägen im Wesentlichen fünf historische Landstriche: Altmark, Magdeburg/Börde, Harz, Anhalt/Wittenberg, Saale/Unstrut.

2 Diese Jahreszahl findet sich auf dem Gründungsstein. Im Dachwerk der Orangerie ist die Zahl 1751 vermerkt. Vgl.: Brückner, Anja: Denkmalpflegerische Rahmenkonzeption Park Krumke, unveröffentlicht, 2003.

3 Ebenda. Vermutlich existierte bereits um 1700 ein barocker Lustgarten. Nach Eintragungen im Krumker Kirchenbuch verstarb 1717 mit 84 Jahren der aus Paris stammende Lustgärtner Charles La Ronde.

4 Darin heißt es: »2727 Obstbäume, 77 Obststräucher, 277 Weinstöcke, 6452 Zierbäume und Sträucher«. Unter anderem werden einzeln aufgeführt: »17 Aprikosen, 9 Mandeln, 56 Orangenbäume, 32 Citronenbäume, 6 Lorbeerbäume, 11 Myrten«. Vgl.: Parisius, Hans-Ludolf: Die Gestaltung der Freiflächen für die Gemeinde Krumke, Kreis Osterburg, Diplomarbeit (unveröffentlicht) Humboldt-Universität Berlin, landwirtschaftlich-gärtnerische Fakultät, Institut für Gartengestaltung, 1967, in: Handakte Baudenkmalpflege Landesamt für Denkmalpflege und Archäologie Sachen-Anhalt.

5 Ebenda.

6 Bereits 1816 zogen seine Eltern nach Pommern. Nach dem Rückzug des Vaters 1838 nach Schönhausen, weilte er in den Ferien mehrfach auf dem Gut. 1845 zog Otto nach dem Tod seines Vaters zurück nach Schönhausen. Bereits 1849 siedelte er nach Berlin um und verpachtete das Gut. 1872 übernahm er das Gut nach Ende des Pachtvertrages wieder in Eigenregie, weilte jedoch nur noch relativ selten dort. 1891 übereignete er es seinem Sohn.

7 Diese Situation war nur mit den verheerenden Folgen des Hochwassers von 1845 vergleichbar.

8 1937 verkaufte diese das Schloss an den Reicharbeitsdienst.

9 Maximilian Karl Asche von der Asseburg war ein einflussreicher Kammerherr am Hof des preußischen Königs Friedrich Wilhelm IV. (1795, reg. 1840–61).

10 Vgl. »Schmiede zu Neindorf, Entw. v. Stüler, Lith. Anst. v. W. Loeillot in Berlin«, in: Architektonisches Skizzen-Buch, Berlin 1853, Heft XII, Blatt 6.

11 Die reizvolle, dreiseitig von Wassergräben eingefasste Anlage mit markantem Corps de Logis und niedrigen Seitenflügeln wird typengeschichtlich und in manchen Details noch als barock empfunden, während ihre Dekorationsformen und die Gliederung der Architektur, vor allem innen, eher dem Klassizismus zuzuordnen sind.

12 Thekla Sophie Marianne (1815–92).

13 Marie Luise Harksen beschreibt sie 1961 wie folgt: »Zwischen zwei Glashäusern liegt in der Mitte ein dorischer Tempel, zu dem sieben Sandsteinstufen hinaufführen. Die Sandsteinfassade ist z. T. geschliffen. Die seitlichen Treppenpodeste sind vorn mit Postamenten besetzt, die wohl ehedem Vasen aus gebranntem Ton trugen. Fassade mit vier dorischen Säulen. Auf dem Balken erhaben: HORAE ET POMONAE (z. T. beschädigt) [vermutlich FLORAE ET POMONAE]. Triglyphenfries mit Kränzen. […]«, in: Harksen, Marie Luise; Engels, Walter: Die Kunstdenkmale des Kreises Haldensleben, Leipzig 1961, S. 460–461.

14 Blanke, Harald: Grundriß über Ihro Hochwohlgeborenen Freyherrlichen Excellence von Alvensleben Garten, Hundisburg 2007, insbesondere S. 91ff. Kapitel IX »[…] mit mancher Seltenheit aus jedem Theil der Welt«, »Die Pflanzensammlung« und S. 79f. Kapitel VI »[…] zwey Stockwerke gegen Mitternacht, welche der Gärtner bewohnet, Wohnung und Hausrat des Gärtners«, sowie Kapitel V »[…] dabey nur beständige Veränderung obwaltet«, »Die Garteninventare«, »Der Garten im Detail« mit S. 73, Nr. 42 »Gewächs Hauß Garten« und S. 76, Nr. 46 »Der Orange Garten«.

15 Hauer, Ulrich: Von Kunstgärtnern und Gartenkunst, Hundisburg 2005, S. 55f., S. 94. – Hauer, Ulrich: Das Lustholz von Neuhaldensleben und andere Bürgerparks auf bewaldeten Höhen, in: Jahresschrift der Museen des Landkreises Börde, Band 52, Haldensleben 2012, S. 18ff.

16 Blanke, 2007 (wie Anm. 14).

17 Baufehler zwangen hier bereits ab 1774 zur Aufgabe des dabei neu gestalteten »Gartensaales« und seine Aufteilung mit zusätzlichen Stützwänden.

18 An dieser Stelle soll sich bereits im frühen 18. Jahrhundert ein Vorgängerbau befunden haben, nähere Aussagen sind nicht überliefert.

19 Grubitzsch, Falko: Die Kinderheilanstalt Harzgerode. Vom architektonischen Konzept zur Bekämpfung einer Volksseuche zum modernen Klinikum, in: Denkmalpflege in Sachsen-Anhalt 2 (1996), S. 140–155, hier S. 144.

20 Entsprechend örtlicher Überlieferungen wird der Entwurf einem nicht näher benannten Schüler von Schinkel zugeordnet. Heute wird das in Privatbesitz befindliche Gebäude als Nebengelass genutzt.

21 Ein aus dem Jahr 1807 stammender Grundriss des Fürstlichen Gartens vermittelt einen Eindruck der verloren gegangenen Gartenstrukturen. Die Legende weist u. a. ein »Orange Haus« aus. Dieses wird einem Gebäudetrakt südwestlich des Schlosses zugeordnet.

22 Große, Jenny: Schlosspark Reinharz. Geschichte, Bedeutung, Entwicklungskonzept, Diplomarbeit Technische Universität Dresden, unveröff., 2000.

23 Diesen beschrieb Schoch in seiner 1794 anonym erschienenen Veröffentlichung wie folgt: »Soll das Auge getäuscht werden, so ist es allerdings nöthig, alle an der Landschaft befindlichen Gegenstände dergestalt zu benutzen, dass sie so erscheinen, als wenn sie zur künstlichen Landschaft des Englischen Gartens selbst gehörten. Nahe anliegende Gebüsche, Wiesen und Huthungen müssen durch darauf zu pflanzende Schrubs und Gruppen von Bäumen gleichsam an den Garten angehänget werden, sodass dem Fremden die Gränze des Gartens unbekannt bleibt. Hügel, grosse Gruppen, in der Landschaft befindliche Bäume, Thürme, oder andere Gegenstände müssen zwischen den Pflanzungen in freyer Aussicht zu sehen seyn, und wo möglich aus mehr als Einem Gesichtspunkt in die Augen fallen.«, S. Schoch, Johann George Gottlieb: Versuch einer Anleitung zu Anlegung eines Gartens im Englischen Geschmack, Leipzig 1794, S. 40.

24 Als künstlerisches Vorbild diente der in der Antikensammlung des Vatikans befindliche Apoll von Belvedere.

25 Dabei handelt es sich um eine Sekundogenitur, Herrschaftsgebiete, welche Kurfürst Johann Georg I. seinen nachgeborenen Söhnen übertrug, unter ihnen der spätere Herzog Christian I.

26 Benecken, Peter: Die Schlossgärten Merseburg, in: Gartenkunst und Gartendenkmalpflege in Sachsen-Anhalt, Landesamt für Denkmalpflege und Archäologie Sachsen-Anhalt, Halle (Saale) 2011, S. 212–215.

27 Ebenda, darin heißt es weiter: »Herzog Christian I. lässt 1661 ›ein gut Theill [des Merseburger Wirtschaftshofes] zu einem schönen Lust-Garten‹ ausbauen.« Nach einer späteren Quelle war dieser »nach dem damaligen französisch-holländischen Geschmack mit verschiedenen Hecken-Laubengängen und einzelnen Taxus-Bäumen [Eiben] verziert«.

28 Benecken, 2011 (wie Anm. 26): Acta den Schloßgarten zu Merseburg betreffend, 8543 Rep C 48 IIIa, 1815, Landeshauptarchiv Sachsen-Anhalt, Abt. Merseburg.

29 Ing.-Sous. Lieutenant Fischer: Stadtplan Merseburg, 1807 Staatsbibliothek Marburg/Lahn.

30 Peter Joseph Lenné: Gestaltungsentwurf für den Schlossgarten Merseburg, Plankammer des Landeshauptarchivs Merseburg, Signatur: Rep. C 48 IX, Nr. 63, 1825.

31 Därr, Sigrun; Rüdiger, Silke: Denkmalpflegerische Rahmenkonzeption für den Schlossgarten Merseburg, Halle/Saale 2003, S. 26, unveröffentlicht.

32 Mengel, Franz: Schloßgarten Merseburg, in: Deutsche Gartenarchitektur, 11. Jahrgang, Nr. 1, Berlin 1970, S. 5–6.

33 Därr; Rüdiger, 2003 (wie Anm. 31).

34 Weitere Angaben zur Entwicklung des Weißenfelser Schlossgartens finden sich u. a. bei Säckl, Joachim: Garten- und Jagdanlagen der Herzöge von Sachsen-Weißenfels in: Das albertinische Herzogtum Sachsen-Weißenfels, Beiträge zur barocken Residenzkultur, Freyburg/Unstrut 1999, S. 70–73.

»… der schönen Gärten Zier« und Nutzen

Notizen zur Frühzeit der Orangeriekultur in der Mitte Deutschlands

Bislang war davon auszugehen, dass erste Zitrusfrüchte zu Beginn des 16. Jahrhunderts in der Mitte Deutschlands eingeführt wurden. Zu diesem Zeitpunkt werden »Bomeranzen« und »Lemonien« als Zutaten in der Dresdner Hofküche erwähnt.[1] Auch die Ersterwähnungen in den Küchenrechnungen des Weimarer Hoflagers sind auf 1505 und folgende Jahre zu datieren.[2] Zudem war Briefen der Patrizierfamilie Tucher in Nürnberg zu entnehmen, dass Anton II. Tucher (um 1457–1524) Kurfürst Friedrich III. von Sachsen (1463, reg. 1486–1525), Friedrich den Weisen, »im Jahre 1521 mit einer ›Schachtel‹ gefüllt mit 100 ›bomerantzen‹ beschenkte«.[3] Ob diese Früchte frisch oder verarbeitet, beispielsweise kandiert, waren, bleibt hierbei unklar.

Neuere Forschungen legen nun nahe, dass der Termin frühester Kenntnis von Zitrus hierzulande einige Jahre früher anzusetzen ist. In einem Handschreiben mit Datum Weimar, 15. Juli 1474, erkundigt sich »Wilhelm von Gotes Gnaden Herzog zu Sachsen, Landgrave zu Doringe und marrgrv zu meissen« bei seinen Neffen Ernst und Albrecht, ob die Pomeranzen, die er geschickt hatte, hätten helfen können, die Unpässlichkeit Herzog Ernsts wieder zu bessern.[4] (Abb. 1) Diese bislang früheste Erwähnung von Zitrus in Mitteldeutschland bezieht sich auf die gesundheits-

1 Auszug aus dem Handschreiben Herzog Wilhelms an Kurfürst Ernst und Herzog Albrecht zu Sachsen, eine Unpässlichkeit Kurfürst Ernsts, Pomeranzen, welche Herzog Wilhelm demselben geschickt […] betreffend. Weimar, Donnerstag Divisionis Apostolorum 74 (15. Juli 1474), SächsStA Dresden 10005 Hof- und Zentralverwaltung (Wittenberger Archiv), Loc-4342/01, Bl. 043

fördernde Wirkung der Pomeranzen. Diese war während Altertum und Mittelalter vor allem in medizinischen Traktaten und der Klostermedizin weitergegeben worden. Und so kann in der Tat im Jahr 2024 das »Jubiläum 550 Jahre Ersterwähnung von Zitrus am Herzogshof«[5] begangen werden – sofern man es rein auf die Früchte bezieht.

Dieser bemerkenswert frühe Termin der Ersterwähnung von Zitrus-Früchten auf sächsischem Gebiet war ein Anlass, für diese Tagung den Forschungsstand zur frühen Geschichte der Orangeriepflanzensammlungen unter Einbeziehung bislang nicht berücksichtigten Materials erneut in den Blick zu nehmen. Das angesprochene Untersuchungsgebiet der Mitte Deutschlands konkretisiert sich vorwiegend als wettinischer Herrschaftsbereich, der mehrfach Teilungen und territorialen Veränderungen unterworfen war. Auch seine starken Verflechtungen und Verbindungen innerhalb Europas sollen thematisiert werden.

Beim Briefschreiber vom Anfang handelt es sich um Wilhelm III., genannt der Tapfere, (1425, reg. 1445–82), der nach der Altenburger Teilung von 1445 über den thüringischen und fränkischen Teil des sächsischen Herzogshofes herrschte.[6] Die Söhne seines Bruders Friedrich II., seine im Brief angesprochenen Neffen Ernst (1441, reg. 1464–86) und Albrecht (1443, reg. 1464–1500), begründeten schließlich 1485 die sogenannte Leipziger Teilung in die ernestinische und albertinische Linie des Hauses Wettin.

Verweilen wir einen Moment bei Wilhelm dem Tapferen. Aufgrund des bemerkenswert frühen Termins des Früchte-Geschenks erscheinen seine Person und sein Handeln von Interesse. Ein Bild von ihm bekommt man im Internet sofort, z. B. das Porträt von Antoni Boys, genannt Anton Waiss (geboren 1530–1550, gestorben 1593–1603). (Abb. 2) Man sieht hier den verwegenen Charakterkopf eines Mannes, der in ungewöhnlicher Weise mit einem Blütenkranz geschmückt ist.[7] Bereits im Jahr 1461, am 25. März, hatte sich Wilhelm III. als erster sächsischer Kurfürst im Alter von 36 Jahren auf Pilgerfahrt zum Heiligen Grab nach Jerusalem begeben.[8] Der erhaltene, im 19. Jahrhundert transkribiert veröffentlichte Bericht über diese rund sechs Monate dauernde Reise lässt Zeitgefühl lebendig werden. Von Venedig aus fuhren die Pilger entlang der Küste von Hafen zu Hafen. Zu den Lebensmitteln, mit denen man sich, anderen Reisenden zufolge, in Venedig neben vielem anderen eindecken sollte, gehörte Zitronat – war dies zu medizinischen Zwecken gedacht, oder als Leckerei zwischendurch? Im Verlauf der Seefahrt gelangten die Reisenden vor der Küste Albaniens auf eine kleine Insel, laut Beschreibung »von Gestalt und Anschein, als ob sie wüste wäre. [...]

2 Antoni Boys gen. Anton Waiss (geb. 1530–50, gest. 1593): Wilhelm III., der Tapfere, Herzog von Sachsen (1425, reg. 1445–82), Öl auf Leinwand, KHM Wien

3 Flämischer Meister: Albrecht der Beherzte, Herzog zu Sachsen, um 1494, Öl auf Eichenholz

In derselbigen Insel stunden viel fruchtbare Bäume, als Feigenbäume, Oelbäume, Pommeranzenbäume, Granatbäume […].«[9] Vermutlich dient die Erwähnung dieser fremdländischen Bäume der Charakterisierung eines fremden Landes, aber es erstaunt doch die Beiläufigkeit, mit der die verschiedenen Gattungen der Fruchtbäume erwähnt werden – sie werden schlicht zur Kenntnis genommen und aufgezählt.

So wird auch hier deutlich, dass Zitrusfrüchte in der zweiten Hälfte des 15. Jahrhunderts in Deutschland durchaus nicht selten und nicht unbekannt waren. Seit 1400 wurden neben den verschiedenen frischen Früchten auch deren Produkte und Zubereitungen, wie Zitronat, Pomeranzenöl oder Orangenblütenwasser, aus Spanien, Portugal oder Italien eingeführt, zunehmend nördlich der Alpen gehandelt.[10] Die weiteren frühen Erwähnungen von Zitrusfrüchten – 1432 in Wien[11], 1495 am Münchner[12], 1505 und 1519 am Weimarer Hof[13] – stehen folgerichtig ebenfalls im Zusammenhang mit pharmakologischer oder kulinarischer An- und Verwendung.

Einer der zu Beginn angesprochenen Neffen Wilhelm III., Herzog Albrecht der Beherzte, pilgerte 15 Jahre später ins Heilige Land und scheint tatsächlich Orangeriepflanzen nach Dresden gebracht zu haben. (Abb. 3) Von seiner neunmonatigen Pilgerreise nach Jerusalem, von der er am 5. Dezember 1476 zurückkehrte, soll er »einige Feigenbäume« mitgebracht und dem Franziskanerkloster geschenkt haben, das südwestlich des Dresdner Schlossbezirks lag.[14] (Abb. 4) Seit dem Beginn des 13. Jahrhunderts war die Dresdner Ansiedlung mit einem herrschaftlichen Bezirk ausgestattet worden, der die 1228 erstmals urkundlich genannte, großartige steinerne Elbbrücke beherrschte. Auf der linkselbischen Seite entstand an der Zufahrt zur Elbbrücke ein Geviert höfischer Gebäude, das ab 1200 durch die wettinischen Markgrafen ausgebaut wurde. Nach der Leipziger Teilung 1485 nahm Albrecht der Beherzte Dresden als herzogliche Residenzstadt, während Kurfürst Ernst seine Residenz in Torgau ansiedelte. Bereits in der Zeit um 1400 ist in Quellen im Bereich des Dresdner Schlossgevierts und am benachbarten Franziskanerkloster, um 1240 entstanden, von ersten Gärten die Rede, die als »Baumgärten« bezeichnet werden.[15] (Abb. 5) Dies lässt auf eine Vielfalt an Obstbäumen schließen, die wohl hier vorhanden waren. Das Franziskanerkloster mit seinen Gebäuden und Mauern bot sicherlich einen sehr geschützten Bereich, in dem auch Feigen gedeihen konnten. Von einer Vorrichtung zur frostfreien Überwinterung, meist der Beleg für die erfolgreiche Kultivierung, haben wir leider keine Kenntnis.

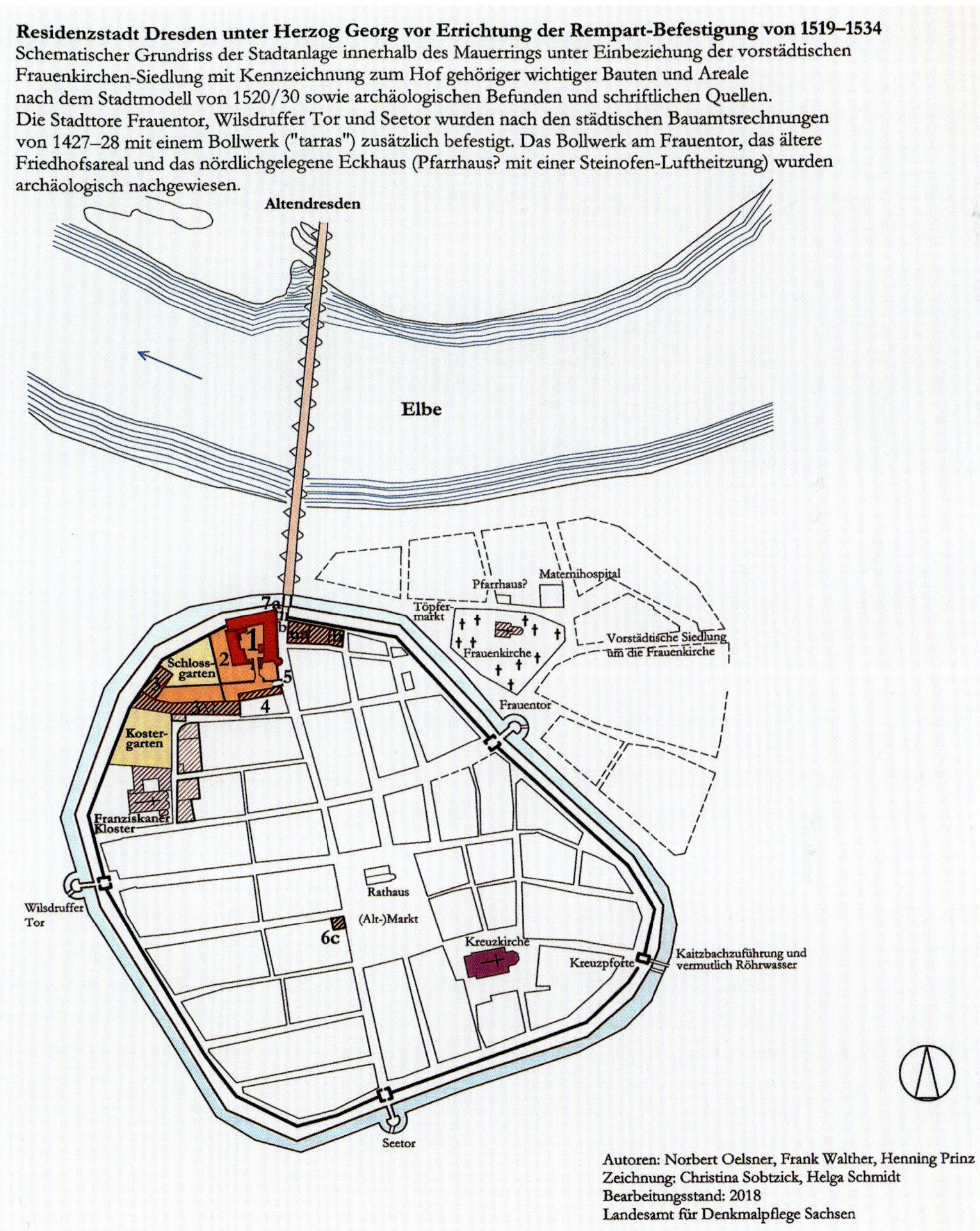

4 Die ersten Gartenanlagen innerhalb der Residenzstadt Dresden, am Franziskanerkloster und am Schloss, vor 1520, schematische Grundrissrekonstruktion, aus: Landesamt für Denkmalpflege (Hg.): Das Residenzschloss zu Dresden, Bd. 2, Die Schlossanlage der Renaissance und ihre frühbarocken Um- und Ausgestaltungen, Petersberg 2019, S. 23

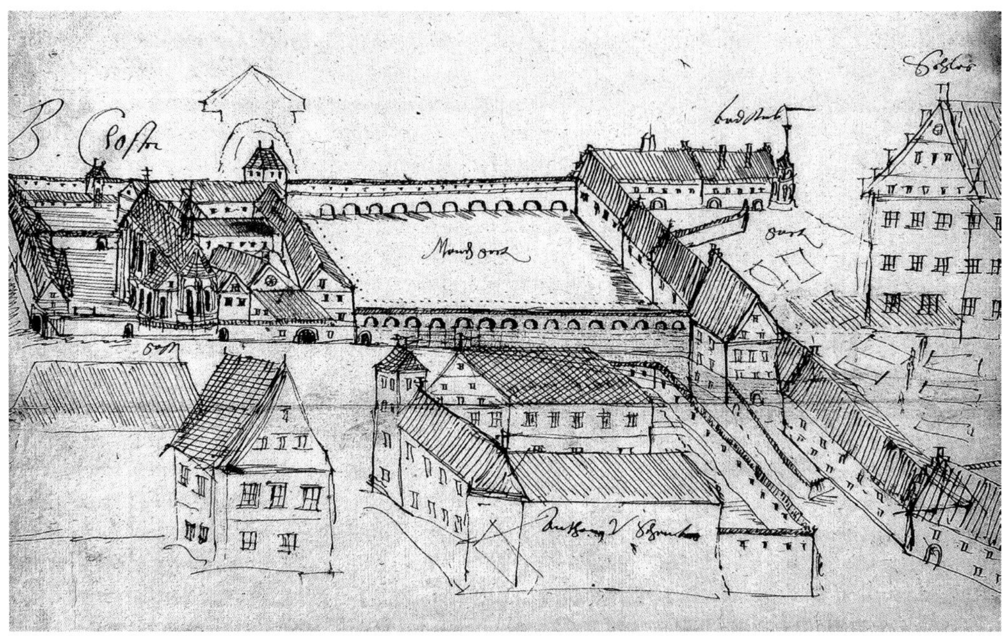

5 Skizzierte Ansicht der Gebäude südwestlich vom Schloss mit der Südwestecke des Moritzbaues, Federzeichnung, 1555, SächsStA Dresden 10036 Finanzarchiv, Loc. 37281, Rep. 22, Dresden, Nr. 4

Wie Henrike Schwarz 2019 dargestellt hat, scheinen diese Feigenbäume später in den Zwingergarten gepflanzt worden zu sein. (Abb. 6) Denn Anton Weck erwähnt in seiner Chronik von Dresden aus dem Jahr 1680 »in dem so genannten Zwinger=Garthen / so hinter dem Churfürstl. Residentz-Schlosse innerhalb der Fortification gelegen / vielerley Sorten Feygenbäume […]/ worunter einige an dem Stamme eine völlige Mannes-Dicke halten / welche herzliche und überflüßige Früchte geben«.[16] Diesem Stammumfang nach könnten sie auf alle Fälle, wie bereits Heinrich Seidel im 19. Jahrhundert datiert hat[17], seit der Zeit vor 1500 kultiviert worden sein, wenn auch ihre Herkunft aus dem Heiligen Land (bislang) nicht zu belegen ist.

Aber nicht nur in Dresden waren erste Feigenbäume bereits vor 1500 eingeführt worden. Der zu Beginn bereits erwähnte ernestinische Kurfürst Friedrich der Weise, ebenfalls ein Jerusalem-Pilger, 1493 auf Reise ins Heilige Land, einer der angesehensten Fürsten im Reich, war ein großer Förderer des Humanismus, der Wissenschaften und der Reformation.[18] Bereits um 1500 ließ er das aus dem 13. Jahrhundert stammende Jagdschloss Lochau vor den Toren Torgaus zu einer ländlichen »Villa« humanistischer Prägung ausbauen, eine frühe fürstliche Jagd- und Lustgartenanlage, für die es in Deutschland kein Vorbild zu geben scheint.[19] Eine recht ausführliche Beschreibung des süddeutschen Adeligen Hans Herzheimer aus dem Jahr 1519 nennt Details des Gartens. Es gab Laubengänge und mehrere Lusthäuser, eine Kapelle, eine Schießhütte und eine Weinpresse, jeweils mit Trinkstube, es gab Vogelhäuser und Fischteiche. Nach Aussage des Besuchers wuchsen in dem Lustgarten Früchte, wie sie »im paradies wachsen«, genannt werden Feigen, Granatäpfel, Mandel-

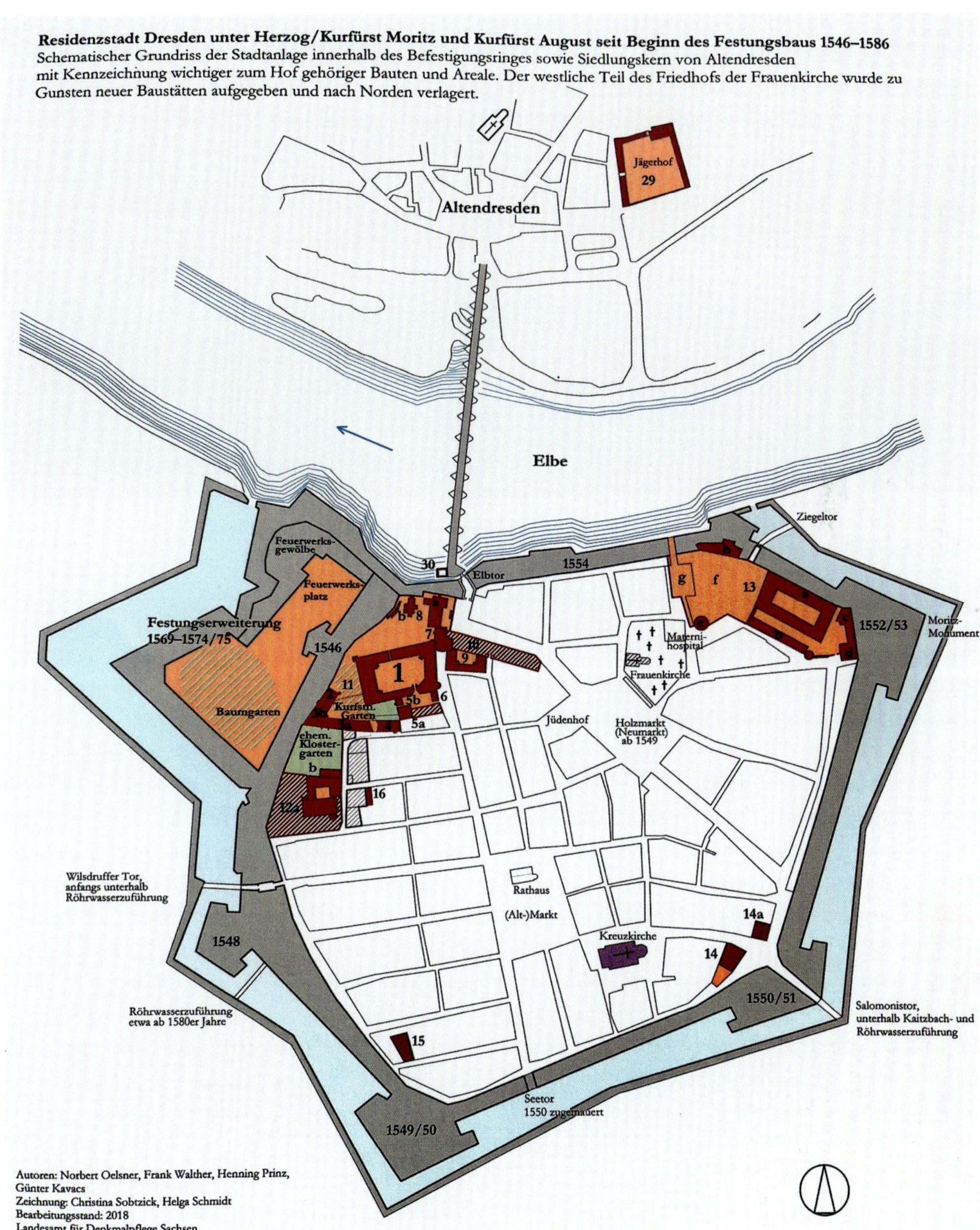

6 Die Residenz Dresden mit ihren Gartenanlagen, dem ehem. Klostergarten, der Kurfürstin Garten am Schloss und Baumgarten im Zwingerbereich, 1546–85, schematische Grundrissrekonstruktion, aus: Landesamt für Denkmalpflege (Hg.): Das Residenzschloss zu Dresden, Bd. 2, Die Schlossanlage der Renaissance und ihre frühbarocken Um- und Ausgestaltungen, Petersberg 2019, S. 79

7 Lucas Cranach d. J. (1515–86): Hirschjagd des Kurfürsten Johann Friedrich, Ausschnitt: Schloss Hartenfels in Torgau, Ölgemälde, 1544, KHM Wien

und Pfirsichbäume – möglicherweise waren sogar Zitrus dabei.[20] Von den beschriebenen Lusthäusern könnte wenigstens eines auch Möglichkeit zur Überwinterung empfindlicher Gewächse geboten haben. Und Hans Herzheimer erwähnt, dass der Kurfürst die fremdländischen Pflanzen durch Kontakte zu den Fuggern und anderen Handelshäusern aus südlichen Ländern erhalten hatte.

Und in der Tat gibt es frühzeitig Kenntnis von Orangeriepflanzen in den Gärten der Handelsherren. Eine erste Erwähnung in zeitgenössischen Gartenbeschreibungen der Handelsherren in den Städten Augsburg und Nürnberg datiert aus dem Jahr 1531, als Beatus Rhenanus zahlreiche italienische oder »welsche« Pflanzen anspricht, darunter explizit Feigen und Pomeranzen.[21] Seit 1540 wurden Zitrus in Nürnberg kultiviert und mittels abschlagbarer Konstruktionen überwintert, wie Jochen Martz 2011 publizierte.[22] In Anbetracht der Handelskontakte, des Verlaufs von Handels- und Reiserouten – z. B. zog die Via Imperii von Rom über Nürnberg, Leipzig, Wittenberg nach Stettin und umgekehrt – kann man davon ausgehen, dass Orangeriepflanzen schon sehr früh von hier gehandelt wurden.

Torgau, bereits im 13. Jahrhundert eine der bevölkerungsreichsten Städte im wettinischen Herrschaftsgebiet und, unweit Wittenberg an der Elbe gelegen, bedeutende Handelsstadt, war seit der Leipziger Teilung 1485 unter Kurfürst Ernst und seinen Nachfolgern zur ernestinischen Residenz ausgebaut worden. Friedrich der Weise, Johann der Beständige (1468, reg. 1525–1532) und Johann Friedrich I. (1503–54, reg. 1532–47) ließen Schloss Hartenfels zu einem beeindruckenden, prächtigen Renaissancebau gestalten.[23] (Abb. 7) Unter Friedrich dem Weisen (1507 Generalstatthalter) wurde seit 1516 zunächst ein nördlicher Wohnflügel errichtet und nördlich des Schlosses ein ummauerter Lustgarten angelegt. Mit einem zweistöckigen Lusthaus, Obstbäumen, Küchen- und Kräutergarten zeigte er bereits alle Merkmale fürstlicher Lustgärten und gehört mit dem Jagdschloss Lochau und dem Münchener Hofgarten zu den frühesten solcher Anlagen nördlich der Alpen. Johann Friedrich der Großmütige ließ diese Gärten weiter ausbauen.

Torgau entwickelte sich aber auch bis zur Mitte des 16. Jahrhunderts zu einem Zentrum naturkundlicher Forschung und Wissens. Apotheker und Ärzte der Stadt waren eingebunden in ein Netzwerk von Naturforschern, korrespondierten u. a. mit Conrad Gessner (1516–65) in Zürich, Leonhart Fuchs (1501–66) in Ansbach, Apotheker Georg Öllinger (1487–1557) in Nürnberg, standen aber selbstverständlich ebenfalls im Austausch mit den naturkundlich interessierten Herrscherhäusern. Zu nennen sind hier vornehmlich die Mediziner Christoph Leuschner (1521–74) und Johannes Kentmann (1518–74). Ersterer, Sohn des Stadtapothekers in Meißen, studierte zunächst in Wittenberg, letzterer, Sohn eines angesehenen Ratsmitglieds in Dresden, studierte Medizin in Leipzig und Wittenberg und ging zunächst 1543–45 als Lehrer nach Nürnberg.[24] 1547 reisten beide gemeinsam nach Italien, studierten bei den bedeutendsten Medizinprofessoren ihrer Zeit in Padua, Bologna und Venedig, wo sie schließlich auch promoviert wurden, trieben eigene naturkundliche Studien. Der sogenannte Codex Kentmanus, den die Herzogin Anna Amalia Bibliothek verwahrt, ist die Sammlung mehrerer naturkundlicher Schriften bzw. der naturkundlichen Aufzeichnungen,

8 Citrinat und Pomeranzen, aus: Codex Kentmanus, d.i. Kentmann, Johannes: Plantarvm At[que] Animantivm Nvnqvam Hactenvs Impressarvm imagines, Partem in Italia; partem in alijs nationibus Collectæ, & ad uiuum expressæ, inq[ue] III libros digestæ, à Joanne Kentmanno Medico, S.l. 1549, Handschrift, Naturwissenschaftliche Sammlung der HAAB Weimar

die Johannes Kentmann anfertigte und die sein Sohn Theophil 1583 als repräsentatives Buch zusammenbinden ließ. (Abb. 8) Johannes Kentmann skizzierte unter anderem den Flusslauf der Elbe, fertigte botanische Studien von Fischen, Blumen und Früchten. Auch werden im Codex Texte anderer Naturforscher und der Austausch mit ihnen belegt. So nutzte Kentmann den Heimweg aus Italien, um in Zürich Conrad Gessner persönlich aufzusuchen und mit ihm seine botanischen Studien zu besprechen. Nach Rückkehr wurde Kentmann Stadtarzt in Meißen, Leuschner in Torgau.

Sicherlich mit den Erfahrungen aus Italien im Hintergrund, schließlich hatten sie den 1545 angelegten Botanischen Garten in Padua besucht, half Leuschner dem Torgauer Apotheker Joachim Kreich (1543–75) bei der Anlage eines Kräuter- und Heilpflanzen-Gartens westlich vor den Toren der Stadt, der Berühmtheit erlangte.[25] Nachdem 1554 Leuschners Vater gestorben war, tauschten die beiden Freunde ihre Stellen. Leuschner nutzte seine Erfahrungen, um sogleich in Meißen einen privaten botanischen Garten anzulegen. Einen Grundstock an Pflanzen und Sämereien für diesen konnte er von Kreich aus Torgau mitnehmen.[26] Kentmann erlebte Pestepidemien in Meißen und in Torgau und brachte seine Erfahrungen damit zu Papier. Als er 1554 seine Stelle als Stadtphysicus in Torgau antrat, war in Kreichs botanischem Garten wohl ein beachtliches Pflanzensortiment vorhanden. Alle drei Naturforschenden erwähnt Conrad Gessner in seiner Schrift »De Hortis Germaniae Liber«, Straßburg 1561, mit folgenden Worten: »In Torgau findet sich der mit allen Arten Gewächsen äußerst wohlversehene Garten des Apothekers Kreich; er ist auch auf Grund seiner Anordnung und Anlage sehr zierlich. […] Ebenfalls in Torgau zieht Johannes Kentmann, ein Arzt, der sich gleicherweise durch sein praktisches Können wie sein Wissen auszeichnet, nicht wenige seltene und fremdländische Pflanzen. Das gleiche tut in Meißen […] der hervorragende Arzt Christoph Leuschner.«[27]

In Dresden erfolgte währenddessen der Ausbau zur kurfürstlichen Residenz mit modernen Befestigungsanlagen zunächst unter Herzog Georg (1471, reg. 1500–39)[28], vor allem aber unter Moritz von Sachsen (1521, reg. 1541–53) und seinem Bruder August (1526, reg. 1553–86). Zur Frühzeit der Dresdner Gartenkultur haben Henrike Schwarz und Christine Nagel publiziert.[29] Viel Raum zur Anlage von Gärten stand nicht zur Verfügung. Doch Moritz, seit 1547 mit der Kurwürde ausgestattet und einer der bedeutendsten Herrscher im Heiligen römischen Reich, sah sie als Zeichen einer standesgemäßen Residenz und orientierte sich an Italien und Frankreich.[30] Im Gelände des Franziskanerklosters, das im Zuge der Reformation zur Residenz gezogenen worden war, erhielt der Hofgärtner seine Wohnung.[31] (Abb. 5) 1549 wurde für die Dresdner Gärten eine größere Menge von Obstbäumen in Prag bestellt, unter anderem »Birnen, ungarische Pflaumen, Quitten, Maulbeerbäume und welsche Kirschen«[32], und zur Abholung durch Hofgärtner Nickel Fuchs beim Prager Schlosshauptmann Ullrich von Duba bestimmt. Doch obwohl in Prag seit 1538 erste Zitrusgewächse (»lemoni, pomeranzen, cedroni«) auf Geheiß Kaiser Ferdinand I. kultiviert, Feigen- und Granatapfelbäume aus Triest geliefert wurden[33], finden sich dergleichen Pflanzen nicht in der Dresdner Bestellung. Nur am Rande sei erwähnt, dass man die ersten Zitrusgewächse in Prag nicht im Land kultivierte, sondern für die Pflanzen hölzerne Kübel angefertigt wurden. Vermutlich kamen sie zur Überwinterung ins Souterrain des Königlichen Lusthauses, das 1538 bereits fertig gestellt war.[34] Dies ist hierzulande die früheste Erwähnung einer Kultivierung in Gefäßen.[35]

9 a+b Lucas Cranach der Jüngere (1515–1586): Kurfürst August von Sachsen (1526–86) und Anna von Dänemark, Kurfürstin von Sachsen (1532–85), entstanden nach 1565, Öl auf Leinwand, Porträtgalerie Schloss Ambras, Innsbruck

Neben der Hauptstadt Dresden wurde Torgau seit 1547, mit Übergang der Kurwürde an Herzog Moritz, zweite Residenz im albertinischen Kursachsen, häufig hielt sich der Hof hier auf. Nach dem jähen Tod des Kurfürsten Moritz in der Schlacht bei Sievershausen übernahm sein Bruder August 1553 die Regierung. Kurfürst August war am Kaiserlichen Hof in Innsbruck und Prag erzogen worden und mit Maximilian II. gut befreundet. 1548 heiratete er Anna Prinzessin von Dänemark (1532–1585). (Abb. 9 a+b) Beide teilten eine Liebe zum Gartenbau, ließen die Gärten ihrer Residenzen ausbauen und waren unermüdlich in ihrem Bemühen sich neue, möglichst unbekannte Pflanzen liefern zu lassen. Das Interesse Kurfürst Augusts richtete sich ab 1570 vor allem auf die Kultivierung von Obst-

10 Schloss Annaburg, sog. Hinterschloss, unter August und Anna 1572–75 errichtet, Doris Antony, Berlin, 2009

sorten, wobei er sehr praktisch selbst mit Hand anlegte und letztlich auf eine Verbesserung der einheimischen Wirtschaft zielte.[36] Kurfürstin Anna hingegen beschäftigte sich vor allem mit der Verwertung von Kräutern, Früchten und Gemüsen. Groß war ihr Interesse an der Botanik und der Herstellung von Arzneien; sie produzierte selbst Lebenselixiere, »Aqua Vitae«, in verschiedenen Ausführungen.[37] Auch versandte sie mit ihren Briefen häufig persönlich Gesundheitsratschläge und Rezepte, auch Produkte ihres Gartens oder Ratschläge zu Garten und Pflanzen. Henrike Schwarz schreibt: »Die ca. 35 000 Briefe aus dem Nachlass der Kurfürstin Anna belegen, dass kaum eine Sendung von ihr an ein befreundetes Herrscherhaus verschickt wurde, die nicht von Früchten, Samen, Destillaten, Garten- oder Pflanzentipps begleitet wurde.«[38] Beide kümmerten sich nun intensiv um den Ausbau und die weitere Verschönerung der Gärten in Dresden wie auch in Torgau und Lochau. Südwestlich des Dresdner Schlosses, in unmittelbarer Nachbarschaft zu den Räumen der Kurfürstin, der Badstube, entstand ein »kurfürstlicher Lustgarten«, später als »Churfürstinnen Garten« bezeichnet, wie auf einer Federzeichnung von 1555 zu sehen.[39] (Abb. 5) Die Wetterunbilden der Kleinen Eiszeit scheinen auf, wenn Anna beispielsweise 1557 notiert, dass im Winter »Kräuter und Blumenstöcke« in ihrem Garten erfroren.[40] In der Nähe ihres Gartens wurde 1581 die Hofapotheke errichtet, es gab Räume zum Lagern von Kräutern und Samen sowie die Hofküche, darüber hinaus wurde die Kunstkammer eingerichtet und um 1556 eine Bibliothek. Gärten gab es schließlich auch im Bereich des Zwingers und auf den Bastionen.

Auch in Torgau wurden die Gärten weiter ausgestaltet und Anna sorgte dafür, dass in Hofküche und -apotheke die Ernte nutzbringend verarbeitet werden konnte. Besonders angetan hatte es ihr aber Jagdschloss Lochau. Das Jagdschloss wurde 1572–75 durch einen Neubau ersetzt und mit der Stadt 1573 in Annaburg umbenannt. (Abb. 10) Zu dem bereits von Friedrich dem Weisen angelegten Lustgarten kamen Gemüse- und Arzneipflanzengarten direkt am Schloss. August und Anna hielten sich bevorzugt hier auf, ließen im Schloss eine Bibliothek sowie eine Anlage zum Destillieren von Kräutern und Gewürzen einrichten.[41]

Fähige Gärtner für die Gartenanlagen holte sich das Kurfürstenpaar von überall in Deutschland und Europa. Für die Anlagen in Torgau und Lochau wurde 1556 der niederländische Gärtner Jhan Klodt angestellt[42], 1568 Hans Ritter aus Wademont bestallt[43] sowie im selben Jahr Georg Winger, der auf Empfehlung aus Nürnberg kam, und auch für Dresden zuständig war. Für den Dresdner Herzogin Garten wurde schon 1590 durch Christian I. Jeremias Bertram berufen.[44]

Von bekannten Apothekern und Ärzten, befreundeten Fürsten, dem kaiserlichen Hof, Kaiser Maximilian persönlich erbaten sich August und Anna immer wieder »gute fremde Samen von Kräutern, Früchten, Blumen«.[45] Aus dem umfangreichen Briefwechsel geht hervor, dass diese Wünsche, häufig recht umfangreich, erfüllt wurden. Anna erhielt auch Lieferungen von Pflanzen aus den Medizinalgärten des Apothekers Kreich aus Torgau und des Arztes Leuschner aus Meißen. Wenn auch in Korrespondenzen und in Lieferungen durchaus von welschen Pflanzen, Früchten oder Samen die Rede ist, werden doch nie ausdrücklich Pomeranzen oder andere Zitruspflanzen erwähnt. Dies geschah erstmals beim Besuch Kaiser Maximilian II. (1527, reg. 1564–76) im April 1575 und seinem nachträglichen Gastgeschenk von »vier Pommeranzen Beumlein«. Kurfürst August bedankte sich bei Maximilian mit warmen Worten und der Bemerkung, dass ihm dieses Geschenk »ganz lieb und angenehm gewesen« sei, da »Pommeranzen Beumlein […], die fruchte tragen« in »diesen Landen seltzam« – also selten – seien.[46] Wenn aber fruchttragende Pomeranzenbäume in Kursachsen selten waren – wo fanden sich die wenigen Exemplare? Vielleicht tatsächlich in den erwähnten Apothekergärten in Torgau und Leipzig?

1563 legte Stadtarzt Johannes Kentmann Kurfürst August ein prächtiges Kräuterbuch mit 600 farbigen Illustrationen vor, das dieser wohl um 1550 bei ihm in Auftrag gegeben hatte. (Abb. 11) Nach Kentmanns Worten wurden die Illustrationen »nach dem Leben« geschaffen, einschließlich der Darstellung von Entwicklungsphasen der Pflanzen und Früchte.[47] Die prächtigen Malereien in Eitemperafarbe von großer Naturtreue schuf der Torgauer Maler David Redtel. Seit Mitte der 1550er Jahre arbeitete Kentmann an der Erstellung des Kräuterbuchs, wählte die Pflanzen aus und bestimmte sie, besorgte Pflanzen, die nicht in der Nähe zu finden waren. Etwa 540 Arten aus 93 Familien sind hier dargestellt. Neben der mitteleuropäischen Flora, die den Hauptteil ausmacht, sind rund ein Viertel aus mediterranen Ländern, eingeschlossen Orangeriepflanzen, einige aus der neuen Welt und wenige aus tropischen und subtropischen Gebieten.[48] Der Grundbestand stammte ohne Zweifel aus dem Torgauer Apothekergarten. An prominenter Stelle sind Zitrus und andere Orangeriepflanzen zu finden. (Abb. 12–16) Geht man davon aus, dass Kentmann sie nicht extra aus Italien holte, müssen Pomeranzen, Limonen, Zitronatzitronen, Granatäpfel, Feigen und andere seit etwa 1550 in Torgau vorhanden gewesen sein.

11 Titelblatt aus: Johannes Kentmann: Kreutterbuch. Von sechshundert schonen auserlesenen hielendischenn, vnd fremden Gewechsen, Beumen, Stauden, Hecken, vnd Kreuttern, so mit iren blumen samen blettern vnd wortzelen auff befelich Augusti hertzogen tzu sachssen, Churfurst, auff das vleisigiste, vnd eigentlichste conterfet vnd tzusammen bracht – Handschrift, SLUB Dresden Signatur Mscr.Dresd.B.71, Digitalisat SLUB Dresden

12 »Granat Epffel« – Granatapfel (*Punica granatum*), aus: Kentmann, Johannes: Kreutterbuch, 1563, Bl. 7r, SLUB Dresden Signatur Mscr.Dresd.B.71, Digitalisat SLUB Dresden

13 »Citrinat Epffel« – Zitronatzitrone (*Citrus medica*), aus: Kentmann, Johannes: Kreutterbuch, 1563, Bl. 7v, SLUB Dresden Signatur Mscr.Dresd.B.71, Digitalisat SLUB Dresden

14 »Limonien« – Zitrone (*Citrus × limon*), aus: Kentmann, Johannes: Kreutterbuch, 1563, Bl. 8r, SLUB Dresden Signatur Mscr.Dresd.B.71, Digitalisat SLUB Dresden

15 »Pomerantzen« – Pomeranze (*Citrus × aurantium*), aus: Kentmann, Johannes: Kreutterbuch, 1563, Bl. 8v, SLUB Dresden Signatur Mscr.Dresd.B.71, Digitalisat SLUB Dresden

16 »Feigen« – Feige (*Ficus carica*), aus: Kentmann, Johannes: Kreutterbuch, 1563, Bl. 14v, SLUB Dresden Signatur Mscr.Dresd.B.71, Digitalisat SLUB Dresden

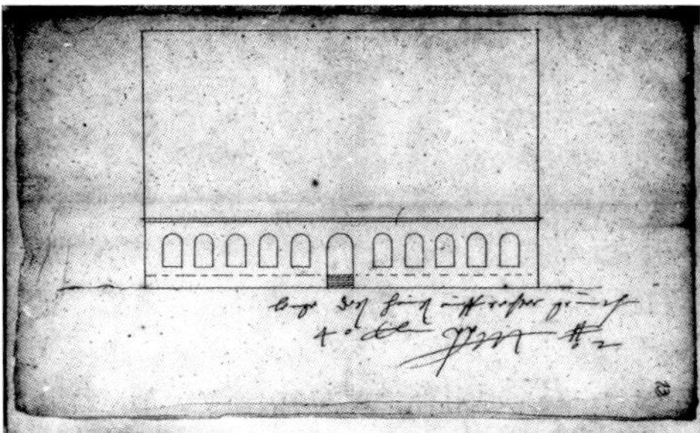

17 a+b Hans von Kitscher: Pomeranzenhaus im kurfürstlichen Lustgarten vor dem Wilsdruffer Tor zu Dresden, 1591, Giebel- und Traufansicht, SächsStA Dresden 10024 Geheimer Rat, Loc. 4453/4, Acta, Die Erbauung des Haußes im Churfürstl. Pommeranzen Garthen zu Dresden, wie auch die Anlegung unterschiedener anderer Herrschaftl. Gärthen und darbey gebauete Luste=Häußer betr., 1591

»Ausgesprochene Seltenheiten, die nach Gessner bei Kreich in Torgau bereits zum Bestand gehörten, waren Pomeranzen (*Citrus aurantium* L.), Feigenkaktus (*Opuntia ficus-indica* (L.) Miller), dessen Früchte und jungen Triebe essbar sind und der giftige Flaumige Stechapfel (*Datura metel* L.) Zudem war der Torgauer Apotheker Kreich einer der vier Besitzer von Tomatenpflanzen (*Solanum lycopersicum* L.) im deutschsprachigen Raum, die Gessner aufführt […].«, so schreibt Katrin Franz 2019.[49] Interessanter Weise schickte Kentmann seine Illustrationen auch an Apotheker Öllinger nach Nürnberg, wo dieser eigene Pflanzendarstellungen danach kopierte.

So waren die vier Pomeranzenbäumlein, die Kaiser Maximilian im Jahr 1575 Kurfürst August zum Geschenk machte, zwar vermutlich nicht die ersten in Sachsen, doch wohl am kurfürstlichen Hof in Dresden. Mit ihnen nahm die Kultivierung von Zitruspflanzen hier ihren entscheidenden Aufschwung, auch wenn wir nicht wissen, wo die jungen Pomeranzen zunächst überwintert wurden.

Erst in den Jahren 1591/92 ließ Augusts Sohn und Nachfolger, Kurfürst Christian I. (1560, reg. 1586–1591) von Sachsen, das erste Pomeranzenhaus aus Stein mit einem hohen Satteldach im »Churfürstlichen Pommeranzen- Garthen vor dem Wilsdruffer Tor«, später der Herzogin Garten genannt, errichten. (Abb. 17 a+b) Zuvor hatte er seinen Gärtner Jeremias Bertram im Frühjahr 1591 nach Kassel geschickt und sich bei seinem Vetter, Wilhelm IV., erkundigt, »[…] wie lang, breit und hoch die mauer in e.l. pomeranzen haus von der erden aufzuführen ist, damit wir uns darnach zurichten.«[50] Diese Erkundigung im Mai steht mit den Bauvorbereitungen im August in engem zeitlichem Zusammenhang. Wie sein Vetter in Kassel, bei dem zuvor das abschlagbare Haus durch einen Sturm vernichtet wurde, wünschte Christian I. ausdrücklich ein nicht abschlagbares Haus. Aber anders als in Kassel sollte es doch ein festes Dach erhalten. Zu Beginn der Arbeiten verfasste der ausführende Baumeister Hans von Kitscher zusammen mit dem Kostenanschlag einen ausführlichen Bericht, in dem er seiner Verwunderung darüber Ausdruck verleiht, dass er ein Haus aus Stein errichten solle. Er habe überall im Lande vor allem Pomeranzenhäuser gesehen, die aus Holz »mit gespundeten brettern« errichtet und mit mehreren Öfen beheizt waren. Er beurteilt sie vor allem insofern als positiv, da diese Konstruktionen im Sommer völlig verschwinden würden; auch vermutet er, dass die Kosten dafür geringer seien als für ein steinernes Haus.[51] Allein für das hohe Satteldach dieses wohl frühesten massiven Orangeriegebäudes in Deutschland wurden 10 000 Dachziegel veranschlagt. Bislang gibt es keine eindeutigen Belege dafür, dass dieses Haus errichtet wurde. Da es in Dresden aber einen stattlichen Pflanzenbestand gab, der durch Geschenke aus Kassel noch vergrößert wurde[52], und hier von Beginn an ein kompetenter Gärtner, Jeremias Bertram, wirkte, ist zu vermuten, dass es auch ausgeführt wurde. Unter Bertram erlangten der Herzogin Garten und seine Pflanzenbestände großes Ansehen.[53] Neben dieser hochstehenden Orangeriekultur im Herzogin Garten, die später durch die Anlage der Zwingergebäude als Orangerie und ihre Präsentation in diesem festlichen Rahmen eine weiterreichende Nobilitierung durch August den Starken (1670, reg. 1694–1733) erfuhr, wird auch für Pillnitz bei Dresden bereits 1578 die Unterbringung von Orangeriepflanzen in festen Häusern erwähnt.[54] So ist für den sächsischen Raum, begünstigt auch durch dynastische und familiäre Beziehungen, eine frühe hochstehende Orangeriekultur belegbar, deren erste Pflanzen bereits vor 1550 in Kloster- und Apothekergärten kultiviert wurden, und deren feste Winterungsgebäude zu den frühesten Anlagen dieser Art in Deutschland gehören.

Anmerkungen

1 Vgl. Lintel, Hiltrud: Herzogingarten Dresden, vom kurfürstlichen Pomeranzengarten zum öffentlichen Lust- garten, Diplomarbeit Univ. Hannover, Hannover 1995, S. 16–18. – Puppe, Roland: Orangen und Orangerien am Sächsischen Hof, in: Vorstand der Kulturstiftung Dessau-Wörlitz (Hg.): Oranien – Orangen – Oranienbaum, Kataloge und Schriften der Kulturstiftung DessauWörlitz Bd. 9, München/Berlin 1999, S. 111–120.

2 Schneider, Angelika: Orangeriekultur am Hof des Herzogshauses Sachsen-Weimar-Eisenach. Ein Überblick, in: Arbeitskreis Orangerien in Deutschland e. V. (Hg.): Orangeriekultur in Weimar und im östlichen Thüringen. Von den Bauten zur Praxis der Pflanzenkultivierung (= Orangeriekultur Bd. 14), Berlin 2017, S. 15–40, S. 15.

3 Vgl. Martz, Jochen: Zur Entwicklung der Zitruskultur in Nürnbergs Gärten – von den Anfängen bis in das 19. Jahrhundert, in: Arbeitskreis Orangerien in Deutschland e. V. (Hg.): Nürnbergische Hesperiden und Orangeriekultur in Franken (= Orangeriekultur Bd. 7), Petersberg 2011, S. 95–105, S. 96.

4 »Handschreiben Herzog Wilhelms an Kurfürst Ernst und Herzog Albrecht, [...] Pomeranzen, welche Herzog Wilhelm demselben geschickt [...] betreffend. Weimar, Donnerstag Divisionis Apostolorum 74«. Sächsisches Hauptstaatsarchiv (SächsStA) Dresden, 10005 Hof- und Zentralverwaltung (Wittenberger Archiv), Loc. 4342/01, Bl. 043. »[...] Eurer besserunge, Auch wider ufkommen Und das euch die pomerantzen von uns geschenckt, anwennug(?) sind, [...].« Prof. Dr. Marcus Köhler, Dresden, danke ich herzlich für den Hinweis auf diese Quelle und Almuth Märker, Leipzig, für Hilfe bei der Transkription des schlechten Microfilms. Die Originalquelle befindet sich zur Neuaufnahme und konnte bislang nicht eingesehen werden.

5 So Marcus Köhler in seiner Karte vom Dezember 2021, mit der er mich über den Aktenfund informierte.

6 Wilhelm war seit 1439 mit Anna von Österreich (1432–62), Tochter des römisch-deutschen Königs Albrecht II., verheiratet.

7 Mit Blütenkranz geschmückt werden meist Brautleute dargestellt. Hier könnte er auch als Totenkranz gemeint sein, da Wilhelm III. zum Zeitpunkt der Entstehung des Bildes bereits verstorben war.

8 Pilgerfahrt des Landgrafen Wilhelm des Tapferen von Thüringen zum heiligen Lande im Jahre 1461, hg. von J. G. Kohl, Bremen 1868.

9 Ebenda, S. 88. Am Ende der im Detail beschriebenen Reise wurden vor Antritt der Rückfahrt diverse Einkäufe getätigt, über die Buch geführt wurde. Allerdings waren nun weder Zitronat noch Zitruspflanzen dabei.

10 Vgl. Pommeranz, Johannes: »Schöne Zitron und Appelsina«. Die Anfänge des transalpinen Zitrushandels und seine Bildquellen, in: Ausst.-Kat. Nürnberg: Die Frucht der Verheißung. Zitrusfrüchte in Kunst und Kultur, Germanisches Nationalmuseum, Nürnberg 2011, S. 307–335.

11 Martz, Jochen: Frühe Zitruskultur an der Wiener Hofburg, in: Arbeitskreis Orangerien in Deutschland e. V. (Hg.): Orangeriekultur in Österreich, Ungarn und Tschechien (= Orangeriekultur Bd. 10), Berlin 2014, S. 9–24, 9.

12 Vgl. Winkler, Reinhold: Zur Überwinterung »welscher paum« in den von Albrecht V. (1550 bis 1579) und Wilhelm V. (1579 bis 1597) angelegten Gärten der Münchner Residenz, in: Burgen und Schlösser 2/2013, S. 96–104, S. 96f.

13 Vgl. Schneider, 2017 (wie Anm. 2), S. 15–40, S. 15. Sie erwähnt, dass sich in Küchenrechnungen des unter Friedrich dem Weisen abgehaltenen Hoflagers der Vermerk findet, dass ein Bote Pomeranzen von Nürnberg gebracht hatte.

14 Vgl. Schwarz, Henrike: Die Schlossgärten im 16. und 17. Jahrhundert, in: Landesamt für Denkmalpflege Sachsen (Hg.): Das Residenzschloss zu Dresden, Bd. 2: Die Schlossanlage der Renaissance und ihre frühbarocken Um- und Ausgestaltungen, Dresden 2019, S. 345–354, S. 345. Der Sohn seines Bruders Ernst, Friedrich der Weise, nutzte seinerseits die Pilgerreise nach Jerusalem im Jahr 1493, um den Grundstock für seine Reliquiensammlung zu legen.

15 Vgl. Schwarz, 2019 (wie Anm. 14), S. 345.

16 Weck, Anton: Der Chur-Fürstlichen Sächsischen weitberuffenen Residentz- und Haupt-Vestung Dresden Beschreib[ung] und Vorstellung: Auf der Churfürstlichen Herrschafft gnädigstes Belieben in Vier Abtheilungen verfaßet mit Grund: und anderen Abrißen auch bewehrten Documenten erläutert / Durch … Antonium Wecken, Nürnberg 1680, S. 14.

17 Vgl. Schwarz, 2019 (wie Anm. 14), S. 345.

18 Friedrich der Weise war lange Jahre Begleiter König Maximilian I. (1459–1519, ab 1486 römisch-deutscher König, 1508–1519 römisch-deutscher Kaiser).

19 Hoppe, Stephan: Anatomy of an Early »Villa« in Central Europe. The Schloss and Garden of the Saxon Elector Frederick the Wise in Lochau (Annaburg) according to the 1519 Report of Hans Herzheimer, in: Chatenet, Monique (Hg.): Maisons des champs dans l'Europe de la Renaissance, Paris 2006, S. 159–170. – Schneider, 2017 (wie Anm. 2), S. 15–40, 18.

20 »In dem selben lustgarten wachsen manigerlai früchte und sonderlich dergleichen, die im paradies wachsen, die Ihr Churfliche gnaden durch die Fugger und andere aus den walischen landen sein zugeschickt, als veignbaum [Feigen], margranten [Granatapfel], mandlbaum und pfersichbaum, [ein Wort unleserlich] roßmarinbaum. […]«, zit. nach Hoppe, ebenda, S. 161. Bei dem unleserlichen Wort könnte es sich lt. Schneider, 2017 (wie Anm. 2), S. 15–40, Anm. 36 um das Wort »Citrus« handeln.

21 Vgl. zuletzt Lauterbach, Iris: »Lustgärten und Pflanzungen mit wundersamer Zierd«. Augsburger Gartenkunst der frühen Neuzeit im Kontext, in: Tacke, Andreas u. a. (Hg.): »Gartenlust« und »Gartenzierd«. Aspekte deutscher Gartenkunst der Frühen Neuzeit, Petersberg 2023, S. 66–90, S. 71–74. – Vgl. Tschira, Arnold: Orangerien und Gewächshäuser. Ihre geschichtliche Entwicklung in Deutschland, Berlin 1939, S. 10. – Vgl. Winkler, 2/2013 (wie Anm. 12), S. 96–104, 97. Beide zitieren die Beschreibung der Gärten Raimund Fuggers in Augsburg von Beatus Rhenanus (1531) sowie das von Adam Puschmann verfasste Lobgedicht auf Hans Sachs und seinen Nürnberger Garten (vor 1550).

22 Martz, 2011 (wie Anm. 3), S. 95–105, 98.

23 Schloss Hartenfels entstand vor allem unter Friedrich dem Großmütigen im 15. und 16. Jahrhundert durch die Baumeister Konrad Pflüger (um 1450–1506/07), Konrad Krebs (1492–1540) und weitere.

24 Lange, Karl-Heinz: Zur Geschichte des Medizinwesens im 16. Jahrhundert in Torgau, Torgau 1997, S. 17f. – Helm, Johannes: Johannes Kentmann 1518–1574. Ein sächsischer Arzt und Naturforscher, in: Sudhoffs Archiv. Zeitschrift für Wissenschaftsgeschichte Heft 13, Wiesbaden 1971, S. 77.

25 Franz, Kathrin: Pflanzen aus Johannes Kentmanns Kräuterbuch in sächsischen Gärten des 16. Jahrhunderts, in: Herzog, Jürgen (Hg.): Johann Kentmann und die Torgauer Gärten, Königsbrück 2019, S. 94–140, 129.

26 Alex, Harald: Der Kräutergarten der Mohrenapotheke Torgau an der Marienkirche, in: Herzog, Jürgen (Hg.): Johann Kentmann und die Torgauer Gärten, (= Schriften des Torgauer Geschichtsvereins, 16), Königsbrück 2022, S. 171–189, 172.

27 Zit. Nach Franz, 2019 (wie Anm. 25), S. 132. Sie zitiert nach Fretz, Diethelm: Konrad Gessner als Gärtner, Zürich 1948, S. 112.

28 Herzog Georg baute Dresden zu einer »der am besten befestigten Städte im Reichsgebiet« aus. Oelsner, Norbert: Mittelalterliche Grundlagen und historische Ausgangssituation der Residenzentwicklung Dresdens um die Mitte des 16. Jahrhunderts, in: Landesamt für Denkmalpflege Sachsen (Hg.): Das Residenzschloss zu Dresden, Bd. 2, Petersberg 2019, S. 22–34, 27.

29 Schwarz, 2019 (wie Anm. 14), S. 345–354. – Nagel, Christine: Obst- und Gartenbau unter Kurfürst August von Sachsen (1526-1586), in: Aha! Miscellen zur Gartengeschichte und Gartendenkmalpflege; 5 (2019), S. 8– 17. – Nagel, Christine: »von kreuttern, früchten, blumben und anderen schenen gewüchsen«. Die Gärtnerei unter dem Kurfürstenpaar August und Anna von Sachsen, in: »Schau an der schönen Gärten Zier« (= Dresdner Hefte) 146 (2021), S. 31– 37. – Nagel, Christine: »suche [...] mitt großem verlangen undt lust auslendische samen«. Die Gärtnerei unter dem Kurfürstenpaar August und Anna von Sachsen, in: Im Reich der Flora, 62 (2018), 2, S. 16–23.

30 Schwarz, 2019 (wie Anm. 14), S. 346. – Werner, Brunhild: Das kurfürstliche Schloss zu Dresden im 16. Jahrhundert, Diss., Leipzig 1970 (masch.).

31 Der Dresdner Hofgärtner Georg Winger stand seit 1568 im kurfürstlichen Dienst und hatte seine Wohnung im ehemaligen Kloster. Vgl. Schwarz, 2019 (wie Anm. 14), S. 346.

32 Schwarz, 2019 (wie Anm. 14), S. 346.

33 Dobalová, Sylva; Hausenblasová, Jaroslava: Die Zitruskultur am Hofe Ferdinands I. und Anna Jagiellos: Import und Anbau von Südfrüchten in Prag 1526–1564, in: Studia Rudolphina 15 (2015), S. 9–36, 26.

34 Dobalová, Sylva: The Gardens of Rudolf II, in: Studia Rudolphina 4 (2004), S. 61–65. – Dies.: Die Zitruskultur am Prager Hof unter Ferdinand I., Maximilian II. und Rudolf II, in: Arbeitskreis Orangerien in Deutschland e. V. (Hg.): Orangeriekultur in Österreich, Ungarn und Tschechien (= Orangeriekultur Bd. 10), Berlin 2014, S. 113–126. – Dobalová; Hausenblasová 2015 (wie Anm. 33), S. 27.

35 Ferdinand I. mahnte persönlich, im Überwinterungsraum keine Holzkohle zu verbrennen, um den Gewächsen nicht zu schaden, außerdem bei günstigem Wetter zu lüften, um die stickige Luft zu vertreiben. Quellenangaben bei Lietzmann, Hilda: Irdische Paradiese. Beispiele höfischer Gartenkunst der 1. Hälfte des 16. Jahrhunderts, München/Berlin 2007, S. 74f.

36 Vgl. Nagel, 2021 (wie Anm. 29).

37 Nagel, Christine: Kurfürstin Anna und ihre Gärten, in: Herzog, Jürgen (Hg.): Johann Kentmann und die Torgauer Gärten (= Schriften des Torgauer Geschichtsvereins, 16), Königsbrück 2022, S. 83–94, 83.

38 Schwarz, 2019 (wie Anm. 14), S. 345–354, S. 345.

39 Ebenda, S. 347.

40 Ebenda, S. 348.

41 Nagel, 2022 (wie Anm. 37), S. 83.

42 Braun, Leonora: Im Dienst von Flora und Pomona. Die Entwicklung der Gärten und des Gärtnerberufs im Umfeld des kursächsischen Hofes (ca. 1548–1648), Masterarbeit, TU Dresden 2022, S. 28. Leonora Braun hat in ihrer Masterarbeit die Hofgärtner des kursächsischen Hofes dieser Zeit hervorragend aufgearbeitet.

43 Vermutlich mit der Grafschaft Vaudémont, heute im Département Meurthe-et-Moselle, bei Nancy in Frankreich zu identifizieren.

44 Balsam, Simone: Subtile Fruchtbäum, Pomeranzengärten, Winterungen – Facetten deutscher Orangeriekultur der Frühen Neuzeit, in: Tacke 2023 (wie Anm. 21), S. 157, Anm. 78. Seinen Aufträgen für Christian I. nach zu urteilen, hatte er bereits unter diesem eine vertrauensvolle Stellung. – Vgl. auch den Beitrag von Leonora Braun in diesem Band.

45 Nagel, 2019 (wie Anm. 29), S. 15f. – Schwarz, 2019 (wie Anm. 14), S. 348.

46 SächsStA Dresden, Cop. 404, fol. 123, Dankschreiben des Kurfürsten August vom 31.5.1575: «Aller gnädigster Herr, Eure Kay. Mat. Gnadest schreiben [...] sambt den überschickte vier Pommeranzen Beumlein hab ich von Eurer mat. Gartnern Anthony Melohn alhier [...] entpfang und angenohmmen. Und seind mir dieselben nicht allein von deswegen, das solche Peumlein, die fruchte tragen in diesen Landen seltzam, [...] ganz lieb und angenehm gewesen [...]. Und wolte wüntschen daß dieselben alß wohl von kommen, Und Eure Kay mat der fruchte bei mit selbest deren nächsten sehen möchten.» Zit. n. Puppe, Roland: Zur Geschichte der Orangerie-Garten-Kultur am Sächsischen Hof, in: Orangerien – Von fürstlichem Vermögen und gärtnerischer Kunst (= Schriftenreihe des Arbeitskreises Orangerien in Deutschland e. V. Bd. 4), Dresden 2002, S. 6–28, Anm. 6, S. 22.

47 Kentmann, Johanes: Kreutterbuch. Von sechshundert schonen auserlesenen hielendischenn, vnd fremden Gewechsen, Beumen, Stauden, Hecken, vnd Kreuttern, so mit iren blumen samen blettern vnd wortzelen auff befelich Augusti hertzogen tzu sachssen, Churfurst, auff das vleisigiste, vnd eigentlichste conterfet vnd tzusammen bracht«, Torgau 1563, Umfang 299, [V] Bl., Handschrift, SLUB Dresden Signatur

Mscr.Dresd.B.71, Digitalisat SLUB Dresden, URN: urn:nbn:de:bsz:14-db-id4955086168, https://digital.slub-dresden.de/werkansicht/dlf/230814/26.

48 »Nach der geographischen Herkunft gehören ungefähr 67 % der mitteleuropäischen Flora an, etwa 27 % sind mediterranen Ursprungs, knapp 3 % kommen aus dem süd- und südostasiatischen Raum, überwiegend wohl über das Mittelmeergebiet, nur 7 Arten = 1,3 % aus der Neuen Welt und einige wenige Arten aus subtropischen und tropischen Gebieten.« Helm, 1971 (wie Anm. 24), S. 165f. Zit. nach Bürger, Thomas (Hg.): Das Kräuterbuch des Johannes Kentmann von 1563, München u. a. 2004, S. 13.

49 Franz, 2019 (wie Anm. 25), S. 137.

50 SächsStA Dresden, 10004 (Kopiale), Nr. 573 (1591). Frau Christine Nagel danke ich für den Hinweis auf diese Quelle und die Überlassung ihrer Transkription herzlich. Die Lebensdaten von Jeremias Bertram sind bislang nicht bekannt.

51 SächsStA Dresden, 10024 Geheimer Rat, Loc. 4453/4, Acta, Die Erbauung des Haußes im Churfürstl. Pommeranzen Garthen zu Dresden, wie auch die Anlegung unterschiedener anderer Herrschaftl. Gärthen und darbey gebauete Luste= Häußer betr., 1591, (Film Nr. F 17590), 1b–2b.

52 Christian I. bat im Frühjahr 1591 um die Überlassung von »allerley samen, blumen und andern schönen und seltzamen gewechsen«. Im Mai schrieb er erneut nach Kassel: Fol. 151v: »[...] uns hat unser gertner Jeremias Bertram die samen und gewechse, so uns e.l. bei ihme überschickt zu seiner wiederkünft wohl zubracht [...] und nachdem e.l. uns uf ezlich beumlein welscher früchte von granaten, zitronen, pomeranzen, lemonen und mirbes [Mirabellen?], desgleichen ambra dulcis [vermutlich Styrax (*Styrax officinalis*), das stark duftende Harz des Baumes, ›Asa dulcis‹ genannt, wurde als Gewürz und zur Herstellung von Parfums und Räucherwerken verwendet] freundliche vortröstung gethan uns dieselben kurz nach ostern zuzufertigen, welches aber vielleicht anderer e.l. geschefte wegen bishero verblieben. Als haben wir nicht unterlassen mögen, e.l. hierauf zu erinnern. [...] Dresden, den 20. May 1591«; SächsStA Dresden, 10004 (Kopiale), Nr. 573 (1591). Von Jeremias Bertram war bislang bekannt, dass er 1592 durch die Kurfürstenwitwe Sophia (1568–1622), in Dienst genommen wurde. Vgl. Puppe 2002 (wie Anm. 46), S. 6–28, S. 7. Offenbar war er aber bereits unter Christian I. als Gärtner beschäftigt.

53 Puppe, Roland: Orangen und Orangerien am Sächsischen Hof, in: Kulturstiftung Dessau-Wörlitz (Hg.): Oranien – Orangen – Oranienbaum, Ergebnisband des Internationalen Symposiums vom 18.-20. Juni 1997, München/Berlin 1999, S. 111–120, S. 115.

54 Ebenda.

»Von Welschen früchten vnd gesähmen«

Aspekte von Herrschaftsraumkonstitution in kursächsischen Lustgärten (ca. 1548–1648)

In dem 1609 erschienenen lateinischen Reiseführer des aus Württemberg stammenden Schriftstellers Caspar Ens (1569–[1640]) heißt es, hier übersetzt, über Dresden:

»Das Gebiet nahe dieser Stadt zeichnet sich durch die reiche Fruchtbarkeit der Ländereien aus, wohin du die Augen wendest, sieht man lieblichste Gärten mit Bäumen und Kräutern edel geschmückt; netzförmige Wände umgeben diese vielfältigen Früchte, die mit großem Vergnügen anzuschauen sind und auch die weiten bepflanzten Höfe.«[1]

In zeitgenössischer Vorstellung ließ die blühende und in diesem Fall von fruchtreichen Gärten umringte Residenz Rückschlüsse auf die Qualitäten des amtierenden Herrschers zu – ein Nachweis, der angesichts der jungen albertinischen Kurwürde schwer gewogen haben dürfte. Die Formulierung »lieblichste Gärten«, im Original »amoenissimi horti« weist auf Lustgärten hin. Deren stadtbildprägende Wirkung soll Anlass sein, sich unter der Perspektive von Herrschaftsraumkonstitution mit der Rolle der Lustgärtnerei und Lustgärten im 16. und 17. Jahrhundert in Dresden zu befassen.[2] Anhand im Finanzarchiv überlieferter Bestallungen wird sich der Beitrag zunächst der Etablierung des Lustgärtnerberufs in Dresden widmen sowie in Vergleich mit der Baum- und Vorwerksgärtnerei den Sold, das Personal und die Frage des Besitzes thematisieren. Daran schließt am Beispiel gedruckter Reiseberichte eine Untersuchung darüber an, in welcher Form die Lustgärten ins höfische Besuchszeremoniell eingebunden und inszeniert wurden.

Die frühneuzeitliche Gartenlandschaft Dresdens bietet ein reiches Forschungsfeld für Ansätze verschiedener Disziplinen. Neben Überblicksdarstellungen wie Sylvia Butenschöns »Geschichte des Dresdner Stadtgrüns« sind zum Beispiel die Arbeiten Ursula Schludes zu nennen, die ihre Forschungen zum kursächsischen Gartenbau unter eine wissens- und wissenschaftshistorische Perspektive stellte. Auch die Dresdner Lustgärten und Orangeriekultur wurden bereits verschiedentlich erforscht – dazu gehören bspw. Cornelia Jöchners Dissertation »Die ›schöne Ordnung‹ und der Hof«, sowie die Aufarbeitungen der Geschichte der Dresdner Orangeriekultur durch Roland Puppe und Simone Balsam. Diese Arbeiten, wie auch die breiter angelegten Aufsätze Christine Nagels beziehen das Gartenpersonal zwar mit ein, eine tiefergehende Darstellung der fürstlichen Gärtner, wie sie bspw. für Bayern und Preußen durch Rainer Herzog und Clemens Alexander Wimmer geliefert wurden, gibt es für den Dresdner Hof im 16. und 17. Jahrhundert bislang allerdings nicht – eine Folge der lückenhaften Quellenlage.[3]

Doing territory im Garten

Mit Dresden steht ein Ort im Zentrum des Beitrags, der in Folge der Übertragung der Kurwürde an die Albertiner 1547 zur kursächsischen Residenz ausgebaut wurde. Die Residenzbildung charakterisierte sich durch die Bündelung von Landes- und Hofverwaltungsämtern sowie zunehmender herrschaftlicher Bautätigkeit. Die in diesem

Rahmen angelegten Sammlungen und Gärten gehörten damit, um sich an Robert Felfes Formulierung bezüglich der Kunstkammer anzulehnen, zu den signifikanten Orten im Raumgefüge der Residenz.[4]

Zur Untersuchung von Territorialisierungsprozessen[5] schlägt Andreas Rutz, in Abgrenzung von gängigen institutions- und rechtsgeschichtlichen Zugriffen, das Paradigma »Doing territory« vor. Dies stellt, in Weiterentwicklung der Raumsoziologie Martina Löws, die Handlungsdimension von Raumherstellung in den Mittelpunkt. Politische Räume müssen demnach durch bestimmte Handlungen aktiv hergestellt werden und bedürfen der ständigen Neukonstituierung. Rutz unterscheidet zwischen drei Bereichen herrschaftlicher Rauminszenierung, sogenannten »Spacings«: den Territorialgrenzen, dem Territorium als Fläche und schließlich den zentralen Orten des Territoriums. Zu letzteren gehört die Residenz, in der sich die »Spacings« in Praktiken des Zeremoniells (bspw. Besuche), der Hofhaltung und Verwaltungsritualen äußern. Der Erfolg eines »Spacings«, z. B. durch die Anlage von Gärten in und vor der Residenz, setzt nach Rutz allerdings eine Vorstellung des beherrschten Raums voraus. Die sog. »Synthese« kann sich visuell oder schriftlich, eben in Stadtansichten und Reiseführern, niederschlagen.[6] Unter diesen methodischen Voraussetzungen werden die Anlage und Pflege von Gärten im Auftrag des Kurfürstenpaares, aber auch die Öffnung für Besucher als »Spacing«, also Zeichen herrschaftlicher Präsenz verstanden. Das Gartenpersonal agierte nach dieser Lesart in einer Doppelrolle als Pflanzenpflegende und somit Erzeugende des Raums.

Die Entwicklung der Lustgärtnerei als eigenständiger Gartenbereich/Gärtnerberuf in Dresden[7]

In den im Finanzarchiv überlieferten Gärtnerbestallungen kristallisierten sich im Untersuchungszeitraum die Pflanzenbestände als Alleinstellungsmerkmal der Berufsgruppe der Lustgärtner heraus. Zu diesen gehörten außer Blumen auch die sog. »welschen« eben nicht heimischen Früchte. Die Überlieferung durch Bestallungen setzt 1568, in der Regierungszeit des Kurfürstenpaares August und Anna (1553–86) ein:[8] Bestallt wurde der aus »Wademont«[9] stammende Hans Ritter, der nicht nur einen Teil des Hofgartens am Schloss pflegen, sondern auch einen kleinen Lustgarten für die Kurfürstin anlegen sollte. Die Bestallungen der vorher angestellten Gärtner Nikolaus Fuchs und einem bis 1558 in Dresden tätigen französischen Gärtner waren leider nicht auffindbar. Der aus den Arbeiten Roland Puppes bereits bekannte Jeremias Bertram wurde 1590 durch Kurfürst Christian I. nach Dresden berufen, um den Garten am Salomonistor und den Klostergarten zu pflegen. In der auf den frühen Tod Christians folgenden Phase der Administration 1592–1601 wurde er durch die Kurfürstenwitwe Sophia weiterhin im Klostergarten sowie im Schlossgarten und im Herzogingarten am Wilsdruffer Tor beschäftigt – letztere Anlage blieb bis nach dem Herrschaftsantritt des von 1611–56 regierenden Kurfürsten Johann Georg I. in Bertrams Obhut. Dagegen sind für die Regierungszeit Christians II. und Hedwig von Dänemarks (1601–11) keinerlei Lustgärtner-Bestallungen erhalten. Die Überlieferung setzt 1631 mit der Bestallung Christian Peuckers als Nachfolger Bertrams im nunmehr als Kurfürstingarten bezeichneten Lustgarten wieder ein. Bereits 1633 folgte ihm der vormalige Zwingergärtner Wolf Raue auf dem Posten.[10]

Da, wie bereits Dieter Hennebo und zuletzt auch Christine Nagel feststellten, für die

Errichtung des Gartens am Schloss Saatgut und Pflanzen aus Wien und dem Botanischen Garten Meißen gesandt wurden, ist davon auszugehen, dass bereits der 1568 eingestellte Hans Ritter mit mediterranen Pflanzenbeständen arbeitete. In der Bestallung selbst ist lediglich von »Kreuter(n) Bäume(n) unndd sahmen« die Rede.[11]

Der Hof schien zu diesem Zeitpunkt noch mit verschiedenen personellen Lösungen für die Pflege anspruchsvoller Pflanzen zu experimentieren: 1573 wurde der Arzt Ludwig Cammerarius für französische Übersetzungen und zur »anrichtung artiger lustgertten, Pflanzen« bestellt. Die Betreuung höfischer Gärten durch Mediziner – die von Berufs wegen umfassende Pflanzenkenntnisse besaßen – wurde auch an anderen Höfen praktiziert. Ein bekanntes Beispiel stellt der Arzt Pietro Andrea Mattioli dar, der den Prager »Hortus Regius« betreute. Bedauerlicherweise gibt die Urkunde keinerlei Auskunft darüber, wo diese Anlagen errichtet werden sollten. Die Korrespondenz Kurfürstin Annas belegt jedoch die Vielfalt fremder Pflanzen, die in dieser Zeit an den Dresdner Hof geliefert wurden.[12]

In den Bestallungen wird erst mit Jeremias Bertrams Einstellung 1590 im Klostergarten und Garten am Salomonistor explizit auf die Besonderheit der Lustgartenpflanzen hingewiesen: Außer Blumen und Kräutern sollte er auch »gewechse von allerley seltsamen arth und Kreuttern« züchten. Da Bertram aus der Umgebung des seit 1552 zu Frankreich gehörigen Metz stammte, war er mit wärmeliebenderen Pflanzen vermutlich vertraut. Dafür spricht auch, dass ihm die Pflege des Klostergartens übertragen wurde, in dem sich Feigenbäume befanden.[13]

In der Bestallung von 1592, die ihm neben Kloster- und Schlossgarten auch den Herzogingarten als Zuständigkeitsbereich zuwies, wurden bekanntermaßen nun auch »welsche Früchte« ausdrücklich benannt. Für diese wurde ein Pomeranzenhaus errichtet. Darüber hinaus impliziert die Anweisung, die Pflanzen »zierlich« anzurichten, dass der Lustgärtner spätestens zu diesem Zeitpunkt gestalterischer Fähigkeiten bedurfte.[14] Die in dieser Urkunde gewählte Formulierung wurde schließlich in der Bestallung Christian Peuckers und Wolf Raues übernommen. Auch hier heißt es, sie sollten, »Darein vonn Jharen Zu Jharen allerhandt welsche früchte, auch Wohlriechende gute frömbde Gewächse, Kreuter Vnd Blumen Zierlich vn in guter ordnunge zeugen Vnnd Pflanzen«.[15]

Sold und Emolumente

Mit Blick auf die Besoldung etablierte sich spätestens mit der Einstellung Bertrams 1590 eine Summe von jährlich 100 Gulden meißnischer Währung für den Obergärtner,

Jahr	Sold	Emolumente	Personal
1568	150 Gulden (Sold des Personals eingeschlossen)	Feuerholz, freie Wohnung, Arbeitsmaterialien	1 Geselle, 1 Junge
1573	100 Gulden (Übersetzungsarbeit eingeschlossen)	–	–
1590/91	100 Gulden	Freie Wohnung, Arbeitsmaterialien	1 Geselle, 1 Junge
1592	100 Gulden	Wöchentliches Kostgeld, Hofkleid	1 Geselle, 1 Junge
1631/1633	100 Gulden	Wöchentliches Kostgeld, Hofkleid, 3 Malter Korn/Jahr	5 Gesellen, 1 Junge

Tab. 1 Entwicklung der Besoldungen und Emolumente der Dresdner Lustgärtner, 1568–1633

die auch in den Bestallungen Peuckers und Raues nachgewiesen ist. 1591 wurden Bertram ein Knecht und ein Junge zur Seite gestellt. Die Zahl des Gesindes vergrößerte sich vermutlich erst unter dem Kurfürstenpaar Johann Georg I. und Magdalena Sybilla. Zur Entlohnung des Gartenpersonals gehörten zudem Zusatzleistungen (Emolumente). Bertram erhielt beispielsweise freie Wohnung und das Gartengerät, seine Bediensteten wurden zusätzlich mit Kost und im Jahr einem Hofkleid ausgestattet.[16] Personell standen die Lustgärten im Austausch mit anderen Gartenbereichen, der allerdings die Vorwerke nicht einschloss. Christian Peucker war vor seiner Einstellung in Dresden der Baumgärtner in Annaburg gewesen, bei seinem Tod wurde der Nachfolger Raue aus dem Zwingergarten berufen. Jeremias Bertram selbst wirkte ab 1600 neben seiner Tätigkeit als Lustgärtner auch als Dresdner Hofgärtner – sein Gesinde sollte ebenfalls in beiden Bereichen arbeiten. Dieser Wechsel weist darauf hin, dass die Dresdner Hof- und Lustgärtner vermutlich in beiden Gartenbereichen ausgebildet wurden. Langfristig stellt sich die Geschichte des kursächsischen Gärtnereiwesens somit als eine Abfolge von Personal- und Wissenstransfer, anschließender Aneignung, Akkumulation und Weitergabe der gärtnerischen Kenntnisse an den eigenen Nachwuchs dar.[17]

Dass den Lustgärten innerhalb Dresdens eine hohe, den Hofgärten entsprechende Bedeutung zukam, belegt auch der Vergleich mit den Solden der im Zwinger tätigen Gärtner. Diese erhielten ab der Herrschaft Christians I. 150 oder 120 Gulden Sold, von denen 100 Gulden für den Hofgärtner selbst gedacht waren – die Restsumme wurde unter seinem Gesinde aufgeteilt. Im Vergleich dazu wurden die Vorwerksgärtner mit 80 bis 100 Gulden entlohnt. Diese Summe schloss allerdings die Arbeitsentschädigung der weiblichen Familienmitglieder mit ein, sodass der Sold der Vorwerksgärtner insgesamt niedriger ausfiel. Nachdem 1600 für die Pflege der Hofgärten noch zusätzliches Personal eingestellt wurde – dem nun in zweifacher Position tätigen Bertram riet man, aus Kostengründen mehr Frauen einzustellen –, erfuhr der Lustgarten am Wilsdruffer Tor offenbar erst unter Magdalena Sybillas Obhut eine personelle Aufstockung. Dagegen stand dem Hofgärtner im selben Jahr lediglich ein Junge zur Seite. Mit Blick auf den durch den Hof betriebenen Pflegeaufwand, schien sich die Lustgärtnerei am Ende des Untersuchungszeitraums als bedeutsamster Gartenbereich der Residenz zu etablieren.[18]

In der Quellenüberlieferung treten die Lustgärten zudem als weiblich konnotierter Raum hervor: Wenn auch zumeist die Kurfürsten die Bestallungen ausstellten, geht aus diesen hervor, dass sich die Dresdner Lustgärten in weiblicher Hand befanden. In ihrer Dissertation »Die ›schöne Ordnung‹ und der Hof« wies Cornelia Jöchner bereits auf die auffällige Häufung weiblichen Gartenbesitzes (Vorwerke eingeschlossen) hin. Sie interpretierte den Befund mit Verweis auf das frühneuzeitliche Bild des durch Hausmutter und Hausvater geführten Ganzen Hauses, die mit dem Begriffspaar Landesvater/Landesmutter auch auf den Fürstenstaat übertragen wurde. Nach dieser Lesart fügte sich der weibliche Gartenbesitz am Dresdner Hof in den durch Hauswirtschaft, Küche und Hausapotheke definierten, vermeintlich weiblichen Aufgabenbereich ein. Damit korreliert die in den Lustgärtnerbestallungen auftretende Anweisung, die erzeugten Früchte an die Hofküche zu senden. Durch den Seltenheitswert der in den Lustgärten kultivierten Früchte, den Anblick und Duft der »zierlich« angerichteten Blumen und Kräuter, tritt im Lustgarten zudem ein ästhetisches Element in den Vordergrund, das auf eine weitere Funktion der Fürstin verweist – sie verlieh dem Hof Glanz – sowohl im Garten als auch im Hause und auf der Tafel. Damit kam den fürstlichen Frauen bei der Herrschaftsraumkonstitution in der Residenz eine bedeutende Rolle zu – derer sich der Hof offenbar zunehmend bewusst wurde.[19] Da Glanz der Sichtbarkeit bedarf, stellt sich die Frage, welche Rolle die Lustgärten im höfischen Zeremoniell einnahmen – dazu sollen nun anhand einiger Reiseberichte Vermutungen angestellt werden.

Reisende in den Dresdner Lustgärten

Gärten entwickelten sich innerhalb des 16. Jahrhunderts zur Sehenswürdigkeit. Der Prager »Hortus Regius« beispielsweise erlangte, folgt man Reiseführern des frühen 17. Jahrhunderts, gerade wegen seiner Bestände an Zitrusgewächsen und anderen mediterranen Pflanzen Berühmtheit. Uta Löwenstein merkt dazu allerdings einschränkend an, dass Gärten einen Teil des Besichtigungsprogramms, nicht den alleinigen Reisegrund darstellten. Mit Blick auf Iterinarien wie dem eingangs zitierten »Deliciarum Germaniae« muss zudem festgestellt werden, dass die dort wiedergegebenen Bilder häufig über längere Zeiträume hinweg gleichblieben – eine Eigenart des Genres, die aus der Praxis, von anderen Autoren zu kopieren, resultierte. Nach Michaela Völkel allerdings implizierte die »Zeitlosigkeit« der so vermittelten Residenzbilder Stabilität.[20]

Die Gründe zu reisen waren vielfältig – so lassen sich in den drei untersuchten Berichten vier Arten des Hofbesuchs unterscheiden. Der Raum des frühneuzeitlichen Schlosses und auch der Residenz unterlag Zugangsschranken unterschiedlicher Höhe. Auf welche Weise sich die Art des Hofbesuchs auf die Begegnung mit den Lustgärten auswirken konnte, soll im Folgenden beispielhaft beleuchtet werden. Dabei liegen der Bericht über die Reise Friedrichs I. von Württemberg im Jahr 1580 sowie die Berichte über die Dresden-Reisen des Augsburger Diplomaten Philipp Hainhofer (1578–1647) in den Jahren 1617 und 1629 zugrunde. [21]

1580 durchreiste Friedrich, zu diesem Zeitpunkt Graf von Württemberg-Mömpelgard und mit 23 Jahren noch minderjährig, mit einem Gefolge von 17 Personen das Alte Reich und angrenzende Länder. Die Fahrt wurde auch für den Besuch der Fürsten, darunter August von Sachsen genutzt. Der Bericht sollte, wie das Vorwort andeutet, die Fortsetzung einer familiären Reisetradition und auch seine Vorbereitung auf die Herrschaft dokumentieren. Die Reise kann als adlige Bildungsreise charakterisiert werden – eine Art Initiationsritus vor dem Herrschaftsantritt.[22]

Der Eintrag zu Dresden sticht aus der Beschreibung heraus, weil hier ein Garten ausnahmsweise überhaupt Erwähnung findet: »Insolcher Zeit dann Ihre F. Gn. Die Statt/ Schloß vnd Vestung/ Rustkammer/ Zeughäuser/ Marstall/ Garten/ sambt anderen Singulariteten besehen: Wurden auch von dem Churfursten Augusto Furstlich empfangen.«[23]

Wenn auch dieser Eintrag wenig Information über die Anlage liefert, offenbart er, dass die Gärten Dresdens unter dem Kurfürstenpaar Anna und August Gästen vorgeführt wurden und sich neben den Sammlungen unter den Sehenswürdigkeiten Dresdens einreihten. Hier bestimmte der Rahmen des Fürstlichen Besuches den Ablauf und das Besichtigungsprogramm, zu dem auch Jagd und Wettschießen, der Austausch von Geschenken sowie kurfürstliches Geleit nach Wittenberg – eine weitere Form der Rauminszenierung – gehörten.[24]

Anders gestaltete sich der Einblick, den der Augsburger Philipp Hainhofer 1617 erhielt. Der Kunsthändler verbrachte direkt vor dem Besuch in Dresden längere Zeit am Stettiner Hof. Dort sollte er Herzog Philipp II. beim Aufbau seiner Kunstkammer unterstützen.

Die dankbare Quellenlage soll hier zum Vergleich ausgeschöpft werden – denn als Gast des herzoglichen Hofes wurde Hainhofer Zeuge mehrerer Arten der Inszenierung des Gartens. Diese begannen bereits am Tag seiner Anfahrt. Das Zimmer, dass ihm Philipp II. zuweisen ließ, befand sich nicht nur nahe der Bibliothek, aus dem Fenster konnte Hainhofer die Stettin umgebende Landschaft und den Herzoglichen Garten samt Lusthaus betrachten. Zudem hatte man ihm verschiedene konservierte Früchte bereitgestellt.[25]

Hainhofer verbrachte über einen Monat am Stettiner Hof, speiste an der herzoglichen Tafel, begleitete das Herzogspaar auf Spazierfahrten und Ausflügen. Schließlich erhielt er eine begleitete Führung durch den herzoglichen Lustgarten. An der Tafel wurden ihm wiederum Früchte aus dem Garten gereicht, unter denen er Melonen, Pfirsiche und Zedrat besonders hervorhob. Die erfolgreiche Kultivierung solch anspruchsvoller Gewächse signalisierte nach zeitgenössischem Verständnis Prestige, die Fruchtbarkeit des Landes und somit die Qualitäten des Herrschers. Doch an der Tafel wurde noch auf andere Weise inszeniert – sie diente der Vorführung fürstlicher Geschenke. Bei einer Gelegenheit betrachtete man nach der Mahlzeit gemeinsam den »Hortus Eystettensis«. Die im Garten kultivierten Blumen und Kräuter wurden zudem durch das Frauenzimmer für kleine medizinische Geschenke genutzt.[26]

In Dresden verbrachte Hainhofer als durchreisender, nicht geladener Gast dagegen nur wenige Tage. Der Weg ins Schloss gestaltete sich daher merklich schwieriger. Er erreichte die Stadt am 14. Oktober 1617, ausgerüstet mit zwei Empfehlungsschreiben. Diese wurden an den Baumeister Giovanni Maria Nosseni (1544–1620) und den Rat Avenarius übergeben, die wiederum den Reisenden zur Kanzlei der Kurfürstenwitwe Sophia begleiteten. Sophia stellte nun eine Empfehlung aus, mit der er die Sammlungen im Residenzschloss besuchen durfte. Hier entfaltete sich in der Anatomiekammer eine künstliche Landschaft vor Hainhofers Augen – ein mit Wandmalereien, Bildern und einem künstlichen Felsen erschaffener Baumgarten von Zitrus und Granatäpfeln, wie ein später entstandener Bericht spezifiziert. Scheinbar beiläufig trat er ans Fenster und setzte seine Erzählung mit einem Landschaftsblick fort:[27]

»Von hier sihet man in die Churfürstlich Apothek, in das Brawhaus, Rauchhaus, auf die Meel= und Haberböden, Goldhaus, Ballhaus, auf die Bahn zu den jungen Pferden, auf den Frauenhof, da man die Bauren und Arbeiter einfuriert, auf das Vorwerkh, Faßhaanenhaus, in den Clostergarten, ja man übersiehet vast die ganze Statt.«[28]

Dabei gelang es ihm nicht nur, per auktorialem Blickwurf, verschiedene Punkte auf der Stadtkarte Dresdens miteinander zu verbinden, er setzte implizit auch den künstlichen Baumgarten der Anatomiekammer in Zusammenhang mit dem Lustgarten nahe dem Schloss und den Vorwerken Dresdens.[29] Möglicherweise war der Raum der Anatomiekammer selbst mit dem Ziel der Blicklenkung angelegt worden, da sich seit dem 16. Jahrhundert infolge der Plinius-Rezeption der Landschaftsblick als zunehmend architekturbildender Faktor herausstellte.[30] In der Bibliothek legte man ihm unter anderem das Kräuterbuch des Johannes Kentmann vor. In diesem wurden sowohl Bestände der botanischen Gärten in Torgau und Meißen als auch die Wildflora der Torgauer Umgebung präsentiert – es bestand ein konkreter Bezug zum kursächsischen Territorium. Der Dresdner Hof inszenierte seine Gartenräume also bereits in den Sammlungen und beschränkte den Zugang des Gastes zugleich auf einen Blick aus dem Fenster.[31]

Für diese Einschränkung gibt es verschiedene Auslegungsmöglichkeiten: Da

Kurfürstin Magdalena Sybilla den Herzogingarten erst 1620 übernahm, trifft hier vielleicht Roland Puppes Vermutung zu, dass dem Garten der Herzogin weniger Bedeutung beigemessen wurde, sodass Hainhofer bei seinem Besuch den Sammlungen den Vorrang gab.[32] Ruft man sich Hainhofers Erlebnisse in Stettin in Erinnerung, bietet sich eine weitere Deutung an: Vermutlich spielte beim Zugang zu den Gärten der Besuchsanlass die entscheidende Rolle – für den fürstlichen oder zumindest geladenen Gast, der schließlich auch im Schloss leben und an der fürstlichen Tafel speisen durfte, öffneten sich auch die Tore der Gärten, einschließlich der Lustgärten. Dass in Dresden die Lustgärten im Gegensatz zu den Sammlungen in Obhut der Fürstinnen lagen, mag diese Schwelle noch erhöht, die Bedeutung des Zutritts als Zeichen der Nähe zum Herrscher entsprechend noch vergrößert haben.[33] Doch auch ungeladene Besucher konnten, nämlich als Teil einer Gesandtschaft, Zutritt zum Lustgarten erhalten. Als Beleg kann die zweite, Dresden betreffende Reiserelation Hainhofers von 1629 herangezogen werden. Zu diesem Zeitpunkt hatte Magdalena Sybilla den Herzogingarten in Besitz genommen und engagierte sich auch im Vorwerkswesen. Dresden war vom 1618 ausgebrochenen Dreißigjährigen Krieg noch nicht berührt. Der Krieg bot allerdings den Anlass des Besuches: Im März des Jahres 1629 war durch Kaiser Ferdinand II. das Restitutionsedikt erlassen worden, das die Rückgabe säkularisierten Besitzes an die katholische Kirche nach sich zog. Im Auftrag der Stadt Augsburg und mit entsprechenden Schreiben ausgestattet wurde deshalb eine vierköpfige Delegation nach Dresden entsandt, die bei Johann Georg I. (1585, reg. 1611–56) um Unterstützung bitten sollte. Dieser stand bis 1631 an kaiserlicher Seite.[34]

Bei ihrem Eintreffen in Dresden war der Kurfürst allerdings abwesend. Auf Rat des Oberhofpredigers Matthias Hoë von Hoënegg (1580–1645) wurde er schriftlich um eine Audienz gebeten. Die knapp zweiwöchige Wartezeit verbrachte die Delegation mit Stadt- und Sammlungsbesichtigungen. Zudem vernetzten sie sich mit hohen Angehörigen des Hofes, darunter dem Hofmarschall Georg Pflug von Peterstein. Am 20. September, neun Tage nach ihrer Ankunft durften die Reisenden in den Kurfürstingarten fahren. Laut der Bestallungsurkunde war dies nur mit kurfürstlicher Erlaubnis möglich. Mit Blick auf den Reiseanlass lässt sich zumindest vermuten, dass sich die Kurfürstin, eine orthodoxe Lutheranerin, die den Kaiser in ihren Briefen an Johann Georg I. nachweislich mit Verwünschungen bedachte, den Gästen in besonderer Weise widmete.[35]

Dass Hainhofer mit der Äußerung, der Garten hätte ihn »[…] etlicher massen an deß Ser mi: Fridericj garten zu Haydelberg gemahnet […]« ausgerechnet den Hortus Palatinus zum Vergleich heranzog, sollte wiederum als politisch absichtsvoll, nicht als rein ästhetische Bewertung verstanden werden. Nachdem 1621 die Reichsacht über den protestantischen Winterkönig Friedrich V. von der Pfalz (1596–1632) ausgesprochen wurde, fiel dieser Garten den Zerstörungen des Dreißigjährigen Krieges anheim. Im Zuge des Konflikts hatte Kursachsen den Kaiser unterstützt und die Oberlausitz eingenommen. Vor diesem Hintergrund entpuppt sich der Lustgarten der Kurfürstin im Reisebericht als politische Projektionsfläche und stand möglicherweise Pate für die Hoffnungen, die in Johann Georg I. gesetzt wurden.[36]

Für Hainhofer öffneten sich 1629 die Tore gleich mehrerer Gärten, die der Kurfürstin gehörten – darunter der Klostergarten mit seinem Feigenhaus, der einzigen spezifischen Erwähnung einer am Hof kultivierten Frucht. Nachdem der Kurfürst nach Dresden zurückkehrte, wurde die Gesandtschaft mehrmals Gast an der fürstlichen Tafel – wenn auch Hainhofer in diesem Fall nicht über die aufgetischten Speisen berichtet. Dennoch tritt der kursächsische Lustgartenbau hier als zeremoniell genutzter Repräsentationsraum auf – es ist möglich, dass Kurfürstin Magdalena Sybilla durch die Erlaubnis, ihre Gärten zu betreten, Unterstützung für die Gesandten signalisieren konnte, ohne ihren eigenen Handlungsspielraum zu übertreten. Persönlich trat sie der Gesandtschaft erst nach der Audienz mit Johann Georg I. gegenüber. Hainhofer jedenfalls schien in ihr eine Unterstützerin zu erkennen. Nach einigen Treffen während des Aufenthalts, wandte er sich kurz vor der Abreise mit einem Gefährten nochmals an die Kurfürstin und bat sie darum, für das Anliegen der Delegation bei ihrem Mann Fürsprache zu halten.[37]

Fazit: Lustgärten und Raumkonstitution

Im Zuge der Residenzbildung entwickelten sich in Dresden im 16. Jahrhundert Lustgärten als eigenständiger Bereich, der sich durch nach ästhetischen Kriterien und mit anspruchsvollen Pflanzen gestaltete Anlagen auszeichnete, aber auch weiterhin einen Nutzaspekt besaß. Im Verlaufe des Untersuchungszeitraum verlagerten sich die Anlagen in die vorstädtischen Räume, wobei der Garten am Salomonistor möglicherweise wegen der Entfernung zum Schloss aufgegeben wurde. Im Vergleich der Besoldungen schien der Lustgärtner dem Hofgärtner gleichgestellt zu sein. Allerdings erfuhren die Lustgärten offenbar nach der Übernahme durch Magdalena Sybilla eine sich durch höheren Personalaufwand abzeichnende Aufwertung. Auch nach der unter Christian I. erfolgenden deutlichen Trennung von Hof- und Lustgärten, waren in diesen Bereichen tätige Gärtner in der Lage, auf dem jeweils anderen Gebiet zu arbeiten. Zu dieser Vielseitigkeit wurden sie vermutlich bereits als Lehrlinge und Gesellen in den Dresdner Gärten ausgebildet.

In Dresden traten insbesondere die Fürstinnen als Akteure hervor, die als Lustgartenbesitzerinnen aktiv und offenbar auch erfolgreich an der Herrschaftsraumkonstitution in der Residenz mitwirkten. Auch die Gärtner nahmen durch ihr Pflanzenwissen und gestalterische Fähigkeiten Anteil an der Erzeugung der Dresdner Gartenräume. Die dort kultivierten Früchte illustrierten durch ihre Herkunft und hohen Anspruch in besonderer Weise die Fruchtbarkeit und Blüte Kursachsens. Die Wirksamkeit der Lustgärtnerei als »Spacing« beruhte u. a. auf der Einbindung dieser Räume in das Besuchszeremoniell im Zuge des Residenzausbaus und der Entwicklung einer neuen Reisekultur im 16. Jahrhundert. Die Möglichkeiten, Gartenräume im Sinne der höfischen Repräsentation zu inszenieren, beschränkte sich nicht nur auf Führungen. Bereits in den Sammlungen verwiesen künstliche Gärten und Kräuterbücher und vielleicht sogar strategisch gesetzte Landschaftsblicke auf das blühende Territorium. Der Fruchtbarkeit des Landes konnte man vermutlich auch an der Tafel begegnen, an der die in den Lustgärten kultivierten mediterranen Früchte verwendet wurden. Den Zutritt zu den Lustgärten regulierten allerdings der Status des Gastes und auch der Anlass der Reise sowie die Gunst der Besitzerin. Demgegenüber unterlagen die Sammlungen offenbar niedrigeren Zugangsbeschränkungen. Spätestens beim Verlassen der Stadt signalisierte jedoch der Ring aus Lustgärten, der Dresden umgab, dem Reisenden, dass Residenz und Land in voller Blüte standen.

Anmerkungen

1 Ens, Caspar (Hg.): Deliciarum Germaniae, Tam Superioris Quam Inferioris, Index: Simul Et Viatorius, indicans itinera ex Augusta Vindel. ad omnes civitates & oppida, tam in […], Köln 1609, S. 287. Originalzitat: »Territorium huic vrbi vicinum, laeta agroraum fertilitate excellit; quocunque oculos verteris, amoenissimi horti arboribus herbisque generosis culti visuntur, quorum parietes reticulati, variorum fructuum vbertate, magna cum voluptate spectantium latissimas consit[i]sque areas cingunt.« Ebd.

2 Die Verbindung zwischen guter Herrschaft und Gärtnerei betonte beispielsweise der Arzt Johannes Kentmann in der Widmung des Kräuterbuchs an den Kurfürsten. Vgl. Kentmann, Johannes/ Redtel, David: Kreutterbuch. Von sechshundert schonen auserlesenen hielendischenn, vnd fremden Gewechsen, Beumen, Stauden, Hecken, vnd Kreuttern, so mit iren blumen samen blettern vnd wortzelen auff befelich Augusti hertzogen tzu sachssen, Churfurst, auff das vleisigiste, vnd eigentlichste conterfet vnd tzusammen bracht (Sächsische Landes- und Hochschulbibliothek [SLUB] Dresden, Mscr.Dresd.B.71), [Torgau] [1563], fol. 6r.

3 Vgl. Butenschön, Sylvia: Geschichte des Dresdner Stadtgrüns (Arbeitshefte des Instituts für Stadt- und Regionalplanung Technische Universität Berlin 68), Berlin 2007. – Schlude, Ursula: Magisch, rationell, naturphilosophisch, botanisch. Produktive Denkansätze in Dresden um 1570, in: Spieker/Inhetveen (Hg.): BodenKulturen. Interdisziplinäre Perspektive (= Bausteine aus dem Institut für Sächsische Geschichte und Volkskunde 40), Leipzig 2020, S. 17–75. – Jöchner, Cornelia: Die ›schöne Ordnung‹ und der Hof. Geometrische Gartenkunst in Dresden und anderen deutschen Residenzen (= Marburger Studien zur Kunst- und Kulturgeschichte 2), Weimar 2001. – Balsam, Simone: Orangeriekultur in Sachsen. Ein Überblick, in: Arbeitskreis Orangerien in Deutschland (Hg.): Orangeriekultur in Sachsen. Die Tradition der Pflanzenkultivierung (= Orangeriekultur Bd. 12), Berlin 2012, S. 13–33. – Puppe, Roland: Zur Geschichte der Orangerie-Gartenkultur am Sächsischen Hof, in: Orangerien – Von fürstlichem Vermögen und gärtnerischer Kunst (= Schriftenreihe des Arbeitskreises Orangerien in Deutschland e. V. Bd. 4), Potsdam 2002, S. 6–28. – Nagel, Christine: »suche […] mitt großem verlangen undt lust auslendische samen«. Die Gärtnerei unter dem Kurfürstenpaar August und Anna von Sachsen, in: Dresdener Kunstblätter 62 (2018) 2, S. 17–23. Hofgärtner: Vgl. Herzog, Rainer: Hofgärtner in Bayern. Ein Beitrag zur Geschichte der Gärtner in Deutschland, in: Dümpelmann (Hg.): Preußisch Grün. Hofgärtner in Brandenburg-Preußen, Leipzig 2004, S. 32–40. – Wimmer, Clemens Alexander: Zur Geschichte der Verwaltung der königlichen Gärten in Preußen, in: Dümpelmann (Hg.): Preußisch Grün, S. 41–105.

4 Vgl. Keller, Katrin: Landesgeschichte Sachsen, Stuttgart 2002, S. 130f., 135, 230f. – Müller, Rainer A.: Der Fürstenhof in der Frühen Neuzeit, 2. Aufl. (Enzyklopädie deutscher Geschichte 33), München 2004, S. 7. – Felfe, Robert: Der Raum frühneuzeitlicher Kunstkammern zwischen Gedächtniskunst und Erkenntnistheorie, in: Kundert/ Schmid/ Schmid u. a. (Hg.): Ausmessen – Darstellen – Inszenieren. Raumkonzepte und die Wiedergabe von Räumen in Mittelalter und früher Neuzeit, Zürich 2007, S. 191– 210, S. 192.

5 Territorialisierung bezeichnet hier, Joachim Bahlcke folgend, die Verräumlichung von Herrschaft, d. h. den Versuch von fürstlicher Seite durch die Vereinheitlichung von Rechtsräumen und die Zentralisierung von Verwaltungsstrukturen ein abgrenzbares politisches Territorium zu schaffen. Der Beginn von Territorialisierungsprozessen wird i. d. R. im Spätmittelalter angesetzt. Vgl. Bahlcke, Joachim: Landesherrschaft, Territorien und Staat in der Frühen Neuzeit (= Enzyklopädie Deutscher Geschichte 91), München 2012, S. 7, 10– 12, 20.

6 Vgl. Rutz, Andreas: ›Doing territory‹. Politische Räume als Herausforderung für die Landesgeschichte nach dem »spatial turn«, in: Hirbodian/ Jörg/Klapp (Hg.): Methoden und Wege der Landesgeschichte (= Landesgeschichte 1), Ostfildern 2015, S. 98–105. Auch die von Rutz verwendete Begriffspaar Spacing/Synthese stammt ursprünglich aus der Raumsoziologie. Vgl. Löw, Martina: Raumsoziologie, Frankfurt am Main 2001, S. 271f.

7 Nachfolgend wird von Lustgärtnern und Lustgärten gesprochen. Allerdings findet sich dieses Begriffspaar in den Bestallungen nur selten. In der Regel wurden die Gärtner, die in den entsprechenden Anlagen tätig waren, als »Gärtner«, aber auch »Hoffisch Gertner« bezeichnet. Eine Ausnahme stellt der Reversbrief Wolf Raues dar, in dem er sich als »Hoff= und Lustgertner [d], vor dem Wilsdruffer Thor alhier« bezeichnete. Dies lässt sich vermutlich darauf zurückführen, dass Lust und Nutzen im Untersuchungszeitraum noch nicht scharf getrennt wurden. Zuletzt plädierte Ursula Schlude sogar dafür, auch die Agrarwirtschaft als höfische

Kunstform zu betrachten. Vgl. Bestallung Hans Ritter (1568), in: Sächsisches Hauptstaatsarchiv (SächsStA) Dresden, 10036 Finanzarchiv, Loc. 33340, Rep. 52, Gen. Nr. 1922, fol. 579r. – Bestallung Jeremias Bertram (1590), SächsStA Dresden, 10036 Finanzarchiv, Loc. 33342, Rep. 52, Gen. Nr. 1930a, fol. 15r. – Revers Wolf Raue, 1633, SächsStA Dresden, 10036 Finanzarchiv, Loc. 32966, Rep. 52, Gen. Nr.1918s, fol. 147r. Agrarwirtschaft als Kunstform: Vgl. Schlude, Ursula: Fürstliche Agrardiskurse. Momente von Wissenschaft in einem nichtgelehrten Milieu, in: Müller/ Schattkowsky/Syndram (Hg.): Kurfürst August von Sachsen. Ein nachreformatorischer »Friedensfürst« zwischen Territorium und Reich, Dresden 2017, S. 122–137, S. 124f.

8 Vgl. Adelung, Johann Christoph: s. v. »Wälsch«, in: Grammatisch-Kritisches Wörterbuch der Hochdeutschen Mundart 4, Leipzig 1793–1801, URL: https://www.woerterbuchnetz.de/Adelung?lemid=W00540 (letzter Zugriff: 06.12.2023), Sp. 1370. Im Untersuchungszeitraum gehörten die Gärtner offenbar zum Gemeinen Hofgesinde. Die Hofordnung von 1607, die ein geordnetes Kostgeldverzeichnis der Hofbedienten enthält, führt den Hofgärtner an erster Stelle in dieser Gruppe auf. Der Gärtner im Herzogingarten wird dagegen nicht genannt. Vgl. Hofordnung Christian II. (1607) SächsStA Dresden, 10006 Oberhofmarschallamt, Nr. K 01, Nr. 01b (Hofordnungen, innere Einrichtungen des Hofstaats; 1607–1640), fol. 85v.

9 Dieser Ort konnte nicht eindeutig identifiziert werden, vielleicht handelte es sich um das lothringische Vaudemont.

10 Vgl. Bestallung Hans Ritter (1568), in: SächsStA Dresden, 10036 Finanzarchiv, Loc. 33340, Rep. 52, Gen. Nr. 1922, fol. 579r. Die Gärtner (Name und Einstellungsjahr) im Lustgarten am Wilsdruffer Tor führt Roland Puppe bereits auf. Allerdings wurde Bertram bereits 1590 und nicht, wie bisher angenommen, 1592 eingestellt. Vgl. Puppe, 2002 (wie Anm. 3), S. 9; Bestallung Jeremias Bertram (1590), SächsStA Dresden, 10036 Finanzarchiv, Loc. 33342, Rep. 52, Gen. Nr. 1930a, fol. 15r–v. – Zu frühen Gärtnern: Vgl. Nagel, Christine: »von kreuttern, früchten, blumben und anderen schenen gewüchsen«. Die Gärtnerei unter dem Kurfürstenpaar August und Anna von Sachsen, in: Dresdner Hefte 39 (2021) 146, S. 31–37, S. 31f.

11 Vgl. Hennebo, Dieter / Hoffmann, Alfred: Geschichte der deutschen Gartenkunst. Bd. II.: Der architektonische Garten. Renaissance und Barock, Hamburg 1965, S. 24. – Nagel, 2021 (wie Anm. 10), S. 34; zitiert aus: Bestallung Hans Ritter (1568), in: SächsStA Dresden, 10036 Finanzarchiv, Loc. 33340, Rep. 52, Gen. Nr. 1922, fol. 579r.

12 Vgl. Ciancio, Luca: The Many Gardens – Real, Symbolical, Natural – of Pietro Andrea Mattioli, in: Ferdinand (Hg.): From Art to Science. Experiencing Nature in the European Garden 1500–1700 (= Festina lente Indagini d'arte e cultura. Miscellanea 4), Treviso 2016, S. 34–45, S. 40. – Nagel, 2021 (wie Anm. 10), S. 34f. Zitiert aus: Bestallung Ludwig Camerarius (1573), SächsStA Dresden, 10036 Finanzarchiv, Loc. 33340, Rep. 52, Gen. Nr. 1923, fol. 337r.

13 Zitiert aus: Bestallung Jeremias Bertram (1590), SächsStA Dresden, 10036 Finanzarchiv, Loc. 33342, Rep. 52, Gen. Nr. 1930a, fol. 15r. – Bestallung Jeremias Bertram (1591), SächsStA Dresden, Finanzarchiv, Loc. 33342, Rep. 52, Nr. 1930a, [Beilage, unfol.]. – Puppe, 2002 (wie Anm. 3), S. 7. – Puppe, Roland: »...fand weit und breit seinesgleichen nicht«. Der Herzogin Garten zu Dresden. Vom Auf und Ab des ersten außerhalb der Stadtbefestigung gelegenen Hofgartens, in: Staatliche Schlösser, Burgen und Gärten Sachsen 12 (2004), S. 20–31, S. 21. – Schorn-Schütte, Luise: Geschichte Europas in der Frühen Neuzeit. Studienhandbuch 1500–1789, 2. Aufl., Paderborn/ München/Wien/Zürich 2013, S. 128.

14 Zitiert aus: Bestallung Jeremias Bertram, 1592, SächsStA Dresden, 10036 Finanzarchiv, Loc. 32970, Rep. 52, Gen. Nr. 1918gg, fol. 15r–v. Zur Orangerie im Herzogingarten vgl. Puppe, 2002 (wie Anm. 3), S. 7–9.

15 Vgl. Bestallung Christian Peucker / Wolff Raue (1631/1633), SächsStA Dresden, 10036 Finanzarchiv, Loc. 33344, Rep. 52, Gen. Nr. 1943, fol. 181r–v.

16 Vgl. Bestallung Jeremias Bertram (1590), SächsStA Dresden, 10036 Finanzarchiv, Loc. 33342, Rep. 52, Gen. Nr. 1930a, fol. 15r–16r. – Bestallung Jeremias Bertram (1591), SächsStA Dresden, Finanzarchiv, Loc. 33342, Rep. 52, Nr. 1930a, fol. 271r–v. – Bestallung Jeremias Bertram, 1592, SächsStA Dresden, 10036 Finanzarchiv, Loc. 32970, Rep. 52, Gen. Nr. 1918gg, fol. 15v. – Bestallung Christian Peucker/ Wolf Raue, 1631/1633, SächsStA Dresden, 10036 Finanzarchiv, Loc. 32966, Rep. 52, Gen. Nr.1918s, fol. 182v.

17 Vgl. Bestallung Christian Peucker und Wolf Raue, 1631/1633, SächsStA Dresden, 10036 Finanzarchiv, Loc. 33344, Rep. 52, Gen. Nr. 1943, fol. 181r–182r. – Bestallung Christian Beucker [Peucker], 1624, SächsStA Dresden, 10036 Finanzarchiv, Loc. 33344, Rep. 52, Gen. Nr. 1941 [Bd. 2], fol. 125v–126v. Die Schreibweisen der Gärtnernamen unterscheiden sich teilweise in den verschiedenen Urkunden, so auch im Falle Christian Peuckers.

18 Vgl. Bestallung Georg Winger, 1568, SächsStA Dresden, 10004 Kopiale, Nr. 343, fol. 444r–445r. – Bestallung Georg Winger (1586), in: SächsStA Dresden, 10036 Finanzarchiv, Loc. 33342, Rep. 52, Gen. Nr. 1928, fol. 645r. – Bestallung Hans Kurtz (1650), in: SächsStA Dresden, 10036 Finanzarchiv, Loc. 33344, Rep. 52, Gen. Nr. 1949, Nr. 74 [unfol.]. – Bestallung Hans Pauer [zwischen 1586 und 1591], in: SächsStA Dresden, 10036 Finanzarchiv, Loc. 33342, Rep. 52, Gen. Nr. 1928, fol. 653r. – Bestallung Martin Gruhne (1638), in: SächsStA Dresden, 10036 Finanzarchiv, Loc. 33344, Rep. 52, Gen. Nr. 1945, fol. 213r. – Bestallung Hans Ritter (1568), in: SächsStA Dresden, 10036 Finanzarchiv, Loc. 33340, Rep. 52, Gen. Nr. 1922, fol. 579r. – Bestallung Ludwig Camerarius (1573), SächsStA Dresden, 10036 Finanzarchiv, Loc. 33340, Rep. 52, Gen. Nr. 1923, fol. 337r. – Bestallung Jeremias Bertram (1590), SächsStA Dresden, 10036 Finanzarchiv, Loc. 33342, Rep. 52, Gen. Nr. 1930a, fol. 15r. – Bestallung Jeremias Bertram (1591), SächsStA Dresden, Finanzarchiv, Loc. 33342, Rep. 52, Nr. 1930a, [Beilage, unfol.]. – Bestallung Jeremias Bertram, 1592, SächsStA Dresden, 10036 Finanzarchiv, Loc. 32970, Rep. 52, Gen. Nr. 1918gg, fol. 15r–16r. – Bestallung Christian Peucker/Wolff Raue (1631/1633), SächsStA Dresden, 10036 Finanzarchiv, Loc. 33344, Rep. 52, Gen. Nr. 1943, fol. 181r–v. – Bestallung Valtten Mörisch, 1592, SächsStA Dresden, 10036 Finanzarchiv, Loc. 33343, Rep. 52, Gen. Nr. 1934, fol. 79r–80r. – Bestallung Jeremias Bertram, 1600, SächsStA Dresden, 10036 Finanzarchiv, Loc. 33343, Rep. 52, Gen. Nr. 1933, fol. 15r–16r. – Bestallung Valtin Mörisch, 1602, SächsStA Dresden, 10036 Finanzarchiv, Loc. 32965, Rep. 52, Gen. Nr. 1918n, fol. 266r–267v. – Bestallung Jeremias Bertram (Garteninspektor), 1618, SächsStA Dresden, 10036 Finanzarchiv, Loc. 33344, Rep. 52, Gen. Nr. 1941 [Bd. 1], fol. 57r–v. – Bestallung Martin Gruhne, 1638, SächsStA Dresden, 10036 Finanzarchiv, Loc. 33344, Rep. 52, Gen.Nr. 1945, fol. 213r–214r. – Bestallung Otto Seyfert, 1633, SächsStA Dresden, 10036 Finanzarchiv, Loc. 32966, Rep. 52, Gen. Nr. 1918s, fol. 137r–v. – Bestallung Wolf Raue, 1631, SächsStA Dresden, 10036 Finanzarchiv, Loc. 32966, Rep. 52, Gen. Nr. 1918s, fol. 81r–v. Ein kleiner Überblick zu den Solden der Gärtnergruppen auch zu finden in Braun, Leonora: Zwischen Möhren und welschen Früchten. Herrschaftliche Gärtner und Gärtnerinnen in Dresden (ca. 1548–1648), in: Dresdner Hefte 41 (2023) 154, S. 13–24.

19 Vgl. Jöchner, 2001 (wie Anm. 3), S. 99–103. – Wunder, Heide: Die Fürstin bei Hofe im Heiligen Römischen Reich (16.–18. Jahrhundert), in: Rode-Breymann/Tumat (Hg.): Der Hof. Ort kulturellen Handelns von Frauen in der Frühen Neuzeit, Köln/Weimar/Wien 2013, S. 21–51. Verweise auf weiblichen Gartenbesitz siehe z. B.: Bestallung Hans Ritter (1568), in: SächsStA Dresden, 10036 Finanzarchiv, Loc. 33340, Rep. 52, Gen. Nr. 1922, fol. 579r. – Bestallung Jeremias Bertram (1591), SächsStA Dresden, Finanzarchiv, Loc. 33342, Rep. 52, Nr. 1930a, [Beilage, unfol.]. – Bestallung Christian Peucker / Wolff Raue (1631/1633), SächsStA Dresden, 10036 Finanzarchiv, Loc. 33344, Rep. 52, Gen. Nr. 1943, fol. 181r–v.

20 Vgl. Hentzner, Paul, Itinerarivm Germaniae, Galliae, Angliae, Italiae: Cum Indice Locorum, Rerum atq[ue] Verborum memorabilium, Nürnberg 1612, S. 414. – Völkel, Michaela: Schloßbesichtigungen in der Frühen Neuzeit. Ein Beitrag zur Frage nach der Öffentlichkeit höfischer Repräsentation, München/Berlin 2007, S. 15. – Löwenstein, Uta: Fremde Gärten – Augenweide, Gaumenfreude. Vom ästhetischen und kulinarischen Gewinn des Reisens, in: von Ertzdorff/Neukirch (Hg.): Reisen und Reiseliteratur im Mittelalter und in der Frühen Neuzeit (= CHLOE. Beihefte zum Daphnis 13), S. 531–548, S. 539f.

21 Vgl. Völkel, 2007 (wie Anm. 20), S. 7.

22 Vgl. Friedrich I. von Württemberg: Summarische Verzeichnus einer Reyß, so der … Herr Friderich Hertzog zu Würtemberg und Teck … [et]c. im Jahr Christi 1580 […] gethon, Mümpelgardt 1606, S. 5–7. – Keller, Katrin: Von der Nützlichkeit des Reisens. Bemerkungen zu Erscheinungsbild und Konsequenzen der Kavalierstour am Beispiel kursächsischer Befunde, in: Babel/Paravicini (Hg.): Grand Tour. Adeliges Reisen und Europäische Kultur vom 14. bis zum 18. Jahrhundert. Akten der internationalen Kolloquien in der Villa Vigoni 1999 und im Deutschen Historischen Institut Paris 2000 (= Beihefte der Francia 60), Ostfildern 2005, S. 429–455, S. 451f.

23 Friedrich I. von Württemberg, 1606 (wie Anm. 22), S. 12.

24 Vgl. ebd. Nach Rutz gehört fürstliches Geleit zu den Praktiken, mit denen das Territorium als Fläche inszeniert werden konnte. Vgl. Rutz, 2015 (wie Anm. 6), S. 105.

25 Vgl. [Hainhofer, Philipp], Philipp Hainhofers Reise-Tagebuch, enthaltend Schilderungen aus Franken, Sachsen, der Mark Brandenburg und Pommern im Jahr 1617 (= Baltische Studien 2), Stettin 1834, S. 20. Zu Hainhofer: Vgl. Blendinger, Friedrich: »Hainhofer, Philipp« in: Neue Deutsche Biographie 7 (1966), S. 524–525 [Online-Version]; URL: https://www.deutsche-biographie.de/

pnd118700804.html#ndbcontent (letzter Zugriff: 04.12.2023).

26 Vgl. [Hainhofer], 1834 (wie Anm. 25), S. 30, 40, 45. – Kruse, Ulrike: Von Kraut und Rüben. Nutzpflanzen in den Gärten der Hausväter, in: Boscani Leoni / Stuber (Hg.): Wer das Gras wachsen hört. Wissensgeschichte(n) der pflanzlichen Ressourcen vom Mittelalter bis ins 20. Jahrhundert, Innsbruck/Wien [2017], [S. 1–22] [unpag.], URL: https://ebookcentral.proquest.com/lib/slub/reader.action?docID=5186964&ppg=38 (letzter Zugriff: 31.03. 2022), S. 7 [unpag.]; Rippmann Tauber, Dorothee: Aneignung von »Wildem« und Neuem durch Sprache – im Lichte von Agrarschriften und Kräuterbüchern, in: Boscani Leoni / Stuber (Hg.): Wer das Gras wachsen hört [S. 1–24] [unpag.], URL: https://ebookcentral.proquest.com/lib/slub/reader.action?docID=5186964&ppg=14 (letzter Zugriff: 31.03.2022.), S. 18 [unpag.].

27 Vgl. [Hainhofer], 1834 (wie Anm. 25), S. 128 und 140.

28 Ebd., S. 140.

29 Vgl. ebd.

30 Vgl. Müller, Matthias: Ein Jagdschloss als Objekt der Herrschaftskunst. Der Neubau von Schloss Augustusburg und das Vermächtnis Kurfürst Augusts von Sachsen in der Architektur, in: Müller/Schattkowsky/Syndram (Hg.): Kurfürst August von Sachsen. Ein nachreformatorischer »Friedensfürst« zwischen Territorium und Reich, Dresden 2017, S. 178–191, S. 179.

31 Vgl. [Hainhofer], 1834 (wie Anm. 25), S. 145. Zum Kräuterbuch: vgl. Hancke, Hansjochen: Ein Kräuterbuch und sein Umfeld, in: Bürger (Hg.): Das Kräuterbuch des Johannes Kentmann von 1563, München/Berlin/London u. a. 2004, S. 8–15, S. 11–13.

32 Vgl. Puppe, 2002 (wie Anm. 3), S. 7 und 9.

33 Weibliche Räume unterlagen am frühneuzeitlichen Hof in der Regel in den Hofordnungen festgeschriebenen, erhöhten Zugangsbeschränkungen. Inwiefern diese auf den Gartenbesitz übertragen wurden, kann hier nur vermutet werden. In den Bestallungen wird allerdings festgehalten, dass der Garten beim Wilsdruffer Tor nur mit kurfürstlicher Erlaubnis betreten werden durfte. Zum Frauenzimmer siehe z. B.: Hoppe, Stephan, Bauliche Gestalt und Lage von Frauenwohnräumen in deutschen Residenzschlössern des späten 15. und des 16. Jahrhunderts, in: Hirschbiegel (Hg.): Das Frauenzimmer. Die Frau bei Hofe in Spätmittelalter und früher Neuzeit (= Residenzforschung 11), S. 151–174, S.167–168. Zugangsregulation im Lustgarten: vgl. Bestallung Christian Peucker / Wolff Raue (1631/1633), SächsStA Dresden, 10036 Finanzarchiv, Loc. 33344, Rep. 52, Gen. Nr. 1943, fol. 182v.

34 Vgl. [Hainhofer, Philipp] / Doering, Oskar (Hg.): Des Augsburger Patriciers Philipp Hainhofer Reisen nach Innsbruck und Dresden 1629, Wien 1901, S. 141. – Jagodzinski, Sabine: »Vier Freunde sollt ihr sein…« : Fürstliche Repräsentation und »Networking« mit Philipp Hainhofers Großem Stammbuch, in: HABlog (27.01.2023), URL: »Vier Freunde sollt ihr sein…« – HAB (letzter Zugriff: 04.12.2023). – Essegern, Ute: Fürstinnen am kursächsischen Hof. Lebenskonzepte und Lebensläufe zwischen Familie, Hof und Politik in der ersten Hälfte des 17. Jahrhunderts, Leipzig 2007, S. 301.

35 Vgl. [Hainhofer]/Doering (Hg.), 1901 (wie Anm. 34), S. 156 und 195. – Essegern, 2007 (wie Anm. 34), S. 303.

36 Zitiert aus: [Hainhofer]/Doering (Hg.), 1901 (wie Anm. 43), S. 195. Zum Hortus Palatinus und Friedrich V. von der Pfalz: Vgl. Gothein, Marie Luise: Geschichte der Gartenkunst Von der Renaissance in Frankreich bis zur Gegenwart (Bd. 2)^{4}, München 1997, S. 116–120. – Pursell, Brennan C.: The Winter King. Frederick V of the Palatinate and the Coming of the thirty Years War, Aldershot/Burlington 2009, S. 113–116 und 123.

37 Vgl. [Hainhofer]/Doering (Hg.), 1901 (wie Anm. 34), S. 203f., 211, 240 und 244. Zwar kritisierte Magdalena Sibylla ihren Ehemann in verschiedenen Briefen an ihn für seine Kaisertreue, stimmte sich in ihren Handlungen erst mit ihm ab oder erstattete zumindest unverzüglich Bericht. Vgl. Essegern, 2007 (wie Anm. 34), S. 301–304.

Sanierung und Reaktivierung der Orangerie im Fürstlich Greizer Park

Ein Kurzbericht zum Status quo von Planung und Umsetzung

Die Orangerie im Fürstlich Greizer Park ist ein Gebäude mit einer sehr abwechslungsreichen Geschichte. Das mehrteilige Pflanzenhaus war in den vergangenen Jahren vor allem von einem unsanierten und zum Teil nicht nutzbaren Zustand geprägt. Die marode Bausubstanz und die Schäden durch das Hochwasser 2013 führten dazu, dass Mitte der 2010er Jahre mit Planungen begonnen wurde, das gesamte Gebäude denkmalgerecht instand zu setzen. Diese Planungen sahen vor, für ca. sieben Millionen Euro das Gebäude vollständig zu sanieren, es in seine ursprüngliche Nutzung zurück zu führen und damit das Gebäude für die Pflanzenunterbringung zu reaktivieren.

Dem Kübelpflanzenbestand der Greizer Anlage wird damit wieder ein würdiges und angemessenes Winterquartier zur Verfügung gestellt. Die Bedingungen der Unterbringung im Winter sind natürlich maßgeblich für die Qualität und das Erscheinungsbild der Pflanzen an ihrem Aufstellungsort im Sommer. Neben zwei Kalthausbereichen und einem Warmhausbereich sollen auch Räumlichkeiten für die Parkverwaltung und Sozialräume für das Gartenpersonal integriert werden. So sind neben der Bestandserhaltung der Grundsubstanz zahlreiche denkmalgerechte Um- und Rückbauten vorzunehmen.

Als gartendenkmalpflegerische Zielzeit für den Fürstlich Greizer Park gilt die ihn am längsten prägende Gestaltung durch die Gartenkünstler Carl Eduard Petzold und Rudolph Reinecken von 1873 bis 1923. Diese Ausrichtung erklärt auch den gegenwärtigen Schwerpunkt der Kübelpflanzenauswahl nach dem Zeitgeschmack der zweiten Hälfte des 19. Jahrhunderts. So zeichnet sich der Bestand derzeit vorrangig durch Palmengewächse und Pflanzen aus wärmeren Regionen der Erde aus. Die historisch ebenfalls in einer Vielzahl vorhanden gewesenen barocken Zitruspflanzen sucht man heute hingegen vergebens. Die Palmengewächse dienten als Blattschmuckpflanzen und waren zu jener Zeit, zum Teil in Kübeln, in die Beete eingelassen. Sie prägten den Pleasureground und insbesondere den Blumengarten maßgeblich ganz im Sinne der damals vorherrschenden gartenkünstlerischen Vorstellung.

Entwicklung der Orangerie in Greiz

Das Thema Orangerie spielte seit Anbeginn der Anlage in Greiz eine wesentliche Rolle. Das zwischen 1717 und 1724 an der Stelle des heutigen Sommerpalais errichtete »Sommerschloss« diente nachweislich nicht nur als Lustschloss für den Grafen Heinrich II. Reuß ä. L. Obergreiz (1696, reg. 1714–22), sondern auch der Nutzung als Orangeriegebäude.[1] So ist durch Quellen belegt, dass es zur damaligen Zeit bereits einen Kübelpflanzenbestand mit Pomeranzen, Apfelsinen, Zitronen, Feigen, Lorbeer, Granatäpfeln, Zypressen, Yuccas und Agaven gab.[2] Bereits 1768 kam es im Zuge von Besitz- und späteren Standesveränderungen jedoch zum Abriss des Sommerschlosses und es folgte der Bau des heute noch bestehenden Sommerpalais. Auch der sogenannte Garten-

1 Ansicht des »Sommerpalais und Obergreizer Lustgarten« von Westen, vor 1799, Gouache, Staatliche Bücher- und Kupferstichsammlung Greiz

saal des Sommerpalais fungierte im Winter vorerst als Orangerie[3], bis man zwischen 1779 und 1783 ein neues Orangeriegebäude errichtete. Dabei ist zu vermuten, dass hierbei ältere Bauteile von Vorgängerbauten an dieser Stelle einbezogen wurden, worauf dendrochronologische Untersuchungen der Fachwerkaußenwand hindeuten.[4] An diesem Standort, entlang der südöstlichen Gartengrenze, befindet sich die Orangerie bis heute. Charakteristisch waren in seiner originalen Gestaltung die 26 Fensterachsen in gleichmäßiger Aufteilung. Zwei davon waren etwas breiter und dienten als Zugang von der Südseite; sie bildeten damit jeweils die Mittelachse von West- und Osttrakt. Konzipiert war dieses zweiteilige Pflanzenhaus als Winterquartier für die Kübelpflanzen des Parks, was zur damaligen Zeit vor allem die oben genannten Kalthauspflanzen nach barockem Zeitgeschmack waren. Die zu Ende des 18. Jahrhunderts entstandene Gouache-Malerei zeigt eine Ansicht des barocken Lustgartens, unter anderem mit dem Sommerpalais und dem Küchenhaus. (Abb. 1) Sie ist gleichzeitig die erste Darstellung der neuen Orangerie und zeigt zudem etliche Kübelpflanzen im Außenbereich.

Ein verheerendes Hochwasser im Jahr 1799 nutzte der ab 1800 regierende Fürst Heinrich XIII. Reuß ä. L. (1747–1817) für erste Umgestaltungen der Parkanlage, ganz im Sinne der zu dieser Zeit bereits etablierten Gartengestaltung im Stile des englischen Landschaftsgartens.

In den folgenden Jahrzehnten musste die Orangerie eine Vielzahl von Fremdnutzungen ertragen. So wurde ein Teil des Gebäudes nach dem Stadtbrand von 1802 über 20 Jahre als Baumagazin genutzt, ehe 1835 noch ein Theater im östlichen Gebäudeteil eingerichtet und bis 1870 bespielt wurde. In diese Zeit fällt auch die Aufgabe der zweiteiligen Gliederung des Gebäudes zu Gunsten einer Dreiteilung – vermutlich um den vielen neuen Nutzungsansprüchen gerecht zu werden. Zwischen 1854 und 1856 wurde im Mitteltrakt eine Wohnung eingebaut.

Ab 1873 entwickelte sich die wohl prägendste Zeit für den Fürstlich Greizer Park. Durch die landschaftliche Umgestaltung nach den Plänen Carl Eduard Petzolds und Rudolph Reineckens erlangte die Anlage ihren gestalterischen Höhepunkt. Die Orangerie erhielt in dieser Zeit wieder ihren eigentlichen Nutzen zur Pflanzenüberwinterung, musste aber zusätzlich zum wiederholten Male einem Baumagazin Platz bieten.

Unter der Verantwortung Rudolph Reineckens erlebte das Orangeriegebäude seine erste größere Veränderung. So wurde zwischen 1877 und 1879 rechtwinklig zum Mitteltrakt ein Warmhaus angebaut (Abb. 2) und es kam zum Einbau von Wohnungen. Auch der Kübelpflanzenbestand erweiterte sich in den folgenden Jahren deutlich.[5]

1921 wurde die Nutzung als Baumagazin im Osttrakt aufgegeben. Stattdessen griff man die Theaternutzung wieder auf und eröffnete nach einer Renovierung das bis 1954 in Betrieb bleibende Hoftheater. Ein Hochwasser 1924 verursachte schwere Schäden am Gebäude. Dies wurde zum Anlass genommen, weitere Wohnungen in der Orangerie unterzubringen.

2 Rechtwinklig zum Hauptgebäude angeordnetes neues Warmhaus, Postkarte um 1900, Bildarchiv Stiftung Thüringer Schlösser und Gärten (STSG)

3 Visualisierung, Planung HAAS Architekten, 2016

Ab 1928 kam es zum Teilabbruch des Westtraktes, was den bis dahin größten Eingriff in die Formensprache des Gebäudes darstellte. Gleichzeitig gab man damit die ursprüngliche Gestaltung von 1779 auf. Nur die Mauer der Nordfassade wurde in das anschließend bis 1934 errichtete neue Gewächshaus integriert. Dieses war vermutlich als Ersatz für das zur selben Zeit zurückgebaute rechtwinklig anliegende Gewächshaus gedacht.

Nach 1945 wurden im Ostteil des Gebäudes abermals weitere Wohnungen geschaffen, ehe man nach 1954, wiederum nach einem schweren Hochwasser, den Theaterbetrieb endgültig aufgab. Vermutlich aus Kostengründen wurden bis zur deutschen Wiedervereinigung keine großen Veränderungen mehr vorgenommen.

1994 erfolgte die Übertragung der gesamten Liegenschaft an die Stiftung Thüringer Schlösser und Gärten (STSG). 2013 konnte durch Fördermittel des Bundes der Pleasureground mit Blumengarten als schlossnahe Bereiche nach der Gestaltungsidee Reineckens wiederhergestellt werden. Nur wenige Wochen später vernichtete ein Hochwasser die gerade fertiggestellten Flächen. Durch großes Engagement der Greizer Bürgerinnen und Bürger und mit erneuten Mitteln des Bundes zur Beseitigung der Hochwasserschäden konnte diese Wiederherstellung nochmals gelingen.

Auch dieses Hochwasser hat Schäden an der Substanz der Orangerie hinterlassen, sodass die STSG dies zum Anlass nahm, die Sanierung der Orangerie anzugehen. Ab 2016 wurde dafür mit der Planung begonnen. Das Gesamtkonzept sieht vor, die Maßnahmen in drei Teilbauabschnitten umzusetzen. Der 1. Teilbauabschnitt (östlicher Gebäudetrakt) konnte bereits im Herbst 2022 fertiggestellt und in Betrieb genommen werden. Der 2. Teilbauabschnitt (Mitteltrakt) wurde im Herbst 2023 begonnen. Die einzelnen Teilbauabschnitte werden aus Mitteln des Bauunterhaltes der STSG sowie zum Teil mit den genannten Mitteln des Bundes zur Beseitigung von Hochwasserschäden finanziert.

Bauliche Umsetzung

Seinem ursprünglichen Zweck entsprechend, soll das Orangeriegebäude in Zukunft wieder vorranging der Überwinterung des Kübelpflanzenbestandes dienen. Vorgesehen sind ein größerer Kalthausbereich im Osttrakt, ein kleiner Kalthaus- sowie ein Warmhausbereich im Westtrakt und im Mitteltrakt Sozial- und Büroräume für die Parkverwaltung und das Gärtnerteam. (Abb. 3, 4)

Um zukünftig Schäden durch Hochwasser zu vermeiden, werden baulich einige Details am Gebäude angepasst. Zudem profitiert die Orangerie durch die Planung städtischer Hochwasserschutzmaßnahmen. So soll gegenüber der Südfassade entlang der Weißen Elster ein ca. 1,20 Meter hoher Damm errichtet werden, der, ergänzt durch eine mobile Schutzwand am Westende der Orangerie, dieser künftig vor Hochwasser Schutz bietet.

1. Teilbauabschnitt

Der 1. Teilbauabschnitt beinhaltet den Osttrakt des Gebäudes und umfasst die Sanierung und Wiederherstellung der Kalthaushalle mit Empore im ersten Obergeschoss sowie Sanitär- und Lagerräume.

Bereits seit dem Abschluss der Arbeiten im Herbst 2022 können hier ein Großteil der Kübelpflanzen ihr Winterquartier beziehen. Darüber hinaus werden die Flächen aber auch genutzt, um die eigen angezogenen Schmuckbeetpflanzen, wie beispielsweise Echeverien (*Echeveria agavoides*) frostsicher bis zur Pflanzung im Frühjahr unterzubringen.

4 Wiederaufgreifen der historischen Raumaufteilung, Planung HAAS Architekten, 2016

5 Fertiggestellte Fassade des 1. Teilbauabschnittes, Foto: F. Nagel, 2022

Im Grundsatz unterlag die Planung für diesen Bereich einer zukünftigen Hybridnutzung. Das heißt, dass neben der eigentlichen Funktion der Orangerie als Winterquartier für Pflanzen auch eine Nutzung für Veranstaltungen im Sommer möglich sein soll. Dem wurde Rechnung getragen, indem einige Räume durch ein mobiles Wandsystem einfach abzutrennen sind und sich damit mehrere Funktionsbereiche ergeben.

Zur technischen Ausstattung gehören neben einer automatisch gesteuerten Heizungsanlage auch drei in die Decke eingelassene Lüftungsklappen, die die Ableitung feuchter Luft über das Dach steuern. Außerdem wurden automatisch gesteuerte Jalousien eingebaut.

Die Kosten des 1. Teilbauabschnittes lagen bei insgesamt 3,8 Millionen Euro. Der bauliche Schwerpunkt lag dabei neben den Rückbauarbeiten zum einen auf der Sanierung der maroden Dachkonstruktion und zum anderen auf der Wiederherstellung des ursprünglichen Fassadenbildes mit seinen charakteristischen hohen Orangeriefenstern. Diese aus Stahl gefertigten Kastenfenster orientieren sich an der ersten Bauphase des Gebäudes zwischen 1779 und 1783 und greifen die historische Dreiteilung der Fenster wieder auf. Die 1965 eingebauten Wohnungen wurden komplett zurückgebaut.

Als direkte Maßnahme des Hochwasserschutzes wurde die neue Bodenplatte um 15 Zentimeter über den Stand des Bemessungswertes für ein Hundertjähriges Hochwasser (HQ 100) angehoben, um das Gebäude vor Überflutung zu schützen. Auf den Vorzustand bezogen ist das eine Erhöhung von ca. 20 Zentimetern gegenüber der bisherigen Fußbodenhöhe.

Von außen zugänglich ist dieser Bereich der Orangerie von allen Seiten. Die Zufahrt für die Pflanzen erfolgt an der Südfassade über eine Rampe. (Abb. 5)

2. Teilbauabschnitt

Der 2. Teilbauabschnitt umfasst den Mitteltrakt des Gebäudes und schließt an das fertig gestellte Kalthaus des Osttraktes an. Aufgrund der gut erhaltenen Substanz sind hier nur geringe bauliche Veränderungen notwendig. Auf zwei Etagen werden Räumlichkeiten für das Büro der Parkverwaltung, Arbeits- und Aufenthaltsräume sowie eine barrierefreie Besuchertoilette untergebracht. Zudem wird die Wohnung im Obergeschoss nach der Sanierung wieder reaktiviert. Diese wird mit ca. 100 Quadratmetern Grundfläche frei vermietbar sein. Die Südfassade soll in ihrer Fensteraufteilung in der Form aus dem 19. Jahrhundert erhalten bleiben. Ihre Fenster werden durch neue Holzfenster ersetzt.

Baubeginn war bereits im Herbst 2023. Angesetzt sind für diesen Abschnitt ca. eine Million Euro für Planungs- und Bauleistungen. Die Fertigstellung dieses Bauabschnittes ist für Ende 2024 vorgesehen.

3. Teilbauabschnitt

Im noch ausstehenden 3. Teilbauabschnitt ist der Neubau eines Warmhauses zur Pflanzenanzucht in Eigenregie sowie ein kleineres zweites Kalthaus geplant. Für die Unterbringung des Kalthauses wird hier die historische Achseneinteilung der Fenster wieder aufgegriffen (Orientierung an der 1. Bauphase), was eine Verlängerung des Gebäudes um ca. vier Meter nach Westen zur Folge hat. Die technische Ausstattung erfolgt analog derer im Osttrakt, zudem erhält das Kalthaus Topf- und Pflanzentische.

Beim Neubau des Warmhauses soll die noch vorhandene historische Nordwand des Gebäudes integriert und der historische Klinkerboden erhalten werden. Die übrigen Elemente des bisherigen Anbaus an dieser Stelle werden zurückgebaut. Durch eine mittig liegende Achse sind alle Gebäudeteile miteinander verbunden und durchgängig begehbar.

Für diesen letzten Abschnitt sind ursprünglich ca. drei Millionen Euro für Bau und Planung veranschlagt worden. Die Umsetzung ist derzeit jedoch noch nicht absehbar, die tatsächlich zu erwartenden Kosten damit noch nicht abzuschätzen.

Anmerkungen

1 Thimm, Günther; Wiegel, Helmut: Der Fürstlich Greizer Park, in: Fischer, Doris (Hg.): Paradiese der Gartenkunst in Thüringen – Historische Gartenanlagen der Stiftung Thüringer Schlösser und Gärten, Große Kunstführer der Stiftung Thüringer Schlösser und Gärten, Bd. 1, 2., erweiterte und überarbeitete Auflage, Regensburg 2021, S. 106

2 Thüringer Staatsarchiv Greiz, Kammer Greiz, Kap. 9 Gärten, Nr. 3. Ein Convolut versch. Literalien die Herrschaftl. Gärten betr. 1704–1843, Bl. 13, 13RS.

3 Paulus, Helmut-Eberhard: Die Orangerie am Sommerpalais Greiz – das Greizer Sommerpalais als Symbiose aus Villa und Orangerie, in: Stiftung Thüringer Schlösser und Gärten (Hg.): Orangerieträume in Thüringen. Orangerieanlagen der Stiftung Thüringer Schlösser und Gärten, Große Kunstführer der Stiftung Thüringer Schlösser und Gärten, Bd. 2, Regensburg 2005, S. 72–73.

4 Lieberenz, Thorsten: Dendrochronologische Untersuchung Bohrkerne aus Fürstlich Greizer Park, Gebäude der ehemaligen Orangerie, unveröffentlichtes Gutachten im Auftrag der Stiftung Thüringer Schlösser und Gärten, 2016, S. 9.

5 Thüringer Staatsarchiv Greiz, Rechnungen Reuß ä. L., 1877, Belege zur Generalkassenrechnung, Nr. 5452, Bl. 1760ff.

Klimakapriolen und andere Herausforderungen bei der Orangeriekultur im Schlosspark Pillnitz und im Barockgarten Großsedlitz

In den Mittagsstunden des 12. Juli 2023 verdunkelte sich plötzlich über meinem Büro im Großen Garten Dresden der Himmel. Ein kurzer heftiger Wind und ein Regenschauer überzogen den Großen Garten und kurze Zeit später strahlte dann wieder die Sonne, als wäre nichts gewesen.

Am späteren Nachmittag erst erreichte mich die Meldung, dass diese kleine Wetterirritation sich im Osten von Dresden zu einem heftigen Sturm entwickelt hatte, welcher in der Ortschaft Pillnitz und auch im dortigen Schlosspark teilweise verheerende Schäden anrichtete. Mehrere Bäume wurden entwurzelt, stürzten um, und an über 60 Bäumen wurden Ast- bzw. Kronenausbrüche registriert. Personenschäden gab es glücklicherweise nicht und die Sachschäden hielten sich mit Schäden an einem abgestellten PKW und einem Hubsteiger ebenfalls in überschaubarem Rahmen. Allerdings wurden durch den Sturm auch ein Großteil der großen alten Orangeriepflanzen mit ihren Kübeln, teilweise bis ca. 200 Kilogramm schwer, umgeworfen, was in den Jahren zuvor in diesem Ausmaß noch nicht vorgekommen ist. (Abb. 1) Schäden dieser Art sind kaum zu vermeiden, da zusätzliche Verankerungen der Kübel im Boden die Wegedecken schädigen oder man riskiert, dass die Pflanze aus dem fest verankerten Kübel herausgedreht wird. Zukünftig werden wir mit dieser Situation leben müssen.

1 Schlosspark Pillnitz, durch den Sturm umgekippte alte Orangeriepflanzen, Foto: F. Pitzschel, 2023

Dieses Phänomen tritt auch in anderen Gärten und Parkanlagen Deutschlands in der letzten Zeit vermehrt auf und ist eindeutig der klimatischen Veränderung in Mitteleuropa zuzuordnen. Die klimatische Entwicklung der vergangenen Jahre ist nicht nur durch lange trockene und heiße Hitzeperioden geprägt, sondern auch durch plötzlich auftretende Unwetterereignisse mit Starkregen und orkanartigen Stürmen. Das stellt auch die Gärtner vor immer größere Herausforderungen.

Speziell im Schlosspark Pillnitz boten über lange Zeit große Altbäume im Frühjahr den Orangeriepflanzen, die gerade aus ihrem Winterquartier gekommen waren, einen ausreichenden Sonnenschutz zur Akklimatisation, bevor sie im sonnendurchfluteten Lustgarten zur Aufstellung kommen. Infolge der langen Trockenperioden wurde inzwischen auch ein Teil des Altbaumbestandes in den historischen Parkanlagen so stark geschädigt, dass viele Bäume gefällt werden mussten. Der Wegfall dieser Schattierungsmöglichkeit durch die Fällung von Altbäumen stellt die Gärtner vor weitere Herausforderungen.

2 Schattierungstraverse im Schlosspark Pillnitz, Foto: F. Pitzschel, 2023

3 Prototyp des Gieß-Assistenzroboters, Visualisierung: Staatliche Schlösser, Burgen und Gärten Sachsen gGmbH (SBG) 2024

Um dennoch die Akklimatisierung der Orangeriepflanzen zu gewährleisten, werden von den Gärtnern nahe der Orangerie Traversen aufgebaut und mit Schattierleinwand versehen. (Abb. 2) Das bietet zwar den Pflanzen den entsprechenden Sonnenschutz, ist jedoch mit einem erhöhten Arbeitsaufwand verbunden und wirkt ästhetisch in einer denkmalgeschützten Gartenanlage eher störend.

Ein weiterer den Auswirkungen der klimatischen Entwicklung der letzten Jahre zuzuordnender Aspekt ist der Umstand, dass durch die enorme Trockenheit in den Sommermonaten der Zeitaufwand beim Bewässern der Orangeriepflanzen extrem hoch ist. Zwei bis drei Gärtner sind in Pillnitz in heißen Phasen quasi täglich, auch am Wochenende, bei dieser Tätigkeit vonnöten und fallen daher für andere wichtige Parkpflegearbeiten aus. Doch welche Möglichkeit gibt es, dieser Situation entgegenzuwirken?

Bei der Verwaltung der Staatlichen Schlösser, Burgen und Gärten Sachsen gGmbH läuft seit 2021 ein Projekt, das sich mit den klimatischen Auswirkungen der vergangenen Jahre in historischen Garten- und Parkanlagen beschäftigt. Unter anderem ist man in diesem Projekt dabei, einen sogenannten Assistenzroboter zu entwickeln, welcher den Gärtnerinnen und Gärtnern das aufwendige Gießen der Orangeriepflanzen erleichtern könnte. Dieser Roboter wird mit einem ca. 400 Liter fassenden Wassertank ausgestattet. Er wird sich automatisch betanken und bewegt sich dann, chipgesteuert, an den Ort im Garten, wo das Bewässern nötig ist. (Abb. 3) Ein mitgeführter Schlauch erleichtert dem gärtnerischen Personal das Gießen vor Ort, und das kräftezehrende Ziehen vieler meterlanger Schläuche entfällt. Wenn der Tank entleert ist, steuert der Roboter die Betankungsstation an und wird automatisch wieder aufgetankt. Um Stillstandzeiten beim Gießen zu vermeiden, sollen zwei dieser »Wassertransportroboter« eingesetzt werden. Zwar wird auf die Auswirkungen des Klimawandels dadurch nicht Einfluss genommen, das Gerät kann aber zumindest für die Gärtner bei der täglichen Pflege eine Erleichterung bringen.

Vor anderen Herausforderungen bei der Kultivierung der Orangeriepflanzen stehen wir im Barockgarten Großsedlitz.

Von 1997 bis 1999 wurde die Untere Orangerie mit einem Bestand von 150 Zitruspflanzen wieder neu belebt. Allerdings liegt der Aufstellort der Zitrus im Unteren Orangerieparterre ca. fünf Meter tiefer als das

4 Barockgarten Großsedlitz, Transport der großen Kübelpflanzen in die Orangerie, Foto: F. Pitzschel, 2007

5 Kran-Einsatz beim Ein- und Ausbringen der Orangeriepflanzen im Barockgarten Großsedlitz, Foto: SBG, 2021

Orangeriegebäude und dieses ist auch nur über Treppenstufen begehbar. Dies stellt die Gärtner beim Ein- und Ausräumen vor besondere Schwierigkeiten. Vor ca. 25 Jahren reichte bei den neu erworbenen Pflanzen noch die Muskelkraft im Zusammenspiel mit der Transporttechnik der Gärtner aus. In den darauffolgenden Jahren erschwerten sich diese Bedingungen kontinuierlich und maßgeblich. Durch das Wachstum der Pflanzen und das daraus resultierende regelmäßige Umkübeln in größere Pflanzgefäße erhöhte sich naturgemäß das Gewicht der Orangeriepflanzen. (Abb. 4) Ca. 100 bis 150 Kilogramm brachten diese zwischenzeitlich auf die Waage, und somit wurde auch der Einsatz stärkerer Technik wie Teleskop-Sackkarre und Traktor mit Ladearm notwendig.

Doch damit nicht genug. Zum gegenwärtigen Zeitpunkt haben die großen Pomeranzen ein Gewicht von ca. 200 bis 250 Kilogramm erreicht. Mit der vorhandenen Technik ist man damit beim Transport aus dem tieferliegenden Unteren Orangerieparterre in die Orangerie an Grenzen gestoßen.

Die Lösung brachte der Einsatz eines Anhängekranes vom Typ AMAK 35-1. Mit einem Gewicht von ca. 3,5 Tonnen wirkt sich das auch wegeschonend auf den Garten aus. (Abb. 5)

Der Kran kommt nicht nur zum Einräumen der Orangerie im Herbst zum Einsatz, sondern auch zum Ausräumen im Frühjahr. Durch die entsprechende Auslage seines Teleskoparmes gelingt nun der Transport der Zitrusbäume aus dem Parterre bis vor die Orangerie – und umgekehrt – quasi per »Luftfracht«. Neben der wesentlichen Erleichterung der Arbeit für die Gärtner kam ein erheblicher Zeitersparnisfaktor hinzu. Benötigte man ursprünglich eine knappe Arbeitswoche für den Transport der Zitruskübel aus dem Unteren Parterre, mit zunehmender Tendenz, so geschieht dies durch den Kraneinsatz jetzt in nahezu zwei Tagen.

Zu einer weiteren Herausforderung hat sich für die Großsedlitzer Orangeriegärtner bei der Kultivierung der Kübelpflanzen der Lehmboden in der Unteren Orangerie nach der letzten größeren Sanierung im Jahr 2017/18 verwandelt. Dieser historische Belag war hier über die Jahre erhalten geblieben und wurde auch bei der grundlegenden Sanierung 1996 wiederhergestellt, denn er bietet viele Vorteile. Gießwasser kann einziehen, der Lehm speichert die Feuchtigkeit und sorgt für ein gutes Raumklima. Aufgrund der gärtnerischen Nutzung der Orangerie sind in Abständen immer wieder Reparatur- und Ausbesserungsarbeiten am Lehmboden erforderlich. Bei den Sanierungsarbeiten am Lehmboden 2017/18 wurde der Boden schlussendlich mit einer Wachsbeschichtung versiegelt, welche jährlich erneuert wird. Dies geschah vor dem Hintergrund, eine aus ökonomischen Gründen längere Haltbarkeit des Bodens zu erreichen und die Zeitintervalle für Reparaturmaßnahmen hinauszuzögern. Darüber hinaus sollte die Versiegelung des Bodens in den Sommermonaten auch eine verstärkte Veranstaltungsnutzung möglich machen.

Für die Gärtner bedeutet dies inzwischen, dass die Orangeriepflanzen, um den Lehmboden zu schützen, während der Überwinterungsphase auf eine Art Palette gestellt werden, in welcher sich eine Schale befindet, die überschüssiges Gießwasser auffängt. (Abb. 6) Aufwendig wird dann das überschüssige Gießwasser abgesaugt sowie entstehende Wasserlachen auf dem Lehmboden trocken gewischt. Ein zusätzlicher Aufwand in der gärtnerischen Pflege, der ob seiner Sinnfälligkeit zu hinterfragen ist. Des Weiteren ist durch den wachsversiegelten Zustand des Fußbodens auch die für die Pflanzenkultivierung vorteilhafte klima- bzw. feuchtigkeitsregulierende Wirkung des ursprünglichen Lehmbodens kaum noch gegeben.

6 Untersetzer für die Orangeriepflanzen zum Auffangen des Gießwassers, Foto: F. Pitzschel, 2018

Im Hinblick auf die Zitruskultivierung bestehen in Großsedlitz darüber hinaus die üblichen Probleme in Form überhandnehmenden Schädlingsbefalls, z. B. durch Sackschildläuse.

Dies in Griff zu bekommen geschieht gegenwärtig mit einer Kombination aus Einsatz systemischer Insektizide mit sehr geringer Karenzzeit und mechanischer Pflege. Letzteres erfolgt durch das Entfernen der verbliebenen Läuse mit einem scharfen Wasserstrahl (Hochdruckreiniger).

Der Einsatz von Nützlingen in der Orangerie ist auf Grund der im Winter und Frühjahr herrschenden niedrigen Temperaturen eher suboptimal. Über einen Nützlingseinsatz im Freien bei wärmeren Temperaturen wird nachgedacht.

Die Klimaproblematik hat auf die Orangeriekultur hier bislang keine feststellbaren Auswirkungen; Regenwasser von den Dächern aller zum Barockgarten gehörenden Gebäude wird seit Jahren in einer Zisterne gesammelt und zum Gießen verwendet. Aber den Altbäumen der Bosketts setzt der Trockenstress erheblich zu. Im Zusammenhang mit großen Vorhaben, wie der Errichtung eines Industrieparks und eines Pflegeheimes in direkter und näherer Lage des Gartens, könnte dies in kommenden Jahren zu weiteren Problemen führen.

Die Klimaveränderung und ihre Folgen am Beispiel von Neuzelle

Im Klostergarten Neuzelle macht sich der Klimawandel auf verschiedene Arten bemerkbar. Das lässt sich mit allgemeinen alltäglichen Beobachtungen belegen. Zusätzlich stehen auch Daten zur Verfügung, die die Gärtner seit der Schaffung der Gartenabteilung im Jahr 2011 erfassen.

Als wichtigste Beobachtung kann man die Veränderungen in den Niederschlägen heranziehen. Der Jahresniederschlag am Standort Neuzelle hat sich in den letzten elf Jahren im Mittel von 580 auf 555 l/m² verringert. Das langjährige Mittel von 580 l/m² ist nur in vier von elf Jahren überschritten worden. (Abb. 1) Was noch deutlicher auffällt ist, dass sich die Verteilung der Niederschläge verändert hat. Betrachtet man die einzelnen Regenmengen in den jeweiligen Monaten, erkennt man Monate, in denen der Niederschlag in den letzten Jahren zum Teil stark abgenommen hat. (Abb. 2, 3) Dem stehen Monate mit einer sehr deutlichen Zunahme an Niederschlägen gegenüber. (Abb. 4–6)

Auch in Neuzelle kann man, wie überall, eine Zunahme an Extremereignissen beobachten. So gab es zum Beispiel am 6. und 7. Juli 2012 ein Niederschlagsereignis mit 86 l/m². Am 25. Juli 2016 fielen in zwei Stunden 42 l/m², und am 23. August 2021 kamen in etwas mehr als 24 Stunden 98 l/m² zusammen.

Da diese großen Wassermengen meist zum Ende einer Hitzeperiode in kurzer Zeit fallen, führen diese Ereignisse in aller Regel zu starken Erosionsschäden, da der ausgetrocknete Boden nicht in der Lage ist, das Wasser aufzunehmen, geschweige denn den hohen

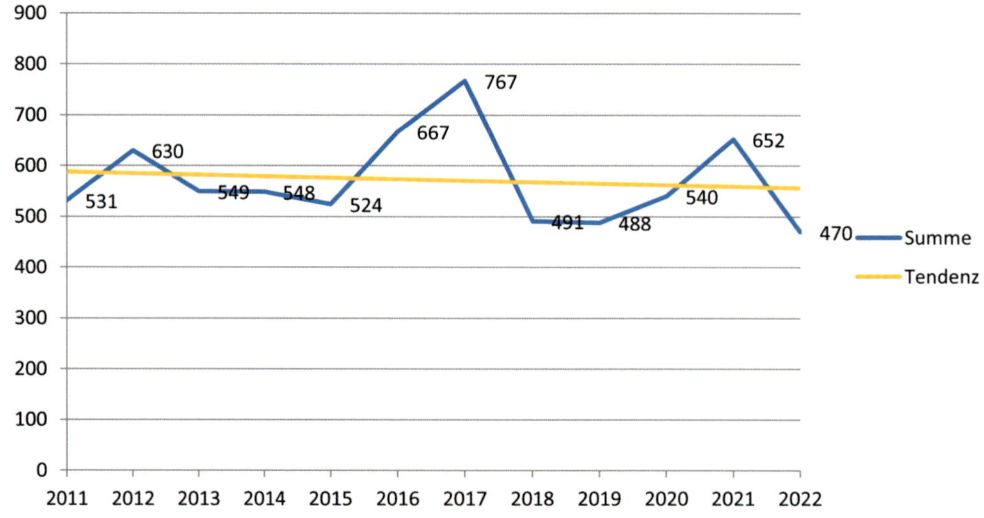

1 Niederschlagsentwicklung l/m² in den Jahren 2011–2022

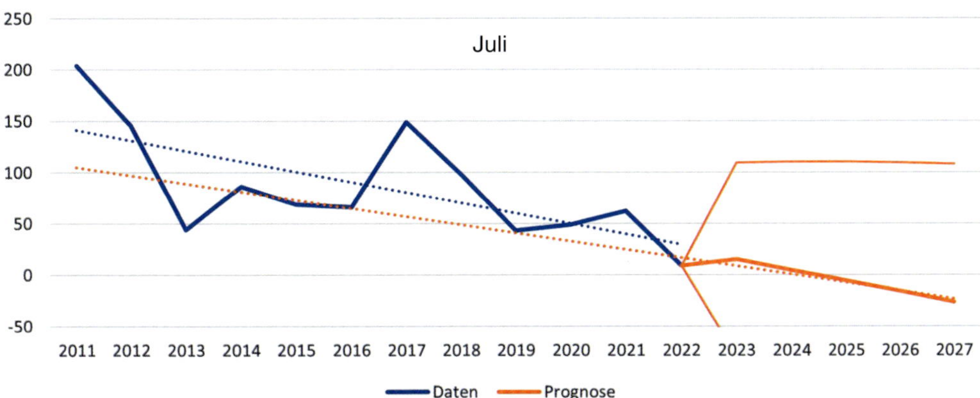

2 Niederschlagsentwicklung 2011–2022 im Juli, mit Prognose

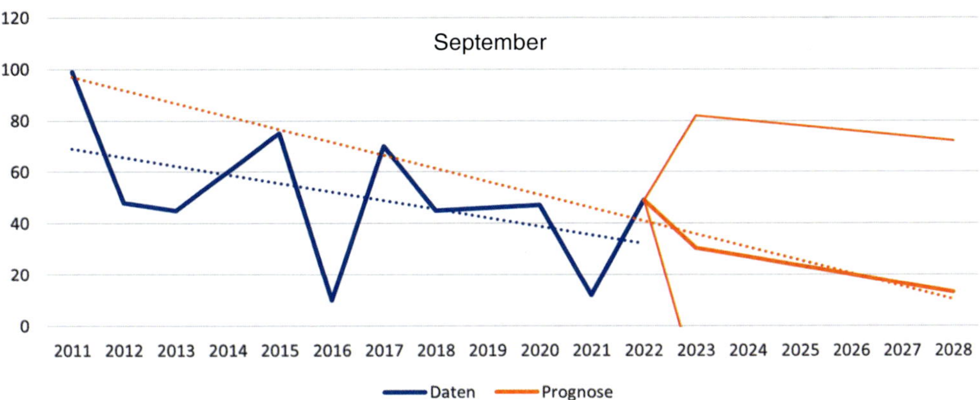

3 Niederschlagsentwicklung 2011–2022 im September

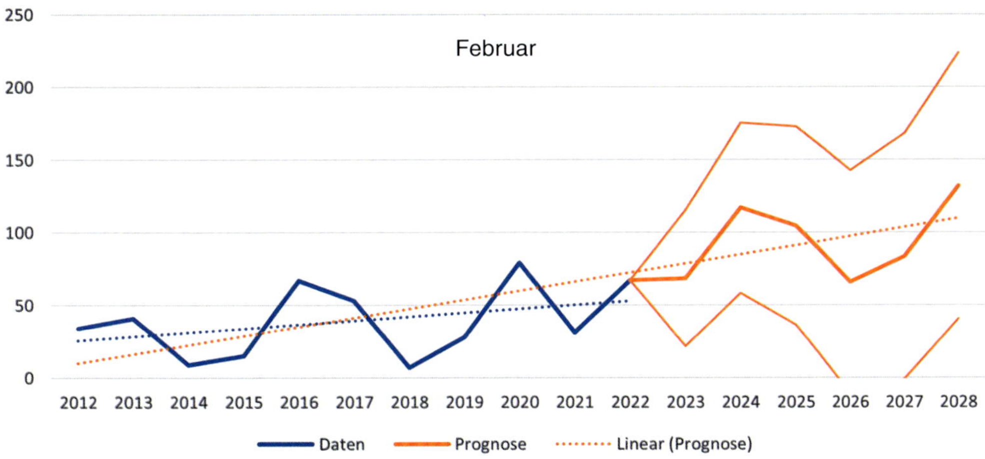

4 Niederschlagsentwicklung 2011–2022 im Februar

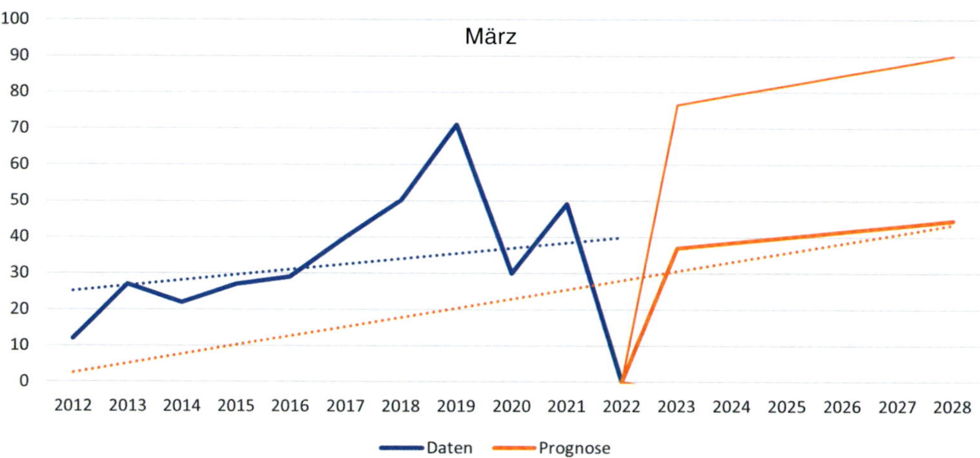

5 Niederschlagsentwicklung 2011–2022 im März

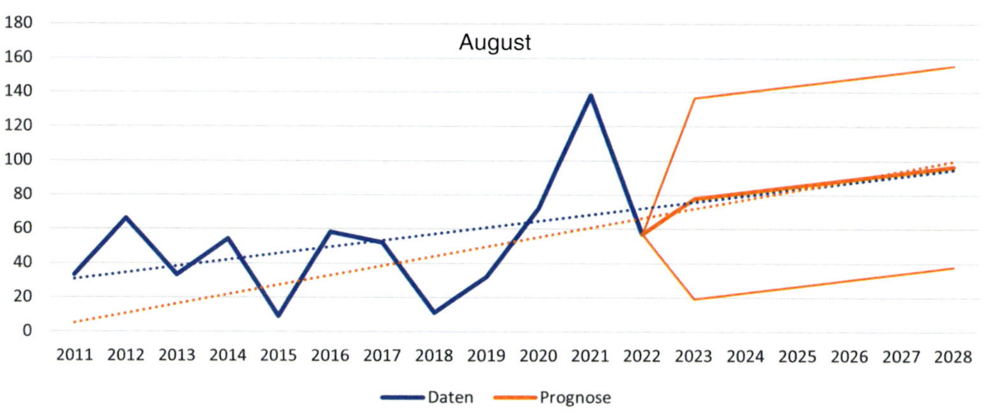

6 Niederschlagsentwicklung 2011–2022 im August

Fließgeschwindigkeiten der entstehenden Sturzbäche etwas entgegenzusetzen. Diese Starkregenereignisse haben für die Zitruskultur zur Folge, dass die Kübel stark vernässen. Wenn dann Pflanzen im Bestand durch vorherige Ereignisse bereits geschwächt sind, kann es unter Umständen sehr lange dauern, bis die Kübel wieder abtrocknen. Ein lange vernässter Kübel kann dazu führen, dass die Wurzel der Pflanze weiter abstirbt und diese dadurch noch stärker geschwächt wird. (Abb. 7)

Auf der anderen Seite wurden in Neuzelle in den letzten Jahren ausgeprägte Dürreereignisse beobachtet. Vom 28. Oktober bis 4. Dezember 2011 ist in 38 Tagen kein einziger Tropfen Regen gefallen. Vom Dezember 2016 bis zum Februar 2017 sind innerhalb von 50 Tagen nur 13 l/m² gefallen. Die gleiche Menge fiel in einzelnen sehr kleinen Regenspenden im November und Dezember 2020 innerhalb von 62 Tagen. Das entspricht umgerechnet einem Niederschlag von 200 ml je Tag. Wenn man sich diese Entwicklung

7 Vernässter Zitruskübel, Foto: R. Mainz, 2010

8 Starknebel im Garten von Kloster Neuzelle, Foto: R. Mainz, 2014

9 Verstopfte Abzugslöcher eines Kübels, Foto: R. Mainz, 2010

10 Fruchtkörper *Xylaria polymorpha*, Foto: R. Mainz, 2010

11 Pilzhyphen im Stamm eines *Citrus × aurantium,* Foto: R. Mainz, 2011

anschaut, stellt man fest, dass es zwar in Summe noch genügend Niederschlag zu geben scheint. Dieser ist jedoch nicht immer für die Pflanzen verfügbar. Allgemein kann man davon sprechen, dass es eher Feuchte als Nässe gibt. Das hat zur Konsequenz, dass die Pflanzen doppelt leiden. Zur allgemeinen Trockenheit kommt ein sehr pilzfreundliches Milieu. (Abb. 8)

So können auch Pilze Probleme bereiten, die sonst für die Pflanzen ungefährlich sind. Im Fall von Neuzelle führte starkes Wachstum der vielgestaltigen Holzkeule *Xylaria polymorpha* dazu, dass die Abzugslöcher der Holzkübel verstopften und dadurch das Substrat nicht mehr abtrocknete. Dieser

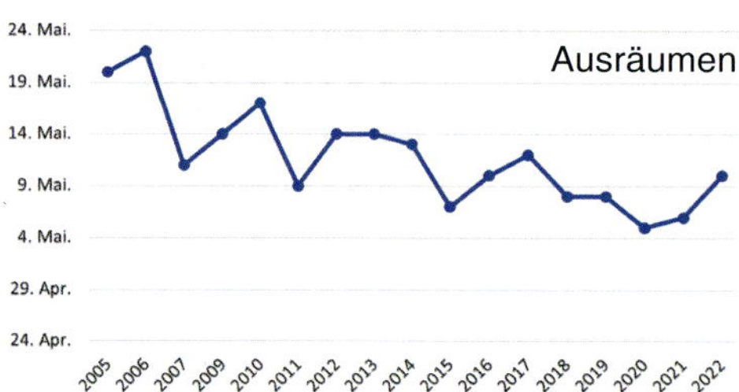

12 Ausräumen der Zitruskübel, Grafik zum Zeitpunkt, R. Mainz, 2023

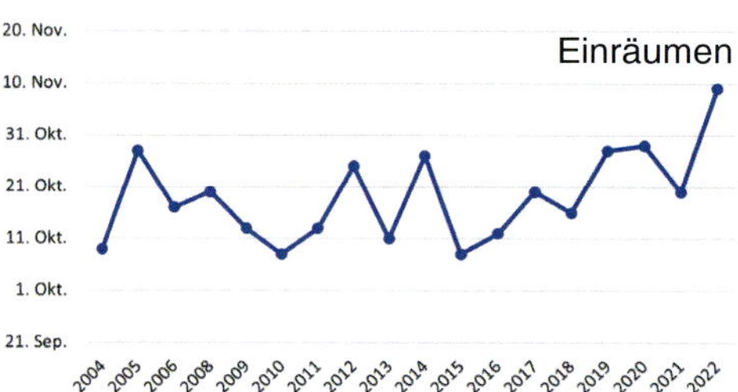

13 Einräumen der Zitruskübel, Grafik zum Zeitpunkt, R. Mainz, 2023

14 Temperaturrekord, Juni 2021, Foto: R. Mainz

Pilz ist ein reiner Saprophyt, d. h. er zersetzt nur totes Gewebe und schädigt nicht aktiv lebende Pflanzen. (Abb. 9, 10) Zusätzlich dazu haben natürlich auch parasitische Pilze ideale Bedingungen und schädigen bereits geschwächte Pflanzen umso stärker. (Abb. 11)

Auch bei der Betrachtung der Temperaturentwicklung lassen sich Tendenzen ablesen. So hat sich in Neuzelle seit 2015 der Zeitpunkt zum Einräumen der Kübelpflanzen in die Orangerie kontinuierlich nach hinten verlagert. Dagegen verschob sich der Zeitpunkt des Ausräumens bereits seit 2006 signifikant nach vorn. (Abb. 12, 13) Das führt zur einer etwas längeren Saison und könnte als positiver Effekt bewertet werden. Allerdings sind die Pflanzen draußen oft größerem Stress ausgesetzt, als in der Orangerie. Man muss weiter beobachten, ob diese Entwicklung sich in Summe eher positiv oder negativ auf die Zitruskultur auswirkt.

Ein weiterer Stressfaktor ist Hitze. Durch sehr stabile Hochdruckgebiete, die sich in den letzten Jahren immer länger über Deutschland festsetzten, steigt natürlich die Strahlungsbelastung und damit verbunden auch die Dauer von heißen und sehr heißen Phasen. (Abb. 14) Dies führt zum Beispiel dazu, dass unsere Kübel schrumpfen und reißen, obwohl regelmäßig und intensiv gegossen wird. (Abb. 15)

Diese Hitzephasen haben auch direkten Einfluss auf den Stoffwechsel der Pflanzen. Für die Photosynthese braucht die Pflanze in erster Linie Licht. Der Prozess ist aber auch abhängig von der Umgebungstemperatur. Bis zu einem gewissen Punkt steigt die Sauerstoffproduktion mit steigender Temperatur, bei gleichbleibender Belichtung, an. Ist das Temperaturoptimum aber überschritten, sinkt die Produktion von Sauerstoff rapide ab und kann sogar in die gegenteilige Richtung

15 Schrumpfen der Holzkübel, Foto: R. Mainz, 2022

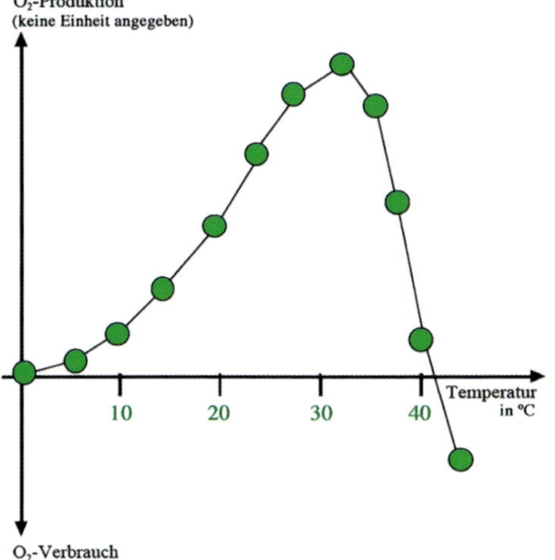

16 Abhängigkeit der Photosynthese von der Temperatur, R. Mainz, 2023

17 Schadbild der Zitrusspinnmilbe, Foto: R. Mainz, 2013

(Sauerstoffverbrauch) kippen. (Abb. 16) Selbst so sonnenliebende Pflanzen wie Zitrus stellen ihren Stoffwechsel bei Temperaturen über 40 °C ein.

Das Temperaturoptimum ist dabei direkt abhängig von der Belichtungsstärke. Das heißt, je schwächer das Licht, desto niedriger liegt das Optimum. Das kann bei der schwachen Belichtung in der Orangerie (ohne Zusatzbeleuchtung) bei 5 °C liegen.

Das zeigt, dass Temperatur und Licht zwei Faktoren sind, die sich gegenseitig beeinflussen können, die aber grundsätzlich als eigenständige Parameter betrachtet werden sollten.

Zu den vorgenannten Problemen kommt noch der erhöhte Befallsdruck durch Schädlinge hinzu, die durch den Klimawandel verbesserte Lebensbedingungen vorfinden. Dadurch kann es dazu kommen, dass bestimmte Plagen, die sonst nur alle paar Jahre einmal auftraten, jetzt regelmäßig unsere Pflanzen heimsuchen. Gerade die berüchtigte Zitrusspinnmilbe, *Panonychus citri*, die sich bei warmem, trockenem Wetter explosionsartig vermehren kann und sich mit herkömmlichen Mitteln nur äußerst schwer bekämpfen lässt, wird zum Dauerproblem. (Abb. 17)

Als letzten Stressfaktor müssen noch die mechanischen Beschädigungen aufgeführt werden: von Menschen verursachte Schäden, die leider immer wieder beobachtet werden, bis hin zu unwetterbedingten Schäden, wie zum Beispiel Hagel und Sturm. Bei sehr

18 Sturmschaden an Zitrus in Kloster Neuzelle, Foto: R. Mainz, 2018

starken Unwettern kommt es immer wieder vor, dass einzelne Zitruspflanzen trotz Drahtsicherung aus den Kübeln gerissen werden. Dabei wird die ohnehin schon geschwächte Wurzel noch zusätzlich beschädigt. (Abb. 18)

Als Fazit bleibt, dass der Gärtner mit all seiner Erfahrung und Kenntnis die einzelnen Stressoren immer genau beobachten muss. Er muss stets wachsam bleiben, um im Bedarfsfall rechtzeitig und situationsgerecht reagieren zu können. Das ist aber nur möglich, wenn in der aufwendigen Pflege der Kübelkultur gut ausgebildete Fachkräfte zum Einsatz kommen und durch sie eine anhaltende Kontinuität gewährleistet werden kann.

Die Herstellung haltbarer Pflanzgefässe

In der Orangerie Oranienbaums fanden nach ihrer Fertigstellung im Jahr 1818 bis zu 500 Zitruspflanzen Platz, wobei ein Teil der Pflanzen damals bereits einhundert Jahre alt war und noch aus der Entstehungszeit um 1700 stammte. Die bereits einhundertjährigen Stämme überdauerten weitere hundert Jahre und erlangten großen Ruhm unter den Kennern als 200-jährige Exemplare in den 1920er Jahren. Nebst diversen kleineren Exemplaren befanden sich dann noch insgesamt 100 Stück der mächtigen Exemplare in Oranienbaum. Wenn auch als Orangenstämme benannt, handelte es sich dennoch Pomeranzen – *C.× aurantium*. Sie waren in hölzerne Kübel in eckiger Bauweise gepflanzt, hier Pflanzkästen genannt. Diese Bäume hatten einen Kronendurchmesser von 3,50 Metern und waren in der Regel 28 Zentner (1400 Kilogramm) schwer. In der Orangerie fanden sie während der kühlen Jahreszeit in zweireihiger Aufstellung Platz. Durch Notverkäufe, Pflanzenkrankheiten und schließlich einen verspäteten Nachtfrost im Frühjahr 1961 ging dieser Bestand verloren. Lediglich jüngere Exemplare verblieben.[1] (Abb. 1)

Derzeit bieten die Orangerien und Gärtnereien der Kulturstiftung Dessau-Wörlitz ein Quartier für 560 Kübelpflanzen in hölzernen Gefäßen, in runden Kübeln und eckigen Kästen. In Oranienbaum stehen momentan 320 Kübelpflanzen, 205 davon sind Zitruspflanzen. Aus Inventarien ist bekannt, dass die Zitrus in hölzernen runden Kübeln und eckigen Pflanzkästen kultiviert wurden. Ebenso wurde überliefert, dass bei der Materialauswahl der Gefäße ausschließlich Eichenholz zum Einsatz kam. Die Bauform mit den in die Pfosten eingearbeiteten Bohlen (Füllung)

1a+b Die Oranienbaumer Orangerie im Jahr 1930, aus: Die Heimat – Anhalt Anzeiger, 1930

2 Der Oranienbaumer Pflanzkasten in traditioneller Bauweise, Foto: S. Doil, 2021

3 Defekte Pflanzkästen mit deutlich sichtbaren Schäden, Foto: S. Doil, 2021

und dem eingelegten Boden ist traditionell und kann etwa 120 Jahre nachgewiesen werden. Einer dieser großen Kästen überdauerte bis zum Jahr 2016 und wurde im Oranienbaumer Zitrusgarten mit Saisonpflanzen bestückt, für einen Zitrus wurde er jedoch nie genutzt. (Abb. 2)

Seit jeher werden die hölzernen Pflanzgefäße in eckiger Form durch Böttcherei- und Tischlereibetriebe nachgefertigt, wobei unsere Orangeriegärtner sich eine Haltbarkeit von zehn Jahren wünschen. Das Umtopfen ist nach fünf Jahren vorgesehen, es wird angestrebt, das Pflanzgefäß noch ein weiteres Mal wiederzuverwenden, vorausgesetzt das Gefäß wird behutsam entfernt. In der Regel sind dann kleine Reparaturarbeiten und die Erneuerung des Holzschutzes am Gefäß notwendig.

Unerfreulicherweise wurde vor einigen Jahren die gewünschte Haltbarkeit teilweise nicht erreicht. Bei gewohnter Verwendung hatten Kübel bereits nach kurzer Nutzung starke Defekte und waren nach etwa fünf Jahren vollkommen desolat. Da es sich hier um einen erheblichen Kostenfaktor handelt, konnten wir das nicht hinnehmen und machten uns auf die Suche nach der Ursache – woran lag das? (Abb. 3)

Ausschlaggebend ist die Qualität des verwendeten Eichenholzes. Es befand sich Material von schlechter Holzqualität auf dem Markt. In der Vergangenheit führte die Verwendung von pilzbefallenem Eichenholz, z. B. durch Porlinge wie Feuerschwamm (*Phellinus* s. l.), dazu, dass statisch relevante Bauteile der Kübel schnell defekt waren und Pilzfruchtkörper die Bodenabzugslöcher verstopften. Deshalb ist es enorm wichtig, dass die Böttcherei- und Tischlereibetriebe gut einkaufen. Gleichermaßen konnten immer wieder Defekte an Pfosten, Füllung, Unterzügen, Böden und beim Quellen und Schwinden beobachtet werden, woraus sich der Bedarf einer konstruktiven Überarbeitung der Kästen ergab. Die traditionelle Erscheinung der Pflanzkisten war beizubehalten. Gemeinsam mit regionalen Tischlereibetrieben, darunter auch erfahrene Kübelbauer, wurden die Probleme am Beispiel der Oranienbaumer Pflanzkästen besprochen und Lösungen diskutiert.

Ein maßgebliches Problem betrifft die Konstruktion der Kübelböden. Die hölzernen Böden mit Abzugslöchern wurden bislang auf zwei an der Füllung befestigte Winkelstahlelemente eingelegt. Bei den 200-jährigen Orangenbäumen lag der Holzboden auf zwei massiven Kanthölzern auf. Durch die Feuchte des Wurzelballens faulen die Bodenbretter besonders am Hirnholz stark ein. Das Gewicht der gesamten Pflanzen wird dadurch

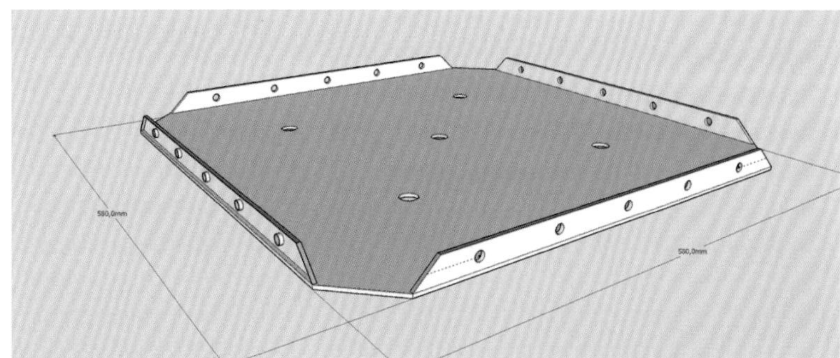

4
Konstruktionszeichnung des Metallbodens für den neuen Pflanzkasten, Foto: S. Doil, 2020

lediglich an zwei Punkten des Kastens eingeleitet, besonders bei großen Dimensionen führt das zum »Aufschnabeln«. Vor allem beim Transport der Kübelpflanzen mit der Verladetechnik arbeiten die Pflanzgefäße in sich. Oft führen das Aufnehmen und Abstellen der Kübelpflanzen zum Herauslösen des Bodens. Die Pflanze rutscht durch das sonst intakte Gefäß. Die Verwendung eines hölzernen Unterzugs stellt leider keine ausreichend wirksame Alternative dar, da die Gefäße bei den Transportvorgängen dennoch zu stark arbeiten.

Abhilfe schafft die Verwendung eines Metallbodens aus drei bzw. vier Millimeter starkem Edelstahl mit gebohrten Ablauflöchern, vierseitig gekantet und an der Füllung verschraubt. Dieser bietet den Vorteil, dass das Gewicht der Kübelpflanze auf alle vier Seiten verteilt wird. Der Kasten ist steif, die Bewegung der einzelnen Bauteile wird damit verhindert. Ebenso ist das Durchbrechen der Holzböden damit unmöglich. Ob das Einlegen eines Holzbodens mit Ablauflöchern auf den Edelstahlboden weiterhin notwendig ist, sollen Versuche zeigen. Bislang wurden Pflanzen mit und ohne zusätzlichen Eichenholzboden sowie mit Böden aus Tricoya, einer äußerst widerstandsfähigen Holzfaserplatte, getopft. Ein Unterzug unter den großen Gefäßen entfällt, welcher beim Transport mit der Palettengabel ohnehin hindert. (Abb. 4)

Hinsichtlich der Füllungen der Pflanzkästen hat sich gezeigt, dass diese durch Quellen und Schwinden des Werkstoffes Holz unkontrolliert reißen. An diesen Stellen ist der Holzschutz beeinträchtigt, Wasser bzw. Feuchtigkeit dringen weit ins Holz ein. Dadurch wird das Einfaulen des Materials gefördert, während Gießwasser und Substrat nach außen dringen. Das Arbeiten der Füllung lässt sich grundsätzlich nicht verhindern. Eine Verbesserung hierbei schafft das Einarbeiten von Nuten und Federn zwischen den einzelnen Holzbohlen. Damit wird ein kontrolliertes Quellen und Schwinden zugelassen. Die Rissbildung ist minimal. Dabei ist jedoch der Abstand der oberen Bohle zu den Abdeckbrettern von etwa ein bis eineinhalb Zentimetern zu beachten, damit das

5 Pfosten und Füllung mit Nut- und Feder-Konstruktion, Foto: S. Doil, 2020

Arbeiten der Füllung die Abdeckbretter nicht anhebt. (Abb. 5)

Problemstellen zeigten sich auch an den Pfosten nach mehrjährigem Einsatz. Die Verzapfungen der Füllungen lockerten und lösten sich aus den Pfosten, trotz einer konstruktiven Sicherung durch Schrauben oder Dübel. Sobald die Sicherung versagte, löste sich der Zapfen aus dem Pfosten. Ab sofort erfolgt eine konische Einarbeitung der Zapfen in den Pfosten, die zusätzlich mit Keilen und mit PU-Leim gesichert wird. Der Einsatz von Nägeln, Schrauben oder Dübeln entfällt. Diese Verbindung ist besonders stabil, ein eigenständiges Lösen dieser Verbindung ist unmöglich. Folglich würde ein Trennen dieser Verbindung zur Zerstörung des Kübelpfostens führen. Die Dimensionierung der Pfostengröße von acht auf acht sowie zehn mal zehn Zentimetern ab 70 Zentimetern Kastenbreite wird beibehalten.

Für die Fertigung und Montage der Abdeckrahmen wurden in der Vergangenheit zwei Varianten genutzt. Die Montage mit Überstand nach innen sowie eine innen bündige Variante. Der Überstand nach innen ist zwar hinderlich beim Umkübeln, da der Wurzelballen dann durchgewurzelt und meist größer ist. Dennoch wird die innen bündige Variante von den Tischlereibetrieben als konstruktiver Holzschutz für das anfällige Hirnholz der Pfosten empfohlen. Die Abdeckrahmen sollten immer demontierbar sein.

Besondere Bedeutung wird dem Holzschutz gewidmet. Die ursprünglich genutzten deckenden Lackanstiche aus Vorstreich- und Decklacken im RAL-Ton 9010 sind optisch ansprechend und sehr komfortabel zu reinigen, haben aber entscheidende Nachteile. Für eine Erneuerung des Lackanstrichs muss dieser weitgehend vollständig entfernt werden und ein kompletter Lackneuaufbau erfolgen. Dieses Vorhaben erweist sich als sehr arbeitsaufwendig. Das Hauptproblem der Lackanstriche sind jedoch die geschlossenen, versiegelten Oberflächen. Das Holz darunter kann nicht atmen und die Vergänglichkeit des Materials erfolgt umso schneller. Dem galt es durch die Verwendung von offenporigen Anstrichen entgegenzuwirken. Seit etwa fünf Jahren kommen Standölfarben zum Einsatz. Diese sind offenporig und lassen das Holz entsprechend atmen. Allerdings müssen sie vom Produzenten in drei Schichten auf die Kübel aufgebracht werden, um ein dem Lackanstrich gleichwertiges Ergebnis zu erzielen. Auch neigen diese Farben ab etwa vier bis fünf Jahren Nutzung dazu auszukreiden, sodass eine Nachbearbeitung des Anstrichs notwendig wird, doch steht dann ohnehin das Umkübeln an. Das Nacharbeiten mit Standölfarbe ist hingegen sehr angenehm. Es muss lediglich eine grobe Reinigung der Oberfläche mit Wasser und Bürste erfolgen. Die Standölfarbe kann nachfolgend auf die abgetrocknete Fläche aufgebracht werden. Ein einmaliger Anstrich ist ausreichend. Eine aufwendige Flächenvorbereitung wie bei Lacken entfällt. Zudem ist Standölfarbe sehr ergiebig und besitzt eine gute Anwender- und Umweltfreundlichkeit.

Auch der Holzschutz im Inneren das Pflanzkasten wurde überdacht. Ziel war, sich gedanklich vom traditionellen Ausbrennen zu lösen und einen Oberflächenschutz mit einem Isolieranstrich vorzunehmen. Nach zweimaligem Auftragen von Bornit-Isolieranstrich ist die Holzoberfläche versiegelt, geschlossen und chemisch stabil. Die behandelte Oberfläche kommt der eines Kunststoffgefäßes nahe. Der schwarze Isolieranstrich gleicht bereits nach wenigen Wässerungsgängen der Oberfläche von ausgebrannten Kübeln. Den Vorteil des Isolieranstrichs erhoffen wir uns in einer Reduzierung des Feuchtigkeitseintrags in das Kübelholz. Dieser Schutzanstrich kann beim späteren Umtopfen ebenfalls problemlos erneuert werden. (Abb. 6)

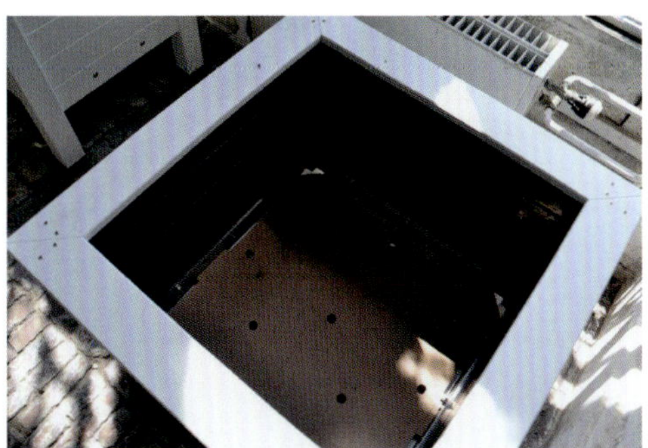

6 Blick in den Pflanzkasten (Neukonstruktion), Foto: S. Doil, 2020

7 Herstellung Pfostenbauteil mit CNC-Technik, Foto: S. Doil, 2023

Das Quellen und Schwinden des Holzes wird sich nicht vollständig ausschließen lassen, sodass eine minimale Rissbildung im Oberflächenschutz immer zu erwarten sein wird. Jedoch kann minimal eintretende Feuchtigkeit in das Holz durch die offenporige Oberfläche des Standölanstrichs entweichen. Dieser Ansatz soll in den kommenden Jahren konkretisiert werden. Dafür wurden bereits mehrere Chargen der neuen Kästen gefertigt und getopft. Einige wurden traditionell ausgebrannt und einige erhielten den Isolieranstrich. Nach etwa zweijähriger Beobachtung scheint der Isolieranstrich vielversprechend und eventuell eine Alternative zum Ausbrennen zu sein. Verlässliche Rückschlüsse sind aktuell noch nicht möglich, da Langzeitergebnisse fehlen. In jedem Fall kommen deckende Lackanstriche außen nicht mehr zum Einsatz.

Im Jahr 2020 wurde erstmals ein Musterkasten nach neuen Vorgaben konstruiert. Zunächst schien das Exemplar allen Anforderungen besser gewachsen zu sein, bis sich nach etwa sechs Monaten eine extreme Rissbildung des gesamten Kastens zeigte. Das Musterstück brachte die Erkenntnis, dass bei der Materialauswahl die Holzfeuchte eine entscheidende Rolle spielt. Das Muster wurde aus Möbelholz gefertigt, welches bereits fünf Jahre im Vorfeld trocknete. In Verbindung mit dem feuchten Wurzelballen sowie der Luftfeuchte innerhalb und außerhalb des Winterquartiers kann kein Möbelholz eingesetzt werden. Zweijährig getrocknetes Eichenholz mit entsprechender Restfeuchte eignet sich bestens.

Befürchtet wurden mit der Fertigung der neuartigen Pflanzkästen einhergehende erhebliche Mehraufwendungen. Diese konnten jedoch durch den Einsatz von CNC-gesteuerter Fertigungstechnik ausgeglichen werden. Die Preise sind marktüblich, regelmäßige Preisvergleiche belegen das. Jedoch kann sich diese Produktionsweise nachteilig für kleinere Produktionsbetriebe auswirken, welche ohne computergesteuerten Maschinenpark im Wettbewerb womöglich nicht mithalten können. (Abb. 7)

Die runden Pflanzkübel für unsere Orangeriepflanzenbestände werden seit etwa zehn Jahren über einen deutschen Zwischenhändler aus dem Ausland bezogen. Die Kübel lassen wir nach unseren Leistungskriterien ebenfalls in Eichenholz produzieren. Nach ersten Bedenken und reichlicher Überlegung ließen wir mehrere Musterkübel fertigen. Aus unserer Sicht stehen die runden Kübel in der Qualität der handwerklichen Fertigung im Vergleich nichts nach. Die Materialqualität

8 Umkübelarbeiten im Luisium, Foto: K. Gerds, 2023

9 Umkübeln der Pomeranzen-Hochstämme in Oranienbaum, Foto: S. Doil, 2023

ist vollkommen zufriedenstellend. Aus unseren Erfahrungen heraus halten diese Kübel bis zu acht Jahre stand, noch unter Verwendung der deckenden Lackfarben. Der Holzschutzanstrich mit Standöl erfolgt erst seit zwei Jahren, eine Innenbeschichtung wurde bislang noch nicht vorgenommen. Hinsichtlich der Beschaffungskosten liegen die Preise für die runden Kübel aus dem Ausland um etwa einem Drittel unter den hier angebotenen Preisen. (Abb. 8, 9)

Anmerkung

1 Stieler, Cordelia: Der Citruspflanzenbestand in Oranienbaum, Wörlitz 2003, S. 1–2.

Die Folgen des Klimawandels für den Pflanzenbestand und die Nutzung der Orangerie im Neuen Garten Potsdam

Die Orangerie im Neuen Garten in Potsdam wurde 1791/92 durch Architekt Carl Gotthard Langhans (1733–1808) im Auftrag König Friedrich Wilhelm II. (1744, reg. 1786–97) erbaut – wir haben schon mehrfach über sie berichtet.[1] Sie bietet einerseits Platz für die Überwinterung des Kübelpflanzenbestands und hat zugleich einen zentralen festlichen Raum, den sogenannten Palmensaal, an den sich zu beiden Seiten die Pflanzenhallen anschließen. Die Orangerie im Neuen Garten kann man als idealtypische Orangerie bezeichnen. Zudem ist sie im Bauzustand des 18. Jahrhunderts nahezu unverändert erhalten. Die große Fensterfront der Hauptfassade weist in südliche Richtung, sodass die zu überwinternden Kübelpflanzen sehr gute Lichtbedingungen haben. Im nördlichen Bereich verläuft der Heizgang, von dem aus im Winter noch immer die Kanalheizung mit Holz beschickt wird, die die Pflanzenhallen temperiert.

Welche spürbaren Veränderungen des Klimas nehmen wir seit Jahren wahr?
Extremwetterlagen nehmen deutlich zu – das ist nicht nur unser Empfinden. Im gärtnerischen Team versuchen wir, alle diese Veränderungen messbar zu machen, um im praktischen Alltag besser damit umgehen zu können.

Große Temperaturschwankungen haben Einfluss auf den Wachstumsprozess unserer Kübelpflanzen. Die Pflanzen, die über Blätter und ihre Spaltöffnungen zwar transpirieren, aber kein Wasser aufnehmen können, leiden bei Temperaturen, die in den Sommermonaten über mehrere Tage bei über 35 °C liegen und wenn wenig Luftfeuchtigkeit herrscht. Hier kommt es zu Trockenstress in den Leitbahnen, Blätter verbrennen, Früchte bekommen Nekrosen, Pflanzen können den Dünger nicht optimal aufnehmen und verarbeiten. Abhilfe schaffen wir durch einmal tägliches Überbrausen der Baumkronen, um die Luftfeuchtigkeit im unmittelbaren Nahbereich der Pflanzen zu erhöhen, des Weiteren durch die Optimierung der Bodenverhältnisse. Eine jährliche Boden-Analyse und mehrere Kontrollen des pH-Wertes im Pflanzkübel geben uns Grundlage für gärtnerische Entscheidungen. (Abb. 1)

Gemeinsam mit den in den Orangerien verantwortlichen Mitarbeitenden der Gartenabteilung in der Stiftung Preußische Schlösser und Gärten (SPSG) wird darüber nachgedacht und diskutiert, ob unsere historischen Aufstellplätze für Kübelpflanzen zukünftig beibehalten werden können. Bei großer Hitze ist, z. B. vor Orangeriegebäuden, die Abstrahlwärme so stark, dass sie die Pflanzen und insbesondere den Wurzelbereich schädigen kann. Eine Prüfung der Temperaturverhältnisse im Pflanzkübel soll in einer Art »Modellprojekt« in den Schlossgärten Rheinsberg und Charlottenburg durchgeführt werden. Ergebnisse können dann bei einer der kommenden Tagungen vorgestellt und diskutiert werden. Längere Phasen des »Abhärtens« im Schattenbereich nach dem Ausräumen sollen den Pflanzen einen optimalen Start in die Sommerperiode geben. In der Anlage des

Kübelnummer	10.01.2022	11.02.2022	10.03.2022	20.04.2022	01.11.2
	pH-Wert Messung gefallen gestiegen	Kalkung 110 gr. CaCO3	pH-Wert Messung gefallen gestiegen	pH-Wert Messung gefallen gestiegen	pH-Wert M gefall gestie
172	6,11	X	6,75	6,86	3,88
187	6,37	X	6,70	6,98	5,39
178	6,51	X	6,66	7,00	4,70
202	5,74	X	6,10	6,14	4,30
185	6,33	X	6,15	6,55	5,14
201	6,51	X	6,67	6,74	4,59
192	6,81	X	6,83	7,26	5,04
175	6,45	X	6,77	7,02	5,23
211	6,14	X	6,67	7,00	4,39
189	5,45	X	6,06	6,53	5,14
203	6,45	X	6,53	7,25	4,98
186	5,81	X	6,08	6,50	5,57
182	6,22	X	6,74	6,74	4,88
209	6,12	X	7,07	7,05	4,79
183	6,49	X	6,36	7,09	4,84
210	6,28	X	5,73	6,67	4,33
184	4,83	X	5,49	5,91	4,56
174	5,33	X	5,56	6,80	4,42
191	6,71	X	6,54	7,16	4,74
199	5,85	X	6,29	6,87	4,47
79 Zitrone	6,74	X	7,08	7,36	5,91
91 Poncirus	6,57	X	7,03	7,29	5,32

1 Neuer Garten, Entwicklung der pH-Werte und Maßnahmen bei Zitruskübeln, 2022

Neuen Garten wurde diese Phase bereits im Frühsommer 2023 auf drei Wochen verlängert. Somit waren die Zitrus besser auf die kommende starke Sonneneinstrahlung und hohe Ozonbelastung vorbereitet.

Eine Schattierung der Pflanzen ist in einer historischen Gartenanlage nicht vorstellbar. Möglich wäre das nur, indem man gefährdete Pflanzen in einen geschützten Bereich, z. B. in eine Gärtnerei, bringen kann. Dieser Arbeitsaufwand für einen mehrfachen Transport ist jedoch nicht realisierbar.

Auftretende Spätfröste sind ebenfalls eine ernstzunehmende Problematik. Traditionell erfolgt das Ausräumen der Kübelpflanzen in den Potsdamer Gartenanlagen nach den Eisheiligen. Vereinzelte Spätfröste bis Anfang Juni benötigen eine stetige Beachtung der morgendlichen Tagestemperaturen. Hier braucht es Alternativen für einen Frostschutz

.2022	03.11.2022	01.12.2022	02.12.2022	03.01.2023
kung) gr. CO3	Terra Preta	pH-Wert Messung gefallen gestiegen	Kalkung 110 gr. $CaCO_3$	pH-Wert Messung gefallen gestiegen
X	x	5,17	X	5,36
X	x	5,72	X	5,82
X	x	4,90	X	5,21
X	x	5,11	X	5,24
X		5,68	X	5,47
X	x	5,26	X	4,98
X		5,10	X	4,97
X		5,80	X	5,91
X	x	5,25	X	4,92
X		5,72	X	5,57
X	x	5,19	X	5,21
X		6,23	X	6,19
X		5,26	X	5,36
X		5,10	X	4,92
X		5,44	X	5,51
X		5,23	X	5,65
X		5,32	X	5,00
X		4,84	X	5,44
X	x	5,35	X	5,37
X		5,27	X	5,58
X		6,89		6,52
X		6,53		6,22

der empfindlichen Pflanzen. Organisatorisch zu berücksichtigen ist auch der Termindruck durch die Vermietung der Orangerien für eine externe Nutzung und nachfolgende Arbeiten in den Gärten. Zum Beispiel lagen 2023 die Tiefsttemperaturen am 18.05.2023 bei 4,7 °C, am 03.06.2023 bei 5,9 °C und im Jahr 2022, am 23.09.2022, bei 5,5 °C.

Ein weiterer klimatischer Aspekt sind Starkregen und Hagel, einhergehend mit starken Windböen und Gewitter mit orkanartigen Böen in Spitzen mit 80 bis 100 Stundenkilometern. Hierbei kommt es zu Regenmengen bis zu 30 Liter pro Quadratmeter und mehr. (Abb. 2) Die Böden sind oftmals ausgetrocknet, das Wasser kann nicht aufgenommen werden und überflutet die Stellflächen. Im abschüssigen Gelände sammeln sich große Wassermengen, hier ist der Boden häufig verdichtet.

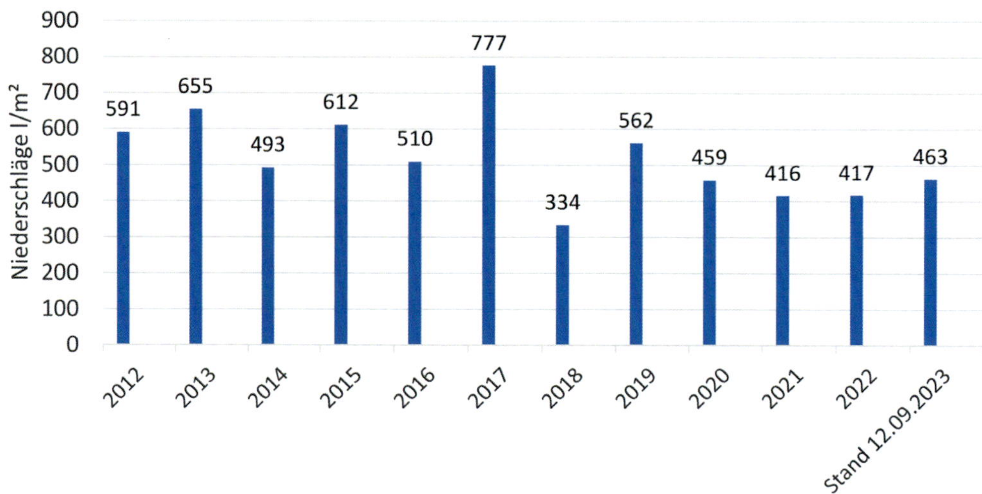

2 Jahres-Niederschläge, Neuer Garten Potsdam, im Zeitraum 2012 bis 2023

3 Orangerie im Neuen Garten Potsdam, Kübelabdeckungen, Foto: S. Sawade, 2023

Resultierend daraus stehen die Pflanzen zu lange nass, Pilzkrankheiten wie Botrytis und Fusarium sind die Folge. Hier ist es wichtig darauf zu achten, dass bei den Kübelpflanzen die Löcher am Kübelboden nicht zugesetzt sind, damit überschüssiges Wasser ablaufen kann. Ein gut durchlässiges, strukturstabiles Substrat wirkt hierbei unterstützend. Oft ist es nicht möglich, auf diese Bedingungen zeitnah zu reagieren. Dergleichen Wetterphänomene geschehen auch am Wochenende, am späten Abend, und meist völlig unangekündigt. Hilfreich im Neuen Garten sind hier unsere Kübelabdeckungen, eine Verankerung der Pflanzkübel mittels Erdspießen im Erdreich und eine Verspannung der Pflanze im Kübel.[2] (Abb. 3)

Schädlinge

Wir beobachten einen vermehrten Befall von Woll- und Deckelschildläusen seit 2021. Bislang ist es möglich, einen Anfangsbefall händisch zu entfernen oder bei starkem Befall Zweige herauszuschneiden. Alternativ kann man in geschlossenen Räumen den Einsatz von Nützlingen empfehlen oder einen starken Befall mit einer chemischen Spritzung eindämmen.

Ein weiteres Problem sind Ameisen. Wir beobachten einen verstärkten Befall seit 2018. Dieser beginnt kurz nach dem Ausräumen der Pflanzkübel. Die Ameisen finden in den Kübeln feuchten Boden und legen ihre Nester hinein, vorrangig in die Zitruskübel, auch wenn kein Befall von Blattläusen ersichtlich ist. Die Bekämpfung ist oftmals nur über einen längeren Zeitraum erfolgreich. In diesem Jahr wurde erstmals mit Nematoden gearbeitet. Auch hier waren die Kübel erst nach der dritten Anwendung ameisenfrei.

Die Zitrusspinnmilbe ist ein schwer zu bekämpfender und stetig wiederkehrender Pflanzenschädling. Unsere Zitrus konnten 2022 relativ sauber in die Orangerie zur Überwinterung gebracht werden. Mit Beginn des Frühjahres 2023 begann der prophylaktische Einsatz von Nützlingen, anfänglich 14-tägig, ab Juli alle 21 Tage. (Abb. 4) Ein Überbrausen am Morgen an sommerlich heißen und trockenen Tagen macht einen Befall kontrollierbar. Dies ist umso wichtiger, da kein chemischer Pflanzenschutz in den Garten-Anlagen möglich ist. Eine Absperrung der begleitenden Wege ist hier nicht umsetzbar.

4 Neuer Garten, Zitrusbaum mit Nützlingsaufhängern, Foto: S. Sawade, 2023

Düngung

Die Pflanzen hatten durchgängig ein sehr chlorotisches Blattwerk. Eine regelmäßige Kontrolle des pH-Wertes in den Zitruskübeln wurde mit den entsprechenden Messungen seit Januar 2021 etabliert. (Abb. 1) Wodurch es immer wieder zum Abfall des pH-Wertes kommt, ist nach wie vor unklar. Gegossen wird und wurde in den Wintermonaten in der Orangerie ausschließlich mit Trinkwasser. Sobald die Kübel an ihren Aufstellplätzen im Schlosspark stehen, wird mit Havelwasser gegossen. Seit Mai 2022 haben wir jedoch auch hier auf Trinkwasser umgestellt, da im Havelwasser hohe Phosphatwerte gefunden wurden. Bislang konnte nicht geklärt werden, ob hier ein unmittelbarer Zusammenhang besteht.

Der Gießprozess zieht einen erhöhten Arbeitsaufwand nach sich, da je nach Wasserbedarf der Pflanzen das Gießen mittels Wasserwagen erfolgen muss. Im Zuge der Umstellung des Gießwassers ist zu beobachten, dass nach dem Ausräumen der Pflanzen aus der Orangerie der Austrieb konstant bis in den September bleibt und die Pflanzen augenscheinlich nicht mehr so gelb in der Blattfarbe sind. Hier muss weiter analysiert, beobachtet und dokumentiert werden.

Die Düngung erfolgt ausschließlich mit phosphatfreiem Dünger. Seit Mai 2023 wird das Pflanzenstärkungsmittel Taikyu verwendet. TAIKYU® ist eine spezielle Komposition aus Aminosäuren pflanzlichen Ursprungs und Antioxydantien. Diese Kombination fördert die Platzfestigkeit der Früchte über verschiedene Mechanismen: Die in

Taikyu enthaltenen Aminosäuren werden im Cytoplasma angereichert und helfen so, den osmotischen Druck im Gewebe zu regulieren. Die Elastizität des Fruchtgewebes kann dadurch schnell angepasst werden. In der Folge nimmt der osmotische Druck in der Frucht ab und die Fruchthaut wird elastischer. Gleichzeitig wird die gesunde und zügige Fruchtreife gefördert. Eine Reduktion abiotischer Stress Symptome sowie ein verbesserter Austrieb und stärkeres Wurzelwachstum wirken sich darüber hinaus positiv auf die Pflanzengesundheit aus.

Arbeitskräftesituation und Arbeitsmarkt

Gut ausgebildete Fachkräfte werden bereits jetzt und zukünftig zur entscheidenden Größe, um mit den Folgen des Klimawandels in den Gärten zurechtzukommen. Die Gärtner und Gärtnerinnen haben ein qualifiziertes Fachwissen über die unterschiedlichsten Aufgabengebiete und können somit adäquat reagieren und handeln. Wissenstransfer wird zum grundlegenden Kernthema der kommenden Jahre. Die Ausbildung der Fachkräfte muss in den Fokus gerückt werden, auch sollten Anreize zum dauerhaften Verbleib in den Gartenanlagen geschaffen werden. Eine gute Vernetzung untereinander sollte angeregt und etabliert werden.

Um Wissen zu erhalten und weiterzugeben, braucht es die Dokumentation der eigenen gärtnerischen Erfahrungen. Eine stetig wechselnde Mitarbeiterschaft könnte nachfolgend nur auf schriftlich erfasstem Wissen aufbauen und lernen. Auch sollten Anreize zum Verbleib in Gärtnerberufen geschaffen werden. Vernetzte Arbeitsgruppen, eine gute technische Ausstattung und Zeit zum Erfassen von Daten können dabei eine Grundlage für den Wissenstransfer bilden. Dazu gehört ebenfalls ein gutes Arbeitsklima, Mitarbeitende gemäß ihren Fähigkeiten einzusetzen sowie eine gute und faire Bezahlung.

Sven Kerschek hat es im Jahr 2019 bereits sehr treffend formuliert: »Die komplexe Analyse eines Orangerie Gärtners beim Betreten einer Pflanzenhalle ist durch keine Technik zu ersetzten.«[3] Zwar sind einige Tätigkeiten wie das Ablesen von Innentemperaturen, Luftfeuchtigkeit, die Betrachtung des Außenklimas und die daraus resultierenden Handlungsanforderungen durchaus automatisierbar. Der Orangeriegärtner mit Erfahrung zieht aber beim Betreten der Halle viele weitere Faktoren hinzu, beispielsweise sein Wissen über den sehr komplexen Zustand des Pflanzenbestands. Hier sind ein eventueller Schädlingsbefall ebenso zu berücksichtigen wie die Beschaffenheit und Feuchtigkeit des Bodensubstrates oder anstehende Schnittmaßnahmen. Auch die Wettervorhersagen für die nächsten Tage sind bereits einzubeziehen und dies kann durchaus dazu führen, dass Entscheidungen zur Klimaregulierung der Pflanzenhallen getroffen werden, die den Empfehlungen eines Klimacomputers zuwiderlaufen. Das Wissen von Orangeriegärtnern ist über Jahrhunderte gewachsen und tradiert und wird letztlich noch heute in den Schlossbetrieben weitergegeben, auch durch die Forschungen des Arbeitskreises Orangerien um dieses unschätzbar wertvolle Wissen bestärkt. Wissen und Anwendung historischer Arbeitstechniken in der täglichen Arbeit sind Teil denkmalpflegerischen Handelns und Erhaltens.

Die historische Kanalheizung – ganz ohne Gas und Öl

In Zeiten der Energiekrise konzentrierte man sich wieder auf eine Kernaufgabe, den sparsamen Umgang mit Ressourcen. In der SPSG kamen alle Heizungsmethoden auf den Prüfstand. Auch die alte Kanalheizung soll, wenn es logistisch handhabbar und von den vorhandenen Ressourcen her möglich ist, zukünftig aktiviert werden.

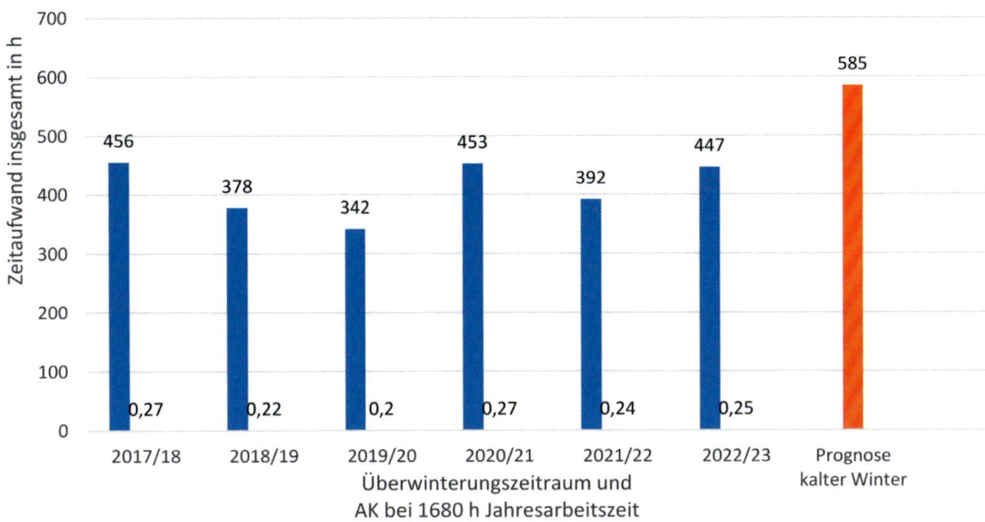

5 Arbeitsaufwand zum Betreiben der Orangerie im Neuen Garten Potsdam, 2017 bis 2023

Eine Bevorratung mit ausreichend Brennholz ist für die Betreibung einer historischen Kanalheizung unabdingbar. Die Überprüfung der Temperaturen, auch die Frage, die Pflanzen kälter zu überwintern, wurde in eine fachliche Diskussion eingebunden. Das Heizen der Pflanzenhallen ist eine der wichtigen Arbeiten, die für das Überleben der Pflanzen in einer Orangerie entscheidend ist. Jahrelange Erfahrung ist für die richtige Bedienung einer historischen Kanalheizung notwendig. Auch hier wird der Wissenstransfer erneut zum zentralen Thema. Effektivität und Nutzen einer historischen Orangerie werden von Zeit zu Zeit immer wieder in Frage gestellt. Eines der Argumente lautet häufig, dass der Aufwand zur Betreibung zu hoch ist oder die historisch gewachsenen Voraussetzungen nicht der heute möglichen Technik entsprechen. Dies hat bereits mehrfach zu umfassenden Modernisierungen historischer Orangerien geführt. Sie werden mit neuen Heiz-, Raumklima- und Lüftungssystemen ausgestattet, die vollautomatisch von Klimacomputern gesteuert werden. Die Hoffnung beruht zumeist auf einer zu erwartenden Energieeinsparung und der Einsparung von Arbeitskräften. »Erst nach Jahren wird erkannt, dass die Wartungskosten der Anlagen den vermeintlichen Einsparungseffekt zunichtemachen. Auch führt der Einsatz der computergesteuerten Klimaautomatik nicht zwangsläufig zur Einsparung von Arbeitskräften. Die Systeme sind anfällig gegen Stromschwankungen und -ausfälle sowie Programmierungs- und Systemfehler und müssen permanent von Menschen überwacht werden.«[4] (Abb. 5)

Fazit

Zitrus und andere mediterrane Kübelpflanzen sind ein wichtiges und unverzichtbares Gestaltungselement in vielen historischen Parkanlagen. Um diese in den Sommermonaten in den Gärten aufstellen zu können, bedarf es geeigneter Standorte, darüber hinaus aber auch engagierten und entscheidungsfreudigen gärtnerischen Personals sowie genügend Zeit und Raum, um das Wissen um Pflanzen und ihre Erfordernisse zu dokumentieren. Da dieses unverzichtbare Wissen oft unterschätzt wird, kommt es immer wieder dazu, traditionelle Arbeiten dieser Berufsgruppe durch modernste Technik ersetzen zu wollen.

Gartendenkmalpflege ist die Summe von Architektur, Landschaftsgestaltung, Park- und Beetgestaltung im Kontext der Jahreszeiten und historischen Überlieferungen. Dies ist der sichtbare Teil. Dazu gehört jedoch auch unverzichtbar der nicht sichtbare Teil der notwendigen traditionellen Techniken und Anwendungen des Wissens im Kontext der Entstehungszeit. Der Orangeriegärtner ist damit Teil der Gartendenkmalpflege. Diesen Aspekt in Frage zu stellen, kann unter Umständen gravierende negative Folgen für den Erhalt von Gartendenkmalen bedeuten.

Anmerkungen

1 Swientek, Sabine: Kübelabdeckung für Zitruspflanzen, in: Zitrusblätter 21/2020, S. 12, https://orangeriekultur.de/media/Zitrusblaetter/ZB21-2020.pdf [30.04.2024]. – Kerschek, Sven: Betreibung der Orangerie im Neuen Garten unter den baulichen Voraussetzungen von 1792, in: Arbeitskreis Orangerien in Deutschland e. V. (Hg.): Orangerie – Die Wiederentdeckung eines europäischen Ideals, Festschrift zum 40. Jahrestag der Gründung des Arbeitskreises Orangerien in Deutschland e. V. (= Orangeriekultur Band 16/17), Berlin 2019, S. 427–435.

2 S. meinen Bericht über die Kübelabdeckungen, 2020 (wie Anm. 1).

3 Kerschek 2019 (wie Anm. 1), S. 429.

4 Ebenda.

Aktuelles zum Pflanzenbestand und den Veränderungen durch klimatische Einflüsse im Orangerieschloss Park Sanssouci

Der Pflanzenbestand der Orangerie Sanssouci ist in den letzten Jahren im Wesentlichen unverändert. Es befinden sich etwa 900 Pflanzen im Bestand. Diese verteilen sich hauptsächlich auf die vier Hauptstandorte Sanssouci Terrassen, das Neue Palais, Orangerie und Sizilianischer Garten.

Auf den Sanssouci Terrassen stehen sieben *Cupressus sempervirens* am Grab Friedrich des Großen und 84 *Citrus × aurantium*. (Abb. 1, 2) Die Standortbedingungen sind für Zitrus nicht gut geeignet. Durch den zugigen Standort auf den Terrassen kommt neben begrenztem Wurzelraum und langer Standzeit in der Orangerie ein weiterer Stressfaktor hinzu, der nicht zu unterschätzen ist. In den vergangenen Jahren ist vermehrt die Erfahrung gemacht worden, dass bei Pflanzen, die mit Pflanzenschutzmitteln behandelt wurden, vor allem die Terrassen-Zitrus mit Blattfall und Zurücktrocknen der Triebe reagiert haben. Andere, die an einem geschützten Ort standen, haben die Mittel hingegen viel besser vertragen.

Am Neuen Palais stehen 66 große *Laurus nobilis* Hochstämme, davon 22 Pflanzen jeweils in den Halbzirkeln und 22 rechts und links der Hauptallee. (Abb. 3) In der Hauptallee stehen darüber hinaus zehn unserer äl-

1 *Cupressus sempervirens* am Grab Friedrich des Großen, Foto: T. Seeger, 2023

2 Die jungen *Citrus × aurantium* auf den Terrassen, Foto: T. Seeger, 2023

3 Die großen *Laurus nobilis* in den Halbzirkeln am Neuen Palais, Foto: T. Seeger, 2023

testen Lorbeer Pflanzen, die wir auf etwa 180 Jahre schätzen. Lorbeerblattfloh ist hier in dieser Saison kaum vorhanden, im Gegensatz zum Bestand der Orangerie. Hier scheint es so zu sein, dass der auch eher zugige Standort am Neuen Palais dem Lorbeerblattfloh nicht gut gefällt und er nicht nennenswert expandiert. Ganz anders ist das bei den Lorbeerpflanzen, die eher geschützt stehen, wie beispielsweise an der Orangerie.

An der Orangerie werden 170 Kübelpflanzen aufgestellt. (Abb. 4) Darunter befinden sich viele große *Chamaerops*, *Trachycarpus*, *Phoenix* mit Kübeldurchmessern bis 140 Zentimetern, aber auch *Citrus*, *Laurus*, *Syzygium*, *Callistemon* und andere.

Im Sizilianischen Garten stehen 294 Kübelpflanzen, 154 davon im Holzkübel und 140

4 Der Pflanzenbestand vor dem Orangerieschloss Sanssouci, Foto: T. Seeger, 2023

5 Pflanzenbestand im Sizilianischen Garten, Foto: T. Seeger, 2023

6 Baustelleneinrichtung am Orangerieschloss, Foto: T. Seeger, 2023

im Plastikkübel. (Abb. 5) Die Plastikkübel werden mühsam ins Erdreich eingesenkt.

Sonderinvestitionsprogramm II

Im Rahmen des Sonderinvestitionsprogrammes II soll die Orangerie baulich ertüchtigt werden. Baubeginn war im März 2023. (Abb. 6) Bis Juni 2029 sollen hier 29,97 Millionen Euro investiert werden. Bei dieser Maßnahme werden die Dächer und Fassaden der nördlichen Pavillons, des Säulenhofes und der östlichen Pflanzenhalle sowie die Fassaden des Mittelbaus umfassend saniert. Gleichzeitig soll die Infrastruktur für eine sommerliche Nutzung als Veranstaltungsort geschaffen werden. Die ehemalige Schlossküche wird zu einem ganzjährig nutzbaren Veranstaltungsraum umgebaut. Die Erneuerung der Versorgungs- und Entsorgungsleitungen haben das diesjährige Ausfahren der Pflanzen schon zwei Wochen in die Länge gezogen. Ab der Wintersaison 2024/25 können keine Pflanzen mehr in der östlichen Pflanzenhalle überwintern. Alle großen Pflanzen sollen dann zur Überwinterung in die westliche Pflanzenhalle gebracht werden. Für kleinere und mittlere Pflanzen wird ein Foliengewächshaus auf dem Gärtnereigelände zum Überwintern gebaut.

Zitrus auf den Terrassen

Im Februar 2021 wurde an vier *Citrus* × *aurantium* von den Terrassen eine Probespritzung mit Para Sommeröl durchgeführt. Nach dem positiven Ergebnis wurden im Februar 2022 alle Terrassen-Zitrus mit Promanal gespritzt. Etwa ein Drittel der Pflanzen reagierte mit verstärktem Blattfall und Zurücktrocknen der Triebe ab Anfang Mai. (Abb. 7) Infolgedessen habe ich mich entschieden, verstärkt auf Alternativen zu setzen. Geplant war 2022 ein regelmäßiger Einsatz von Brennnesseljauche. Durch die lange Hitzeperiode, eine befristete Arbeitszeitreduzierung auf meiner Seite und zwei Coronainfektionen im Team war das leider nicht möglich. In diesem Jahr wurden die Zitrus im Juni und Juli einmal in der Woche mit fermentiertem Knoblauch und Chili-Extrakt mit effektiven Mikroorganismen gespritzt. Die Wirkung kann noch nicht abschließend beurteilt werden. (Abb. 8) Das Mittel ist für den Bioanbau als Pflanzenstärkungsmittel zugelassen und so-

7 Einseitiger Spritzschaden an einem Zitrus von den Terrassen Sanssouci, Foto: T. Seeger, 2023

8 Nützlinge nach Spritzung mit natürlichen Mitteln, Foto: T. Seeger, 2023

9–11 Schäden durch Vandalismus und Sturm, Fotos: T. Seeger, 2023

mit entfallen auch Absperrungen und Wartezeiten. Ziel soll sein, die Zitrus so gut mit Pflanzenstärkungsmitteln und Dünger zu versorgen, dass diese widerstandsfähiger gegen Schädlinge und Witterungseinflüsse werden.

Vandalismus und zunehmender Wind haben mich zu der Entscheidung kommen lassen, dass die Zitrus auf den Terrassen zukünftig doch dauerhaft fixiert werden müssen. Da sich fast sämtliche Feinwurzeln im oberen Kübeldrittel befinden, können die langstämmigen Zitrus bei zunehmend böigem Wind sich nur schwer im Kübel halten. (Abb. 9–11) Längere gleichbleibende Großwetterlagen werden vermutlich weiter zunehmen, d. h. wochenlange Hochdruckgebiete mit Temperaturen über 30 °C, aber auch längere Tiefdruckgebiete mit Starkregen werden uns erwarten. Vermutlich werden wir in den nächsten drei bis vier Jahren die Stollenkübel der Zitrus ersetzen müssen. Die Entscheidung, wie dann beim Umkübeln die Erdmischung zusammengesetzt sein muss, hängt maßgeblich von der Wetterbeobachtung in den nächsten Jahren ab.

Lastenfahrrad

Seit April 2021 ist in der Orangerie ein Lastenfahrrad stationiert, das in seiner dritten Saison bereits über 2000 Kilometer Wegestrecke hinter sich hat. Das ist für uns als kleine Organisationseinheit ohne Fuhrpark eine sehr gute und sehr praktikable Neuerung. Es wird zum Wässern der Terrassen-Zitrus mit 20-Liter-Kanistern eingesetzt, zum Düngen mit Dosatron und Schlauch beladen und kann bei Pflegearbeiten einen 200-Liter-Laubsack aufnehmen. (Abb. 12, 13) In unserer Stiftung wird sehr viel mit Kraftfahrzeugen gefahren, oft auch nur, um von A nach B zu gelangen. Da sind die zwanzig kürzlich gekauften Lastenräder eine gute Alternative, wenn man nicht zu viel Last bewegen muss. Nach und nach werden die Räder auch gut angenommen.

12, 13 Lastenfahrrad in unterschiedlichem Einsatz, Fotos: T. Seeger, 2023

14–16 Kanalheizung, Fotos: T. Seeger, 2023

Kanalheizung

Zu Beginn des völkerrechtswidrigen Angriffskriegs der Russischen Föderation gegen die Ukraine am 24. Februar 2022 wurde die zuverlässige Gasversorgung der Bundesrepublik infrage gestellt. Mit dem zuständigen Schornsteinfeger, einem Heizungsingenieur und dem Bereichsbauleiter hat man überlegt, ob man die Kanalheizung wieder betreiben kann und wieviel Holz dann gebraucht werden würde. Dies gab das Startsignal, die historische Kanalheizung noch einmal genauer unter die Lupe zu nehmen. Zielvorstellung der Heizungsfachleute war, dass je sieben von neun Heizkanälen pro Pflanzenhalle funktionieren sollten. Wir haben uns die Arbeit gemacht, bei insgesamt 14 Kanälen die gusseisernen Abdeckungen aufzunehmen. (Abb. 14–16) Teilweise haben wir den Unrat von Jahrzehnten ans Tageslicht befördert. Sämtliche aufgedeckten Kanäle wurden ausgesaugt, zur Probe geheizt und bei Bedarf mit Lehm abgedichtet. Dabei stellte sich heraus, dass jeweils sechs von neun Kanälen in Ordnung waren. Wenn in der Vergangenheit geheizt wurde, hatte man keine Möglichkeit den Zug zu drosseln. Die Schieber, die vorhanden gewesen sein müssen, sind nicht mehr auffindbar und die Schieberöffnungen wurden irgendwann zugeputzt. Dann hat man Drosselklappen in die Kanalenden eingebaut, die vermutlich recht schnell festgerostet waren. Wenn jedoch das Heizen mit Holz über einen längeren Zeitraum möglich sein soll, müssen die Schieberöffnungen und die Schieber wiederhergestellt werden. Daher wurden an zwei dazu geeigneten Schornsteinzügen die Führungsschienen für die Schieber wieder freigelegt. Sodann wurde ein Schieber mit dazugehörigem Haken wiederhergestellt. (Abb. 17, 18) Die Reinigungsarbeiten der Kanäle haben uns etwa einen Monat Arbeit gekostet. Bis die Kollegen die Kanäle zur Probe geheizt und neu mit Lehm verschmiert hatten, war es bereits April und das Umkübeln konnte nicht mehr aufgeschoben werden. Daher konnten wir den geplanten Versuch, die unterschiedlichen Abbrandzeiten der Kanäle – mit und ohne Schieber – zu dokumentieren, nicht mehr durchführen. Wir erhoffen uns von dem Versuch Erkenntnisse, in welchen Intervallen ein Nachlegen von Holz erforderlich ist. Bisher ist es so, dass die gesamte zugeführte Energie ziemlich schnell aus dem Schornstein entweicht. Würde man die Orangerie auf diese Art und Weise heizen, bräuchte man Unmengen an Holz und eine Arbeitskraft, die ständig und rund um die Uhr nachlegen müsste. Wir sind sehr gespannt, wie das Ergebnis ausfällt. In den letzten Jahren musste die Heizung in der Orangerie etwa zwei bis drei Wochen pro Wintersaison laufen. Bei einem positiven Ergebnis werden wir wahrscheinlich versuchen, sämtliche Schieberöffnungen und Schieber wiederherzustellen, um somit ein unabhängiges, funktionstüchtiges Heizsystem zu bekommen.

17, 18 Anfeuerungsklappen zum Vorheizen des Schornsteins und wiederhergestellte Schieberöffnungen sowie Abb. 18 nachgebauter Schieber und Haken, Fotos: T. Seeger, 2023

Der Schweriner Burggarten – ein historischer Garten im Klimawandel

Einführung

Auch wenn der Schweriner Burggarten mit seinen 1,8 Hektar zu den eher kleinen historischen Gartenanlagen zählt: Durch seine Insellage und den Aufbau von der stolzen Schlossarchitektur bis zur romantischen Uferkante sind die gärtnerischen Herausforderungen nicht zu unterschätzen. Bereits in den 1980er Jahren gab es erste Bestrebungen, das stark in Mitleidenschaft gezogene einstige Gartenjuwel gartendenkmalpflegerisch wiederherzustellen. Die historische Orangerie, eine Dreiflügelanlage mit vielen gusseisernen Elementen, war einsturzgefährdet und musste gesperrt werden.[1] Mit den politischen Umwälzungen der Jahre 1989/90 und der Einrichtung des Landtages von Mecklenburg-Vorpommern im Schweriner Schloss ging die Verwaltung der Gartenliegenschaft in die Landtagsverwaltung über. Anhand umfangreicher Archivrecherchen und alter Gartenzeitschriften, in denen sich Beschreibungen aus dem 19. Jahrhundert fanden, konnte in den 2000er Jahren der Burggarten in alter Pracht rekonstruiert werden. Die gärtnerische Nutzungskonzeption erarbeitete der Landschaftsarchitekt Stefan Pulkenat.[2] (Abb. 1)

Zwei Bereiche zeichnen den Burggarten aus: ein landschaftlich gestalteter Abschnitt, der zum Ufer hin wie ein »pleasureground« die Natur durch Sichtachsen betont. Der zweite Bereich ist von ornamentalen Anlagen mit Rosen und Buchsbaumeinfassungen, Teppichbeeten und Kübelpflanzen geprägt. Insbesondere dieser Bereich bedarf einer aufwendigen Pflege: Die Pflanzen der Schmuckbeete werden zweimal im Jahr ausgetauscht – jeweils 12 000 Pflanzen werden mit dem Wechselflor eingepflanzt. Nach dem Abblühen des Sommerflors im Herbst werden die Zwiebeln für die Frühblüher gesetzt. Aufwendig in ihrer Pflege sind ebenfalls die Rabatten auf der Orangerie-Terrasse: Die Bourbon-Rose »Souvenir de la Malmaison« muss regelmäßig niedergehakt werden, um den kompakten, beetartigen Eindruck zu erhalten.

Das ganze Jahr über intensiv zu pflegen sind die Orangeriepflanzen. Bekannt war Schwerin einst für seine Sammlung von »Neuholländer-Pflanzen« – die geschichtlichen Umstände brachten es mit sich, dass sich die Kübelpflanzen nicht bis in die heutige Zeit erhielten.[3] Der Orangeriebestand wird nun seit 2011 wieder aufgebaut, wobei man sich auf die sukzessive Erweiterung mit klassischen Orangeriegewächsen konzentriert: u. a. Kirschmyrten (*Eugenia*), Goldorangen (*Aucuba*), Zitrus, Lorbeer, Oleander und Schmucklilie. Insgesamt 330 Kübelpflanzen, davon 23 Calamondin *(Citrus fortunella)* und sechs C*itrus* × *aurantium*, gilt es gut durch die Jahreszeiten zu bringen. Die kälteempfindlichen Pflanzen stehen im Sommer im Orangeriehof, wie einst im 19. Jahrhundert. In den Wintermonaten, vor dem ersten Frost, werden sie in den Seitenflügeln der Orangerie untergebracht.

Personalentwicklung

Ein kleiner, aber doch recht pflegeintensiver Garten also, der ohne die Unterstützung der Dreescher Werkstätten gGmbH, einer anerkannten Werkstatt für behinderte Menschen, nicht möglich wäre. Mit der Wiederherstel-

1 Der Burggarten umgibt das auf einer Insel gelegene Schweriner Schloss, Foto: R. Schmalz, 2023

lung der Orangerie und des Burggartens 2001 wurde die Pflege zunächst durch eine externe Firma geleistet, dies erwies sich jedoch weder als praktikabel noch dem historistischen Gartendenkmal würdig. Vor dem Hintergrund der für das Jahr 2009 geplanten Bundesgartenschau in Schwerin erfolgte 2006 die Einstellung des jetzigen Gärtnermeisters. Im Laufe der Jahre wurde klar, dass der enorme Pflegeaufwand auch durch eine festangestellte Person allein nicht zu leisten ist. Die Schaffung von zusätzlichen Personalstellen war ein längerfristiges Unterfangen; im Jahr 2018 konnten zwei Facharbeiterinnen, einmal aus dem Bereich Gartenlandschaftsbau und einmal aus dem Bereich Zierpflanzengärtnerei, eingestellt werden. Ein ehemaliger Auszubildender konnte außerdem fest übernommen werden. Der Pflegezustand des Burggartens hat sich im Laufe der letzten Jahre durch diese Personalaufstockung deutlich gebessert.

Der Klimawandel bringt neue Herausforderungen mit sich

Der Klimawandel ist für historische Gärten ein großer Stressfaktor: Phänomene wie Hochwasser, Trockenperioden und Starkregen betreffen auch den Burggarten zunehmend. Ein ungewöhnlich feuchtes Frühjahr lässt die Wiesen im Burggarten zu einem Schwamm werden, wochenlange Trockenheit und Sonne machen den zum Teil über 150 Jahre alten Bäumen zu schaffen.

Für Erhalt und Pflege historischer Gärten sind diese extremen Wetterbedingungen eine große Herausforderung. Gerade alte und teilweise kranke Bäume mit einem ausladenden Kronenbereich leiden unter dem Hitze-

2 Umgestürzte Lorbeerbäume auf dem Südflügel der Orangerie, Foto: R. Schmalz, 2018

stress durch immer heißere und trockene Sommermonate. Zur Bewässerung wird mit entsprechender Genehmigung Seewasser verwendet, das mittels Pumpe aus dem Schweriner See entnommen werden kann. Um die Verkehrssicherheit zu gewährleisten und das Lebensalter des Baum- und Pflanzenbestandes möglichst lange auszudehnen, kommen weitere besondere Maßnahmen zum Zuge: Dazu zählen das Wässern und Schonen der Wurzelbereiche, das Anbringen von Kalkschichten auf freiliegenden Astbereichen als Sonnenschutz und natürlich regelmäßige Sicht- und Baumkontrollen. Sie dienen dazu, gefährliches Totholz rechtzeitig zu erkennen und zu entfernen – und trotzdem kann es in besonders heißen Sommern dazu kommen, dass alte Bäume aufgrund des Hitzestresses Grünäste abwerfen.

Durch die teilweise exponierte Lage einiger Pflanzen und Gehölze entlang der Uferkante der Schlossinsel zum Schweriner See sind nach heftigen Stürmen Astabbrüche, insbesondere bei der alten Sumpfzypresse, *Taxodium distichum,* zu beobachten. Kübelpflanzen, die von Frühjahr bis Herbst auf der großen Freitreppe des Hauptturms aufgestellt werden, sind durch Sturm und Wind schon umgestürzt. (Abb. 2)

Auch beim Ausräumen der Orangeriepflanzen im Frühjahr kommt es vermehrt zu Sonnenbrand und Hitzeschäden. Nach den Monaten in der Orangerie, bzw. dem historischen Kalthaus im sogenannten Weinlaubsaal, wäre eine Akklimatisierung der Kübelpflanzen an einem schattigen Ort im Burggarten notwendig – dies gibt die Größe des Burggartens allerdings nicht her. Versuche mit Beschattungsleinen überzeugten bisher nicht, sodass von Jahr zu Jahr neu mit diesen Herausforderungen umgegangen werden muss.

Manch anderen Gefahren kann man hingegen kaum zuvorkommen. Bei feuchten und warmen Bedingungen breitet sich zum Beispiel der Pilz *Cylindrocladium buxicola* aus; europaweit gehen seit 2004 ganze Buchsbaumhecken ein.[4] Im Burggarten war das Problem seit 2009 zu beobachten. Nach in-

3 Beete auf der Südbastion mit Buchsbaumeinfassungen, Foto: R. Schmalz, 2023

tensiven Recherchen startete 2013 ein Pilotprojekt in Schwerin: Mit den *Buxus microphylla* 'Herrenhausen', einer Buchsbaum-Selektion aus den Herrenhäuser Gärten, wurden an ausgewählten Standorten Testpflanzungen angelegt. Diese spezielle Zuchtform scheint die klimatischen Gegebenheiten besser zu verkraften und ist weniger anfällig für den Pilzbefall. Zwischen 2017 und 2020 wurde daher der gesamte *Buxus* im Burggarten ausgetauscht. (Abb. 3)

Ein Gartendenkmal und seine Benutzung

Nicht nur klimatische Veränderungen, auch ein erhöhter Nutzungsdruck stellt das Gärtnerteam im Schweriner Burggarten vor immer neue Herausforderungen. Laut der Charta von Florenz (1981) – Charta der historischen Gärten, Artikel 18, ist »zwar […] jeder historische Garten dafür gedacht, betrachtet und betreten zu werden, doch muß der Zugang nach Maßgabe von Ausdehnung und Belastbarkeit des Gartens in Grenzen gehalten werden, um seine Substanz und seine kulturelle Aussagekraft zu bewahren.«[5] Als Ort des Verweilens und Innehaltens bietet der Schweriner Burggarten Touristen und Schwerinern gleichermaßen ruhige Ecken und schattige Winkel. Bei Einbruch der Dämmerung wird der Garten geschlossen, sodass Vandalismus bisher keine größeren Schäden verursacht hat. Die kurzzeitige intensive Nutzung durch Veranstaltungsformate wie Tag der offenen Tür oder Sommerfest, bei denen Pagoden auf den Rasenflächen aufgestellt werden und mehr Müll anfällt, fordern das Gärtnerteam in besonderer Weise. Im Jahr 2019 fanden beispielsweise Dreharbeiten mit den entsprechenden Aufbauten und zahlreichen Statisten für die beliebte Sendung »Bares für Rares« im Burggarten statt. (Abb. 4) Stark genutzt wurden Rasenflächen, Wege und Beete. Die Sendung war für Schwerin ein großer Erfolg, was sich insgesamt an gesteigerten Besucherzahlen zeigte. Seither wurden bereits mehrere Filme im Burggarten gedreht, für einen flächenmäßig so kleinen Garten bedeutet das jedes Mal ein Abwägen der Beeinträchtigung der

4 Dreharbeiten für die Sendung »Bares für Rares« 2019 im Schweriner Burggarten, Foto: R. Schmalz, 2019

kulturellen Aussagekraft mit dem öffentlichen Interesse.

Das Schweriner Schloss und der Burggarten bilden eine Einheit, und so ist das Gartendenkmal auch häufig von Baumaßnahmen am Gebäude betroffen. Lässt sich der Bereich, der als Baustelleneinrichtung bestimmt ist, nicht von Anfang an auslagern, bleibt die Einrichtung meist über viele Jahre bestehen und schließt auch einzelne Bäume mit ein. Hin und wieder kommt es trotz äußerster Sorgfalt zu Anfahrschäden im Burggarten.

Weitere Herausforderungen stellen die Umlagerungen der Orangeriepflanzen dar. Mit der Restaurierung des Orangeriegebäudes erhielt der Landtag dank zahlreicher Förderer einen ersten Bestand an Orangeriepflanzen, der wie oben beschrieben seit 2011 sukzessive wiederaufgebaut wird.[6] Aufgrund von Baumaßnahmen musste ein Teil des Bestandes von 2012 bis 2020 extern überwintert werden. Sowohl der Transport im LKW als auch die durch entsprechende Firmen realisierte Pflege der Pflanzen während der Wintermonate waren nicht immer ideal für die empfindlichen Kübelpflanzen. (Abb. 5) Seit 2020 ist der Landtag Mecklenburg-Vorpommern alleiniger Gesellschafter der Schweriner Schlossrestaurant GmbH, die im Sommerhalbjahr auch die Orangerie im Burggarten für gastronomische Angebote nutzt. Der Nutzerwechsel der Orangerie vom Winterbetrieb, also der Überwinterung der Kübelpflanzen, zum Sommerbetrieb mit gastronomischer Nutzung bedeutet häufig ein Abwägen verschiedener Bedürfnisse: Während mit den ersten warmen Frühlingstagen in der Gastronomie Kaffee und Kuchen für Besucher des Burggartens angeboten werden sollen, entspricht ein Ausräumen der Kübelpflanzen möglichst spät im Frühjahr den Bedürfnissen der meisten Kübelpflanzen. Kompromisse müssen daher abhängig von den Wetterverhältnissen jedes Jahr neu entwickelt werden, sodass beispielsweise ein Bereich mit weniger empfindlichen Pflanzen bereits Ende April, ein anderer Bereich erst später ausgeräumt wird. Ein stetes Ringen zwischen den verschiedenen Nutzern also, das zeigt, welchen Ansprüchen eine Orangerie, die neben der Überwinterung exotischer Pflanzen auch die Versorgung und Erfrischung der Besucher beinhaltet, zu dienen hat.

Bewerbung UNESCO-Welterbe Residenzensemble Schwerin

Unter dem Titel »Residenzensemble Schwerin – Kulturlandschaft des romantischen Historismus« wurden unter anderem das Schweriner Schloss und seine Gartenanlagen im Jahr 2014 in die deutsche Vorschlagsliste für das zukünftige UNESCO-Welterbe, die sog. Tentativliste, aufgenommen. Eine intensive Auseinandersetzung mit dem historischen Erbe in Schwerin, insbesondere auch mit der Definition des Begriffes Kulturlandschaft, folgte.[7] Auch wenn nach wie vor die Garten- und Parkanlagen, die maßgeblich im Zuge des Ausbaus der Schweriner Residenz im 19. Jahrhundert mitgestaltet wurden, zum potenziellen Welterbe-Areal gehören, nahm man 2020 von einer Antragstellung in der Kategorie »Kulturlandschaft« Abstand. Der Fokus des Antrages liegt auf dem überwiegend im 19. Jahrhundert entstandenen Residenzensemble mit seinen zahlreichen funktionalen Bestandteilen. Die Dichte und Authentizität, also ihre Echtheit, zeichnet das Ensemble mit einem außergewöhnlichen Wert aus. Maßgeblich ist dabei auch die Verbindung des Schlosses mit der Stadt und dem umgebenden Naturraum. Ausgehend von der Natur entstand nach Entwürfen von Theodor Klett und Peter Joseph Lenné eine Gartenlandschaft,

5 Später Frost hat nach dem Umlagern in den Burggarten Schäden an den Kübelpflanzen verursacht, Foto: R. Schmalz, 2023

die mit der Architektur zu korrespondieren scheint. Diese Verbindung entspricht einer als romantisch zu bezeichnenden Landschaftsauffassung, bei der letztlich ein Gesamtkunstwerk zu schaffen beabsichtigt wurde.

Im Rahmen der Evaluierung durch das Beratungsgremium International Council on Monuments and Sites, ICOMOS, fand im Sommer 2023 die Begutachtung, die sog. »technical evaluation mission«, statt. Auch wenn im Zusammenhang mit dieser Vorortbegehung von den Experten keine Bewertungen geäußert werden, wurde der Pflegezustand sehr positiv hervorgehoben – ein solches Lob motiviert natürlich! Im Jahr 2024 könnte es dann so weit sein – das internationale Welterbe-Komitee der UNESCO wird über den Schweriner Antrag abstimmen.[8]

Anmerkungen

1 Zülch, Anna Katharina: Die Wiederherstellung der Orangerie am Schloss in Schwerin, in: Orangerien und historische Glashäuser in Mecklenburg-Vorpommern (= Baukunst und Denkmalpflege in Mecklenburg-Vorpommern Bd. 2), Schwerin 2009, S. 168–185.

2 Vgl. Pulkenat, Stefan: Der Schweriner Burggarten. Geschichte und Gegenwart. Ein Rundgang, Gielow 2003.

3 Vgl. Pulkenat, Stefan: Die Verwendung von Orangeriepflanzen im Burggarten in Schwerin von Mitte des 19. Jahrhunderts bis heute, in: Orangerien 2009 (wie Anm. 1), 186–199. – Pawlak, Katja: Orangeriepflanzen für den Mecklenburg-Schweriner Hof. Transportwege und Erwerb im 18. und 19. Jahrhundert, in: Orangeriekultur in Bremen, Hamburg und Norddeutschland. Transport und Klimatisierung der Pflanzen (= Orangeriekultur Bd. 15), Berlin 2018, S. 92–106.

4 Vgl. https://www.lfl.bayern.de/ips/gartenbau/032340/ (Abrufdatum 26.03.2024).

5 Vgl. https://www.lwk-niedersachsen.de/lwk/news/8719_Buchsbaumsterben_durch_Cylindrocladium_buxicola (Abrufdatum 26.03.2024).

6 Vgl. dazu auch Holz, Birgid: Bäume, Büsche und Boskette – Gartendenkmalpflege im Burg- und Schlossgarten, in: 150 Jahre Schloss Schwerin. Beiträge zur Bau- und Nutzungsgeschichte, Schwerin 2009, S. 146–162.

7 Vgl. Ottersbach, Christian: »… einer der schönsten Prospekte in Europa…« Das Residenzensemble Schwerin – Kulturlandschaft des romantischen Historismus, in: Schloss, Stadt, Garten. Die Residenz als historische Kulturlandschaft. ICOMOS Hefte des Deutschen Nationalkomitees LXXI, Rostock 2019, S. 19–32.

8 Vgl. https://www.welterbe-bewerbung-schwerin.de/ (Abrufdatum 26.03.2024).

Klimabedingte veränderte Kulturführung von Zitruspflanzen im Schlosspark Schönbrunn

Der weltweite Temperaturanstieg und seine Auswirkungen waren seit 2020 besonders spürbar. Der Temperaturmittelwert lag 2022 um 1,42 °C höher als in den Vergleichsjahren von 1910 bis 2000.[1] Oft stellt man sich die Frage, ob es auch in der eigenen Region wirklich wärmer wird. Für Wien bringen die Wetterdaten der Universität für Bodenkultur hier gute Aufschlüsse mit einer klaren Antwort.[2] Alleine in den letzten 22 Jahren ist die Temperatur in Wien um mehr als 1 °C gestiegen. (Abb. 1) Auch gibt es um 32 % mehr Hitzetage und um 21 % mehr Sommertage in dieser Zeit. Das belegt eindeutig, dass sich das Klima verändert und wir als Gärtner müssen uns auf diese Umstände einstellen.

Biotische Veränderungen

So bemerken wir in den Pflanzenbeständen der Österreichischen Bundesgärten im Schlosspark Schönbrunn durch die steigenden Temperaturen und die Veränderung des Klimas in unseren Breiten, dass sich immer neue Schädlinge ansiedeln. Auf diese Veränderungen müssen wir reagieren und sind im ständigen Austausch mit unseren Pflanzenschutzberatern, um bestmöglich vorbereitet zu sein und entsprechend handeln zu können. Aufgrund der Einzigartigkeit der Zitrussammlung in unserer Region ist es auch für die Pflanzenschutzberater lehrreich, da wir mit einigen Schädlingen zu tun haben, welche in Österreich bisher kaum beobachtet wurden. Bis jetzt beschränken sich die Veränderungen nur auf Schädlinge. Auf-

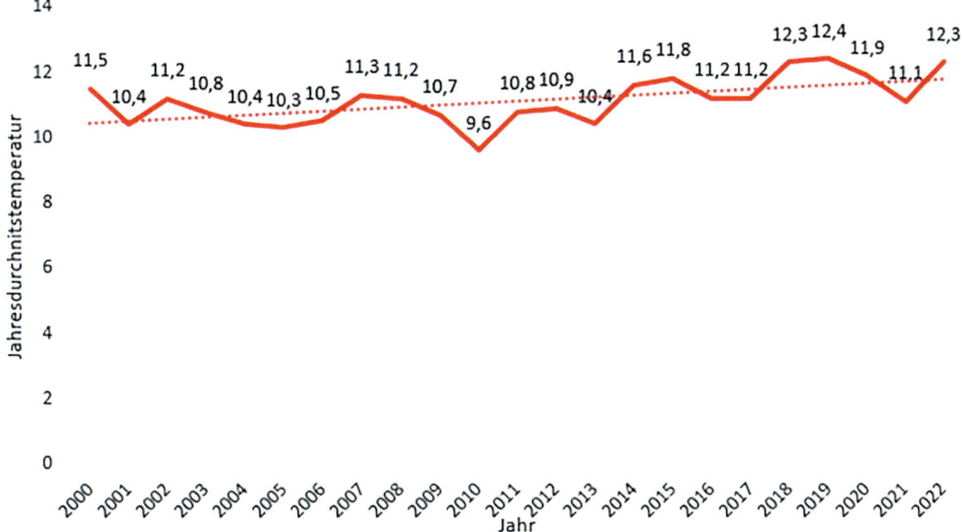

1 Jahresdurchschnittstemperatur Wien, Chr. Reinagl, 2023

2 Wollige Weiße Fliege, Foto: Chr. Reinagl, 2023

3 Minierschaden an einem Zitrusblatt, Chr. Reinagl, 2023

grund der neuen Schädlinge muss aber auch damit gerechnet werden, dass in naher Zukunft neue Krankheiten übertragen werden. Mit diesen wird man sich auseinandersetzen und auf die neuen Gegebenheiten einstellen müssen. Da gilt es vor allem, vorbeugend entsprechende Maßnahmen zu treffen, damit die Pflanzen gesund und vital sind und sich gegen potentielle Krankheitserreger bestmöglich wehren können.

Schädlinge, welche vor einigen Jahren noch nicht auftraten, jetzt aber aktuell im Schlosspark Schönbrunn Schäden verursachen sind:

Wollige weiße Fliege:

- Schadbild: Meist auf der Blattunterseite bilden die Insekten einen weißen flaumigen Belag, welcher sehr deutlich zu erkennen ist. (Abb. 2) Durch ihre Saugtätigkeit schädigen sie die Pflanzen. In weiterer Folge bilden sich dann auf den Ausscheidungen Schwärze-Pilze, welche die Pflanze zusätzlich daran hindern zu assimilieren.
- Verbreitung: Adulte Tiere können fliegen und besiedeln so neue Pflanzen. Weitere Verbreitungsgehilfen sind Ameisen, die die Insekten auf neue Pflanzen tragen und diese auch beschützen.
- Bekämpfung: Da wir ausschließlich biologischen Pflanzenschutz in unserer Sammlung anwenden, sind wir in unseren Möglichkeiten eingeschränkt. Wir haben sehr gute Erfahrungen mit Nützlingen gemacht. Dabei setzten wir auf *Amblyseius swirskii* – Raubmilben und *Macrolophus caliginosus* – Raubwanzen. Diese bringen wir mehrmals im Jahr aus. Des Weiteren haben sich eine Spritzung mit Paraffinöl oder Neemöl zweimal jährlich sehr bewährt.

4 Ameisenköderdose, Chr. Reinagl, 2023

5 Platzierung einer Ameisenköderdose, Chr. Reinagl, 2023

Minierfliege:

- Schadbild: Der Insektenschädling tritt im Schlosspark Schönbrunn meist am Anfang des Sommers das erste Mal auf. An den Blättern sieht man die Fraßgänge seiner Larven – typische Miniergänge. (Abb. 3) Die Jungtiere sind nach ein paar Tagen meist schon wieder weg; das Blatt verkrüppelt anschließend und die betroffenen Stellen sterben ab.
- Verbreitung: Erwachsene Tiere legen ihre Eier in das Blattgewebe, wo die Jungtiere dann schlüpfen.
- Bekämpfung: Die Bekämpfung gestaltet sich eher schwierig, da man den Schaden erst sieht, wenn die Larven schon weg sind. Wichtig ist betroffene Stellen zu entfernen. Am Boden Liegendes muss ebenso entfernt, und es müssen Maßnahmen zur allgemeinen Sauberkeit und Hygiene beachtet werden. 2023 haben wir zum ersten Mal Nützlinge eingesetzt: *Dacnusa sibirica* – Brackwespe und *Diglyphus isaea* – Erzwespe. Nach den ersten Erfahrungen sind wir mit dem Einsatz zufrieden, da 2023 weniger Schäden auftraten.

Ameisen:

- Schadbild: Ameisen nisten sich oft im Pflanzkübel ein und wühlen und locken dort das Substrat auf. Sie beschützen andere Schädlinge und sorgen auch für deren Verbreitung.
- Bekämpfung: Mithilfe eines Schädlingsbekämpfers haben wir Ameisenköderdosen aufgestellt. Das darin enthaltene Gel wird von den Ameisen aufgenommen und in ihren Bau getragen. Die Tiere verenden dort. Dies hilft aber auch nur bedingt, da der Schädlingsdruck zu groß ist. (Abb. 4–6)

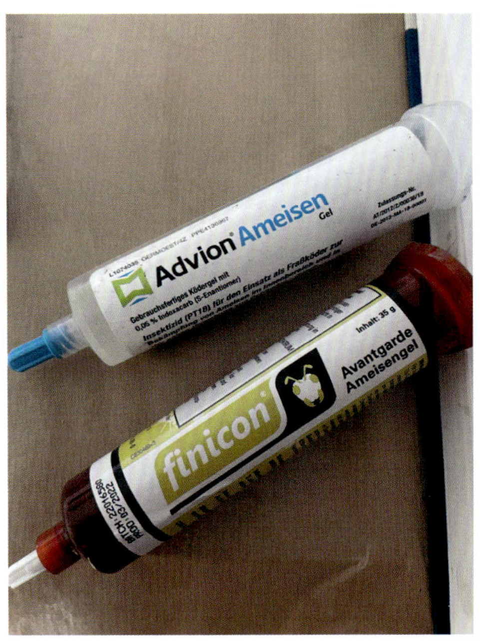

6 Ameisengel, Chr. Reinagl, 2023

7 Kübelschattierung, Chr. Reinagl, 2023

Abiotische Veränderung
Aufgrund des Klimawandels treten nicht nur neue Schädlinge auf, sondern das Wetter verändert sich spürbar. So ist es in Wien schon deutlich wärmer und die Temperaturen werden weiter steigen. Darauf müssen wir Gärtner uns einstellen und lernen, mit der Situation umzugehen. Vor allem nehmen Wetterextreme zu und es gilt, die Pflanzen gut darauf vorzubereiten und zu schützen.

Hitzestress bei sehr hohen Temperaturen
1980 gab es in Wien vier Hitzetage, 2022 waren es bereits 31.[3] Das ist ein enormer Anstieg. Diese Hitzetage haben für die Pflanzen negative Auswirkungen, da sie Stress erzeugen. Zitruspflanzen stellen ab einer Temperatur von 35 °C ihr Wachstum ein. Bei derart hohen Temperaturen ist es sehr wichtig, die Pflanzen ausreichend zu gießen, damit nicht zusätzlich Trockenstress die Gewächse belastet.

Hohe Temperaturen im Wurzelbereich
Die Hitzetage wirken sich natürlich auch auf den Wurzelbereich aus. Vor allem Pflanzen, welche in Plastiktöpfen stehen, sind sehr gefährdet durch das starke Ansteigen der Temperatur im Wurzelballen. Bei Pflanzen im Holzkübel und in Terrakottagefäßen ist die Temperaturregulierung besser. Da in der öffentlich nicht zugänglichen Gärtnerei einige große Zitruspflanzen im Plastikkübel stehen, beschatten wir diese, um den Wurzelbereich zu schützen. (Abb. 7)

Wind und Gewitter
Neben der Temperatur steigt auch die Unwettergefahr erheblich. Hier ist vor allem der Wind ein wichtiges Thema, welcher in Schönbrunn stetig zunimmt. So müssen wir unsere Zitruspflanzen inzwischen um einiges stärker im Boden verankern, damit die Pflanzen vom Wind nicht umgeworfen und beschädigt werden.

Spätfrostgefahr
Die Vegetationsperiode startet um einige Wochen früher und damit beginnen die Pflanzen auch früher mit Wachstum und Blüte. Aufgrund des Platzmangels in den Glashäusern müssen wir die Pflanzen früher ins Freie stellen, da der Austrieb sonst durch den engen Stand gefährdet wäre. Die im zeitigen Frühjahr mittlerweile höheren Temperaturen ermöglichen zwar ein früheres Ausräumen, die Frostgefahr bleibt jedoch bestehen, und es gilt, die Pflanzen gut zu pflegen. Im Notfall brausen wir die Pflanzen vollständig mit kaltem Wasser ab, um sie vor eventuell auftretenden Frostnächten zu schützen.

Veränderung der Kulturarbeiten
Damit den Pflanzen genügend Wasser zu Verfügung steht, passen wir das Topf-Kronen-Verhältnis etwas an. Konkret heißt das, dass wir in größere Kübel umtopfen und die Krone in der gleichen Größe halten oder ein wenig verringern. So bleiben den Zitruspflanzen genügend Wasserreserven an heißen Sommertagen.

Effektive Mikroorganismen
Seit 2022 verwenden wir zusätzlich zu Düngern und Pflanzenstärkungsmitteln auch Effektive Mikroorganismen. EMs sind meist Hefepilze und fördern die Vitalität der Pflanze.

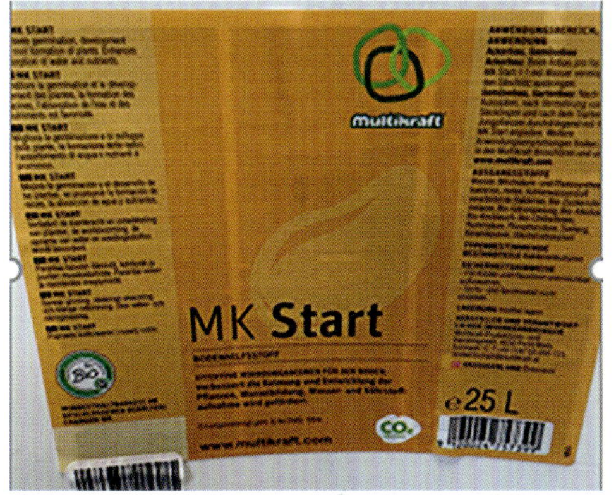

8 Effektive Mikroorganismen, Chr. Reinagl, 2023

9 Mulchschicht, Christoph Reinagl, 2023

So stellen wir eine etwas bessere Durchwurzelung fest, welche an heißen Tagen von Vorteil ist. Die Ausbringung erfolgt mittels Gießwasser, ca. 0,2-prozentig. (Abb. 8)

Sommerschnitt
Im Sommer nehmen wir bei einigen Bäumen einen leichten Sommerschnitt vor. Dies hat mehrere Gründe. So können wir den Schädlingsbefall der Minierfliege besser erkennen und den Schädlingsdruck etwas reduzieren. Zusätzlich wird die Angriffsfläche für den Wind verkleinert, wodurch die Gefahr des Umstürzens bei Unwettern reduziert wird. Auch die Transpirationsfläche wird verkleinert, um bei Hitzetagen die Pflanze besser mit ausreichend Wasser versorgen zu können.

Substrat
Auch in Bezug auf das Substrat folgen wir immer wieder neuen Denkanstößen. Im Sommer 2023 haben wir das Ausbringen von Mulch-

schichten ausprobiert, um die Feuchtigkeit besser zu halten und den Beikrautwuchs zu minimieren. (Abb. 9) Das heißt, dass wir zusätzlich zu der Mulchschicht, welche wir im Frühjahr aus Mist/Mistbeeterde ausbringen, noch eine weitere auflegen.

Auch Substratmischungen muss man den Gegebenheiten anpassen. So wird es immer wichtiger, neue Zuschlagsstoffe zu berücksichtigen, welche Wasser und Nährstoffe eventuell besser halten und in weiterer Folge auch wieder abgeben können.

Positive Effekte der Klimaveränderung

Einsparung von Heizenergie

Gerade im letzten Jahr war das Thema aufgrund der hohen Preissteigerung sehr aktuell. Wir haben im heurigen Winter die Temperatur unserer Gewächshäuser auf 2–3 °C eingestellt. Wenn man bedenkt, dass wir in den Wintern davor zwischen 5–8 °C als Temperatur eingestellt hatten, war es ein Versuch herauszubekommen, wie sich die Pflanzen bei niedrigeren Temperaturen verhalten. Und wir konnten feststellen, dass sich die Pflanzen sehr gut entwickelt haben, unserer Meinung nach sogar besser als unter den etwas höheren Temperaturen. Der Schädlingsbefall im Frühjahr ist wesentlich leichter und auch später aufgetreten, was den positiven Effekt hatte, dass mehr Nützlinge unterwegs waren.

Durch die niedrigen Temperaturen konnten wir im Winter auch sehr gut und an vielen Tagen lüften, da die Temperaturen nur mehr wenige Tage im Jahr darunterliegen. Diese Maßnahme wirkt sich positiv auf den Bestand aus, da man die Feuchtigkeit aus den Glashäusern gut hinaus bekommt, was wiederum das Risiko reduziert, dass die Pflanzen mit Krankheiten infiziert werden.

Längere Vegetationsperiode

Die Vegetationsperiode ist in den vergangenen Jahren länger geworden. Im Frühling wird es um etliche Wochen früher warm und sommerliche Temperaturen ziehen sich teilweise bis weit in den Herbst hinein. Dies ist in Bezug auf unsere Kultur der Zitruspflanzen eigentlich sehr positiv zu sehen, da sich das Klima an den mediterranen Raum anpasst, wo die Orangeriepflanzen sehr gut gedeihen. Die Pflanzen sind näher an ihrer klimatischen Heimat, und so reduziert sich ihre Ruhezeit.

Dabei muss man aber bedenken, dass dies auch mit mehr Arbeit verbunden ist, da man länger düngen muss; die Pflanzen wachsen länger und dadurch auch stärker. Der Gießaufwand bei warmen Temperaturen beginnt früher und endet später. Man muss also auch Arbeitspläne an diese Entwicklungen anpassen.

Anmerkungen

1 https://de.statista.com/statistik/daten/studie/1073559/umfrage/durchschnittliche-temperaturschwankungen-land-meer/ [Abrufdatum: 05.11.2023].

2 https://meteo.boku.ac.at/wetter/mon-archiv/ [Abrufdatum: 01.09.2023].

3 Klimatologische Kenntage in Wien 1955 bis 2022 – Offizielle Statistik der Stadt Wien https://www.wien.gv.at/statistik/lebensraum/tabellen/eis-hitze-tage-zr.html [Abrufdatum: 06.06.2024].

Bericht aus Tschechien zu den Projekten ORFIAN und NAKI

ORFIAN

Seit inzwischen sechzehn Jahren arbeitet in Tschechien eine Gruppe von rund vierzig Gärtnern und Gartenarchitekten aus dem Nationalen Denkmalschutzinstitut der Tschechischen Republik und anderen Objekten nach dem Vorbild des Arbeitskreises Orangerien in Deutschland e. V. zusammen. Der Name ORFIAN (Orangerie-Feigenhaus-Ananashaus) wurde von den Gründern Dagmar und Vlastimil Fetter erfunden. Die Gruppe hat ein Logo und eine Flagge. Ziel der jährlichen dreitägigen Exkursionen ist es, Orangerien, Schlossparks und kleine Gartenbauten zu erkunden und Erfahrungen weiterzugeben. Die diesjährige 16. Auflage fand in Liberec (Reichenberg) statt – mit Besichtigung des Gewächshauses im Liebig-Palais, der Gewächshäuser des botanischen Gartens, des Breda-Gartens mit Gartenhaus bei Schloss Lemberk (Lämberg) sowie der Orangerien in Nový Falkenburg (Falkenburg), Zákupy (Reichstadt) und Sychrov (Sichrow).

Auf Anfrage des Arbeitskreis Orangerien e. V. bereiteten die Fetters im Jahr 2008 eine Besichtigungstour zu bedeutenden Orangerien in der Tschechischen Republik vor. Eine weitere Exkursion folgte im Jahr 2012. Im Gegenzug konnten wir dank des Arbeitskreises und seines Geschäftsführers Jens Scheffler im Jahr 2009 interessante deutsche Orangerien entdecken.

NAKI

In den Jahren 2018–22 finanzierte das Kulturministerium der Tschechischen Republik eine Untersuchung der historischen Orangerien und Gewächshäuser in der Tschechischen Republik. Dabei handelte es sich um das Programm für angewandte Forschung und Entwicklung der nationalen und kulturellen Identität (NAKI). Das Projekt wurde von der Mendel-Universität in Brünn unter dem Titel »Vernachlässigte Themen der Landschaftsarchitektur für die Bedürfnisse des Naturschutzes« angekündigt. Mehr als 300 vor 1930 gebaute historische Orangerien und Gewächshäuser wurden identifiziert, von denen 173 noch existieren, wenn auch in unterschiedlichem technischen Zustand. Grundlegende Daten zu den 173 existierenden und 124 nicht mehr existierenden Orangerien und Gewächshäusern finden Sie in der Datenbank unter www.softsort.cz. Diese Datenbank enthält keine Objekte, für die nur Pflanzenlisten oder Hinweise auf ihre Existenz ohne detaillierte Beschreibung ihres Aussehens gefunden wurden. Dutzende weitere dieser Art hätten hinzugefügt werden können.

Bestehende und untergegangene Gebäude wurden nach verschiedenen Kriterien (z. B. Erhaltungsgrad des Gebäudes, Art der Verglasung, Standort in der Komposition usw.) in mehrere typologische Gruppen eingeteilt. Für die bestehenden Gebäude wurde die Identifizierung der kulturellen und historischen Werte durchgeführt. Bewertet wurden die »Authentizität der materiellen Substanz«, die »Authentizität des Konzepts« und die »historische Integrität«. Als besonders wertvoll wurden die Rokoko-Orangerie in Jablonné v Podještědí (Neufalkenburg), die Orangerie im Gärtnerhaus in Ratibořice (Ratoborschitz) und Drahenice (Drahenitz), die Orangerie im Květná zahrada v Kroměříži (Blumengarten in Kremsier), die Orangerie im Landschaftspark Sychrov (Sichrow), die kurvilinearen Glashäuser in Lednice (Eisgrub) und Kopidlno (Copidlen) und der Wintergarten des Schlosses in Hluboká nad Vltavou (Frauenberg) bewertet.

Die Ergebnisse wurden auch in der Monografie »Dream of a Green Paradise. Historical Orangeries, Collection Greenhouses and Plant Assortments Related to These Buildings in the Czech Republic« von Lenka Křesadlová, Dagmar Fetterová, Michaela Letá, Jiří Olšan veröffentlicht. Die 300-seitige Publikation stellt die chronologische Entwicklung von Orangerien und Gewächshäusern in der Tschechischen Republik dar, einschließlich zeitgenössischer und aktueller Abbildungen.

Beispiele für in den letzten Jahren restaurierte Orangerien und Gewächshäuser

2002 Lednice (Eisgrub), Wintergarten, Südmähren, UNESCO (1996)
2012 Český Rudolec (Böhmisch Rudoletz), Orangerie, Südböhmen
2013 Praha, Královské zahrady (Königliche Gärten in Prag), Glashaus, Mittelböhmen, UNESCO (1992)
2014 Veltrusy (Weltrus), Orangerie, Mittelböhmen
2014 Lomnice u Tišnova (Lomnitz bei Tischnowitz), Orangerie, Ofen und Töpferei, Südmähren
2014 Kroměříž (Kremsier), Blumengarten, zwei Orangeriegebäude, Ostmähren, UNESCO (1998)
2016 Praha (Prag), Břevnov-Benediktinerkloster Breunau, Orangerie, Mittelböhmen
2017 Vyšší Brod (Hohenfurth)-Zisterzienserkloster, Orangerie, Südböhmen
2020 Manětín (Manetin), Orangerie, Westböhmen
2021 Habrovany (Habrowan), Orangerie, Südmähren
2022 Brno (Brünn), Augustinerkloster, Mendelsplatz, Neubau Orangerie, Südmähren
2023 Letohrad (Geiersberg), Orangerie, Mittelböhmen

Kurze Beschreibungen der Objekte:

Lednice (Eisgrub), Südmähren, Kulturlandschaft Lednice-Valtice, UNESCO-Welterbe (1996)
An der Stelle einer Orangerie, in der 3000 Zitruspflanzen überwintert wurden, errichtete man das Glashaus in Eisen-Glas-Konstruktion zwischen 1843 und 1846 nach einem Entwurf von Georg Wingelmüller im romantisch-neugotischen Stil. Das mächtige kurvilineare Glashaus ist 92,6 Meter lang, 13,6 Meter breit, 12,8 Meter hoch und mit Glasflockenziegeln gedeckt. (Abb. 1, 2) Es diente in seiner ursprünglichen Form bis 1937, als es renoviert wurde. In den Jahren 1967–68 wurden die Heizung erneuert, der Innenraum gestrichen und die Bepflanzung geändert. Im Jahr 1995 begannen die Planungsarbeiten für eine größere Sanierung. Diese erfolgte in den Jahren 1996 bis 2002, einschließlich der Neubegrünung. Das Glashaus bietet eine einzigartige Sammlung exotischer Pflanzen und ist jetzt an eine Gaszentralheizung angeschlossen.

Die Bauarbeiten wurden von der Firma OK-Design Brno durchgeführt, das Projekt für die Wiederherstellung der Innenbegrünung erstellte das Ateliér Krejčiříkovi, s.r.o. Es erhielt für die Rekonstruktion des Palmenhauses 2003 die Auszeichnung Grand Prix der Architektenkammer.
http://www.atelierkrejcirikovi.cz/vizualizace

Český Rudolec (Böhmisch Rudoletz), Südböhmen (Abb. 3, 4)
Der letzte umfassende Umbau der Orangerie erfolgte unter den Razumovský-Besitzern in den Jahren 1810–30, als die Orangerie ihre

1 Im Inneren des kurvilinearen Glashauses in Lednice, Foto: D. Fetterová, 2012

2 Das Glashaus in Lednice nach der Rekonstruktion, Foto: D. Fetterová, 2018

3 Orangerie in Český Rudolec in baufälligem Zustand, Foto: D. Fetterová, 2012

4 Orangerie in Český Rudolec nach der Rekonstruktion, Foto: D. Fetterová, 2023

5 Glashaus in Prag, Königlicher Garten (Praha, Královské zahrady), Foto: D. Fetterová, 2012

6 Glashaus in Praha, Královské zahrady, nach der Rekonstruktion, Foto: D. Fetterová, 2019

7 Orangerie in Veltrusy, Foto: D. Fetterová, 2008

8 Orangerie in Veltrusy nach der Rekonstruktion, Foto: D. Fetterová, 2016

endgültige Form erhielt. Seit 1945 wurde der Zustand des Schlossgebäudes, ebenso wie der anderen Gebäude, stark beeinträchtigt. Bis 2011 verfiel die Orangerie. Der jetzige Besitzer ließ das Erdgeschoss der Orangerie zu Bierbädern und Sonnenbädern umbauen, im Untergeschoss entstanden ein Wellnesscenter und ein Schwimmbad. Auch angrenzende Gebäude werden umgebaut und als Gastronomie und Unterkunft genutzt.

Praha, Královské zahrady (Prag, Königlicher Garten), Kaiserliches Gewächshaus (Mittelböhmen), UNESCO (1992) (Abb. 5, 6)
Im nördlichen Teil des Königlichen Gartens befindet sich das sogenannte Kaiserliche Gewächshaus, das ursprünglich wegen seiner Ähnlichkeit mit dem gleichnamigen Denkmal in Dresden Zwinger genannt wurde. Nach einer umfassenden Renovierung wird es wieder von den Schlossgärtnern genutzt und wurde 2013 mit der Ausstellung »Frühling im Königlichen Garten« der Öffentlichkeit zugänglich gemacht. Seitdem finden hier jedes Jahr Themenausstellungen statt, die sich bei den Besuchern großer Beliebtheit erfreuen.

Veltrusy (Weltrus), Mittelböhmen (Abb. 7, 8)
Die Orangerie wurde 1854 durch den Wiederaufbau eines barocken Feigenhauses errichtet. Es handelt sich um ein spätklassizistisches Gartengebäude, das dem Architekten Jan Filip Jöndl zugeschrieben wird. Das Fehlen einer Heizung machte es unmöglich, Pflanzen zu überwintern. Nach dem verheerenden Hochwasser von 2002 wurde es baulich gesichert und erhielt ein neues Dach. Die vollständige Rekonstruktion im Rahmen des Projekts Schola Naturalis wurde im Mai 2014 abgeschlossen. Die Orangerie hat ihre ursprüngliche Funktion als Überwinterungsort für subtropische Pflanzen wiedererlangt und wird für Bildungsprogramme und kulturelle Veranstaltungen genutzt.

Lomnice u Tišnova (Lomnitz bei Tisnov), Südmähren (Abb. 9, 10)
Das Schlossgelände gehörte seit dem 17. Jahrhundert der ungarischen Familie Serényi. Nach dem Krieg wurden die ehemaligen Schlossgärten von Herrn Bohumil Čepička im Rahmen der Verwaltung einer vereinigten landwirtschaftlichen Genossenschaft bewirtschaftet. Die Ananas-, Feigen- und Rosenhäuser wurden abgerissen und die übrigen Gartengebäude verfielen. Die jetzige Eigentümerin

9 Orangerie in Lomnice, baufälliger Zustand, Foto: D. Fetterová, 2006

der Orangerie, Frau Zdena Touskova, erteilte ihre Zustimmung zur Rettung der Gebäude zusammen mit der Töpferei und dem Brennofen, was 2011–14 geschah. Bei der Rettung wurden im Raum über dem Brennofen die Reste von Beeteinfassungen des 19. Jahrhunderts gefunden, die hier produziert und zum Auslegen der Blumenbeete verwendet worden waren. Vlastimil Fetter restaurierte sie, und in der restaurierten Orangerie wurde eine einzigartige und landesweit einmalige Ausstellung von Beeteinfassungen eingerichtet. Die Rettung der Gartengebäude, die 2009 abgerissen werden sollten, ist ein Lebenswerk für die Fetters.

10 Orangerie in Lomnice nach der Rekonstruktion, Foto: D. Fetterová, 2023

11 Das Große Gewächshaus in Kremsier, Blumengarten (Kroměříž, Květná zahrada), Foto: D. Fetterová, 2008

12 Die Große Gewächshaus in Kroměříž, Květná zahrada, nach der Rekonstruktion, Foto: D. Fetterová, 2020

13 Palmenhaus in Kroměříž, Květná zahrada, Interieur, Foto: D. Fetterová, 2012

14 Palmenhaus in Kroměříž, Květná zahrada, nach der Rekonstruktion, Foto: D. Fetterová, 2020

Kroměříž (Kremsier), Blumengarten, Ostmähren, UNESCO (1998) (Abb. 11–14)
Der Blumengarten wurde im 17. Jahrhundert von Bischof Karl von Lichtenstein-Castelcorn von Olomouc angelegt. Das große Gewächshaus und das Palmenhaus wurden im 19. Jahrhunderts von dem Architekten Anton Arch errichtet. Das große Gewächshaus diente der Überwinterung von Pflanzen, das Palmenhaus der Kultivierung von Palmen, Farnen und kälteliebenden Orchideen. Das heutige Aussehen beider Gewächshäuser stammt von den Umbauten des späten 19. Jahrhunderts. Beide Gewächshäuser wurden 2014 vollständig renoviert. Das große Gewächshaus beherbergt 700 Exemplare exotischer Pflanzen, hier wird jährlich im März eine Kamelienschau veranstaltet. Im Palmenhaus finden thematische Ausstellungen statt.

15 Torso der Orangerie in Prag-Breunau, Benediktinerkloster (Praha-Břevnov, benediktinský klášter), Foto: D. Fetterová, 2005

16 Orangerie in Praha-Břevnov, benediktinský klášter, nach der Rekonstruktion, Foto: D. Fetterová, 2012

17 Kloster-Orangerie in Vyšší Brod, Exkursion AKO e.V., Foto: D. Fetterová, 2008

18 Kloster-Orangerie in Vyšší Brod nach der Rekonstruktion, Foto: D. Fetterová, 2023

Praha-Břevnov, (Prag-Breunau, Benediktinerkloster), Mittelböhmen (Abb. 15, 16)
Die barocke Orangerie wurde 1736 von Kilian Ignaz Dientzenhofer entworfen. Sie diente der Kultivierung subtropischer Pflanzen, zusätzlich wurden Blumen, Obst, Gemüse kultiviert. Nach 1945 war sie in einem baufälligen Zustand. Nach 1989 kehrten die Benediktiner in das Kloster zurück und es begann ein schrittweiser Wiederaufbau. Der Garten und die Orangerie wurden 2012 nach einem Projekt des Architekturbüros Atelier M1, das heute in der Orangerie sein Büro hat, restauriert.

Vyšší Brod (Hohenfurth), Zisterzienserkloster, Südböhmen (Abb. 17, 18)
Die Orangerie wurde um die Mitte des 19. Jahrhunderts in spätklassizistischen Stil an das Gebäude der ehemaligen Zisterzienserabtei im Garten angebaut und steht auf einer hohen Terrasse. Das Gebäude ist mit einem Satteldach mit hohem Gebälk gedeckt. 2017 wurde das baufällige Bauwerk abgerissen und 2019 in historischer Form neu erstellt, einschließlich einer baulichen Sicherung. Sie ist nach wie vor unbenutzt. Im Jahr 2024 will die Abtei die Renovierung der Heizungsanlage fortsetzen, damit die Orangerie für die Überwinterung von Pflanzen genutzt werden kann.

19 Orangerie in Manětín, baufälliger Zustand, Foto: D. Fetterová, 2013

20 Orangerie in Manětín nach der Rekonstruktion, Foto: D. Fetterová, 2021

21 Orangerie in Habrovany, baufälliger Zustand, Foto: D. Fetterová, 2006

22 Orangerie in Habrovany nach der Rekonstruktion, Foto: D. Fetterová, 2022

Manětín (Manetin), Südböhmen
(Abb. 19, 20)
Gräfin Marie Gabriela Lažanská veranlasste die Umgestaltung des Gewächshausgebäudes nach dem verheerenden Brand der Burg und der Stadt im Jahr 1712. Nach 1945 verfiel es und nur die Umfassungsmauern blieben erhalten. Die Überreste wurden 1997 Teil des Schlosses, das Gewächshaus 2019 rekonstruiert und 2021 für Besucher geöffnet. Gleichzeitig wurden Fragmente der ursprünglichen Freskendekoration restauriert. Es wird für kulturelle Zwecke und zur Überwinterung von Pflanzen genutzt.

Habrovany (Habrowan), Südmähren
(Abb. 21, 22)
Der einstige Besitzer Jan Herring ließ die Orangerie Anfang des 19. Jahrhunderts errichten. Nach Jahren des Verfalls wurde die Gemeinde Habrovany Eigentümerin. Bürgermeister Radoslav Dvořáček gab ein Projekt zur Rettung der Orangerie in Auftrag, der Wiederaufbau begann 2019 und die feierliche Eröffnung fand 2021 statt. Die Orangerie dient als Veranstaltungsort für Familienfeiern, Hochzeiten und gelegentlich auch als Gourmetrestaurant.

23 Der ursprüngliche Standort des Gewächshauses in Brünn-Augustinerkloster, Mendelspatz (Brno-Augustiniánský klášter, Mendlovo náměstí) während der archäologischen Arbeiten, Foto: D. Fetterová, 2022

24 Die neue Gewächshaus in Brno-Augustiniánský klášter, Mendlovo náměstí, neues Gewächshaus, Foto: D. Fetterová, 2023

Brno-Augustiniánský klášter, Mendlovo náměstí (Brünn-Augustinerkloster, Mendelsplatz)
(Abb. 23, 24)
Der Neubau des Gewächshauses verfügt über eine transparente Struktur aus Stahl und Glas. Der Entwurf des Brünner Architekturbüros CHYBIK + KRISTOF stützte sich auf Archivmaterialien und kopierte den ursprünglichen Grundriss des historischen Gewächshausgebäudes. Es war 1854 erbaut worden und Gregor Johann Mendel (1822–84) kreuzte hier Erbsenpflanzen, enthüllte die Gesetze der Vererbung und legte damit den Grundstein für die Genetik. 1962 wurde das Gewächshaus durch einen Tornado beschädigt und abgerissen. Das neue Multifunktionsgewächshaus konnte man am 14. November 2022 feierlich eröffnen. Es dient der Begegnung mit Menschen aus dem wissenschaftlichen Bereich, Konferenzen, Führungen für Schulen, kulturelle und gesellschaftliche Veranstaltungen finden hier statt. Das Augustinerstift und der Verein kümmern sich gemeinsam um Mendels Erbe und beabsichtigen, es in die Liste des UNESCO-Weltkulturerbes aufnehmen zu lassen.

Letohrad (Geiersberg), Mittelböhmen
(Abb. 25, 26)
Die Orangerie entstand im Zuge der Sanierung des Schlossparks in der ersten Hälfte des 19. Jahrhunderts. Unter den vielen Pflanzen wurden hier auch die wohl ältesten Bonsai Europas kultiviert. 1882 brachte Graf Josef Filip Stubenberg einen Bonsai eines hundertjährigen chinesischen Wacholders (*Juniperus chinensis* 'Echiniformis') aus Japan nach Wien und schenkte ihn 1928 seinem Bruder Karl Stubenberg, der auf der Burg in Letohrad lebte. Im Jahr 1977 wurde der

25 Orangerie in Letohrad, unbefriedigender Zustand, Foto: D. Fetterová, 2009

26 Orangerie in Letohrad nach der Rekonstruktion, Foto: A. Papáček, 2023

Bonsai dem Botanischen Garten in Liberec gespendet. Die Orangerie, ursprünglich ein zweistöckiges Gebäude, wurde umgebaut und diente nur noch kulturellen Zwecken, später als Lagerhaus. Dank eines tschechisch-polnischen Zuschusses konnte im Jahr 2021 mit dem umfangreichen Wiederaufbau begonnen werden. Der linke Teil dient heute wieder als Orangerie mit exotischen Pflanzen, im rechten Teil wird die australische Flora und Fauna dargestellt. Eine Miniatur des Red Rock in Australien bildet die Kulisse für eine riesige Voliere mit australischen Papageien, außerdem gibt es ein großes Meeresaquarium. Die Ausstellung in der Orangerie wurde im Mai 2023 der Öffentlichkeit zugänglich gemacht.

Pflanzenhäuser und Orangeriekultur im Neuwerkgarten der Gottorfer Residenz in Schleswig

Die Herzöge von Schleswig-Holstein-Gottorf ließen um ihre Residenz Gottorf bei der Stadt Schleswig, ganz im Norden des heutigen Bundeslandes Schleswig-Holstein, nacheinander drei große Gärten außerhalb der Schlossinsel anlegen: den »Westergarten« im 16. Jahrhundert im Südwesten, von 1623 bis 1637 einen südöstlich gelegenen Lustgarten, der später »Alter Garten«[1] genannt wurde, und zwischen 1637 und etwa 1700 einen Terrassengarten nördlich des Schlosses, der den zeitgenössischen Namen »Das Neue Werk«[2] erhielt. (Abb. 1) Dieser jüngste Garten avancierte im 17. Jahrhundert durch seine monumentale Terrassierung nach italienischen Vorbildern, durch den in einem exotisch anmutenden Lusthaus aufgestellten begehbaren Riesenglobus von 3,11 Metern Durchmesser und eine ansehnliche Pflanzensammlung samt den dazugehörigen Gewächshäusern zu einem der bekanntesten Gärten Nordeuropas. Von den ehemaligen Gartengebäuden ist nur eine Kaskade am Garteneingang erhalten geblieben, keines der Pflanzenhäuser hat den allmählichen Niedergang des Gartens von der Mitte des 18. bis zum Ende des 20. Jahrhunderts überstanden. Während die älteren Gottorfer Gärten nicht mehr existieren, gelang es seit den 1990er Jahren nach und nach, das Neue Werk in seinen Grundzügen teilweise wiederherzustellen, den 1713 dem russischen Zaren geschenkten Globus nachzubauen und in einem modernen Globushaus neu zu präsentieren. (Abb. 2)

Orangeriekultur in den älteren Gottorfer Gärten

Schon in den älteren Gottorfer Gärten gehörten Orangeriepflanzen zur Ausstattung. Während andernorts zu dieser Zeit vorwiegend abschlagbare Pomeranzenhäuser in Gebrauch waren, betrieb der weitgereiste Gartenkünstler Johannes Clodius (1584–1660) wohl schon ab 1627 im Westergarten mit dem heizbaren Lusthaus als Winterung eine mobile Gewächshaltung. (Abb. 1) Im Alten Garten ließ er 1632 einen zweistöckigen schmucklosen Fachwerkbau von 100 Quadratmetern Grundfläche errichten, dessen Erdgeschoss als Winterstandort für Kübelgewächse diente. Michael Paarmann hat das nicht erhaltene Gebäude anhand der Quellen rekonstruiert[3]: An den langen Wänden gab es fest installierte Holzgerüste, während die schweren Gewächskästen im Mittelgang auf Eichenbohlen standen. (Abb. 3) Der vom Anbau aus betriebene Ofen erwärmte den Raum. Das Obergeschoss enthielt ebenfalls nur einen großen, ausgemalten Saal mit der vermutlich gelegentlichen Funktion als Speisesaal und Belvedere für die Hofgesellschaft. Michael Paarmann vermutete 1986 nach damaligem Forschungsstand, dass dieses Haus »das erste massive Gartengebäude in Deutschland [sei], das ausschließlich der Überwinterung der in Ton- und Holzkübel gehaltenen fremdländischen Gewächse diente«.[4] Mittlerweile lässt sich diese Einschätzung widerlegen. Später als Winterungsbauten in Prag[5] und Dresden[6] und wohl durch die dynastische Verbindung nach Dresden

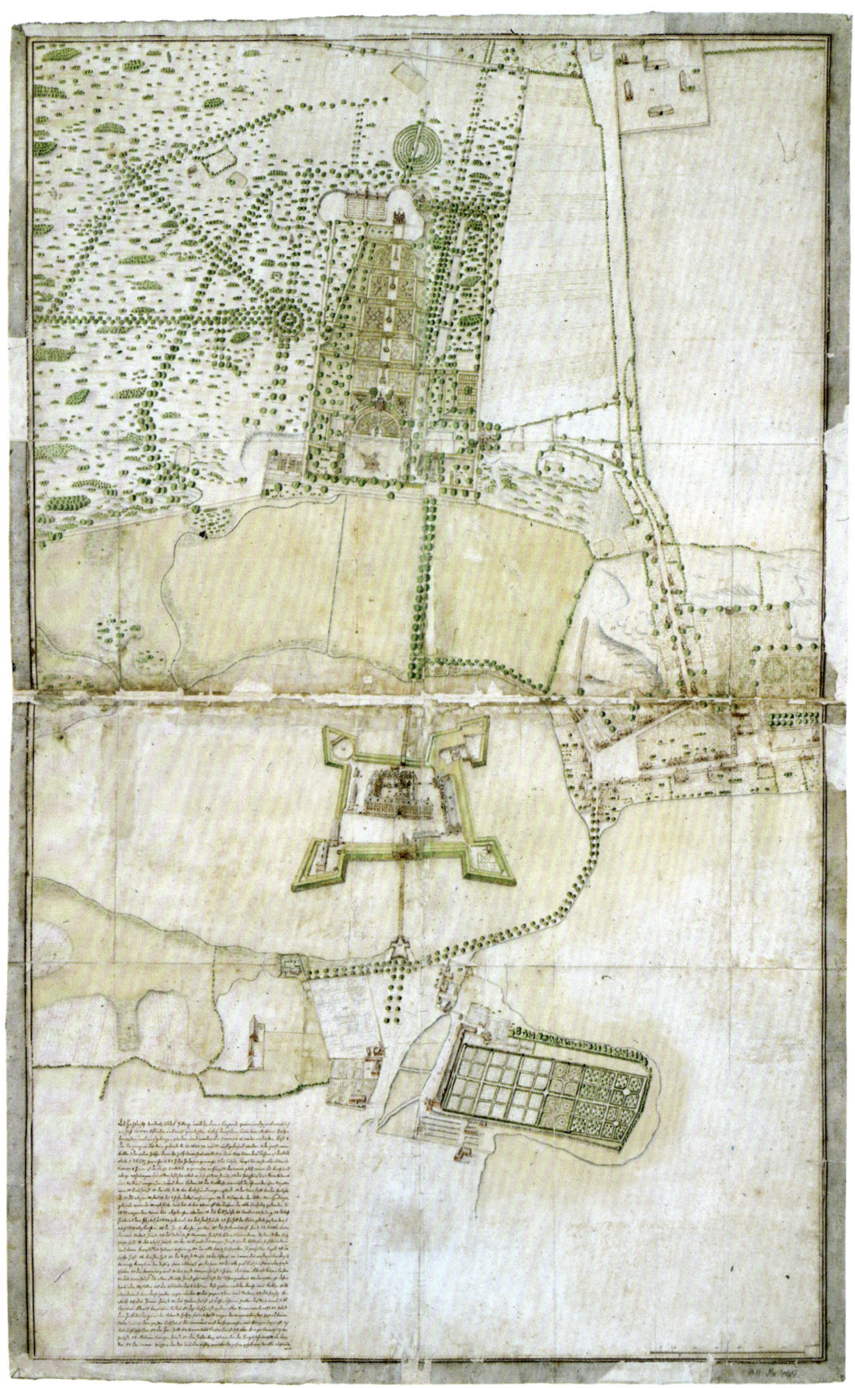

1 Plan der Gottorfer Residenz mit den drei Gärten, farbig lavierte Federzeichnung von Rudolph Matthias Dallin, 1707: im Südwesten der Schlossinsel der Westergarten, im Südosten der Alte Garten, im Norden das Neue Werk, © Det Kongelige Bibliotek Kopenhagen, Signatur: Kortsamling, Kortbordet, Ing. korps. Afl. XVI, 5, 10

2 Luftbild des 2007 wiederhergestellten Gottorfer Neuwerkgartens, © Stiftung Schleswig-Holsteinische Landesmuseen, Schloss Gottorf, Schleswig

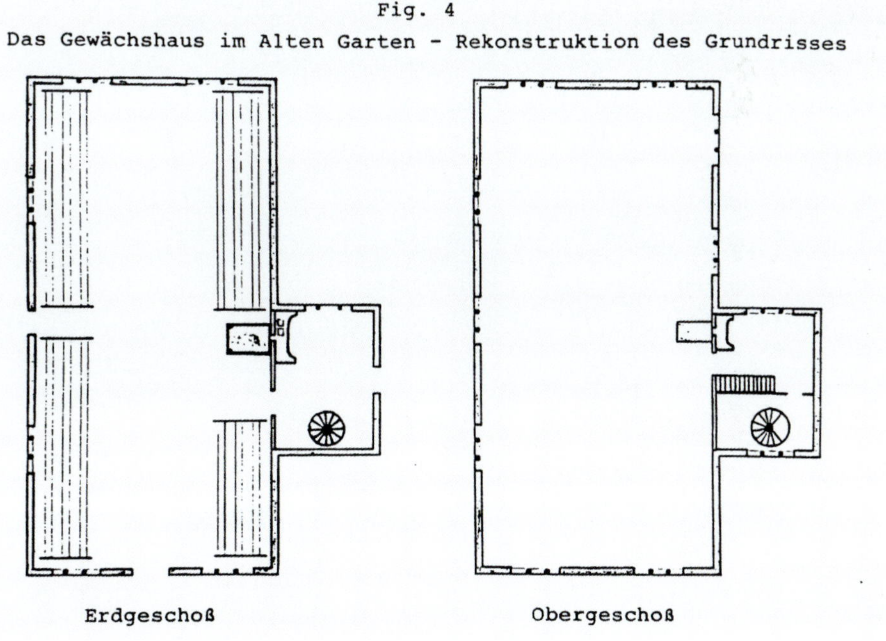

3 Grundriss des Erd- und Obergeschosses des Gewächshauses im Alten Garten, Rekonstruktion von Michael Paarmann, aus: Paarmann, M.: Gottorfer Gartenkunst. Der Alte Garten, Dissertation Kiel 1986 (Manuskript), S. 75

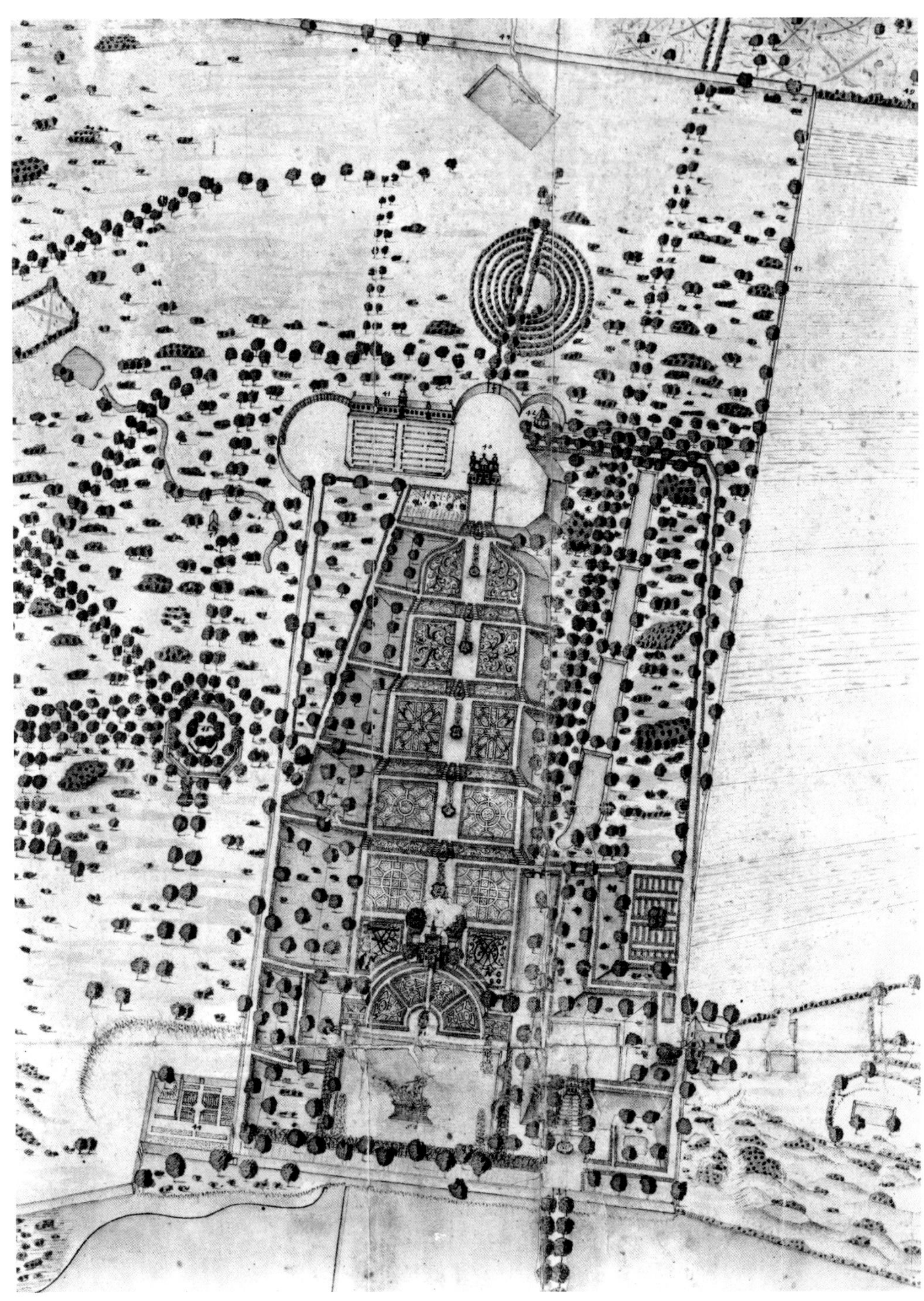

4 Das Neue Werk und Teile des Tiergartens, Ausschnitt aus dem Plan der Gottorfer Residenz von Dallin, 1707 (wie Abb. 1)

5 Blick auf den Globusgarten mit Herkules und modernem Globushaus heute, Foto: K. Asmussen-Stratmann, 2021

in Form der Heirat Herzog Friedrichs III. von Schleswig-Holstein-Gottorf (1597, reg. 1616–59) mit der kursächsischen Prinzessin Maria Elisabeth (1610–84) beeinflusst, ist es aber doch als eines der frühen nicht abschlagbaren Winterhäuser im Alten Reich einzuordnen und bildete den Auftakt einer Reihe verschiedenartiger Pflanzenhäuser, die später im Neuwerkgarten entstehen sollten.

Orangeriekultur im »Neuen Werk«: Überblick

Der Gesamtentwurf des Neuen Werkes, vermutlich nach Planungen von Johannes Clodius, wurde in zwei Bauphasen umgesetzt. (Abb. 4) Unter Herzog Friedrich III. entstand bis 1659 zunächst der untere, südliche Bereich mit einer kolossalen Herkulesstatue in einem Spiegelteich, einem halbrunden, von einer Mauer umschlossenen Garten, einem später »Globushaus« genannten Lusthaus und der ersten Terrasse. (Abb. 4, 5) In dem halbrunden Garten, ursprünglich »Kleiner Garten«, heute »Globusgarten« genannt, entstand das erste abschlagbare Pomeranzenhaus im Neuen Werk.

Die zweite Bauphase des Gartens mit der Erweiterung und Vollendung der Terrassenanlage erstreckte sich unter der Leitung des Gärtners Michael Gabriel Tatter (gest. 1690) ab 1659 über die gesamte Regierungszeit Herzog Christian Albrechts (1641, reg. 1659–94) bis in die 1690er Jahre. Zunächst wurde das vorhandene Pomeranzenhaus versetzt und verändert. Das Ergebnis der Gartenerweiterung zeigte eine mit Wasserspielen ausgestattete Hauptachse, die fünf weitere Terrassen verband und oben in einem zweiten, als Point-de-vue errichteten Lusthaus mit Namen »Amalienburg« endete. Die nach Westen we-

6 Herkulesteich, Globusgarten mit altem Globushaus und erster Terrasse, Ausschnitt aus dem Plan der Gottorfer Residenz von Dallin, 1707 (wie Abb. 1)

sentlich vergrößerte oberste Terrasse wurde ab 1690 zur Präsentation und Überwinterung der großen Pflanzensammlung mit mehreren Pflanzenhäusern wie Orangerie, Glashaus, Aloëhaus und einem Orangeriestellplatz ausgebaut. Im Neuen Werk gab es mehrere Aloëblüten[7], und der Orangeriekultur wurde ein erheblicher Stellenwert innerhalb der Gartenkunst beigemessen.

Für die Erforschung, Darstellung und Analyse der Gottorfer Orangeriekultur ist die Tatsache, dass sich keines der Kultivierungsgebäude erhalten hat, ein erschwerender Umstand. Viele Zustände und Details des Gartens und der Gebäude sind nicht bildlich überliefert und die Architekten nicht bekannt. Die Rekonstruktionen und Beschreibungen inklusive dekorativer Ausgestaltung und funktionaler Ausstattung basieren daher allein auf der Auswertung archivalischer Schrift- und Bildquellen. Als Hauptquelle dient eine Beschreibung der Residenz Gottorf in einem Inventar von 1709.[8] Als bildliches Pendant ist die Darstellung der Residenz von Rudolph Matthias Dallin aus dem Jahr 1707 zu nennen. (Abb. 1, Details zum Neuwerkgarten Abb. 4, 6 und 12) Beide Quellen stammen aus der Zeit, als der Garten fertig ausgebaut, aber auch schon wieder dem Verfall preisgegeben war, weil das Herzogtum unter provisorischer, administrativer Regierung stand und in den Großen Nordischen Krieg verwickelt war, der zur dänischen Sequestrierung des Schlosses 1713 und 1721 zum endgültigen Verlust der Residenz Gottorf für die Herzöge von Schleswig-Holstein-Gottorf führte, die dann in königlich-dänischen Besitz überging. Beide Hauptquellen werden ergänzt durch weitere schriftliche überlieferte Informationen wie Rechnungen, Reparaturanschläge und bildliche Darstellungen aus dem 17. bis 19. Jahrhundert.[9]

Das erste Pomeranzenhaus im »Globusgarten«

Ab 1648 wurde der Globusgarten auf der untersten Ebene gestaltet und von einer exedraförmigen Mauer eingefasst, an deren Scheitelpunkt das Globushaus entstand. Die halbrunde Einfassungsmauer setzte sich nach Westen und Osten spiegelsymmetrisch in rechteckiger Form mit Eingangstoren fort. (Abb. 5, 6) Dort wurden von 1651 bis 1653 das erste Gewächshaus des Neuwerkgartens und etwas später ein Vogelhaus errichtet, im Osten das Pflanzenhaus, im Westen als Pendant die Voliere. Ihre Ausstattung mit lebendiger exotischer Flora und Fauna ist im Zusammenhang mit der Aufstellung des Globus und weiteren Komponenten als Außenstelle der 1651 gegründeten und im Schloss befindlichen Gottorfer Kunst- und Wunderkammer zu interpretieren. Eine Rekonstruktion des Gewächshauses ist aufgrund lückenhafter Schrift- und fehlender Bildquellen kaum möglich. Es lassen sich aber trotzdem einige Erkenntnisse zu Aussehen und Funktion aus den Gottorfer Rentekammer-Rechnungen gewinnen.[10] Die Konstruktion des Pflanzenhauses, das nur vierzehn Jahre existierte, entspricht dem Typus eines sogenannten abschlagbaren Pomeranzenhauses, in dem die Pflanzen direkt in die Erde gesetzt waren. Die vorhandene Mauer bildete vermutlich die Rück- und Ostwand, die Westwand war ebenfalls massiv gemauert, während die Südseite aus großflächig durchfenstertem Ständerwerk bestand, ergänzt durch ein Portal und zwei Fensterzargen aus Sandstein. Daraus lässt sich schließen, dass dieses Gebäude nicht – wie sonst zu dieser Zeit üblich – ein vollkommen schmuckloser Zweckbau war, sondern durch die Sandsteinelemente eine repräsentative Note erhielt. Hinter der Nordmauer schloss sich ein Schuppen mit Schleppdach an. Die Nutzung des Gebäudes sah vor, dass das pfannengedeckte Satteldach und die südliche Fensterfront im

Frühling weitgehend ab- und im Herbst wiederaufgebaut wurden. Im Winter beheizten die Gärtnergehilfen drei Kachelöfen von dem hinteren Holzschuppen aus. Die aufwendige und teure Abschlagtechnik scheint Probleme verursacht zu haben, denn bald wurde eine mit Heidekraut als Isoliermaterial belegte Decke eingezogen. Von 1659 bis zum Abriss 1665 scheint die Eindeckung zu einem nicht abnehmbaren Reetdach verändert worden zu sein. Ein Pflanzeninventar des Globusgartens von 1655[11] überliefert sowohl die Aufteilung der Beete im Gewächshaus als auch die pflanzliche Ausstattung: an den Außenwänden wuchsen 36 Zitrusgewächse, außerdem Feigenbäume, Weinstöcke und eine nordamerikanische Trompetenblume. Weitere vier Beete im Mittelbereich enthielten klassische Orangeriepflanzen aus dem Mittelmeerraum, einige orientalische Gewächse, einen fernöstlichen Zedrachbaum und weitere drei Vertreter der amerikanischen Flora.

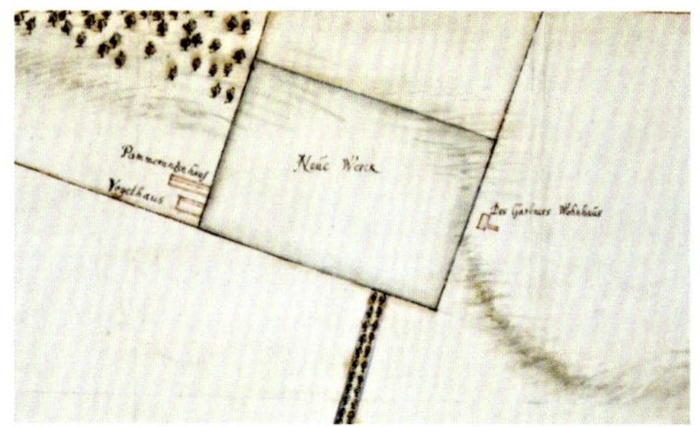

7 Standorte des neuen Pomeranzen- und Vogelhauses beim Neuen Werk, Detail eines Planes der Gottorfer Residenz, unsignierte lavierte Federzeichnung, um 1665, Rigsarkivet, Kopenhagen, Signatur: 1. Afd. Kort- og Tegningsamlinger, Krigsmin. Afl., Mappe 22, Nr. 10, Foto: K. Asmussen-Stratmann, 1995

Das zweite Pomeranzenhaus

1665 schloss Herzog Christian Albrecht mit Michael Gabriel Tatter einen Vertrag[12] über 1000 Reichstaler zum Abbruch des Vogel- und Pomeranzenhauses im Globusgarten und deren Neubau in einem neu eingerichteten Melonengarten an der südwestlichen Ecke außerhalb des Gartens. (Abb. 4) Der neue Standort und ein grober Grundriss sind dokumentiert in einem etwa gleichzeitig entstandenen Lageplan (Abb. 7), wobei das Gewächshaus offenbar vergrößert und mit mehr Kachelöfen ausgestattet wurde. Auch dieses 1703 wieder abgerissene Gebäude ist in den Quellen nur schwer fassbar. Bei der Translozierung wurde der zweigeteilte Grundriss von vorderem Gewächsraum und angebautem Heizschuppen beibehalten. Letzterer war auch hier durch die Platzierung hinter der Plankwerkseinfassung des Melonengartens nicht sichtbar. Verändert wurde aber die Dachtechnik. Statt der früheren Kosten von 60–80 Reichstalern konnte der offenbar auf Rollen gelagerte und mit Reet gedeckte Dachstuhl mit Hilfe zweier Taue für nur sechs Reichstaler im Jahr bewegt werden. Um dieses Ergebnis zu erreichen, musste aber offenbar erst einige Jahre experimentiert werden. 1669 bewerkstelligte Tatter zum ersten Mal das Ab- und Aufbringen des Daches und erst für die Jahre 1671–74 sind Lieferungen von Rollen belegt. Die Vergrößerung des Pomeranzenhauses spiegelt den gewachsenen Orangeriebestand, der 1681 in einem Inventar[13] festgehalten wurde. Die Zahl der Zitrusbäume hatte sich seit 1655 fast verdreifacht auf 98 Exemplare. 1681 sind auch einige Orangeriepflanzen verzeichnet, die es 1655 noch nicht im Neuen Werk gab. Das Inventar überliefert auch die Raumaufteilung mit großen Beeten an der West-, Ost- und Nordseite, wo die Pflanzen direkt in der Erde standen. Kübel- und Topfgewächse, die laut Inventar im Sommer vor dem Pomeranzenhaus aufgestellt waren, überwinterten in einem großen freien Bereich in der Mitte. In diesem Pomeranzenhaus befand sich auch eine Aloë, deren Blüte 1668 mit einer Publikation von Johann Daniel Major gewürdigt wurde.[14]

8 Die ab 1690 gebaute Orangerie im Neuwerkgarten, Detail aus einem Kupferstich von Ludwig Weyandt mit der Darstellung der Aloëblüte von 1705, nachträglich koloriert nach Quellenbefund der Autorin, © Det Kongelige Bibliotek Kopenhagen, Signatur: Billedsamling, M.P. (Müllers Pinakotek) fol. 2E+, Bd. 20, Pl. 42b Gottorp

Die Orangerie

Mit der Einrichtung des Orangeriebereichs ab 1690 auf der obersten Terrasse westlich der Amalienburg erreichte der Garten seine konzeptionelle Vollendung. Die Beschreibung im Inventar von 1709 zusammen mit den zwei wichtigsten visuellen Quellen bildet die Grundlage für eine detaillierte Rekonstruktion des 1769 abgerissenen Pflanzenhauses, das bisher als schmucklos abgetan wurde: zum einen ein wiederentdeckter zeitgenössischer Kupferstich des Hofmalers Ludwig Weyandt (vor 1680–nach 1720) anlässlich der Blüte mehrerer Aloën im Neuen Werk 1705 (Abb. 8), zum andern eine von dem Gottorfer Garteninspektor Bernhard Kempe (gest. 1734) angefertigte Grundrisszeichnung des Orangerieareals.[15] (Abb. 9) Das Gebäude besaß die ungefähren Maße von 66 × 8,5 Meter. Der Grundriss (Abb. 9) zeigt einen quergelagerten, nach Süden ausgerichteten eingeschossigen Bau mit fünf großen Sälen. Die äußeren dienten zur Überwinterung der eingetopften Pflanzen. Der für Festlichkeiten vorgesehene Mittelraum erhielt ein zweites turmartiges Geschoss, das sich im Inneren als Galerie zum Festraum öffnete und von einer Florastatue auf dem Dach bekrönt war. (Abb. 8) Die Galerie war von einer rückseitig angebauten Wendeltreppe zugänglich. Ebenfalls an der Rückseite des Gebäudes befanden sich – symmetrisch angeordnet und wie beim Pomeranzenhaus vom Plankenzaun verdeckt – zwei Anbauten zur Holzlagerung und Beheizung der Öfen.

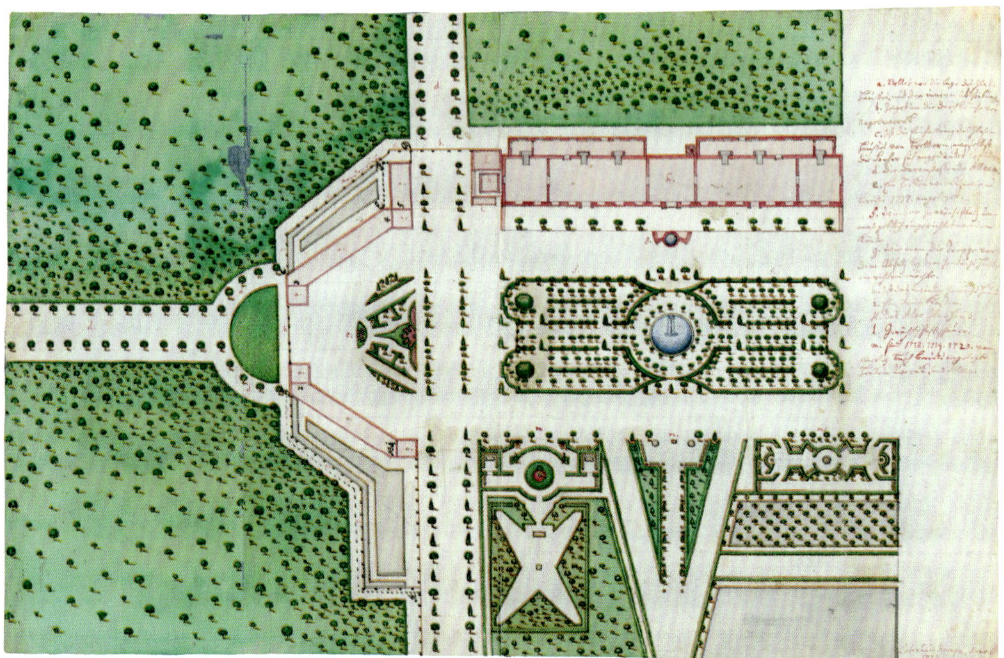

9 Westlicher Bereich der obersten Terrasse des Neuwerkgartens mit Orangerie, Orangeriegarten und Glashäusern, farbig lavierte Federzeichnung von Bernhard Kempe, 1728, © Landesarchiv Schleswig-Holstein, Schleswig, Signatur: Abt. 66, Nr. 9265, Nr. 38

10 Das Winterhaus des Pieter de Wolff, Kupferstich aus: Jan Commelin »Nederlantze Hesperides«, 1676, S. 65, Universität Leiden, Niederlande, gemeinfrei: https://www.let.leidenuniv.nl/Dutch/Renaissance/Facsimiles/CommelynHesperides1676/source/hesperides065.htm (22.08.2021)

Um eine durchgängige Wärme im Winterhalbjahr zu garantieren, gab es dort Betten für das Gartenpersonal. Grundriss und Funktionalität der Gottorfer Orangerie beziehen sich auf holländische Pflanzenhäuser, wie der Vergleich mit dem bekannten Winterhaus des Pieter de Wolff zeigt. (Abb. 10) Diese bauliche Ausrichtung lässt einen praxisorientierten Einfluss des damaligen Garteninspektors Johannes Kempe (gest. 1704) vermuten.

Auffällig war die durchgängige farbliche Gestaltung aller vom Garten aus sichtbaren Teile des Außenbaus und der Innenräume in den Hauptfarben Weiß und Blau. Die weiße Fassade zierten blaue Muschelgirlanden über den Fenstern. Dazu passte das dunkle Dach aus geteerten Holzschindeln, während die nicht sichtbare Nordseite mit roten Pfannen gedeckt war. Italienische Stuckateure hatten die Innenräume ausgestattet: die Pflanzensäle besaßen eine einfache weiß-blaue Marmorierung. Die Dekoration des Festsaals (Abb. 11) steigerte sich von unten nach oben, von einfacher Marmorierung im Untergeschoss über Pilaster aus farbigem Stucco lustro im Obergeschoss zu einer plastisch stuckierten Decke mit eingelassenen Gemälden, die sich in der Mitte zu einer illusionistisch ausgemalten Holzkuppel öffnete. Es ist anzunehmen, dass die durchgängige Farbigkeit in Weiß und Blau an das Versailler Vorbild des bei den Zeitgenossen in einem legendären Ruf stehenden Trianon de Porcelaine erinnern sollte, dessen Aussehen weite mediale Verbreitung gefunden hatte. Diese Gestaltung glich einer politischen Botschaft Herzog Christian Albrechts. In der Assoziation mit Versailles und seinem Bauherrn Ludwig XIV. (1638, reg. 1643–1715) sollte die Ikonographie des Gebäudes weit über den Garten sichtbar seine eigene – nach fünfzehn Jahren Exil wiedererlangte – souveräne Position gegenüber dem Königreich Dänemark zur Schau stellen. Die bisherigen Forschungen haben gezeigt, dass die Gottorfer Orangerie im deutschen Sprachraum sowohl als frühestes Gebäude mit chinoiser Gestaltung als auch durch die Einfügung des Pavillons als Festsaal als erstes repräsentatives Beispiel dieser Bauaufgabe gelten kann.

11 Mittelsaal der Gottorfer Orangerie: Aufriss der Wandgestaltung nach Westen und Osten, Rekonstruktion und Zeichnung von K. Asmussen-Stratmann, 1999

Der Orangerie-Sommerplatz, das Glashaus von 1699 und das erste Aloëhaus

Der Sommerstellplatz südlich der Orangerie erhielt 1699 eine weiß-blau gestrichene Staketeneinfriedung. Direkt an der Südfront des Gebäudes befanden sich gemauerte und mit Bohlen bedeckte Bänke, auf denen Kübelpflanzen besonders dekorativ präsentiert werden konnten. (Abb. 8) Auf dem Platz

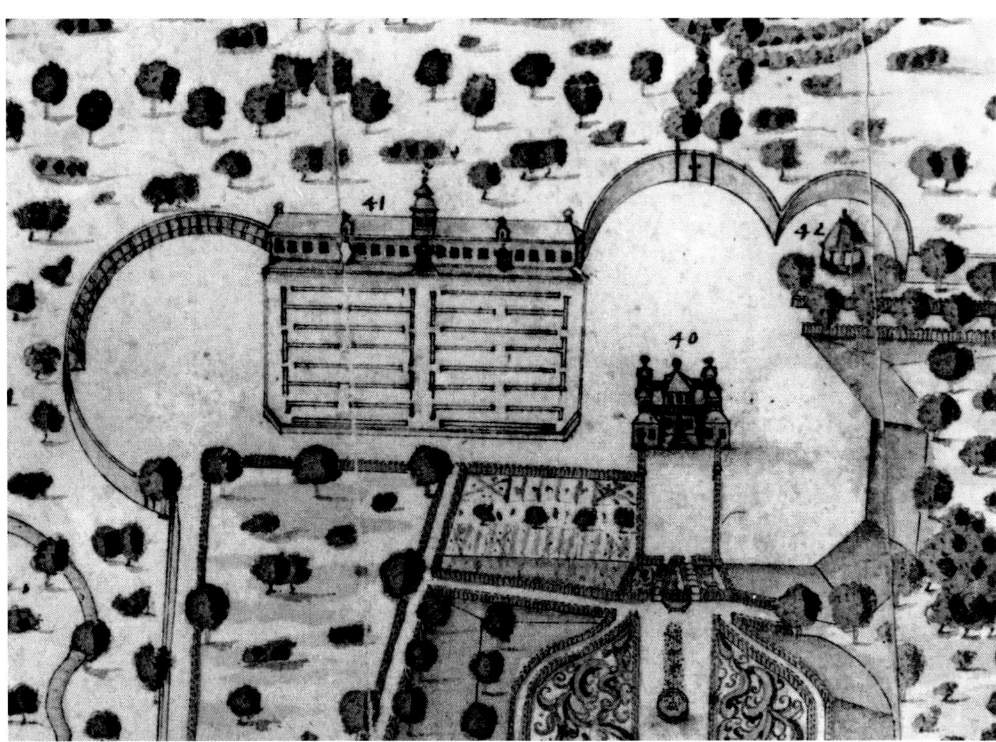

12 Oberste Terrasse des Neuwerkgartens mit Orangerie (Nr. 41), davorliegendem Orangeriegarten und gebogenem Glashaus westlich davon, Ausschnitt aus dem Plan der Gottorfer Residenz von Dallin, 1707 (wie Abb. 1)

standen die Gewächse in neun Reihen auf Eichenbohlen in vielerlei Arten von Pflanzgefäßen.[16] Zu den wertvollsten und repräsentativsten zählten sicherlich die aus Holland angelieferten glasierten Töpfe mit den Initialen Herzog Christian Albrechts. Über Umfang und Qualität der Gottorfer Pflanzensammlung im Neuen Werk zu dieser Zeit informiert ein Inventar von 1695.[17] Die daraus ersichtlichen Fakten sind beeindruckend: 1198 Kästen oder Töpfe waren mit Pflanzen bestückt, davon allein 440 mit Pomeranzenbäumen.[18] Besonders hervorzuheben ist die Anschaffung zweier großer Ananas-Pflanzen aus Holland für die hohe Summe von 22 Reichstalern pro Stück im Jahr 1705.

Das erste große Glashaus im Neuen Werk entstand 1699 westlich der Orangerie.[19] (Abb. 12) Mit einer Länge von 46 Metern auf dem langgestreckten, schmalen Grundriss eines Viertelkreises ersetzte es ein Stück der halbrunden Garteneinfassung. Die Rückwand aus Fachwerk war wie der zwei Meter hohe Bretterzaun links und rechts der Orangerie mit illusionistischen Arkadendurchblicken in die umgebende Landschaft bemalt. (Abb. 8) Zusammen mit dem Ölfarbenanstrich in Weiß und Blau konnte so eine optische Einheit des gesamten Areals geschaffen werden. Die Wände und die schräg abfallende Bedachung der Gartenfront bestanden aus einem Holzständerwerk mit herausnehmbaren Fenstern und Türen in durchgängiger rautenförmiger Bleiverglasung. Bemerkenswerter Weise nutzte Johannes Kempe den Bau nur im Sommer als Kalthaus. Entsprechend

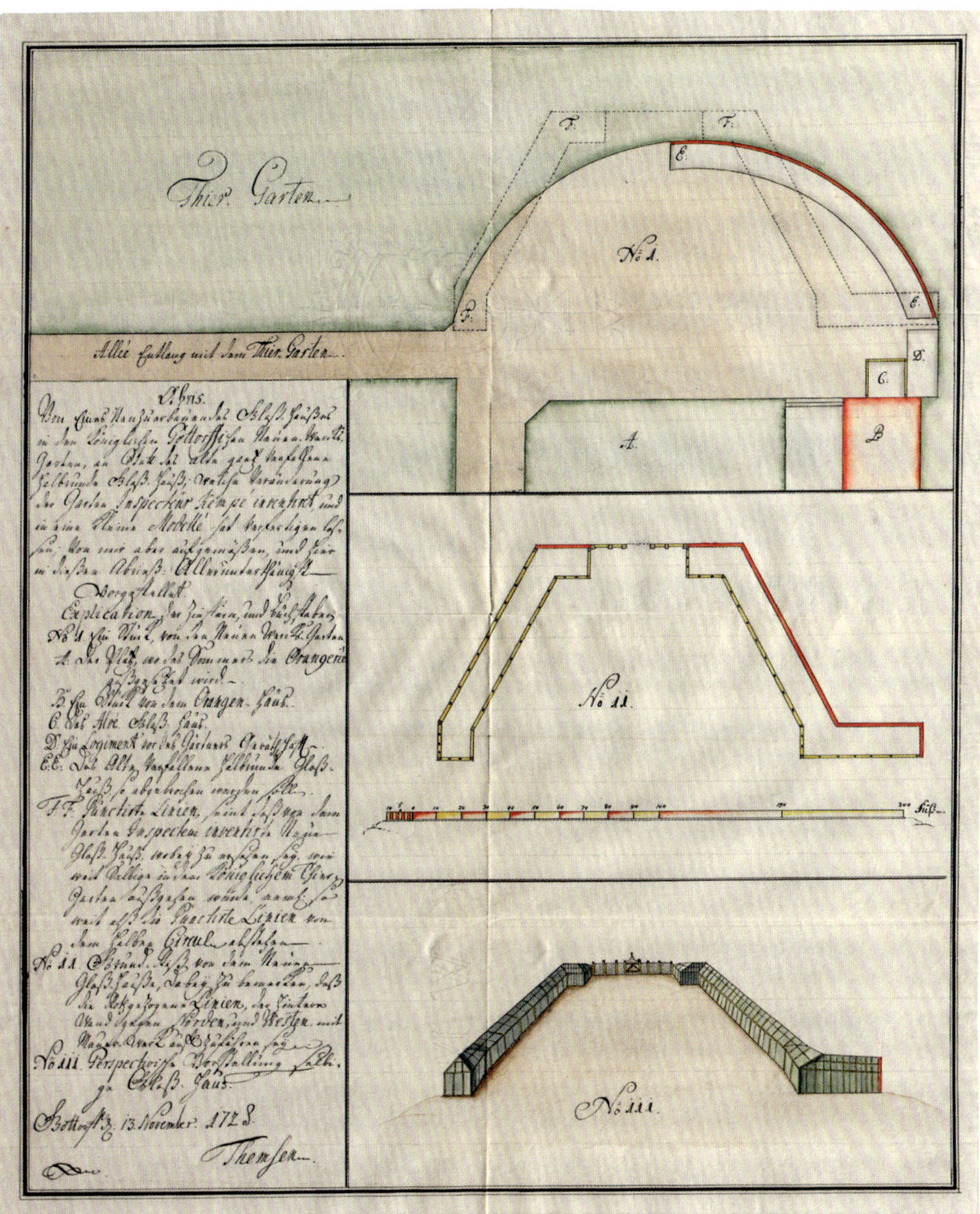

13 Lageplan, Grundriss und Ansicht des zweiflügeligen Glashauses im Neuwerkgarten, lavierte Federzeichnung mit Erklärungen von Jörgen Themsen, 13.11.1728, © Landesarchiv Schleswig-Holstein, Schleswig, Signatur: Abt. 66, Nr. 9263, Nr. 61

wurden die Fenster im Frühjahr ein- und im Herbst wieder ausgehängt und im Schuppen verwahrt. Nach Annie Christensen diente das Glashaus speziell für die Kultivierung von Pflanzen, die im nordischen Klima sogar im Sommer geschützt werden mussten.[20]

Aus Mangel an Erfahrung hatte 1668 die erste Blüte einer Aloë im Neuen Werk aufgrund kalter Witterung und eines in Eile errichteten Glashausprovisoriums im zweiten Pomeranzenhaus noch Schwierigkeiten in der Kultivierung bereitet. Als 1704 und 1705 wieder drei Pflanzen zu blühen begannen, gelang es dem versierten Orangeriegärtner Bernhard Kempe, 1705 rechtzeitig das erste dauerhafte Aloëglashaus mit einer eleganten Lösung zu realisieren. Die Beschreibung im Inventar von 1709 stimmt mit der Darstellung auf Weyandts Kupferstich überein.[21] (Abb. 8) Stabilität erhielt der rund zehn Meter hohe Bau durch seinen Standort direkt vor dem westlichen Portal der Orangerie, das auch als Zugang diente. Der quadratische Bau von etwa drei Metern Seitenlänge bestand aus einer Art Fachwerkkonstruktion mit je sechs großen Fenstern in Rautenverglasung an den drei Außenseiten. Im Herbst wurde ein eiserner Ofen hineingesetzt. Bis dahin hatte Kempe den Raum durch Öffnung der Tür zur Orangerie und durch ein Kohlenfeuer unter den Kästen temperiert. In diesem Haus gab es 1713 eine weitere Aloëblüte, die der dänische König Friedrich IV., der die Gottorfer Residenz seit diesem Jahr in Besitz genommen hatte, bildlich in Form einer Medaille repräsentativ zu nutzen wusste.[22]

Die Entwicklung im 18. Jahrhundert

1717 wurde das erste Aloëglashaus durch einen Nachfolgebau westlich der Orangerie (Abb. 13, Bezeichnung C) ersetzt, der 1745 abgerissen, aber zur letzten Gottorfer Aloeblüte 1746 noch einmal durch ein nur drei Jahre bestehendes Provisorium abgelöst wurde. 1729/30 entstand zum letzten Mal ein innovatives Pflanzenhaus. Es handelte sich um ein zweiflügeliges Glashaus, das das gebogene von 1699 ersetzte und nach dem Entwurf von Bernhard Kempe auch mit modernerer Technik ausgestattet wurde. [23] (Abb. 13)

Die Zeit der Gottorfer Orangeriekultur ging mit dem Abbruch der Orangerie und des zweiflügeligen Glashauses sowie dem Verkauf der Pflanzensammlung 1769/70 zu Ende. Nur noch auf diesem Gebiet hatte das Neue Werk bis dahin zu den führenden deutschen und dänischen Gärten gezählt, was durch die erhaltenen Pflanzeninventare des 18. Jahrhunderts dokumentiert ist.[24] Danach sank die Bedeutung des Gartens schlagartig.

Zusammenfassend ist festzuhalten, dass die Orangeriekultur im Neuwerkgarten viele Pflanzenhäuser hervorgebracht hat, die im nationalen Vergleich zum Teil sehr innovative Akzente setzten und deren Höhepunkt die Orangerie der 1690er Jahre darstellt. Die große Prachtentfaltung unter anderem in der Gestaltung der Orangerie ist ebenso Teil der höfischen Repräsentation wie die Ereignisse der Aloëblüten, die Garten und Residenz durch Publikationen weithin bekannt machten.

Anmerkungen

1 Hierzu grundlegend: Paarmann, Michael: Gottorfer Gartenkunst. Der Alte Garten, Phil. Diss. Kiel 1986.

2 Hierzu zuletzt grundlegend: Asmussen-Stratmann, Karen: Das Neue Werk von Gottorf. Rekonstruktion, Geschichte und Bedeutung eines norddeutschen Terrassengartens des 17. Jahrhunderts (Sonderveröffentlichung der Gesellschaft für Schleswiger Stadtgeschichte), Petersberg 2022.

3 Vgl. Paarmann, 1986 (wie Anm. 1), S. 74–77.

4 Ebenda, S. 114.

5 Paulus, Helmut-Eberhard: Orangeriekultur im Fürstentum Bayreuth. Über »Arcadien« und »Hesperien« zu den Gärten der Weisheit, in: Arbeitskreis Orangerien in Deutschland e. V. (Hg.): Orangeriekultur in Oberfranken (= Orangeriekultur Bd. 13), Berlin 2016, S. 97–155, hier S. 102.

6 Balsam, Simone: »L'Orangerie Royale de Dresden« – Garten der Hesperiden, in: Arbeitskreis Orangerien in Deutschland e. V. (Hg.): Orangeriekultur in Sachsen (= Orangeriekultur Bd. 12), Berlin 2015, S. 34–46, hier S. 36.

7 Gemeint ist die Pflanze Agave americana, die im Folgenden wie bei den Zeitgenossen als Aloë bezeichnet wird.

8 Landesarchiv Schleswig-Holstein (im Folgenden: LASH), Abt. 7, Nr. 6826, pag. 565–677, in transkribierter Form publiziert in: Asmussen-Stratmann, 2022 (wie Anm. 2), S. 375–392.

9 Die nun folgenden Ausführungen sind eine sehr verkürzte Fassung der Rekonstruktion aus Asmussen-Stratmann, 2022 (wie Anm. 2), wo auch alle Quellen vollständig genannt und kritisch hinterfragt sind. Hier werden nur die wichtigsten Quellen nachgewiesen.

10 Vgl. dies., 2022 (wie Anm. 2), S. 75f. (zum ersten Pomeranzenhaus).

11 LASH Abt. 7, Nr. 187, fol. 17/18, vgl. Transkription bei Asmussen-Stratmann, 2022 (wie Anm. 2), S. 362f.

12 Vgl. Asmussen-Stratmann, 2022 (wie Anm. 2), S. 79f. (zum zweiten Pomeranzenhaus) und S. 162–164 (zur Einordnung der abschlagbaren Pomeranzenhäuser).

13 LASH Abt. 7, Nr. 187, fol. 27–29v, vgl. die Transkription in Asmussen-Stratmann, 2022 (wie Anm. 2), S. 370–372.

14 Major, Johann Daniel: Americanische/ und bey dem Hoch Fürstl. Schloß Gottorff im Monat August und September 1668 blühende ALOE, Dero Liebhabern zu gefallen kürzlich beschrieben von [...], Schleswig 1668.

15 Vgl. Asmussen-Stratmann, 2022 (wie Anm. 2), S. 112–120 (Rekonstruktion) und S. 164–176 (Einordnung).

16 Weder Abb. 8 (Weyandt) noch Abb. 9 (Kempe) zeigen die aus den schriftlichen Quellen überlieferte Situation, die am ehesten in Abb. 12 (Dallin) nachvollziehbar wird.

17 Rigsarkivet Kopenhagen, Tyske Rentekammer, Sign. C 89 (Nr. 6, Lit. B), vgl. die Transkription in Asmussen-Stratmann, 2022 (wie Anm. 2), S. 373f.

18 Vgl. Asmussen-Stratmann, 2022 (wie Anm. 2), S. 120–122 (zum Orangeriegarten, zur Einordnung der Pflanzensammlung um 1695 und zu den Pflanzgefäßen).

19 Die Darstellung der Lage variiert auf den Bildquellen. Nur die Gartengrundrisse von Otto Johann Müller, nach 1734 (Rigsarkivet Kopenhagen, Signatur: 1. Afd. Kort- og Tegningsamlinger, Krigsmin. Afl., Mappe 22, Nr. 7) und Jörgen Themsen, 1728 (LASH, Abt. 66, Nr. 9265, Nr. 38), die hier aus Platzgründen nicht gezeigt werden können, geben sie historisch exakt wieder, vgl. Abb. 101 (Müller) und 105 (Themsen) in Asmussen-Stratmann, 2022 (wie Anm. 2). Vgl. dort auch S. 124f. (zum Glashaus) und S. 176–179 (zu dessen Einordnung).

20 Vgl. Christensen, Annie: Haverne - dengang, o.O. 1999, S. 206 und 235.

21 Vgl. Asmussen-Stratmann, 2022 (wie Anm. 2), S. 125f. (zum Aloëhaus von 1705) und S. 179f. (zu dessen Einordnung).

22 Vgl. Abb. 244 in Asmussen-Stratmann, 2022 (wie Anm. 2).

23 Vgl. ebenda, S. 253–262 (zur Entwicklung der Orangeriekultur im Neuen Werk im 18. Jahrhundert).

24 Vgl. ebenda, S. 262–265 (zum Pflanzenbestand im 18. Jahrhundert) und S. 448–455 (alphabetische Liste der Pflanzennamen aus den Verzeichnissen der 1. Hälfte des 18. Jahrhunderts mit Quellenangaben).

Eine Orangerie als Forum des edlen Wettbewerbs um die ritterliche Tugend

Die Orangerie Erlangen als Paradigma der wetteifernden adeligen Zurschaustellung durch eine »Arena des Herkules« in der Inszenierung des »Goldenen Zeitalters«

Die Idee des regelgerechten Wettbewerbs und des Vergleichs in fairer Konkurrenz, gegossen in die Formen von Kampfspiel und Wettstreit, gewann schon im alten Griechenland ihre gesellschaftskonforme Gestalt bis hin zu den ausgeprägten Ritualen praktizierter Tageskultur und teils auch des religiösen Kults. Mit dem europäischen Erbe der griechischen Kultur, ihrem Transfer über die römische Geisteswelt wurde der »Wettbewerb um Exzellenz« nach den Regeln anerkannter Gleichrangigkeit und Ebenbürtigkeit auch zu einem wichtigen Element der mittelalterlichen und frühneuzeitlichen europäischen Gesellschaft.

Mit der Entwicklung des neuzeitlichen Standesbewusstseins innerhalb der Hierarchie des Adels fand die Idee des Wettstreits auch über Schaukämpfe hinaus Eingang in die standesgemäße Konkurrenz auf den Ebenen des gesellschaftlichen Zeremoniells und der höfischen Haltung, in die Selbstdarstellung mittels der Künste und der Architektur, schließlich in die Gestaltung aller Lebensbereiche von der Geburt bis zum Tod.

Der standesgemäße Wettstreit erfasste jedoch nicht nur den Adel, sondern auch die weltlichen und kirchlichen Orden, die bürgerlichen Gilden, die wissenschaftlichen Akademien und Gelehrtenvereinigungen, also alle Bereiche, in denen standesgemäße Haltung angesagt war. Allerdings fand der neuzeitliche Wettbewerb im Bereich des höheren und niederen Adels zu besonders ausgeprägten Formen und bevorzugter Überlieferung, was nicht zuletzt auf vielfache Überschneidungen der Formen des adeligen Wettstreits mit der Praxis ausgeübter Herrschaft zurückzuführen ist. Doch auch für den Adel gilt, dass dieser Wettbewerb unter Ebenbürtigen als Teil einer gemeinsamen Lebensphilosophie verstanden wurde und damit über alle Praxis ausgeübter Herrschaft hinaus primär weltanschaulich die persönliche Haltung prägte. Als »anständige« Form der Auseinandersetzung bot der faire Wettstreit selbst bei bestehender Konkurrenz noch Aspekte der Mediation zum friedlichen Ausgleich. Der »edle Wettstreit« war ein Weg der Konfliktlösung auf Augenhöhe, ohne Demütigung des Konkurrenten. In stillschweigend respektierten Grenzen fand diese Art des Wettbewerbs einen zivilen – also eben gerade nicht militärischen – Niederschlag im gesamten Lebensumfeld der jeweiligen Standesgruppen, überlieferungsbedingt aber vorwiegend in der Architektur und den Künsten, in der Gestaltung der Landschaft und der Städte.

Bei dem in landeshoheitlicher Verantwortung stehenden Adel – ob nun zu Herrschaft berufen oder zu landschaftsbezogenen Diensten verpflichtet – sind in transnationaler Breite über ganz Europa die Spuren derartiger »Wettbewerbe um Exzellenz« unter herrschaftlichen, dynastischen und territorialen Aspekten nachvollziehbar. Ihren denkmalwerten, über Generationen bleibenden Niederschlag fanden sie jedoch fast ausschließlich im nicht immer leicht erkennbaren Kontext der baulichen und gegenständlichen Zeugnisse der Residenzen und vor allem zwischen den Residenzen, also nicht in einzelnen Herrschaften und Höfen, in einzelnen Schlössern und Stadtpalästen für sich, sondern in den Beziehungsgeflechten dazwischen und auch den von ihnen und um sie herum gebildeten Netzwerken, die auch Kirchen und Grablegen, Gärten und Residenzstädte, Bibliotheken und Kunstsammlungen, Kanzleien und Archive, Theater und Akademien, schließlich die gesamte denkmalhafte Gestaltung der Territorien und Landschaften aus Land und Leuten umfassten, von der Infrastruktur bis zu den Lebensbereichen im Einzelnen, von der Landesplanung bis zum Städtebau.

Doch wäre eine Betrachtung hier ausschließlich im Sinne der schlichten Charakteristik von Herrschaftsarchitektur oder einer historischen Darstellung von Machtstrukturen viel zu oberflächlich und auch thematisch zu kurz gegriffen. Denn beim edlen Wettbewerb um Exzellenz geht es nicht primär um Herrschaft, sondern weit darüber hinaus um Lebensphilosophie in gesellschaftlich artikulierter Form. Es geht auch nicht nur um Architektur in ihren verschiedenen Varianten, sondern um die möglichst vollständige Bandbreite aller gegenständlichen Ausdrucksformen einer im gesellschaftlichen Kanon verbindlich gewordenen menschlichen Haltung, die das Lebensumfeld der jeweiligen Protagonisten geprägt und sich dort bis heute in denkmalhaften Sachzeugnissen anschaulich niedergeschlagen hat.

Der Wettbewerb als altgriechisches europäisches Erbe

Die in der altgriechischen Kultur entwickelten Formen des perfektionierten Schaukampfes im Ringen um Exzellenz wurden letztendlich zu einem spezifisch europäischen Erbe, wie es sich etwa in den olympischen Spielen und Theaterwettbewerben, in den panhellenischen Spielen und in Dichterwettkämpfen artikulierte. Derartige Wettbewerbe dienten sowohl der Zurschaustellung von Vortrefflichkeit als auch der gezielten Verbesserung von Meisterschaft. Der wettstreitende Ansatz ging dabei immer von einer – die altgriechische Gesellschaft schon strukturell prägenden – elementaren gesellschaftlichen Gleichheit unter den teilnehmenden Rivalen aus. Eindeutiges Ziel war es, die eigenen Fähigkeiten durch ein gegenseitiges Nacheifern bis zur höchsten Exzellenz zu verbessern. Daher sahen die Griechen immer die logische Verbindung zwischen einer wohltuenden Form der Zwietracht und dem ehrgeizigen Trachten nach Meisterschaft (arete), dies mit aller Konsequenz und in jeder Sphäre menschlicher Tätigkeit.[1]

Eine sehr zentrale Rolle in den kultivierten Formen dieser Wettbewerbe spielte schon in der altgriechischen Kultur die mythische Gestalt des Herkules. Er beanspruchte besondere Bedeutung nicht nur als Erfinder der olympischen Spiele, sondern auch kraft seiner Vorbildfunktion als Held schlechthin, der sich in Politik und Kolonisation, in tugendhaftem, menschlichem Verhalten und der Schaffung gerechter Ordnung bewährt hat. In der antiken Welt und weit darüber hinaus galt Herkules in Kontrast zu der von Homer propagierten kriegerischen Heldengestalt des Achill als das Vorbild des zivilisierten Helden schlechthin, der sowohl Herr über die eigenen Emotionen war als auch das Prinzip der Gerechtigkeit an die Stelle der Rache setzte.

Darüber hinaus wurde Herkules zum Beispiel eines Menschen, der durch Taten und Werke zu göttlicher Größe aufzusteigen vermochte. Selbst eine große historische, die antike Realgeschichte prägende Herrschergestalt wie Alexander der Große inszenierte sich nur zu gerne als spirituelle Wiederkehr oder gar Reinkarnation des Kolonisationshelden Herkules. So ließ er etwa Münzen in Damaskus prägen, auf der einen Seite mit dem Kopf des Herkules aber seinen eigenen Gesichtszügen, auf der anderen Seite mit dem Antlitz des Zeus als Vater von Herkules – und angeblich auch von ihm selbst. Unsterblichkeit durch Taten und übermenschliches Heldentum in den Werken wurde mit der mythischen Gestalt des Herkules also darstellbar und vermittelbar – und auf allegorischem Wege sogar schon durch sein literarisches oder visuelles Bild.

Vom humanistischen Wettbewerb zu den OPERA des Herkules

Die »Werke und Taten des Herkules«, die sogenannten »Opera«, genossen Vorbildfunktion über die Antike hinaus bis ins Mittelalter. Sie erhielten mit der Wiederentdeckung der griechischen Literatur ihre erneute und zugleich höchste Aktualität in Humanismus und Renaissance und blieben ein Programm der Zurschaustellung menschlicher Größe bis zum Ende des 18. Jahrhunderts. Im 19. und 20. Jahrhundert wurde Herkules in bürgerlicher Auslegung bezeichnenderweise zum Inbegriff unternehmerischen Tatendrangs und erfinderischer Konkurrenz in Gestalt zahlreicher gleichnamiger Industrie-Firmen, etwa den 1886 etablierten Fahrradwerken in Nürnberg oder der 1900 gegründeten schweizerischen Automobilfabrik.

Die Rezeption des Herkules-Mythos und seine spätere Stilisierung zum abendländischen Mythos der Kultivierung und Kolonisation, schließlich auch zur personifizierten Renaissance der antiken Kultur, verdanken wir dem europäischen Humanismus. Zu den wenigen und ebenso beeindruckenden Zeugnissen dieser Rezeption, auch über die literarische Ebene hinaus, zählen die Monumente der berühmten Accademia degli Olimpici in der oberitalienischen Stadt Vicenza. Auf die Initiative dieser Akademie geht unter anderem die Errichtung des berühmten, von Andrea Palladio projektierten Teatro Olimpico zurück.[2]

Die weitgehend vollständige Überlieferung dieser Anlage bis in die heutige Zeit verdanken wir nicht zuletzt der herausragenden Bedeutung und dem klingenden Namen des Andrea Palladio. Ohne dessen namentliche und letztlich die Zeugnisse selbst schützende Beteiligung wären so einmalige Denkmale wie das Teatro Olimpico oder die gesamte Überlieferung der vorhergehenden Schauplätze derartiger humanistischer Wettbewerbe wohl kaum so umfassend bis auf unsere Zeit überkommen. Und nicht zuletzt gilt auch hier die über Jahrhunderte bestätigte Erkenntnis, dass den Menschen nichts mehr zu faszinieren vermag als die Aura der Exzellenz.

»HOC OPUS, HIC LABOR EST«, so lautet das Motto der 1555 gegründeten »olympischen Akademie« zu Vicenza, die sich lateinisch Accademia Olimpica nannte.[3] Ihr Motto ist ein Zitat aus Vergils Aeneis (VI,129), also aus dem zentralen Gründungsepos des Römischen Reiches schlechthin. Es bedeutet übersetzt: »Dies ist die Aufgabe, in ihr liegt Mühsal«.

Die Devise nimmt bei Vergil Bezug auf Herkules. Sie widmet sich dort konkret dem Topos eines allen Tod bezwingenden Lebens; des Weiteren der Überwindung der »Welt der Dunkelheit« mit der Vision eines befreienden Wiederaufstiegs in die lichte »Welt des Lebens«.[4] So steht Herkules für das Paradigma eines Individuums, das durch Taten und Werke, mittels »Virtus, Fortitudo und Ingenium« (Tugend, Stärke und Genialität) aus der finsteren Unterwelt des Hades zurückgekehrt ist, um der Welt des Lichts und des vollen Lebens zum Sieg zu verhelfen. Nichts weniger als diese Aufgabe hatte Vergil in seinem staatstragenden Epos für den Protagonisten Aeneas vorgesehen. Ihm, Aeneas, sollte sein Schicksal zur Prüfung werden; er meisterte alle Prüfungen vortrefflich, indem er in letzter Konsequenz die Voraussetzungen für die Gründung der »ewigen Stadt Rom« schuf und dadurch zum Stammvater des Römischen Reichs, des letzten der legendären »Vier Weltreiche« wurde.

Damit wären wir also bei der historischen Dimension der »Opera des Herkules«. Nach den Vorstellungen des Humanismus artikulieren sie das zentrale Thema eines sinnstiftenden Lebens. Als »Opera des Herkules« bezeichnete man seit dem 16. Jahrhundert humanistische Wettbewerbe zugunsten des Musenführers Herkules-Musagetes. Man nahm dabei bewusste Anleihe an den zwölf Taten des antiken Helden, die beispielhaft für »Virtus«, »Fortitudo« und »Ingenium« standen. Der kulturelle Wettstreit um Wissenschaft und Künste sollte ergänzt werden um Wettkämpfe der körperlichen Ertüchtigung sowie durch öffentlichkeitswirksame Schaukämpfe und Wettrennen in der Arena nach antikem Vorbild.

Derartige »Opera« waren zunächst humanistische Manifeste, auch Dramen nach antikem Vorbild, unter Wiederbelebung antiker Schriften und Lehrsätze, insbesondere auch der Tragödie. Später übertrug sich der Begriff der »Opera« vornehmlich auf das italienische Drama per Musica, also das Musikdrama, das in Florenz, Mantua und Venedig kanonische Gestalt annahm und als sogenannte »Oper« schließlich zu europäischer Bedeutung gelangen sollte.[5] Doch die »Opera« waren nicht gleichzusetzen mit der Oper im heutigen, sehr eingeschränkten Verständnis eines Produkts von höchster musikkünstlerischer Leistung, sondern sie bedeuteten Schaustellungen des humanistischen Wettstreits in einem erweiterten Sinne, der alle Wettbewerbe um Vortrefflichkeit und Exzellenz in den Kategorien der »Virtus« (Tugend), der »Fortitudo« (Stärke und Tapferkeit) und des »Ingenium« (Genialität) umfasste.[6]

Von der olympischen Arena zum Schauplatz der Tugenden – Das Beispiel Vicenza

Die wichtigste Form derartiger Wettkämpfe waren die olympischen Spiele, die in Erinnerung an ihren Begründer Herkules jedoch nicht nur körperliche Ertüchtigung, sondern auch Höchstleistungen in den Künsten und menschlichen Tugenden, also eine humanistische Vollkommenheit des Geistes und der Moral anstrebten. In dieser Hinsicht geradezu beispielhaft zeigt sich die große Bandbreite der Aktivitäten der Accademia degli Olimpici in Vicenza, die sich dem Patronat des Herkules unterstellte. Aufschlussreich ist nicht zuletzt die Widmung »VIRTUTI AC GENIO« aus Anlass der Errichtung des Teatro Olimpico. Sie ist mit der erhaltenen Inschrifttafel von 1634 überliefert, die uns die humanistischen Ziele der Akademie im Sinne der Tugenden des Herkules offenbart. Mit der Widmung an die Tugend (Virtus) und an den Geist (Genius), sind bewusst Begriffe zitiert, die nach alter Überlieferung und schon bei Vergil für die Eigenschaften des Herkules und dessen zwölf Taten stehen.

Die humanistischen Schaustellungen der olympischen Gesellschaft in Vicenza fanden zunächst in der »Cavea« oder dem »Theatrum« des Rathauses statt, damit im Palazzo della Ragione, einem Bau, der heute als sogenannte Basilika des Palladio allgemein bekannt ist.[7] Die größeren Veranstaltungen fanden auf dem Marsfeld oder Festplatz von Vicenza statt, im Circus oder in der Arena. Alle diese Veranstaltungen standen unter dem Motto der Akademie »HOC OPUS, HIC LABOR EST«. Andererseits entwickelten sich aber auch schon die Bildmotive des Circus und der Arena, des Teatro und der Cavea zu kennzeichnenden Emblemen, die sinnbildhaft für die Aktivitäten der Akademie-Gesellschaft standen und zu Markenzeichen für den Wettstreit in Gestalt der Opera des

Herkules wurden.[8] Selbst die Orte der Veranstaltungen entwickelten sich zu Attributen des Herkules, zu Sinnbildern seiner tugendhaften Taten und Werke. Daher fanden sie zu berechtigter Präsentation in den Räumen der Akademie, gleich Trophäen erfolgreich geschlagener Wettbewerbe.

Im Jahr 1558 wurde Andrea Palladio erstmals zum Architekten eines Theaters in Vicenza bestimmt, das bei Feierlichkeiten für »Herkules als Gründer der antiken olympischen Spiele« zum Einsatz kam.[9] Spätestens damals wurde die lange Tradition begründet, Herkules zum Patron aller humanistischen Schaustellungen der olympischen Gesellschaft zu erheben. Diese frühen »herkulischen Wettbewerbe« blieben keine Episode. So wurde Palladio in den Jahren 1561/62 erneut mit der Errichtung eines hölzernen Theaters beauftragt, das im Großen Saal des Rathauses, des Palazzo della Ragione, seine befristete Aufstellung für weitere Aufführungen finden sollte. 1576 errichtete Palladio sogar einen regelrechten Circus nach antikem Vorbild, also ein Amphitheater, das dem von der Accademia Olimpica ausgerichteten Pferde- oder Bigarennen »zu Ehren des großen Herkules« auf dem großen Marsfeld von Vicenza dienen sollte. Auch das 1585 errichtete und bis heute erhaltene Teatro Olimpico war nur als Zwischenetappe in einer ganzen Folge von Vicentiner Arena-Bauten und Wettbewerbsstätten, von Bühnen und Theatern zu sehen, die bis ins 18. Jahrhundert immer wieder erneut aufgerichtet wurden, um die Wettbewerbe zu den Tugenden des Herkules zu erneuern. Schon der von Palladio projektierte große Circus von 1576 war eine Konstruktion aus Holz, hatte eine elliptische Form und war demontierbar. Er konnte also periodisch immer wiederverwendet werden, sodass er als fliegendes Bauwerk der Stadtgemeinde Vicenza fast bis zum Ende des 18. Jahrhunderts den traditionellen Pferderennen diente[10], kontinuierlich genutzt als eine Arena des Wettkampfes der Tugenden.

Zweifellos kommt Vicenza nicht nur in der Tradition der Antikenrezeption, sondern auch in der Überlieferung der wiederbelebten Wettkampfstätten nach antikem Vorbild eine außerordentliche Rolle zu. Hier wird der Wettbewerb um die humanistischen Tugenden in den funktionalen Zusammenhängen anschaulich. Von besonderem Interesse erscheint aber auch die Sublimierung dieser Wettkampfspiele in Bildkunst und Architektur und in der spezifischen Ausrichtung auf Herkules und dessen »Opera«. Einen besonders wertvollen Hinweis gibt die emblematische Fortentwicklung der Wettkampfstätten zu eigenständigen Darstellungen und aussagekräftigen Attributen des Herkules im Rahmen des Bildprogramms des Teatro Olimpico.

Letztlich ging es immer um Herkules als Vorbild tugendhaften Handelns, als Muster für Menschenbildung. Schon mit dieser Vorbildfunktion ist der Anspruch auf Unsterblichkeit verbunden. Herkules steht hier also für ein Tugend-Ideal im Sinne des humanistischen Prinzips der Vervollkommnung von Menschenbildung bis zur Genialität. Darüber hinaus steht er für den neuzeitlich wiederbelebten Glauben an eine säkulare Zukunft des von Vergil propagierten »Goldenen Zeitalters,« unter dem man nun eine göttliche Verheißung verstand, deren Erfüllung zwar erst in der Zukunft liegt, doch deren Erwartung schon in der Gegenwart mächtig genug erschien, um einer Inszenierung im Vorgeschmack für würdig befunden zu werden.

Vom Wettkampf um Exzellenz zur adeligen Selbstdarstellung in ritterlicher Tugend und Bildung

Der Begriff »ritterlich« als Attribut von Tugenden sollte in diesem Zusammenhang sehr bewusst in Anführungszeichen gesetzt sein. Es gilt klarzustellen, dass hier nicht die ritterlichen Tugenden im Verständnis des hohen Mittelalters angesprochen sein können. Vielmehr ist »ritterlich« hier im spezifischen Sinne eines Selbstverständnisses zu verstehen, das sich von den neuzeitlichen Vorstellungen der Ritterlichkeit ableitet, wie sie sich etwa in den höfischen Ritterorden spiegelten, die im 17. und 18. Jahrhundert eine zweite Blüte erlebten. Sie fanden ihre Projektionsfläche selbst in legendären Gestalten des religiösen Kults wie etwa in St. Georg. Ritterlichkeit in diesem Sinne verstand sich als ständische Verhaltensweise und eine Zielsetzung der adeligen Erziehung.

Der Begriff des »edlen Ritters« fand im frühen 18. Jahrhundert als geflügeltes Wort weite Verbreitung und wurde historisch insbesondere mit den heldenhaften kriegerischen Siegen des Prinzen Eugen von Savoyen über die Türken populär. So ist in einem Liederbuch des Jahres 1719 das Volkslied »Prinz Eugen, der edle Ritter« erstmals schriftlich nachgewiesen. Es verherrlicht den kaiserlichen Feldherrn anlässlich seiner siegreichen Belagerung und Einnahme von Belgrad 1717. Doch das Beispiel des Prinzen Eugen steht für den Zeitgeist der ganzen Epoche der Türkenkriege vor und nach 1700, deren Siege allgemein als Befreiung des Abendlandes von der Türkengefahr empfunden wurden und daher mit dem Epitheton der »edlen Ritterschaft« oder gar der »Errettung des Abendlands« belegt wurden. So fanden bevorzugt die Siege über die Osmanen als ritterliche Heldentaten in das kulturelle Gedächtnis der Allgemeinheit. Weitgehend in den Hintergrund der medialen Vermittlung trat dabei die Tatsache, dass aufgrund der strategischen Konstellation dieser europäischen Kriege und des Bündnissystems Frankreichs ein Großteil der bis 1699 dauernden Kriege doch an der Westgrenze des Reiches geführt wurde. Diese Konstellation war als Beispiel eines »christlichen Rittertums« jedoch nur schwer vermittelbar.

Als Türkensieger mit dieser besonderen ritterlichen Aura ließen sich die Feldherren des großen Türkenkrieges von 1683 bis 1699 gerne feiern, insbesondere wenn sie am Entsatz von Wien beteiligt waren, so etwa der als »Türkenlouis« verehrte Ludwig Wilhelm von Baden (1655–1707), ebenso der »blaue Kurfürst« Max Emanuel von Bayern (1662, reg. 1679–1726) oder auch der für die kaiserliche Kavallerie zuständige Markgraf Christian Ernst von Brandenburg-Bayreuth (1644, reg. 1661–1712).

Eben dieser letztgenannte Bayreuther Markgraf stilisierte sich in seinem von 1699 bis 1705 errichteten Reiterdenkmal in Bayreuth – durchaus mit Bezug auf das große kaiserliche Vorbild – zu einer Reinkarnation des heiligen Georg. Ein entsprechendes Reiterstandbild ließ er im Ehrenhof seines erweiterten Bayreuther Residenzschlosses aufstellen.[11] In der Darstellung ist dort der Drache aus der Georgslegende zum unterlegenen Türken geworden.[12] Anlässlich der erfolgreichen Rückkehr des Markgrafen Christian Ernst 1689 von den Schlachtenorten an der Westgrenze des Reiches feierte ihn Johann Peter Michael Röser in seiner damals gedruckten Oratio mit dem bezeichnenden Titel »Apollo Byruthinus« als einen »Herkules in Christians Gestalt«.[13] Hier taucht erstmals in einem Druckwerk dieses aufschlussreiche Epitheton auf, das sich nur wenig später in den Herkules-Programmen der Residenzen Bayreuth und Erlangen anschaulich niederschlagen wird und das ikonologische Programm für deren Orangerien in Architektur und Funktion vorgeben wird.

Die Identifikation des Bayreuther Markgrafen mit St. Georg bildete übrigens auch ein Motiv für die ebenso eigenwillige wie bemerkenswerte Stadtgründung von Bayreuth-St. Georgen, die er für seinen Erbprinzen Georg Wilhelm 1702 vollzog, um ihm die Stadt zu übereignen.[14] Dazu gehörte ebenso selbstverständlich die Gründung des eigenen

Ritterordens von 1705 unter dem Patronat von St. Georg. Nicht zuletzt wird für diesen Ritterorden 1711 in der dortigen Stadt-Neugründung auch eine eigene Ordenskirche geweiht.

Die Beispiele des Bayreuther Reiterstandbilds und der Stadtgründung St. Georgen, so wie sie Markgraf Christian Ernst veranlasste, verweisen auf einen adeligen Wettbewerb, wie er in den neuzeitlichen Fürstenhöfen längst an die Stelle der älteren Wettkämpfe, der Turniere und Kampfspiele getreten war. Ungeschmälert zeigt sich darin das Bedürfnis, den beanspruchten Heldentaten ein angemessenes »Dekorum von Dauer« zu verleihen.

Vom Wettkampfspiel zur fürstlichen Repräsentation

Mit der humanistischen Wertschätzung des Monumentes als »Anfang des Ewigen« wuchsen Bedürfnis und Anspruch auf möglichst bleibende Zeugnisse. So fanden auch die einstigen Kampfspiele zu neuen Formen, vielfach in Anleihe an humanistische Paradigmen. Neben der Jagd, den Pferde- oder Bigarennen und den Präsentationen der Reitkünste schlug sich dies bisweilen auch in der Errichtung von Hetzgärten oder von Jagdtheatern nieder, die dann in architektonischer Gestalt der Arena ihre Anleihe an antiken Amphitheatern nahmen.

Beispielhaft ist etwa das 1708 von Antonio Galli Bibiena und Antonio Corradini errichtete Wiener Hetztheater in der Leopoldstadt. Ebenso anschaulich zeigt sich der Berliner Hetzgarten, der 1693 in Gestalt einer Arena für den späteren König Friedrich I. in Preußen (1657, reg. 1688–1713) errichtet wurde. Mit ihm wird eine Arena greifbar, die in ihrem architektonischen Anspruch auch der zeremoniellen, herrschaftlichen Selbstdarstellung königlichen Glanzes dienen sollte. Bezeichnenderweise handelt es sich bei dem 1693 errichteten Amphitheater um das Jagdtheater (»Venationibus Theatrum«)[15] für den Bruder der späteren Bayreuther Markgräfin Elisabeth Sophie (1674–1748), der Bauherrin des großen Orangerie-Forums in Erlangen. Das Berliner Theater sollte dem nach königlichen Würden strebenden Kurfürsten zu den fürstlichen Festen und Aufzügen als Jagdtheater oder Hetzgarten[16] dienen und auf diese Weise seinen königlichen Anspruch architektonisch thematisieren. Welche repräsentative Bedeutung damit verbunden war, zeigt eine anlässlich der Errichtung extra geprägte Silbermedaille. Die Berliner Arena entsprach zwar nicht dem hohen humanistischen Anspruch der »Opera des Herkules«, sondern bildete als Wettkampf-Arena nur den Rahmen »altüberlieferter Lustbarkeiten«. Sie fand aber immerhin ihre bemerkenswerte Würdigung in Zedlers Universal-Lexikon als »in Form des alten zu dergleichen Schau-Spielen bestimmten Römischen Amphitheatro […] erbaut […]«.[17] Damit war diese Arena jedenfalls in ihrem theatralischen wie auch römisch-imperialen Bezug erkannt, wie er auch durch die Silbermedaille vermittelt werden sollte.

Das Berliner Beispiel der Arena von 1693 verweist auf das Phänomen des »edlen Wettstreits« an sich, wie er innerhalb des höheren und hohen Adels der Zeit üblich war und in reichsfürstlichen Kreisen bis zur gesteigerten standesgemäßen Repräsentation instrumentiert wurde.[18] Der Geistesströmung des Humanismus oblag es, die älteren ritterlichen Formen des edlen Wettstreits in einen allegorischen Bezug zu olympischen Gottheiten wie Mars und Pallas Athene oder zu Heldenfiguren wie Herkules, Perseus und Theseus zu setzen, die damit neben St. Georg oder mancherorts auch neben den Ritterheiligen St. Martin traten.

Letztlich handelt es sich bei den neu entwickelten Wettbewerben um ein Streben nach Exzellenz und eine Stärkung der Gemeinschaft zugleich. Denn der rivalisierende

Wetteifer hatte auch eine identitätsstiftende Wirkung, durchaus mit dem Effekt von Zusammengehörigkeit im Geiste anerkennender Ebenbürtigkeit. Schon die Teilnahme am derart exklusiven Wettstreit beinhaltete Auszeichnung und Sublimation zugleich, verlangte jedoch auch entsprechende Kultivierung und Qualifizierung durch Einhaltung der Regeln als wesentliche Voraussetzungen.

Die Wiederbelebung der letztlich antiken olympischen Idee des Wettbewerbs unter Gleichen, vereint im Geiste der Parität und der Verpflichtung auf Regeln, zählt zu den kostbarsten Geschenken des frühneuzeitlichen Humanismus. Auch jenseits der »Opera des Herkules« und ihrer Ausdrucksformen wurde diese Idee des standesgemäßen und paritätischen Wettbewerbs in der europäischen Geistesgeschichte zum Motor für Renaissance und Reformation, Grundlage für den Habitus der Libertät als Ausdruck fürstlichen Selbstverständnisses, schließlich zur Voraussetzung für den Erfolg des maßgeblichen neoplatonischen Denkgebäudes, ohne den die folgenden Leistungen in Kunst und Philosophie, in Allegorese und Emblematik, in illusionistischer Deckenmalerei und sinnbildhafter Metaphorik nicht vorstellbar wären.

Für die Künste im Dienste herrschaftlicher Repräsentation spielte Herkules nicht nur durch seine Heldentaten eine herausragende Rolle, sondern auch als Musenführer Herkules-Musagetes. Dieser Aspekt ergänzte die zwölf Taten des antiken Helden. Zu den beiden letzten und wichtigsten Heldentaten des Herkules gehörte die Auseinandersetzung mit Tod und ewigem Leben. Hierzu zählte wiederum der für den Wettstreit der Opera vorbildhafte Erwerb der Goldenen Äpfel aus dem Göttergarten als Unterpfand eines Goldenen Zeitalters. Mit dieser Tat verband sich die Verheißung von Unsterblichkeit und dauerhaftem Leben, von Fruchtbarkeit und ewigem Frühling, und vor allem von Frieden und Gerechtigkeit als den prägenden Gaben des Goldenen Zeitalters.

Eine besondere Rolle spielen bei dieser Metapher die zu Attributen des Herkules gewordenen »Goldenen Äpfel«. Sie galten als Abbild der Glückseligkeit (Felicitas) und waren präsentable Attribute der lebenspendenden Göttin der Natur (Venus-Aphrodite). Ihr Glanz erschien als Abglanz des Göttlichen. Wie alle mühevollen Taten (Labor) des Herkules auf dem Wege der Tugend (Virtus) versprachen daher auch alle Werke nach diesem Vorbild (Opera) den Erwerb des göttlichen Heils und des Unterpfands der Unsterblichkeit. Die »Goldenen Äpfel« wurden zu Preis und Attribut derartiger Taten von Vortrefflichkeit.

Herkules bot in Person und Taten also die Möglichkeit einer sinnbildlichen Verbindung von ritterlicher Tugend und Menschenbildung. Durch ihn und mit ihm konnte auf metaphorische Weise das Tugendsystem des Herkules zu einer dem Adel angemessenen Selbstdarstellung konvertiert werden. Die Identifikation mit Herkules und die Nachfolge in seinen Taten und Werken versprachen den Lohn eines wohlerworbenen »Goldenen Zeitalters« in ungebrochener Tradition des Römischen Reichs. Die mit Herkules identifizierten Eigenschaften »Virtus«, »Fortitudo« und »Ingenium« wurden folglich zu den »Cardinales« adeliger Bildung. Im strengen reichsrechtlichen Sinne sollten die mit der Metapher des Herkules artikulierten Ansprüche keinesfalls bis zur absolutistischen Attitüde fürstlicher Selbst-Vergöttlichung gesteigert werden, auch wenn bisweilen unter Anleihe an den französischen Hof gegen diese reichsrechtliche Regel verstoßen wurde. Der Bildungskanon verlangte seitens des zu Herrschaft und Dienst im Heiligen Römischen Reich berufenen Adels vielmehr das Streben nach Exzellenz in einer Weise, die sich als integrierter Bestandteil des göttlichen

Heilsplans verstand, damit eines Heilsplans, für den das »heilige Reich« selbst stand. Als letztes der großen Reiche war es bestimmt zur Vollendung in einem Goldenen Zeitalter. Adelige Herrschaft stand dabei in Berufung und Bestimmung zugleich, durch eigene »Opera« von höchster Exzellenz den Lohn dieses Goldenen Zeitalters zu erwerben.

Von den OPERA des Herkules zu den goldenen Früchten der Orangerie

Für die gartenkünstlerische Inszenierung von Vergils Metapher der »goldenen Zeit«, jenes für das Ende aller Reiche verheißenen paradiesischen Zustands, spielt unter den zwölf Heldentaten des Herkules seine vorletzte die entscheidende Rolle. Konkret geht es um die elfte Tat, um den Erwerb der »Goldenen Äpfel« als Unterpfand eines Goldenen Zeitalters.

Im Unterschied zu den meisten anderen Taten des Herkules verwirklicht sich diese Tat nicht mit »Vis« (Gewalt und Kraft) und nicht durch »Potentia« (Macht und Vermögen), sondern durch »Ingenium« (Erfindungsgeist und Klugheit). Die Tat realisiert sich schon im ersten Ansatz durch geistige Überlegenheit bis hin zu List und Schläue. Herkules bedient sich zur Umsetzung seines Werks der Hilfe des Atlas, dessen »tragende Rolle« er kurzfristig übernimmt. Im weiteren Verlauf versteht er es jedoch, sich der »Last der ganzen Welt« wieder zu entledigen und diese an Atlas zurückzugeben. Herkules erwirbt die goldenen Früchte also ohne Gewalt. Und er gibt sie in letzter Konsequenz auch den Göttern wieder zurück, um ganz im Sinne des zugrunde liegenden göttlichen Heilsplans die harmonische Weltenordnung wiederherzustellen.

Der Erwerb der goldenen und zugleich göttlichen Früchte durch Herkules ist also im Sinne der humanistischen Geisteshaltung als ein mythisches Lehrstück und zugleich ein göttliches Gleichnis zu verstehen. Die Erzählung soll die Bedeutung von »Ingenium« vermitteln. Die Goldenen Äpfel erweisen sich gleichsam als Früchte des aktiven guten Geistes in bildlicher wie realer Veranschaulichung. Als erworbene »Goldene Äpfel« und verselbständigte Attribute des Herkules werden sie zum Unterpfand einer bereits begonnenen göttlichen Verheißung und zugleich zum Gegenstand der Künste. Als Realia in Kunst und Natur stehen sie für ein überzeitliches Ideal und entfalten eben dadurch das Potenzial für ihre zentrale Rolle in der kunstvollen Inszenierung des ersehnten Goldenen Zeitalters in Vision und Illusion, in Vorsehung und Wirklichkeit, mit Mitteln der Kunst und der Natur zugleich.

Dieses Goldene Zeitalter zeigt sich auf allegorischer Ebene mit mythologischen Metaphern dargestellt, so in den Gottheiten Flora und Ceres, Bacchus und Saturn, hier in ihren Bezügen zu den altitalischen Gottheiten des Wachstums und der Fruchtbarkeit, des Lebens und des Wohlstands.[19] Die kennzeichnenden lateinischen Begriffe dieser goldenen Zeit sind »felix« und »felicitas«. Die mit diesen Begriffen verkörperte Dimension göttlicher Verheißung und gewogenen Schicksals (Fortuna) kann mit einer Übersetzung in heutige Begriffe wie »Glück« und »Seligkeit« nur unvollständig erfasst werden. Die gleichermaßen kunstvolle wie naturnahe irdische Realisation dieser Begrifflichkeiten auf einer sensuellen Ebene, in grünen, blühenden wie fruchtbringenden Gärten ist also naheliegend. Im Sinne des ewigen Frühlings und der Metamorphose einer ständig sich verjüngenden Natur kommt den immergrünen Pflanzen dabei eine herausragende Rolle zu. Nach der Überlieferung der Alten befanden sich derartige Gewächse im Göttergarten auf den seligen Inseln, also in den Gärten der Hesperiden, wo sie gleichzeitig bei Blüte auch das ganze Jahr über goldene Frucht brachten.

Die Frucht selbst aber, der Goldene Apfel, galt auch als das besondere Attribut der Göttin Venus-Aphrodite, die als Göttin der Natur und des Lebens, der Schönheit und der Fruchtbarkeit galt. Ihr oblag das Patronat über die schönen Gärten als dem Abbild eines Lebens in Fülle. Ihr wies Vergil in seinem Epos der Aeneis zudem das Patronat über die ewige Stadt Rom zu, ebenso die Mutterschaft zu Aeneas. Als Sohn der Venus habe Aeneas mit der Gründung Roms die Voraussetzungen für das neue Hesperien geschaffen. In der Person des Aeneas und dessen »Opera« im Geiste des Herkules sollte auch das Goldene Zeitalter wiedererstehen und sich in Gestalt eines glanzvollen Reichs vollenden.

In Analogie zu Vergils Mythos von der Gründung des Römischen Reiches fanden die Goldenen Äpfel später ihre Vergegenwärtigung in den Orangerien, insbesondere in Gestalt der ganzjährig präsenten Zitrusfrüchte. Diese galten als Lohn der ebenso mühevollen wie genialen Gartenarbeit (Labor) und präsentierten sich dennoch als ein reales Unterpfand des gemäß göttlicher Verheißung wieder zu gewinnenden Goldenen Zeitalters.

Von der Arena der Tugenden zum inszenierten »Goldenen Zeitalter« – Das Beispiel Erlangen

In Kenntnis des Herkules-Mythos in all seinen Facetten erscheint es wenig verwunderlich, dass die Taten des Protagonisten sich zur Darstellung mittels Inszenierung seiner »Opera« anboten und ihren Ausdruck in Architektur und Gartenkunst fanden. Im Blick auf die Gärten bot die elfte Tat eine perfekte Vorlage zur Inszenierung der Orangeriekultur, eingebunden in mannigfaltige Kunstformen. In architektonischer Hinsicht konnten gestaltete Räume vom Theater bis zum Schaukampfplatz in idealer Weise zur Veranschaulichung der Taten des Herkules in ihrem Streben nach Tugend und Exzellenz dienen. So naheliegend daher eine Verbindung der Arena der Tugenden mit den Schauplätzen der Hesperidenpflanzen und die theatralische Weise der Präsentation der goldenen Früchte auch erscheinen mag, so spärlich sind doch die überlieferten Beispiele derartiger sinnbildhaft hybrider Anlagen oder so weitgehend verschollen erscheinen sie, wohl auch, weil man sie in dieser spezifischen Bedeutung nicht immer erkannt hat.[20]

Ein Beispiel für eine solche hybride Anlage ist uns weniger aufgrund ihres architektonischen Bestands und der damit verbundenen kunsthistorischen Forschung überliefert, als vielmehr durch ihre Erwähnung und aufwendige Darstellung in dem allgemein als »Hesperides« bezeichneten zweibändigen Orangerie-Kompendium des Johann Christoph Volkamer (1644–1720). Es handelt sich um das Beispiel der konzentrisch um einen Platz angelegten und zu einem regelrechten Forum entwickelten Orangerie in Erlangen. Sie fand daher eine ihrer Exklusivität entsprechende und in Prospekten angemessen prunkvolle Würdigung in der 1714 erschienenen »Continuation der Nürnbergischen Hesperidum Oder Fernere gründliche Beschreibung Der Edlen Citronat- Citronen und Pomeranzen-Früchte«.[21] (Abb. 1, 2)

Offensichtlich sah der Verfasser Johann Christoph Volkamer in der Erlanger Orangerie-Anlage nicht irgendein Beispiel unter vielen Orangerien, sondern ein außergewöhnlich anschauliches Exemplar der hochfürstlichen oder königlichen Gattung. Dies korrespondierte mit der nur allzu oft verschwiegenen Besonderheit, dass hier die Bauherrschaft nicht einem bayreuthischen Markgrafen, sondern einer Frau von königlichem Geblüt oblag, die nach ihrem deutlich höheren Stand nicht nur Anspruch auf eine eigene Residenz, sondern auch auf ein königliches Dekorum hatte. Bauherrin war die königlich preußische

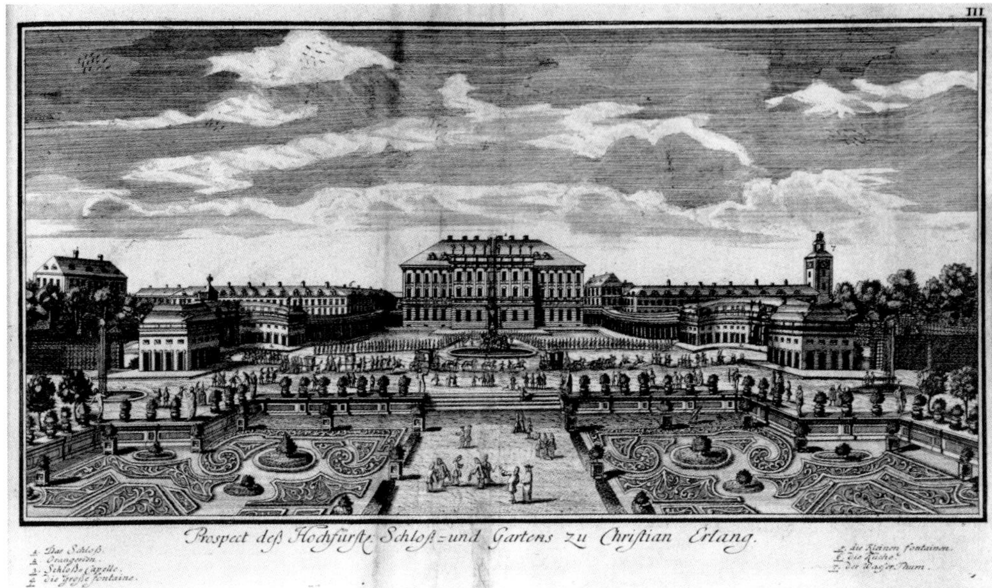

1 »Prospect des Hochfürstlichen Schloß- und Gartens zu Christian Erlang«, Tafel III aus: Volkamer, Johann Christoph: Continuation der Nürnbergischen Hesperidum, Nürnberg 1714

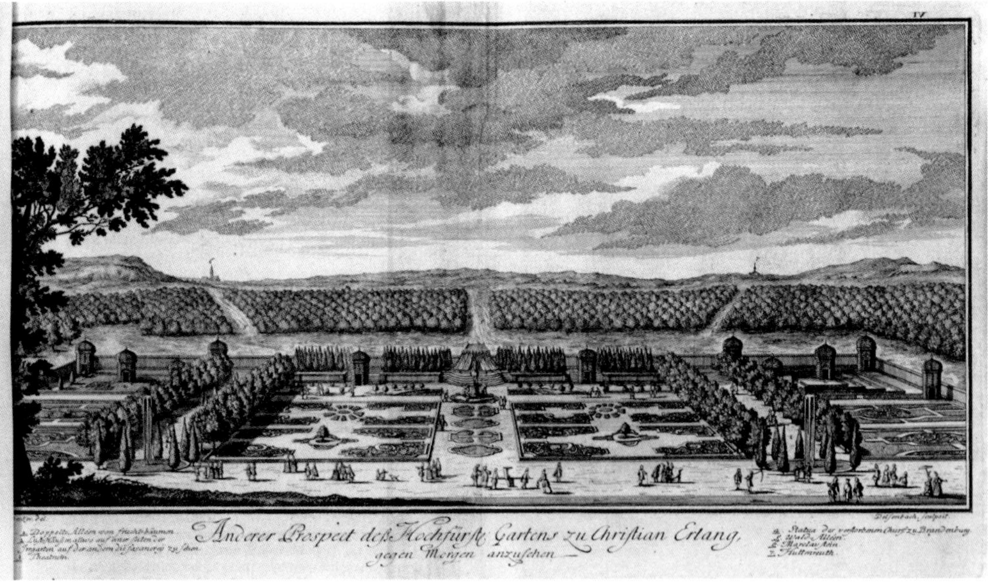

2 »Anderer Prospect des Hochfürstlichen Gartens zu Christian Erlang«, Tafel IV aus: Volkamer, Johann Christoph: Continuation der Nürnbergischen Hesperidum, Nürnberg 1714

Prinzessin Elisabeth Sophie, die Halbschwester des Königs in Preußen. Als verehelichte Markgräfin von Brandenburg-Bayreuth seit 1703, ließ sie ihre von mehreren Baulichkeiten und durch wahrhaft königliche Ausmaße bestimmte Orangerie zum individuell prägenden Teil ihrer eigenen Residenz Erlangen werden.[22] Die entsprechenden Superlative in Volkamers Legende zu den Prospekten verstehen sich daher überdeutlich als ein Auftakt zum medialen Wettbewerb unter den fürstlichen Residenzen, der hier als Sonderform des »edlen Wettkampfs« offenbar mit architektonischen Metaphern ausgetragen werden sollte. Weil nach Volkamers Worten sich das »fürtrefflichste Schloss« eben durch die »stattlichsten Orangerien« auszeichnet, sollte die hier als Beispiel präsentierte Erlanger Orangerie, schon um dem königlichen Anspruch zu genügen, den Superlativ der Exzellenz (»Fürtrefflichkeit«) verdeutlichen. Folglich präsentierte sich die Orangerie von Erlangen in den Prospekten Volkamers als höchst anspruchsvolle königliche Anlage und zugleich ein Manifest herkulischer Exzellenz in den architektonischen Grundzügen einer Arena oder eines Theatrum unter freiem Himmel, in dem sich ganz im ursprünglichen Sinne der edlen olympischen Wettbewerbe[23] ein Turnier der Tugenden um den Preis des Goldenen Apfels abspielen sollte.

Entstanden ist in Erlangen ein Orangerie-Forum, das in Gestalt und Ikonologie auf seine Weise ebenso eigenwillig wie einzigartig ist und daher bei Volkamer in der Gesamtheit seiner Bauten und Gärten sehr konsequent als eine Sonderform der Orangerie präsentiert wird. Damit dürfte sich im Ansatz die bisher viel zu wenig gestellte Frage beantworten lassen, warum Volkamer die Erlanger Orangerieanlage unter Einschluss von Schloss und Lustgarten überhaupt in sein Hesperides-Kompendium aufgenommen hat.

Das Hesperides-Werk Volkamers widmet sich in höchst aufwendiger Weise den »Edlen Zitronat-, Zitronen- und Pomeranzen-Früchten« die dort nicht nur als »edel« erkannt, sondern zugleich als Attribute des Adels- und Ritterstandes bezeichnet werden. In seiner Abhandlung ging Volkamer auf die symbolische Bedeutung der Pomeranzen als »goldene Äpfel des Glücks« ein und diskutierte damit eine Sublimierung, wie sie die humanistisch gebildete Leserschaft ohne Umschweife auf die ihr bekannten Begriffe bei Ovid oder Vergil zurückführen konnte.[24]

Ovid besingt bekanntlich in seinen Metamorphosen die »felicia poma«[25], die beglückenden Äpfel, die für ihn zugleich auch göttliche Früchte des Goldenen Zeitalters waren.[26] Der lateinische Begriff »felix« wurde prägend für eine Welt der Fruchtbarkeit und des Wohlstands, die letztlich in der Interpretation von »Felicitas« als Sphäre dauerhafter Glückseligkeit, ihre Überhöhung in metaphorischen Sehnsuchtsorten wie Hesperien oder Elysium fand.

Noch deutlicher wurde der große Vergil, der den Goldenen Apfel[27] in seinen Georgica zu einem Apfel des göttlichen Heils stilisierte[28], ihn mit dem Medischen Apfel gleichsetzte[29] und ihn schließlich in der Aeneis zum staatstragenden Attribut eines von Caesar Augustus begründeten und sogar in aller Realität erlebbaren Goldenen Zeitalters[30] erhob, in dem Frieden und Gerechtigkeit, ein glückliches Leben in Fülle und Wohlstand zur Wirklichkeit wurden. Mit Vergil wurde die Zitrusfrucht zu einem geradezu göttlichen Goldenen Apfel und zugleich zum staatstragenden Symbol eines durch das »gute Regiment« des Herrschers begründeten Goldenen Zeitalters.[31] Die adeligen Prinzipien der Legitimität und Kontinuität von Herrschaft ließen derartige Bedeutungsebenen auch für das 17. und 18. Jahrhundert relevant werden.[32]

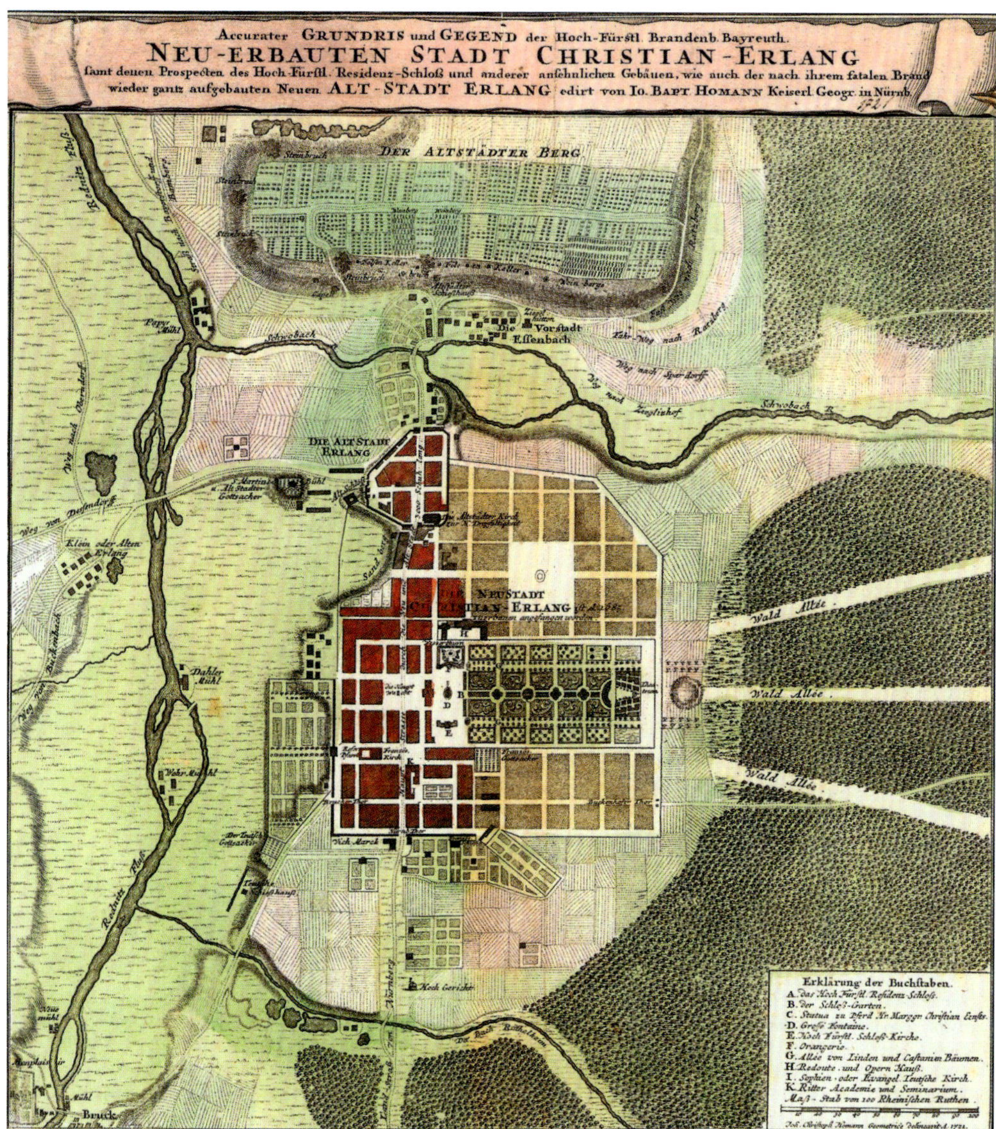

3 »Accurater Grundris und Gegend der Hochfürstlich Brandenburg-Bayreuthischen Neu-Erbauten Stadt Christian Erlang« des Johann Baptist Homann, Nürnberg, 1721

Eine Arena für die OPERA des Herkules – Die Orangerie Erlangen

Ein Blick auf den Erlanger Stadtplan von 1721, erstellt von dem Nürnberger Geometer Johann Baptist Homann, zeigt uns, dass die Orangerie in Erlangen in ihrer Gesamtheit durchaus individuelle Züge annahm. Sie war nicht Bestandteil des in Erlangen eigenständigen und topographisch östlich daneben liegenden Lustgartens, sondern sie bildete eine in sich selbständige, sogar architektonisch gefasste Platzanlage zwischen dem Schloss auf der einen und dem Lustgarten auf der anderen Seite. Homanns historischer Stadt- und Residenzplan von 1721 zeigt das städtebauliche Gefüge, in dem das Schlossgebäude zwischen zwei Plätzen stand, einem stadtseitigen Vorplatz im Westen, der heute als Marktplatz bzw. als Schlossplatz bezeichnet wird, und einem Orangerie-Forum als weiteren Platz im Osten. (Abb. 3, 4)

Diese Situation hat ehebliche Bedeutung für die richtige Einschätzung der Orangerie-Anlage, die hier nicht als ein untergeordnetes Element der gärtnerischen Anlagen in Erscheinung tritt, auch nicht als typische Gartenanlage in der Verbindung etwa mit einem Parterre, einem Boulingrin oder einem Gartenkabinett innerhalb des Bosketts, sondern als eine verselbständigte höfische Anlage sui generis. Sie bildet ein eigenständiges Forum zwischen Schloss und Lustgarten, zwar eingefügt in den Hofgarten und dessen Ensemble aus einzelnen Themengärten, doch emanzipiert zur architektonischen Anlage. Sie bildet eine eigenwillige Überleitung vom Schlossbau zum abgesonderten Lustgarten, in den das Broderie-Parterre integriert wurde, das wiederum auch als Standplatz für Kübelgewächse der Orangerie diente.

Homanns Darstellung hat man bisher weitgehend ignoriert, vielleicht weil man ihr eine ungenaue Überlieferung unterstellte. Doch der bei Homann dargestellte Zustand

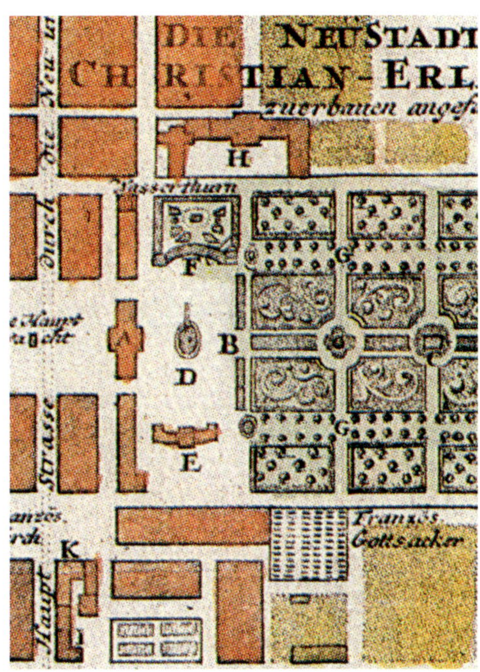

4 Schlossplatz und Orangerie-Forum Erlangen, Ausschnitt aus: Grundriss-Plan der »Hochfürstlich Brandenburg-Bayreuthischen Neu-Erbauten Stadt Christian-Erlang«, Johann Baptist Homann, Nürnberg, 1721

wird durch den Katasterplan für die Stadt Erlangen von 1822 bestätigt. (Abb. 5) In diesem zeigt sich der Platz noch immer als solcher erhalten, nun allerdings durch eine Baumallee vom östlich beginnenden Lustgarten getrennt. Diese Baumallee überspielt die noch bei Volkamer gezeigte bühnenartige Zäsur zwischen dem Orangerie-Forum und dem Lustgarten, jene Tribüne, deren Figurenprogramm uns das Gedicht von David Meyer für das Jahr 1708 (publiziert 1713)[33] und die Abbildung auf Tafel IV bei Volkamer für das Jahr 1712 (publiziert 1714)[34] überliefern.

Der Plan von J. B. Homann zeigt die konzentrisch auf die Große Fontaine ausgerichtete Gesamtanlage der Orangerie einschließlich des 1705 errichteten nördlichen

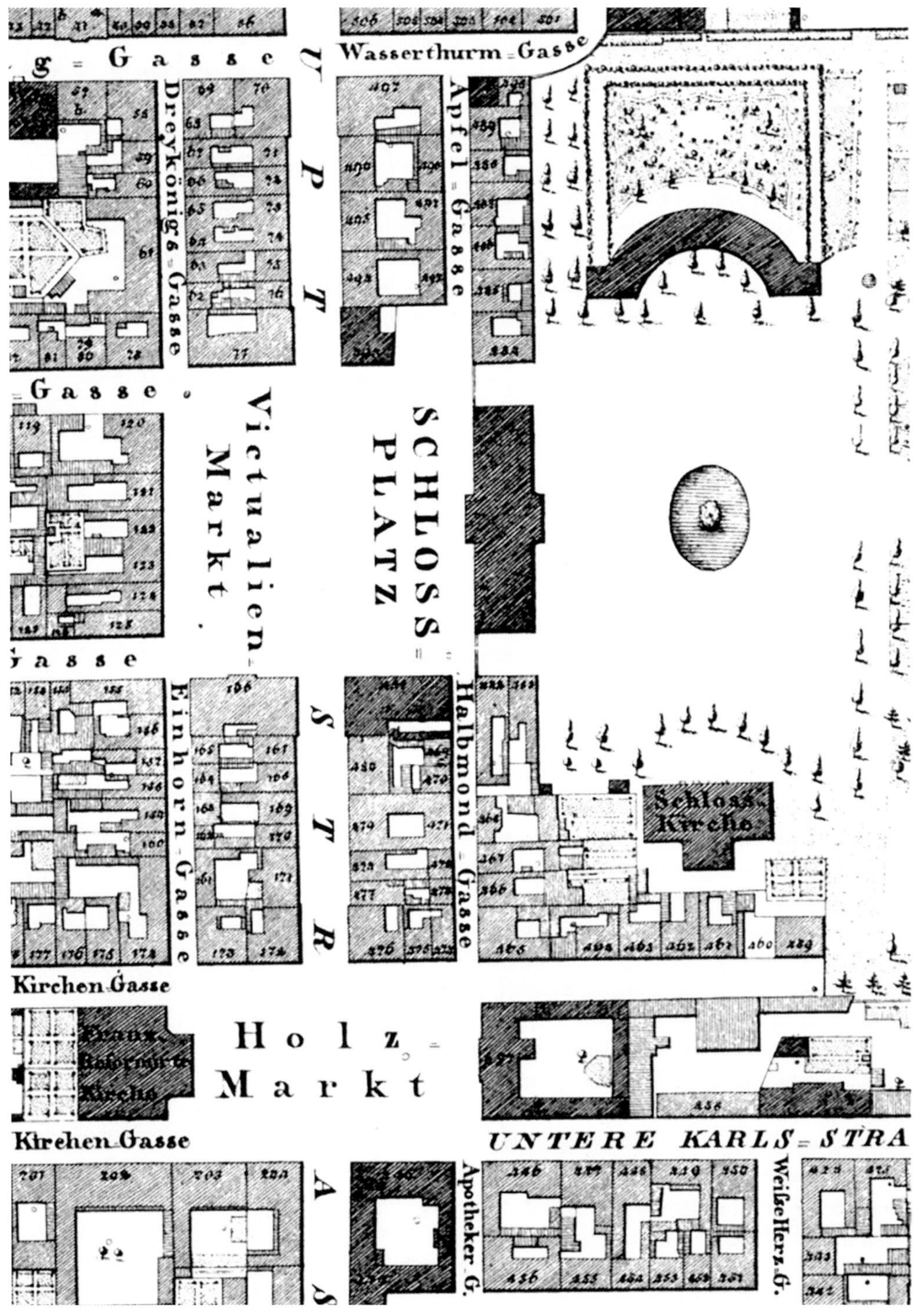

5 Schlossplatz und Orangerie-Forum Erlangen, Ausschnitt aus dem Katasterplan der Stadt Erlangen, 1822

Orangeriehauses, wie es bis heute im baulichen Bestand erhalten ist. (Abb. 4) Es korrespondiert im Halbrund mit der Form des elliptischen Forums, in dessen Mitte sich die Große Fontaine erhebt. Insoweit werden Homanns Angaben durch den heutigen Bestand nur bestätigt.

In den weiteren, bei Homann über das nördliche Orangeriehaus hinaus dargestellten Bauten und gärtnerischen Anlagen zeigt sich der Bestand vor Ort allerdings erheblich verändert. Das korrespondierende südliche Orangeriehaus ist im Katasterplan von 1822 zumindest noch in Teilen als Bestand verzeichnet. Es wurde damals auch als »Schlosskirche« bezeichnet. 1711 war das südliche Orangeriehaus im Mittelteil realisiert, dann aber zu Beginn des 19. Jahrhundert für Universitätszwecke umgebaut worden. Heute ist das Portal nur noch in Fragmenten und ohne den figuralen Schmuck erhalten. Auch das übrige Figurenprogramm, das die Platzanlage gleich einem allegorischen Rahmen allseitig umschloss – und ob seines Reichtums in allen Quellen gerühmt wird –, ist heute bis auf die wenigen Figuren der Schlossattika und am nördlichen Orangeriehaus verloren.

Selbst auf dem Katasterplan von 1822 ist das grundlegende elliptische Forum noch immer erkennbar. Es blieb bis in die 1890er Jahre so erhalten. Dann jedoch nahm man in neobarockem Überschwang eine Bepflanzung des Platzes und eine Uminterpretation der Großen Fontaine vom ikonischen Staatsmonument zum »romantisch« wahrzunehmenden Kaskadenbrunnen in Angriff. Das heutige, eher irritierende Gesamtbild des einstigen Orangerie-Forums lässt zwar die ursprüngliche Dimension der Anlage noch immer erahnen, zeigt sich nun jedoch zu einer Wiese in der Art eines banalen Campus konvertiert.

Die gartenkünstlerischen Uminterpretationen des 19. Jahrhunderts sollten nicht zuletzt auch den historischen Lustgarten mit dem ursprünglich dort verorteten Broderie-Parterre, dem sogenannten »Blumengarten« erfassen. Der Lustgarten begann also erst östlich der Kastanienallee, die heute seinen Bereich vom Areal des Orangerie-Forums trennt. Nur das 1712 errichtete Reitermonument des Markgrafen Christian Ernst verweist heute als eine letzte Orientierung auf den ehemaligen Bestand des Blumengartens, der nun einem umgangssprachlich als »romantisch« bezeichneten, rauschenden Blätterwald weichen musste. Einst bildete das Monument des Markgrafen das Zentrum dieses Lustgartens. Denn von der Bauherrin selbst, der Markgräfin Elisabeth Sophie wurde es zum Mittelpunkt des Broderie-Parterres beziehungsweise des elysischen Blumengartens bestimmt, der wiederum die acht mittleren Kompartimente des Lustgartens beanspruchte und bezeichnenderweise auch der Aufstellung von Orangerie-Gewächsen diente.[35]

Eine Orangerie von königlichem Anspruch – Die Orangerie Erlangen

Die Bauherrin der Orangerie-Anlage in Erlangen war die Markgräfin Elisabeth Sophie von Brandenburg-Bayreuth, ihres Zeichens königliche Prinzessin von Preußen und dritte Gattin des Markgrafen Christian Ernst. Ihr schenkte der Markgraf am 15. September 1703 das nur drei Tage zuvor vom Erbprinzen zurückgekaufte und bis in sein drittes Geschoss errichtete Palais in Erlangen. Die Markgräfin sollte den Bau im Anspruch eines »Palais royal« dem weiteren Innenausbau zuführen.[36] Sie nannte ihren Palast fortan »Elisabethenburg« und nahm damit eine in ihrer Dynastie gängige Berliner Tradition auf.[37] Mit dem Eigentumsübergang wurde auch der in den preußischen Diensten ihres königlichen Stiefbruders stehende Ingenieurleutnant Gottfried von Gedeler (vor 1660 – nach 1726) zu ihrem Hofbaumeister.[38]

Mit der neuen Eigentümerin wurde in Erlangen eine neue Dimension in der höfischen Rangordnung und Repräsentation angeschlagen, die über den älteren baulichen Anspruch deutlich hinausging. Aus der Stadt des Markgrafen »Christian-Erlang« wurde nun Sitz und Wittum der Frau Markgräfin im Rang einer königlichen Prinzessin. Ein überlieferter Plan, der nicht früher als 1703 entstanden sein kann[39], zeigt die neue höfische Dimension in Gestalt eines riesigen Grundstücks für die höfischen und gärtnerischen Anlagen, die in den ursprünglich geplanten Ausmaßen sogar weit über die heutige Anlage hinausreichen sollten.[40]

Schon in dieser angeschlagenen Dimension wurde deutlich, welch entscheidende Rolle die höfischen Gärten innerhalb der Gesamtanlage zu spielen hatten. Offenbar gedachte die königliche Prinzessin Elisabeth Sophie sich als »Königin der Gärten« zu inszenieren. Mit dem Saisonbeginn 1704 wurden zuerst die umfangreichen Gartenbauarbeiten aufgenommen, ein Ereignis, das in der höfischen Korrespondenz fränkischer Fürsten sichtliche Beachtung fand.[41] Zu dieser Zeit wurde auch der Umfang des großen Hofgartens festgelegt, in dem das Orangerie-Forum und der Lustgarten, ferner die Kabinettgärten hinter den beiden Orangeriehäusern eigenständige Teilbereiche bilden sollten.

Das mit der Aufnahme der Gartenbauarbeiten verbundene Signal war sehr eindeutig hinsichtlich des neu angeschlagenen architektonischen Anspruchs: Aus dem relativ bescheidenen Stadtpalais sollte nun das für eine königliche Prinzessin angemessen repräsentative Gartenpalais werden, das auch das neue Zentrum der Stadt zu bilden hatte. Das funktionale – wenn auch nicht bauliche – Vorbild hierfür ist durchaus deutlich spürbar. Es ist das damals ebenfalls im Bau befindliche Berliner Schloss Charlottenburg (Lietzenburg) einschließlich seiner Stadtanlage. Die Schwägerin der Erlanger Bauherrin hatte nur wenige Jahre zuvor mit dessen Errichtung zunächst als Gartenpalais begonnen, sodass es 1705 aus Anlass ihres Todes und ihr zu Ehren »Charlottenburg« genannt wurde. Mit der in Erlangen gewählten Bezeichnung »Elisabethenburg« wird die im innerdynastischen Wettbewerb angestrebte Analogie denn auch unverkennbar.

Eine Orangerie im Herkules-Programm – Die Schlossanlage Erlangen

Den Mittelpunkt des Erlanger Orangerie-Forums bildet bis heute die Große Fontaine. Sie liefert den ikonographischen Schlüssel zur Interpretation des gesamten Forums und aller umstehenden Bauten. Doch schon mit der stadtseitigen Fassade des Schlosses und dem dortigen figuralen Programm artikuliert sich die Ankündigung einer Bedeutungswelt, die dann im Orangerie-Forum als Arena der Tugenden des Herkules und im anschließenden Lustgarten als Garten des Goldenen Zeitalters ihre anschauliche Inszenierung finden sollte.

In plastisch wahrnehmbarer Aufwertung gruppieren sich auf der Schloss-Attika zum Stadtplatz die maßgeblichen Allegorien um das große Allianzwappen des Herrscherpaars im Giebeltympanon. Auf dessen Schräge zu beiden Seiten der Wappenschilde lagern die traditionellen Wappenhalter des Hauses Hohenzollern, die »Wilden Männer«. Sie halten geradezu demonstrativ ihre Keulen hoch, wohl um sich zu den eckseitigen Herkulesfiguren in Bezug zu setzen, die ebenfalls ihre Keulen präsentieren. Das Wappen wird – unter Berücksichtigung des königlichen Standes der Markgräfin – von der ranghöchsten herrschaftlichen Insignie des Hauses Brandenburg bekrönt, der preußischen Königskrone.

Ergänzt werden diese üblichen Insignien herrschaftlicher und gar königlicher Würde von einem bemerkenswerten politischen Programm an dieser Stelle. Denn über den heraldischen Ansatz des Allianzwappens hinaus wird hier in paritätischer Ordnung der Allegorien eine gemeinsame (!) fürstliche Herrschaft von Markgräfin und Markgraf propagiert, die sich schließlich architektonisch in den komplementären Formen des Orangerie-Forums bis hin zu den komplementären Orangeriehäusern niederschlagen wird. Das Programm konstituiert sich in den sechs Allegorien auf der hinter dem Giebel-Tympanon durchlaufenden Attika. Der Sinnzusammenhang wird offenbar, wenn man die Abfolge der Figuren von der Mittelachse her aufschließt. Die daraus sich ergebende programmatische Aussage des Zyklus könnte man unter dem schlichten Motto »Ingenio et Fortitudine« (durch Geist und Stärke)[42] zusammenfassen, also einem bekannten Motto mit klarem Herkules-Bezug.[43]

Die unmittelbar hinter den Wappenhaltern auftretenden Gottheiten, nördlich Mars in voller Rüstung und südlich Minerva-Pallas Athene mit Helm und Aegisschild, stehen sowohl einzeln für »Fortitudo« und »Ingenium« als auch in ihrer Paarschaft für die Staatskunst des Gleichgewichts aus »Krieg und Frieden«.[44]

Es ist das 1713 gedruckte Gedicht von David Meyer, das uns die höchst aussagekräftigen Inschriften der den Skulpturen zugehörigen, heute im Schriftbild leider nicht mehr erhaltenen Epitaphien überliefert.[45] So stand unter Mars:

> »HORRIDUS ARMIS ACINACEM AGITAT
> HIC SEMPER INFENSIS IMPENETRABILIS ARMIS
> CAPUT AENEO, ET PECTUS METALLO MUNIT«.
> (Furchterregend durch seine Waffen hetzt er den Krummsäbel [gemeint: die Türken]. Unüberwindbar ist er allzeit für des Feindes Waffen, bewehrt an Haupt und Brust von ehernem Metall.)

Und Minerva-Pallas-Athene wurde durch folgende Inschrift erläutert:

> »PALLAS FORTUNAM DUCIT.
> SPIRANTE INVIDIA, RESPIRAT FORTUNA
> ET FINITA LUCTA, FINITUR LUCTUS«.
> (Pallas führt uns zu Fortunas goldenen Zeiten. Bei schnaubendem Neid, faucht Fortuna zurück. Und nach dem Kampf, wird auch die Trauer ein Ende finden.)

Da hier ein Herrschaftsprogramm intoniert wird, folgen auf den zurückgesetzten Postamenten der Attika als olympische Metaphern der Herrschaft die Gottheiten Jupiter und Juno. Sie stehen stellvertretend für das markgräfliche Herrscherpaar Christian Ernst und Elisabeth Sophie und weisen zugleich die paritätische Disposition des Corps-de-logis in den weiblichen und den männlichen Trakt aus. Jupiter auf der Nordseite ist ausgezeichnet als der Herrscher mit Krone und Adler. Er zeigt sich flankiert von Herkules in gesetztem Alter, der über die lernäische Schlange triumphiert und sich damit als der Überwinder des »Chaos« durch »Cultura« erweist, als Kolonisator und Städtegründer. Juno auf der Südseite, kenntlich durch den Pfau als Attribut, wird flankiert vom jugendlichen Herkules, der sich hier vom Lorbeer bekrönt als Inbegriff von Genialität und umfassender Tugend sowie Erwerber des Goldenen Zeitalters zeigt.

Herkules taucht hier also doppelt auf, nicht zufällig, sondern sowohl bezogen auf das Herrscherpaar als auch in bewusst kreativer Mehrdeutigkeit, um die Tugend »Virtus« in ihren vielfältigen Aspekten herauszustellen. Der dargestellten zweifachen Allegorie der Staatskünste in Krieg und Frieden, in Stärke und Genialität steht die herkulische »Virtus« also ebenfalls in beiderlei Gestalt gegenüber, nämlich in »Fortitudo« und »Ingenium«.

Auch im weiteren Programm wird der doppelte Bezug konsequent fortgeführt, einerseits mit dem Herrscherpaar in beiderlei Gestalt, andererseits mit der Ambivalenz aller Staatskunst und aller Tugend. Denn alle diese alludierten erhabenen Ziele artikulieren sich in zweierlei Gestalt, in »Fortitudo« und »Ingenium«, in Mars und Minerva-Pallas Athene, in Krieg und Frieden, in der Überwindung des Chaos und der Schaffung von Ordnung, in der Pflege der Musen und der Kultivierung des Landes. Der anspruchsvolle Weg ins Goldene Zeitalter wird also mehrschichtig in allegorischen Bedeutungsebenen aufgezeigt, die Mühsal und Glück, tugendhaften Kampf und glücklichen Sieg, schlichte Daseinsvorsorge und geniale Künste umfassen.

Herkules zeigt sich hier als Paradigma mit alternierenden Aspekten, so der Überwindung des Chaos durch tugendhaftes Handeln, der Erschaffung des blühenden Gemeinwesens durch gute Herrschaft und der Erlangung des Goldenen Zeitalters durch Frieden, Eintracht und die Pflege von Kunst und Kultur. In Analogie dazu stehen Christian Ernst und Elisabeth Sophie für die Kolonisation des Landes[46] und die Inszenierung des fürstlich geordneten Kosmos in Gestalt eines Gartens nach göttlichem Vorbild. Beide Paradigmen zeigen sich zudem vor Ort realisiert, sichtlich mit der von Christian Ernst gegründeten neuen Stadt auf der Vorderseite des Schlosses und dem von Elisabeth Sophie angelegten Hofgarten aus Orangerie-Forum und Lustgarten auf dessen Rückseite.

Als Ziel der gesamten Programmatik erweist sich die Verheißung des Goldenen Zeitalters, erreichbar durch die Taten des Herkules, vor Ort aber bereits realisiert in Symbolen, nämlich in den inszenierten Goldenen Äpfeln. Den Hinweis gibt der jugendliche Herkules auf der südlichen Attika. Er ist eigentlich ein Herkules in der Metapher von »Ingenium«. Er zeigt sich hier im Gestus des Herkules Farnese, also nach jenem berühmten Vorbild, das 1546 in den Ruinen der Caracalla-Thermen aufgefunden wurde und durch Papst Paul II. die privilegierte Aufstellung in seinem persönlichen Palast fand, im Palazzo Farnese in Rom. Die antike Figur des Herkules trägt rückseitig die Goldenen Äpfel aus den Gärten der Hesperiden. Über eine graphische Darstellung des Hendrik Goltzius wurde sie in Physiognomie und Gestus zu einer allseits bekannten Ikone.

Ein Brunnen-Denkmal als Mitte eines Forums – Die Große Fontaine der Orangerie Erlangen

Zur Würdigung des Orangerie-Forums kehren wir nochmals zu den zeitgenössischen Darstellungen von Johann Baptist Homann zurück. Sein Prospekt zeigt das Erlanger Orangerie-Forum nach dem Verständnis des frühen 18. Jahrhunderts als einen großen querovalen Platz vor der Prospektwand des markgräflichen Palasts, zentriert durch eine Figurenpyramide, die einem Obelisken gleich den Mittelpunkt verkündet. (Abb. 6) Die Assoziation zum Vorbild von St. Peter in Rom ist unverkennbar. Homann bedient sich sogar der klassischen Methode zur Darstellung von St. Peter, mittels einer Frontalansicht der Fassade und einer Schrägansicht der nach vorne geklappten Halbrund-Bauten, die in sogenannter Vogelschau dargestellt werden. Die von Homann vermittelte Information ist eindeutig: Hier ist eine Platzanlage entstanden, keine Gartenanlage.

Die unbestreitbar zentrale Rolle spielt die im Zentrum des Forums errichtete Fontaine, gestaltet als Figurenpyramide nach dem Vorbild einer römischen »Fontana«. Homann hat sie in den begleitenden Abbildungen des Residenz-Schloss- und Gartenplans von 1721 bewusst doppelt abgebildet, um zu unterstreichen, dass es sich um ein allseitiges Monument von räumlicher Wirkung handelt, bei dem es

6 »Accurater Grundris und Prospect des Hochfürstlich Brandenburg-Bayreuthischen Residenz-Schloss und Lustgarten in Christian-Erlang«, Johann Baptist Homann, Nürnberg, 1721

7 Die Große Fontaine, Ausschnitt in zwei Ansichten aus: »Grundris und Prospekt des Hochfürstlich Brandenburg-Bayreuthischen Residenz-Schloss und Lustgarten in Christian-Erlang«, Johann Baptist Homann, Nürnberg, 1721

zwar eine Schloss-Seite und eine Lustgarten-Seite gibt, aber eben keine einseitig gerichtete Vorder- oder Rückseite. (Abb. 7) Die Interpretation nach Vorder- und Rückseite im Sinne der zweidimensionalen Bildbetrachtung wäre eher irreführend. Dies zeigt vor Ort die von der plastischen Struktur intendierte Grundform als Monument: Es handelt sich um eine von Allegorien gebildete allansichtige Pyramide. Die Pyramide als Ewigkeitssymbol steht mit ihren Figuren wiederum für die schon mit der Inschrift in Anspruch genommene Verbildlichung zum »Aeterna Imago«, für ein auf ewig von den Tugenden des Markgrafen kündendes Monument.

Das damit vermittelte Ewigkeitsbild – »Aeterna Imago« – insinuiert nichts weniger als die großen Vorbilder der römischen Antike, literarisch belegt etwa in Sallusts Worten zur Einführung in den Krieg gegen Jugurtha: »Quod si hominibus bonarum rerum tanta cura esset, quanto studio aliena ac nihil profutura [...] petunt, neque regerentur magis quam regerent casus et eo magnitudinis procederent, ubi pro mortalibus gloria aeterni fierent«.[47] (Wenn die Menschen sich so intensiv um die gute Sache bemühen würden, wie sie mit größtem Eifer Dingen nachjagen, die sie nichts angehen, [...] dann würden sie weniger vom Schicksal beherrscht werden als vielmehr es selbst in die Hand nehmen und dabei zu solcher Größe finden, dass sie unter Überwindung aller Sterblichkeit dank ihres Ruhms zur Ewigkeit gelangen).[48]

Den Schlüssel zum gänzlichen Sinnbild bilden die von David Meyer überlieferten Inschriften auf dem Brunnen-Monument. Die oberen Inschriften sind den vier Tugenden des Markgrafen Christian Ernst gewidmet, die in auffälliger Weise mit den Tugenden des antiken Helden Herkules identisch erscheinen: »Virtus«, »Fortitudo« und »Ingenium«. Als vierte Tugend tritt »Clementia« hinzu, jene Herrschertugend der Mildtätigkeit und Freigebigkeit, die komplementär zu »Abundantia« steht. Mit »Abundantia« werden wiederum die Merkmale des Goldenen Zeitalters, nämlich Wohlstand, Fruchtbarkeit und Überfluss alludiert, diese als ein säkularer Vorgeschmack des verheißenen Goldenen Zeitalters. Ihre konkrete bildliche Veranschaulichung finden sie vor Ort im wasserspendenden Brunnen und dem in Flore stehenden Lustgarten. »Abundantia« zeigt sich als Lohn des mit den Tugenden »Fortitudo« und »Ingenium« errungenen Friedens inszeniert. Dieser Frieden erweist sich nach der von Vergil propagierten Verheißung als das größte Geschenk des Goldenen Zeitalters, das darüber hinaus aber noch Eintracht (Concordia), Gerechtigkeit (Dike) und ein Leben in Fülle (Flora) verspricht.

Entsprechend kommentieren die überlieferten, heute leider nicht mehr lesbaren Inschriften auf den Kartuschen das durch Allegorien zur Darstellung gebrachte Programm. Die Inschriftentexte bilden also regerechte Devisen des ikonologischen Programms. Bezeichnenderweise setzt ihre Abfolge nicht etwa auf der Ansichtsseite des Markgrafen-Standbilds ein, sondern ganz im Sinne der allseitigen Ausrichtung des Brunnens auf der nach Osten, zum Lustgarten und damit zum gärtnerisch inszenierten Goldenen Zeitalter ausgerichteten Seite:

»CHRISTIANO ERNESTO
REGIAM ORIS MAJESTATEM
AETERNA VINDICAT HAEC IMAGO
IN REGIAS VIRTUTES ET HEROICA
FACTA
POTESTATIS NIHIL FATIS RELIQUIT
FAMA.«

(Dem Christian Ernst bestätigt dies Bild ewiglich eine königliche Größe – wie sie in Worten nur schwer auszudrücken ist. Von den königlichen Tugenden und heldenhaften Taten seiner Herrschaft hat Fama nichts den Unglücksgöttinnen überlassen.)

Auf den Kartuschen in Richtung Norden und Süden setzt sich die Inschrift fort:

»CHRISTIANI ERNESTI
BELLICAM FORTITUDINEM
METALLO EXPRESSAM VIDES
TOTUM ANIMUM VIDERES
SI VIVAX INGENIUM
PROMTA QUE CLEMENCIA
EXPRIMI METALLO POSSET.«

(Christian Ernsts Tapferkeit im Kriege siehst du dargestellt in Metall (durch Kriegstrophäen), die ganze Persönlichkeit würdest du sehen, wenn ein blühend-lebendiger Geist (Ingenium) und eine großzügige Mildtätigkeit (Clementia) in Metall sich ausdrücken ließen.)

Bemerkenswert ist die lateinische Wortwahl, die den Sinnzusammenhang unterstreicht: Die benannten »Regiae Virtutes« und »Heroica Facta« des Markgrafen stellen ihn mit dem antiken Helden Herkules gleich und bilden doch den Anlass zur Errichtung dieses Monumentes. In den Kartuschen nach Norden und Süden werden die dem Markgrafen zugeschriebenen Haupttugenden »Fortitudo«, »Ingenium« und »Clementia« im Einzelnen angesprochen.

Mit »Fortitudo«, also der Tugend der Stärke und Tapferkeit wird zunächst allgemein auf die ritterliche Tugend des Markgrafen verwiesen, konkret aber doch auf den Anlass der Errichtung des Monuments, die Auszeichnung vom 25. April 1704 mit dem Amt des Evangelischen Reichsgeneralfeldmarschalls. Mit dem erweiterten Begriff der »Bellica Fortitudo« wird dies zusätzlich unterstrichen, zugleich aber auch auf die Leistungen des Markgrafen als Türkensieger hingewiesen, erbracht schon 1683 durch seine Teilnahme am Entsatz von Wien. Mit den »Facta Heroica« wird der Bogen zum Programm des im Jahr zuvor vollendeten Markgrafenbrunnens in der Hauptresidenz Bayreuth geschlagen.

Der Begriff »Clementia« nimmt dagegen auf die zivile Regentschaft als Markgraf und Reichsfürst im Lande Bezug, insbesondere auf die aufwendige Stadtgründung und die Aufnahme der Hugenotten in Erlangen. Im

Lichte der hier zitierten Herrschertugend »Clementia Principis« werden indirekt gleich zwei Elemente seiner segensreichen Herrschaft angesprochen, einmal die Schaffung des Wohlstands, wie ihn jede Freigebigkeit voraussetzt, zum andern die Asylgewährung als Mildtätigkeit des Herrschers in angewandter Praxis.

Den in lateinischer Sprache gesetzten Themen entsprechen die passenden Bildmotive am Brunnen. Während »Fortitudo« durch die eiserne Welt (Metallum) der Trophäen, durch Rüstungen und Waffen dargestellt wird, findet sich die »Clementia Principis« in Metaphern wie Brunnen und Gärten verbildlicht.[49] Die Wohltätigkeit als das zentrale Element einer angewandten »Clementia Principis« erhält ihr Sinnbild im Wasser der Fontaine, also dem Brunnen (Fons) als Abbild der Mildtätigkeit schlechthin.[50] Die Bedeutungsebene von »Ingenium« erfährt laut Inschrift keine Verbildlichung. Eine Anspielung verbirgt sich aber immerhin im Standbild des Markgrafen mit seinem segensreich wasserspendenden Szepter.

Die oberen Inschriften-Kartuschen des Brunnens finden ihre Ergänzung durch einen weiteren Zyklus im darunter liegenden Geschoss der Brunnenpyramide. Diese Kartuschen werden von Putten, also den Knaben des Goldenen Zeitalters gehalten[51] und beanspruchen eine topologisch gezielte Ausrichtung auf die architektonische Einfassung des Forums. Der Zyklus beginnt auch hier wieder auf der dem Lustgarten zugewandten Seite. Somit wird dort zunächst auf den Zusammenhang zwischen Brunnen, Garten, Schloss und Stadtgründung hingewiesen. Ferner zeigt sich die Funktion des Brunnens als höfisches »Dekorum« erläutert zur Zierde und Würde des Markgrafen. Der Brunnen wird zum Attribut des Markgrafen und doch zugleich einer von ihm vermittelten Gabe Gottes:[52]

»FONS
ORNAT HORTUM
ARX URBEM
URBES ORBEM
SED AB UNO
CHRISTIANO ERNESTO
ConDeCorantVr
oMnIa.«

(Der Brunnen ziert den Garten, das Schloss die Stadt, die Städte den Weltenkreis. Aber alles wird nur durch den Einen, durch Christian Ernst zur würdevollen Zierde vereint.)

Weitere Inschriften für den unteren Zyklus – auf die hier nicht gesondert einzugehen ist – umschreiben die Funktion des Brunnens im Detail, indem sie auf einzelne Taten des Markgrafen eingehen oder die Rolle der Bürger ansprechen. Aus ihrer Diktion ergibt sich die Ausrichtung des Brunnens auf Öffentlichkeit. Er ist gedacht als historisch relevantes Denkmal, adressiert an alle Stände, bestimmt zur Wahrnehmung durch Gegenwart und Nachwelt.[53]

Die figurale Ausstattung der Großen Fontaine unterstreicht mit allegorischen Mitteln das Programm des inszenierten Goldenen Zeitalters.[54] So sind etwa die sogenannten Putten nicht nur barockes Zierwerk, sondern sehr konkret die berühmten Knaben des Goldenen Zeitalters nach Vergil[55], die in konsequenter Logik dieses Sinnbildes die Kartuschen des ruhmreichen markgräflichen Heilswerkes, der »Res Bonae« regelrecht präsentieren.

Die zuoberst schwebende Fama mit ihrer Posaune ist natürlich nicht die Hauptfigur des Denkmalberges[56], sondern bildet die Schlüsselfigur des Programms. Sie erhielt ihren Platz in topologischer Umsetzung ihrer metaphorischen Bedeutung. Als schwebende Genie hat sie den Ruhm des Markgrafen (Gloria) über dessen irdische Sterblichkeit hinaus in alle vier himmlischen Sphären zu verkünden. Mit ihrer Fanfare ist sie sichtlich einem Heroen zu

Diensten, verdeutlicht durch die Wimpel, auf der sogar das Große Wappen des Markgrafen sichtbar wird.

Die tatsächliche Hauptfigur ist der »unter ihrer Aura« stehende Markgraf selbst, der hier durch Harnisch und Waffen als ein ritterlicher Feldherr, durch seinen königlichen Mantel und das einst wasserspritzende Szepter aber als ein wohltätiger Herrscher dargestellt ist. (Abb. 8) Über sein Haupt hielt Fama einst den heute verlorenen Lorbeerkranz, das eindeutige Attribut[57] jener göttlichen »Virtus«, deren Personifizierung wiederum der Markgraf selbst ist. Der Markgraf steht gut erkennbar auf einem Denkmalsockel, dessen große Kartusche auf der westwärts gewandten Vorderseite sein Monogramm trägt: »CEMZB« für Christian Ernst Markgraf zu Brandenburg. An den drei anderen Seiten dieses Denkmalsockels zeigen sich die Trophäen seiner Kriegskünste, zugleich als Insignien seiner Würde als Generalfeldmarschall des Reiches.

8 Ansicht der Großen Fontaine im Bestand von Westen, Foto: H.-E. Paulus, 2011

Eine Arena der ritterlichen Tugenden – Das Orangerie-Forum Erlangen

Auf die Verlässlichkeit des von Johann Baptist Homann 1721 erstellten Stadtplans wurde in diesem Zusammenhang schon hingewiesen. Er zeigt die Erlanger Orangerie-Anlage als ein platzartiges Forum um die zentrale Große Fontaine, gerahmt von den beiden Orangeriehäusern im Norden und Süden, die in Pendantstellung die gerundete Form amphitheatralisch wiederaufnehmen. Der Stadtplan wird wiederum bestätigt durch Homanns Prospekt »Residenz-Schloss und Lustgarten in Christian-Erlang« aus dem gleichen Jahr. (Abb. 6)

Die Platzanlage bildete demnach im Grundriss eine große Ellipse nach dem Vorbild altrömischer Kaiserfora oder antiker Arenen, wohl auch des Petersplatzes in Rom. Der Platz wurde an drei Seiten baulich gefasst und auf der Westseite durch den Palastbau des Schlosses auf eine dominierende Achse zur Stadt und zum Lustgarten gesetzt und dadurch im wahrsten Sinne orientiert. Nach Osten, zum Hofgarten öffnete sich der Platz als Bühne zum Lustgarten, akzentuiert durch eine sanfte Terrassierung, die sich in den historischen Ansichten lediglich als abschließende Balustrade oder moderate Tribüne mit einem Zyklus von Götterstatuen erweist. Den Mittelpunkt des Sandplatzes und damit der Szene im theatralischen Sinne bildet die Brunnenanlage, die in ihren vierseitigen Ansichten wiederum mit dem Achsenkreuz des Platzes korrespondiert.

Sieht man von der heutigen, kleinteiligen und in der Anmutung geradezu irritierenden Grünanlage im Stil der Volksgärten des 19. Jahrhunderts einmal ab, dann wird man diese räumliche Komposition zunächst nicht als einen Garten oder gärtnerischen Teilbereich wahrnehmen. Vielmehr entsteht mit den drei rahmenden Fassaden ein Raum von besonderer architektonischer Monumentalität, auf den schon Rupprecht 1984 hingewiesen hat.[58] Er hat dafür den durchaus kennzeichnenden Begriff der »Monumentalzone« gewählt.[59]

Was Rupprecht als einen bedarfsmäßigen Ersatz für den aus städtebaulichen Gründen nicht vorhandenen Schloss-Vorplatz erklärlich sah, erweist sich in der ikonologischen Ausrichtung darüber hinausgehend als ein in sich logischer, auf den Brunnen als Zentrum ausgerichteter Bedeutungs-Zyklus. Der Platz bildet nicht nur anschaulich ein Amphitheater um die Große Fontaine, sondern er ist selbst eine Bühne, auf der sich die Brunnenanlage als heroisches Monument platzbestimmend in Szene setzt. Brunnen und Platz vermitteln in ihrer Anmutung bildliche Sequenzen, die an die monumentalen Brunnen auf den Plätzen der ewigen Stadt Rom erinnern. Sie lassen damit eine fortgeführte antike Tradition erahnen, die sich neuzeitlich in den sogenannten »Mostra« artikulierte, jenen Schaustellungen der Macht in Rom, die sinnbildhafte Brunnenkunst mit dem Ambiente öffentlicher Plätze zu vereinen wussten.

Zu einer Uminterpretation dieses eigenwilligen Orangerie-Forums in Erlangen in ein Orangerieparterre in Gestalt des klassischen Broderie-Parterres, bestückt durch Kübelgewächse aus der Orangerie, mag der häufig publizierte Idealprospekt Paul Deckers d. Ä. zunächst verführen. Auch dessen höchst effektive Veröffentlichung von 1713 im »Anhang zum Fürstlichen Baumeister« unter Fol. 27 blieb sicher nicht ohne Wirkung. Doch der fehlende Bezug dieses medial überbewerteten Prospekts zur baulichen Realität wurde schon von Rupprecht zur Genüge nachgewiesen[60], sodass er hier keiner weiteren Ausführungen bedarf. Dass ferner alle Stiche Deckers zur Erlanger Anlage letztlich Gegenvorschläge zum tatsächlichen baulichen Bestand intendieren, bedarf hier ebenfalls keiner weiteren Darlegungen. Deckers »Aufhübschung« des Orangerie-Forums in seinem berühmten Prospekt von zweifelsohne bestechender Schönheit und Täuschung zählt zu seinen Vorschlägen im Unterton deutlicher Kritik an dem in Erlangen eingeschlagenen Sonderweg. Mit diesem Prospekt sucht Decker daher die Gestaltung in Richtung gängiger Parterre-Formen, auch wenn dies baulich im Ergebnis nicht überzeugen kann. Nach diesem bereits publizierten Kenntnisstand erscheint die Wiedereinführung des Begriffs »Orangerieparterre« in den Diskurs um die Erlanger Orangerie durch Möseneder[61] zumindest überraschend, auch wenn damit wohl der formale Bezug auf Orangerie-Anlagen im brandenburgisch-preußischen Raum untersetzt sein sollte.

Der faktisch mit Kies und Sand bestreute Platz des Erlanger Orangerie-Forums mag in seiner Multifunktionalität wohl bei Bedarf sicher auch als Stellplatz für Orangerie-Pflanzen gedient haben. Doch ein Orangerieparterre im klassischen Sinne war er zu keiner Zeit. Als Orangerie-Forum zeigt er sich vielmehr von der legitimen gestalterischen Idee geprägt, eine Fläche von monumentaler Weite baulich zu fassen und gleichzeitig der Dominanz eines zentralen pyramidalen Brunnens zu unterwerfen. Für diese letztlich imperiale Idee gibt es in der Grundkonzeption nur ein verwirklichtes Vorbild, das für sich weltweite Bedeutung beanspruchen kann. Es ist die in Rom von Papst Innozenz X. Pamphili (1574–1655, 1644 zum Papst gewählt) veranlasste und ab 1647 umgesetzte Konzeption für die Piazza Navona. Dieser römische Platz fand seine Vollendung und gestalterische Krönung mit dem 1651 vollendeten Vierströmebrunnen von Gian Lorenzo Bernini.[62] Von dieser römisch-barocken Neuinterpretation der antiken Pyramide, diesem Brunnen mit Felsdurchblick und stürzenden Wasserströmen, zugleich einem allegorischen Denkmal mit belebtem Figurenbesatz und akzentuierter Spitze sollte ein epochemachendes Initial von gestalterischer Wirkung auf ganz Europa ausgehen. Die Anlage steht für die epochale Idee, ein Denkmal von historischer Dimension mit einem dauerhaft wasserspendenden Brunnen und seiner Symbolik zu verbinden. Sinnbildlich wurde mit dem dort gesetzten Obelisken und seiner für Ruhm und Ewigkeit stehenden Bedeutung der Anspruch des Monumentalen auch auf den Brunnen übertragen, um von diesem wiederum auf das gesamte barocke Forum auszustrahlen.

Ob Gottfried von Gedeler, der Gestalter des Erlanger Orangerie-Forums unter der Bauherrschaft Elisabeth Sophies, sich von dieser Anlage des damals bekanntesten Platzes in der unbestrittenen Hauptstadt der Welt inspirieren ließ, ist nicht bekannt. Entsprechendes gilt für den beteiligten Bildhauer Elias Räntz, der sich zumindest nachweislich zweimal in Italien aufgehalten hat. Dass die Erlanger Brunnenanlage aber ohne die Genese derartiger Felsenbergbrunnen nach ihrem römischen Vorbild nicht entstanden wäre, darf als gesichert gelten. Und dass in Erlangen die Brunnenanlage durch ihre Kombination mit der Orangerie-Metaphorik zum zündenden Auslöser für die Gesamtanlage des Orangerie-Forums wurde, beweisen die Inschriften des Brunnens und die verbindende Ikonologie zur rahmenden Architektur.

Die architektonische Idee des elliptischen Platzes lag gestalterisch besehen im damaligen barocken Trend. In Erlangen erschien sie bereits auf dem Stadtplan von 1701, damals noch gedacht als ein Ausgangspunkt dreier Alleen vor der Stadtmauer, die dem bescheidenen Stadtpalais des Erbprinzen eine doch bemerkenswert landschaftsbezogene Rolle einräumen sollten. Die Idee, einen derartigen Platz zu einem Orangerie-Forum weiterzuentwickeln, findet ihre Grundlage aber erst in der allegorischen Dimension der Orangerie als dem inszenierten Kosmos wiederbelebter antiker Sehnsüchte nach dem Paradigma eines Goldenen Zeitalters. Die Idee, den Platz in Gestalt eines Forums oder einer Arena zu gestalten, greift dabei auf Formen des adeligen Wettkampfspiels zurück, insbesondere die »Opera« des Herkules. Von dort findet sie ebenfalls zur Orangerie in ihrer Bedeutung als Attribut des Herkules.

Als Metapher einer inszenierten Wiederkehr des Goldenen Zeitalters nach Vergil kommt der Orangerie eine zentrale Rolle zu.[63] Vor diesem Hintergrund wird die Inszenierung in Architektur, Gartenkunst und Malerei an der Wende vom 17. zum 18. Jahrhundert auch zu einer herausragenden Gestaltungsaufgabe in der Darstellung, Legitimation und Verklärung reichsfürstlicher Herrschaft.[64] In diesem Kontext von Metamorphose und Verklärung überschritt die Orangerie in ihren Inszenierungen auch sehr deutlich die engen Grenzen von Gartenquartier und Pflanzenhaus, von Sammelleidenschaft und botanischem Interesse in Richtung einer umfassenden Allegorese, die sich in räumlichen und figuralen Programmen, in weiter entwickelten architektonischen Anlagen aber auch in einem innerhalb der Gartenkunst praktizierten Kult um die Pomeranzen und weitere paradiesische Gewächse niederschlug.

Eine einzige Orangerie – Die markgräfliche Residenz Erlangen

Die Übergabe des im Rohbau errichteten Erlanger Schlosses von 1703 an Markgräfin Elisabeth Sophie war mit dem Ausbau der Anlage zu königlichen Dimensionen verbunden. Nicht nur der Hofgarten nahm gigantische Dimensionen an, sondern innerhalb dieses Bereichs als eine eigenständige Anlage auch die Orangerie. Die Errichtung einer derart gigantischen amphitheatralischen Orangerie, eines regelrechten Orangerie-Forums, sollte die Erlanger Schlossanlage auch in ihrer Gesamtheit mehr bestimmen als jemals zuvor ein hochfürstliches Schloss. Darin unterscheidet sich das Erlanger Schloss Elisabethenburg vom Berliner Schloss Charlottenburg.

Mit der Orangerie Erlangen als allegorischer Inszenierung sollte das Thema des »Goldenen Zeitalters« präsentiert werden, damit also ein Programm, in dem Frieden und Gerechtigkeit als Attribute der beiden fürstlichen Protagonisten ihre Darstellung finden. Und nicht zuletzt sollten mit der Dimensionierung der Orangerie Größenverhältnisse angeschlagen werden, die nach Volkamer »auch einem König nicht mißfallen sollten«.[65]

Bezeichnenderweise war die Planung der Orangerie-Anlage in Erlangen die allererste bauliche Aktivität der neuen Schlossherrin. Auch die großdimensionierte Planung und zügige bauliche Umsetzung der Orangerie offenbart den deutlichen Unterschied zum Berliner Schloss der Schwägerin, Schloss Charlottenburg, wo die Orangerie »unter ferner liefen« rangierte. Im Ergebnis wurde in Erlangen das nördliche Orangeriehaus sogar noch vor dem Schloss bezugsfertig. In der Kombination von Pflanzenhaus, repräsentativem Saal und vollständigen fürstlichen Appartements entwickelte sich dieses Orangeriehaus zu einer bemerkenswerten Sonderform der Maison de plaisance, in seiner speziellen Konzeption wohl nach dem Vorbild des Versailler Trianon. Eine durchaus gleichwertige architektonische Sonderform war für das südliche Orangeriehaus projektiert, das anstelle des zentralen Festsaals für die Göttin Flora nun den Ordenstempel für Concordia aufzunehmen hatte.[66]

Beide Orangeriehäuser wurden in Pendantstellung geplant und sollten integrierende Bestandteile einer riesigen Platzanlage werden, die sich programmatisch und bildlich um die »Große Fontaine«, das Ehren-Monument für den regierenden Markgrafen in Gestalt einer Figurenpyramide und zugleich einer mehrstufigen Brunnenanlage zentrierte. Das zwischen den beiden Orangeriebauten in überdeutlicher Komplementärstellung ausgebildete elliptische Forum erhielt seinen privilegierten Platz unmittelbar vor der Ostfassade des Palais und nunmehrigen königlichen Schlosses. Das Forum nahm damit eine Position ein, die üblicherweise dem Ehrenhof zustand. Auch funktional trat dieses Forum tatsächlich an die Stelle des Ehrenhofes, den es in Erlangen auf Grund der städtebaulichen Situation vor der üblicherweise angemessenen Stadtfassade nicht geben konnte, weil die Schlossanlage erst nachträglich in die merkantile Stadtgründung implementiert worden war.[67]

Im repräsentativen Dekorum übernahm dieses Orangerie-Forum die Aufgabe eines Festplatzes im Anspruch eines höfischen Theatrum unter freiem Himmel oder einer Arena für edle Wettbewerbe[68], durchaus in Fortentwicklung der Tummel- und Turnierplätze nach älterer Tradition. Das Erlanger Orangerie-Forum erinnert damit an frühere höfische Anlagen wie etwa das »Anfiteatro« hinter dem Palazzo Pitti in Florenz oder an Schauplätze wie das »Grand Carrousel« Ludwigs XIV. von 1662 vor dem Louvre. Ein weitaus näher liegendes Vorbild dürfte allerdings die kaiserliche Anlage in Wien-Schönbrunn gewesen sein, so wie sie in Gestalt des großen Projekts I von 1688 die etablierte europäische Architekturszene um 1700 beeinflusste und 1721 durch die »Historische Architektur« des Johann Bernhard Fischer von Erlach allgemein publik wurde.[69] Dort ist eine derartige Arena den Terrassen der Schlossanlage vorgelagert. Sie zeigt sich allerdings von sogar zwei Fontainen flankiert.

Schließlich weist das Erlanger Orangerie-Forum auch weit voraus. Nur ein halbes Jahrzehnt später folgen die baulichen Initiativen des Schwiegersohns unseres Bayreuther Markgrafen in Dresden, etwa mit dem hölzernen Vorgängerbau des Dresdener Zwingers von 1709, der bewusst auf den Prospekt des Dresdner Schlosses ausgerichtet war. Auch der Dresdner Zwinger selbst nahm die Idee des amphitheatralischen Festplatzes zwischen rahmenden höfischen Pavillonbauten wieder auf. Die Idee des elliptischen Platzes sollte schließlich noch Mitte des 18. Jahrhunderts – wenn dann auch ohne Orangeriebezug – eine Wiederaufnahme am königlichen Schloss von Caserta finden, vor dessen Eingangs- und Südfassade ein architektonisch entsprechend gefasster Platz zu liegen kam.

Hinter der Planung für das Erlanger Orangerie-Forum stand also ein ganz großes Konzept: Das nunmehrige »royale« Gartenpalais sollte nicht nur um den damals üblichen Lustgarten erweitert werden. Vielmehr sollte dem Hofgarten zwischen Palais und Lustgarten als außergewöhnliches Bindeglied eine elliptische Platzanlage von königlichen Ausmaßen und mit einem anspruchsvollen ikonologischen Programm eingefügt werden. Die einfassenden Bauten hatten in der jeweiligen Kombination aus fürstlichem Lustgebäude und Pflanzenhaus, aus höfischem Wassersaal und ritterlicher Ordenskirche, aus Floratempel und Concordiatempel ein regelrechtes Orangerie-Amphitheater zu bilden, das schon in der Dimensionierung in eine Eigenständigkeit und in sichtliche Konkurrenz zu Corps-de-logis und Lustgarten trat, um in architektonischer Veranschaulichung letztlich einen Hof zu bilden, der einem Fürsten des Reiches und einer königlichen Hoheit würdig war. Hier sollte die gemeinsame reichsfürstliche Herrschaft des Markgrafenpaars den angemessenen Ort ihrer standesgemäßen Repräsentation finden.

Darüber hinaus ruhte die Anlage augenfällig auf einem ikonologischen Drehbuch, dessen Zentrum die höchst individuelle »Große Fontaine« zu bilden hatte. Der Errichtung dieses ehrenden Monuments in den Jahren 1705 bis 1706 ging als entscheidender

9 Ansicht des älteren Herkules auf der stadtseitigen Attika des Schlosses Erlangen im Bestand, Foto: H.-E. Paulus, 2022

historischer Anlass die Ernennung des Markgrafen Christian Ernst zum Evangelischen Generalfeldmarschall des Reiches voraus.[70] Die Ernennung erfolgte am 25. April 1704 auf Grund von Reichstagsbeschlüssen, die bis zum 11. März des Jahres gefasst worden waren. Die Beförderung in dieses höchste militärische Reichsamt gab den Anstoß zu Inhalt und Darstellung im Kontext eines ikonologischen Programms, das auch die weiteren Baulichkeiten des Orangerie-Forums einschloss. Mit der großen Fontaine und dem Orangerie-Forum wurde also in der Tat das ikonologische Programm realisiert, das Johann Peter Michael Röser schon 1689 literarisch formuliert hatte, die Darstellung von »Herkules in Christians Gestalt«. (Abb. 9)

Über die Funktion einer schlichten Brunnenanlage hinaus wurde die »Große Fontaine« mit der anschaulichen Bildmetapher der Skulpturenpyramide zu einem Staatsmonument wahrer Verherrlichung des Markgrafen als Reichsfürst, Stadtgründer, Feldherr und christlicher Herrscher, der sich hier im edlen Wettbewerb mit den Fürsten des Heiligen Römischen Reiches präsentierte, gleichrangig selbst mit den Königen, was die Inschrift auf diesem »IMAGO REGIAE MAJESTATIS« noch bestätigen sollte.[71] Auf diese Würde alludieren im allegorischen Gewande die offenbarten ritterlichen Tugenden in einer als ein einziges »Goldenes Zeitalter« inszenierten Orangerie. Nicht zufällig erweisen die ritterlichen Tugenden von königlicher Größe (REGIAE VIRTUTES) den Markgrafen seiner königlichen Gattin ebenbürtig und in den Tugenden der »Liberalitas« und der »Clementia« sogar dem französischen Sonnenkönig überlegen.

Vom Weltbild des Vergil zur Aura der Fama

Programm und architektonische Gestalt der Orangerie Erlangen werden nur verständlich, wenn man sie in den Kontext der neuzeitlichen Vergil-Rezeption setzt. Vergils Leistungen um die literarische Inszenierung des säkularen »Goldenen Zeitalters« sind bekannt, wenn auch in ihren Folgen für die allegorische Bilderwelt des Barock meist unerkannt oder unterbewertet. Ein zentraler Begriff ist »felicitas«, der Inbegriff von Glückseligkeit in säkularer Dimension, aber dennoch mit visionärem Ausblick auf das ewige jenseitige Glück in Vollendung des göttlichen Heilsplans.

Vergils Säkularisierung des »Goldenen Zeitalters« wandelte dieses zu einem Phänomen der historischen Entwicklung, ja erhob es zum Ziel eines zeitlichen Plans auf dem Weg zur Vollendung des göttlichen Heils. Vergils Konzept kam nicht nur seinem Förderer Caesar Octavian Augustus bei der Begründung des Principats entgegen; es war deckungsgleich mit den christlichen Heilsvorstellungen und bot die ideale Untersetzung für eine Herrschaft aus göttlicher Gnade und im Dienste des göttlichen Heilsplans, wie sie in der frühen Neuzeit das Selbstverständnis des Adels und regierender Fürsten prägte. Konstituierend war der Glaube an den göttlichen Heilsplan, der sich endzeitlich vollenden sollte, aber seine Protagonisten schon diesseitig in die Pflicht nahm, um an der Vollendung des »Goldenen Zeitalters« oder »wahren Elysiums«, an der Wiedergewinnung der »glückseligen Inseln« oder des »neuen Paradieses« mitzuwirken.

Andererseits entsprach der göttlichen Verheißung eine herausragende Rolle der Tugend, also das Ideal menschlicher Verhaltensweisen, die es überhaupt erst ermöglichen konnten, als Mensch an der Erschaffung des Goldenen Zeitalters mitzuwirken. Die antiken Vorstellungen von dem, was man Tugend nannte, waren keineswegs einheitlich. Den Vorstellungen Homers vom tugendhaften Verhalten, das in der Verteidigung der Ehre gründete, die wiederum auf blutige Rache nicht verzichten konnte, stellte Vergil mit seiner zentralen Figur des Aeneas ein völlig neues Vorbild gegenüber. Als Abkömmling der friedvollen Göttin Venus und damit von halbgöttlicher Abkunft, erschien Aeneas ihm prädestiniert, eine neue Welt zu schaffen und mit der Erwählung Roms ein neues Reich zu begründen, das sich dereinst in einem wiedergewonnenen Goldenen Zeitalter vollenden sollte. Dieser »römische« Heilsplan machte nun nicht mehr den »rasenden Achill« eines Homer zum Helden, sondern den vorausschauenden Kolonisator und Stadtgründer, den von menschlicher Anteilnahme bestimmten und treusorgenden Aeneas. Er wurde zum ersten »pater patriae«, der das Land durch Fruchtbarkeit und Wohlstand beglückte, auch wenn es zu seinen Zeiten noch immer vom Wechselspiel aus Krieg und Frieden, dem Gegensatz von Gut und Böse bestimmt war.

Vergil propagierte seinen Aeneas als Vorbild aller folgenden Herrscher Roms, auch wenn er mit dieser Hoffnung bitter enttäuscht werden sollte. Aber immerhin wurde Aeneas zu einem bleibenden Vorbild für Humanität und Ritterlichkeit, nicht zuletzt weil Vergil mit seinen Schriften auch in christlicher Zeit vom Mittelalter über den neuzeitlichen Humanismus bis in das Zeitalter der Aufklärung immer aktuell blieb.

Der römische Heilsplan, wie ihn Vergil in seiner Aeneis entwirft, wäre nicht vorstellbar ohne das ergänzende System der Tugenden als Unterpfand aller Bemühungen um jede Annäherung an die verheißenen goldenen Zeiten. Neben den religiösen Tugenden zur Sicherung ewigen Heils spielten auch die weltlichen Tugenden als Ausdruck eines adeligen Selbstverständnisses eine zentrale Rolle. Auch für den barocken Herrscher gab es letztlich keinen Gegensatz zwischen dem geistlichen und säkularen Heilsplan, denn – zumindest innerhalb des Heiligen Römischen Reichs – war Herrschaft in ihrer Legitimität an die reale Verfassung des Reichs gebunden, indem sich jeder Herrscher vom hohen bis zum niederen Adel auf den Heilsplan verpflichtet sah, der noch Jahrhunderte nach Vergil im Begriff des Heiligen – also heilbringenden – Reichs und im Reichsapfel als Abbild des goldenen Heilsapfels seinen Niederschlag fand. Der barocke Herrscher verstand sich als Reichsfürst also immer auch als Teil dieses Heilsplans bis zum jüngsten Tag, der in Doppelfunktion eine ethisch-religiöse und ebenso historische Dimension hatte. Neben die als grundlegend verstandene Berufung zur Herrschaft aus der Gnade Gottes trat also immer die Bewährung als tugendhafter Held. Erst mit dieser Bewährung sicherte sich auch der Herrscher – vom niederen bis zum hohen Adel – den Ruhm der Nachwelt, sodass er sich der »Fama« als seiner Begleiterin von Dauer sicher sein konnte.

Ein sichtbares Zeichen für den real existierenden Heilsplan war das Symbol des »Goldenen Apfels« in den immergrünen Orangerien. Darüber hinaus wurde die Orangerie – nicht nur als banales Pflanzenhaus, sondern als allegorisch aufgeladene, baulich vielgestaltige, physiologisch hybride Architektur und Gartenanlage – zum Beweis für den in Realität und Präsenz erfolgten Eintritt der Geschichte in den göttlichen Heilsplan mit diesseitiger Relevanz für alle menschlichen Protagonisten, die Teilhabe an dessen Erfüllung begehren.

Von der göttlichen Verheißung zum neuen Glauben an die menschliche Selbstverwirklichung

Mit dem Niedergang der alten Reichsidee und dem Verfall ihrer Bestimmung als Teil eines endzeitlichen Heilsplans verlor auch die Orangerie als würdevolle Bleibe der Goldenen Äpfel ihre sinnbildliche Bedeutung. Der Goldene Apfel als Unterpfand eines heilbringenden und daher Heiligen Reichs hatte ausgedient, sobald der göttliche Heilsplan oder die Heilsverpflichtung jeglicher Herrschaft in Zweifel gezogen wurden und daher des sichtbaren Symbols nicht mehr bedurften. Als schlichte Pflanzensammlung oder gar als eine aller allegorischen Symbiose aus Natur und Kunst entkleidete Architekturform konnte die Orangerie bestenfalls in musealer oder botanischer Bestimmung noch eine Rolle spielen. Ihrer Dimension als inszeniertes Gesamtkunstwerk aus Architektur und gärtnerischer Kunst, aus Allegorese und Metamorphose, aus der Vereinigung bildender Künste mit literarischer und zeremonieller Metaphorik musste sie damit ebenso verlustig gehen wie ihrer Instrumentation als standesgemäßes Attribut reichsfürstlicher Herrschaftsrepräsentation.

Der Bedeutungsverlust der Orangerie in den Jahrzehnten vor und nach 1800 war eingebettet in den Wandel des Weltbilds im Zeichen der europäischen Aufklärung. Das von göttlicher Verheißung und einem endzeitlichen Heilsplan getragene Weltbild des Vergil mit seiner auf dem Prinzip Hoffnung basierenden Metapher des Goldenen Zeitalters vertrug sich nur sehr eingeschränkt mit der Neueinschätzung des menschlichen Individuums im Selbstverständnis der Aufklärung. Der aufgeklärte Mensch empfand sich befreit von jeglicher als entmündigend empfundenen Heilserwartung und nun berufen, die Welt nach seinen eigenen Einschätzungen neu zu ordnen. Er glaubte, nun selbst seines Glückes Schmied und der Herr seines Schicksals zu sein. Aus diesem Selbstbewusstsein wurde die Selbstverwirklichung des Individuums als Lebensziel und neue Erlösung propagiert. Sie trat an die Stelle der vorherigen menschlichen Bestimmung aus göttlicher Berufung. Das einstige Tugendsystem – seit der Antike ein gültiger ethischer Maßstab zur Erlangung des Heils – wurde ersetzt durch das von gesellschaftlicher Akzeptanz getragene Erfolgsprinzip. Die Idee einer Heilserwartung durch Tugenden, gerichtet auf Erfüllung in einem nach göttlicher Bestimmung gestalteten Reich des Friedens, der Gerechtigkeit und des Wohlstands hatte ausgedient zugunsten der neuen Prinzipien gegenwärtiger Macht und menschlicher Machbarkeit.

Auch die politische Welt kam mit der Aufklärung ins Wanken. An die Stelle des Glaubens an göttliche Verheißung trat die menschliche Kritik an den realen Zuständen. Mit der Aufgabe des alten glückverheißenden Heilsplans bedurfte es weder eines Reiches noch eines Goldenen Apfels als dessen Symbol. In dieser Legitimationskrise hierarchischer und folglich auch monarchischer und fürstlicher Herrschaft entbrannte nicht nur die Französische Revolution auf der politischen Ebene, sondern verlor auch der Goldene Apfel seine kultische Funktion als Frucht der Verheißung. Sein Gegenstück unter den Insignien des Reiches, der Reichsapfel, wanderte im Ergebnis dieses Wandels zusammen mit den übrigen Reichskleinodien ins Museum, während sein natürliches Abbild in den Orangerien zum schlichten Gegenstand des Konsums verkam.

Beschleunigt wurde der Bedeutungsverlust der alten Reichsidee mit der Beseitigung der geistlichen Hochstifte als paritätisch tragenden Säulen des Reiches in der Säkularisation und mit der Auflösung des Reichs 1806, auch wenn ein letzter säkularer Rest der einstigen Reichsidee sich im Laufe des 19. Jahrhunderts zum fragwürdigen Instrument imperialer Machtpolitik wandelte. Die Orangerie als eine in den Künsten inszenierte Allegorie auf endzeitliche Heilserfüllung in goldener Zeit, als eine vergegenwärtigte Verheißung der historischen Bestimmung eines heiligen Reichs, verlor ihre gesellschaftliche Relevanz nach dem 18. Jahrhundert.

Für Erlangen zeichnete sich der Niedergang der Orangerie allerdings schon wesentlich früher ab, nicht zuletzt, weil der sie individuell prägende königliche Anspruch dynastisch begründet und untrennbar mit der Person der königlichen Prinzessin und »regierenden« Markgräfin Elisabeth Sophie verbunden war. Schon unter ihrem Stiefsohn, dem nachfolgenden Markgrafen Georg Wilhelm (1678, reg. 1712–26), verlor Erlangen nicht nur die Würde der königlichen Residenz, sondern beschränkte sich auf eine nur noch jahreszeitliche Nutzung seitens des markgräflichen Hofes. Die besondere Bedeutung von Erlangen auf der Ebene des höfischen Theaters, die ihren Ausdruck in der Errichtung des Opern- und Komödienhauses fand und sich in den dort regelmäßig begangenen Veranstaltungen zum höfischen Carneval niederschlug, konnte diesen Rangverlust nicht ausgleichen.[72] Mit dem Tod des Markgrafen Georg Wilhelm im Jahr 1726 wurde die Erlanger Anlage für acht Jahre zum schlichten Witwensitz seiner zu versorgenden Gattin Sophia aus dem Haus Sachsen-Weißenfels (1684–1752). Damit fiel Erlangen in die zweitrangige Kategorie der funktionalen Schlösser jenseits der landeshoheitlichen Residenz Bayreuth. Die Nutzung als fürstlicher Witwensitz prägte die Erlanger Anlage auch für die folgenden Jahre bis zum Übergang an das Königreich Bayern, wenn auch unterbrochen von der Regentschaft des Markgrafen Friedrich III. (1711, reg. 1735–63), der Erlangen zwar offiziell als markgräfliche Nebenresidenz beanspruchte, sich in tatsächlicher Nutzung und baulichem Engagement aber spürbar zurückhielt. Seine erste Gattin, die bekannte Wilhelmine von Bayreuth (1709–58) war die zweite königlich preußische Prinzessin in der Reihe der Bayreuther Markgräfinnen. Für das Erlanger Hoftheater, das ihr der Markgraf zum Geschenk machte, sollte sie ein segensreiches Wirken entfalten.[73] Doch der Orangerie mit ihrem Pflanzenbestand und in ihrer empfindlichen allegorischen Gesamtheit aus Kunst und Natur sollte sie zum Schicksal werden. Als Markgräfin Wilhelmine zu Beginn der 1750er Jahre in der ihr eigenen Schlossanlage Bayreuth-Eremitage ihre anspruchsvolle und zugleich höchst individualistische »neue Orangerie« errichten ließ[74], das heutige Neue Schloss, sollte dies auf Kosten der Erlanger Anlage gehen. Denn zur Ausstattung ihrer neuen Bayreuther Anlage wurden in den nun folgenden Jahren sämtliche Pflanzen der Erlanger Orangerie nach Bayreuth verbracht.[75] Die Orangerie Erlangen verlor damit ihre prägende Funktion als höfisches Gesamtkunstwerk und ihre allegorische Inszenierung. Dem Bedeutungsverlust folgten bauliche Vernachlässigung und Umnutzung, Teilabbrüche und Umwidmungen, schließlich der Verlust des Dekorums und gestalterische Fehldeutungen der verbliebenen Fragmente, in dieser Entwicklung des Niedergangs schon im 18. Jahrhundert einsetzend und anhaltend bis in die Gegenwart.

Anmerkungen

1 Hall, Edith: Die alten Griechen, München 2017, S. 44–45.

2 Paulus, Helmut-Eberhard, Teatro-Cavea-Orangerie. Das Motto »HOC OPUS, HIC LABOR EST« zeichnet den Weg vom olympischen Helden Herkules zur Frucht der Unsterblichkeit, in: Orangeriekultur in Sachsen (= Orangeriekultur Band 12), Berlin 2015, S. 53–79, 53–60. – Rigon, Fernando: Das Teatro Olimpico in Vicenza (= Reihe Electa), Milano 1989, S. 28.

3 Ebenda, S. 24.

4 Ebenda, S. 82.

5 Brion, Marcel: Die Medici. Eine Florentiner Familie, München 1975, S. 158.

6 Paulus, Helmut-Eberhard, Das Markgrafentheater Erlangen. Vom barocken Opern- und Comödienhaus zum kommunalen Theater, in: Jahrbuch für fränkische Landesforschung 77/78 (2019), S. 147–195 (154–158).

7 Rigon, Fernando: Das Teatro Olimpico in Vicenza (Reihe Electa), Milano 1989, S. 28.

8 Paulus, 2015 (wie Anm. 2), S. 55–57, Abb. 3–5.

9 Rigon, 1989 (wie Anm. 7), S. 24.

10 Ebenda, S. 35 und Anm. 14–15.

11 Hierzu: Müssel, Karl: Zeitgeist und Tradition in der Bayreuther Barockkunst um 1700. Ein Beitrag zur Einordnung und Deutung des Bayreuther Markgrafenbrunnens, in: Archiv für Geschichte von Oberfranken 56 (1976), S. 235–296.

12 Ebenda, S. 271.

13 Ebenda, S. 258–260.

14 Zu Bayreuth-St. Georgen: Müssel, Karl: Bayreuth in acht Jahrhunderten, Bayreuth 1998, S. 86ff.

15 Die Medaille von 1693 zur Vollendung des Bauwerks, eine Schöpfung von Raimund Faltz trägt die Inschrift: »FRIDER III D G M BRAND S R I A C ET ELECT /// HILARITATI PVBLICAE // REFECTO EDENDIS / VENATIONIBVS THEATRO / MDCXCIII«.

16 Zum Berliner Hetzgarten: Heyck, Eduard: Friedrich I. und die Begründung des preußischen Königtums, Bielefeld 1901, S. 55–68.

17 Zedler, Johann Heinrich: Grosses vollständiges Universal-Lexikon Aller Wissenschaften und Künste, Bd. 12, Leipzig 1735, S. 1919, »Hetz-Garten«.

18 Zum adeligen Prinzip des edlen Wettstreits: Paulus, Helmut-Eberhard: Weltkultur aus dem Prinzip des edlen Wettstreits. Das Kulturerbe der Thüringer Residenzen, in: Jahrbuch der Stiftung Thüringer Schlösser und Gärten Bd. 24 (2020), Petersberg 2021, S. 308–329 (310–313).

19 Zu den Vier Jahreszeiten: Paulus, Helmut-Eberhard: Die Orangerie des Residenzschlosses Erlangen 1703–1714, in: Nürnberische Hesperiden

und Orangeriekultur in Franken (= Orangeriekultur Bd. 7), Petersberg 2011, S. 148–166 (155–156 und 159–160).

20 Zur Problematik: Paulus, Helmut-Eberhard: Orangerie und Teatro. Ein Beitrag zur Architektur des Barock, in: Ars Bavarica 31/32 (1983), S. 77–88.

21 Volkamer, Johann Christoph: Continuation der Nürnbergischen Hesperidum. Oder: Fernere gründliche Beschreibung Der Edlen Citronat-Citronen und Pomeranzen-Früchte, […], Nürnberg 1714, Taf. II und IV.

22 Wichtigste und jüngste Literatur zu Schloss und Garten, zu Orangerie und Großer Fontaine der Residenz Erlangen: Paulus, Helmut-Eberhard: »In königlichem Flor«. Präsentation von Orangerie und Garten des Schlosses Erlangen in den Hesperides des Johann Christoph Volkamer, in: Erlanger Bausteine zur fränkischen Heimatforschung Bd. 57, Erlangen 2022, S. 13–116. – Nürmberger, Bernd: Der preußische Ingenieur Gottfried von Gedeler, in: Erlanger Bausteine zur fränkischen Heimatforschung Sonderband 7/2020, Erlangen 2020, S. 35–222. – Paulus, Helmut-Eberhard: Orangeriekultur im Fürstentum Bayreuth, in: Orangeriekultur in Oberfranken (= Orangeriekultur Bd. 13), Berlin 2016, S. 97–155. – Möseneder, Karl: Die Orangerie und das Orangerieparterre in Erlangen als Orte des Herrscherlobs, in: Politik-Repräsentation-Kultur. Markgraf Christian Ernst von Brandenburg-Bayreuth 1614–1712 (= AO Sonderband 2014), Bayreuth 2014, S. 173–214. – Paulus, 2011 (wie Anm. 19), S. 148–166. – Jakob, Andreas: Eine Idee von Versailles in Franken. Macht- und Kunstpolitik beim Aufstieg Erlangens zur zweiten Residenz- und sechsten Landeshauptstadt des Markgraftums Brandenburg-Bayreuth, in: Studien zur politischen Kultur Alteuropas. Festschrift für Helmut Neuhaus zum 65. Geburtstag, hg. v. Axel Gitthard/ Andreas Jakob/ Thomas Nicklas (= Historische Forschungen Bd. 91, 2009), S. 421–460. – Paulus, Helmut-Eberhard: Tempel und Garten der Flora. Die Orangerie Erlangen, in: Die Gartenkunst 21. Jg. (2009), S. 198–212. – Möseneder, Karl: Erlangen, Berlin, Paris – Bezugsfelder eines barocken Denkmalbrunnens und zweier Orangerien, in: Architektur und Figur. Das Zusammenspiel der Künste. Festschrift für Stefan Kummer zum 60. Geburtstag, hg. v. Nicole Riegel / Damian Dombrowski, Berlin/München 2007, S. 391–404. – Nürmberger, Bernd: Der markgräfliche Wasserturm und die Wasserversorgung des Schlossgartens in Erlangen, in: Erlanger Bausteine zur fränkischen Heimatforschung Bd. 50 (2004), S. 37–96. – Erlanger Stadtansichten, hg. v. Andreas Jakob / Christina Hofmann-Randall (= Veröffentlichungen des Stadtarchivs Erlangen Nr. 1), Nürnberg 2003. – Hofmann-Randall, Christina (Hg.): Das Erlanger Schloß als Witwensitz 1712–1817, Katalog Erlangen 2002 (= Schriften der Universitätsbibliothek Erlangen-Nürnberg Bd. 41). – Wachter, Clemens: Zu Geschichte und Funktion der Erlanger Residenzgebäude, in: Hofmann-Randall (Hg.), ebenda 2002, S. 139–169 (151–154). – Kluxen, Andrea: Der Erlanger Schloßgarten, in: Hofmann-Randall (Hg.), ebenda 2002, S. 171–182. – Rupprecht, Bernhard: Das Erlanger Schloß in den Darstellungen Paul Deckers d. Ä. im »Fürstlichen Baumeister«, in: Bedeutung in den Bildern. Festschrift für Jörg Traeger zum 60. Geburtstag, hg. v. Karl Möseneder / Gosbert Schüssler, Regensburg 2002, S. 255–271. – Brunner, Monika: Frühbarocke Schloßbaukunst in den Habsburgerländern: Schloß Raudnitz, in: Die Künste und das Schloß in der frühen Neuzeit, hg. v. Lutz Unbehaun / Ulrich Schütte / Andreas Beyer, München/ Berlin 1998 (= Rudolstädter Forschungen zur Residenzkultur Bd. 1), S. 151–159. – Schaller, Gisela: Schloßgarten Erlangen. Rekonstruktion und Umgestaltung der ersten Anlage, Magisterarbeit Phil. Fak. Univ. Erlangen 1986. – Jakob, Andreas: Die Neustadt Erlangen. Planung und Entstehung (= Erlanger Bausteine zur fränkischen Heimatforschung Bd. 33 Sonderband), Erlangen 1986. – Rupprecht, Bernhard: Die barocke Stadt – Plan und Wirklichkeit, in: Wendehorst, Alfred (Hg.): Erlangen. Geschichte der Stadt in Darstellungen und Bilddokumenten, München 1984, S. 47–58. – Habermann, Sylvia: Bayreuther Gartenkunst, Worms 1982, S. 40–53. – Paulus, Helmut-Eberhard: Die »Grosse Fontaine« des Erlanger Schloßgartens. Der sogenannte »Hugenottenbrunnen«, in: Erlanger Bausteine zur fränkischen Heimatforschung Jg. 22 (1975), S. 85–99. – Frenzel, Ursula: Beiträge zur Geschichte der barocken Schloß- und Gartenanlagen des Bayreuther Hofes, Diss. Erlangen 1959. – Schmidt, Friedrich / Deuerlein, Ernst: Die höfischen Barockbauten zu Christian-Erlang (= Beiträge zur fränkischen Kunstgeschichte N.F. Bd. 7), Erlangen 1936. – Schmidt, Friedrich: Die Entstehung der Neustadt Erlangen, Diss. Erlangen 1913. – Meyer, D[avid]: Harangue du delicieux jardin, de la novelle ville de Christian-Erlang, Bayreuth 1713.

23 Vgl. den humanistischen Wettbewerb der »Opera des Herkules«. – Hierzu Paulus, 2015 (wie Anm. 2), S. 53–79.

24 Er folgt damit dem Vorbild des großen Orangerie-Kompendiums von Ferrari, Giovanni Baptista: Hesperides Sive De Malorvm Avreorvm Cvltvra Et Vsv Libri Quatuor, Rom 1646.

25 Ovid Metamorphosen 9,92; 13,719 und 14,627.

26 Ovid Metamorphosen 1,115; 13,587 und 15,260.

27 Vergil Bucolica 6,61.

28 Vergil Georgica 2,126–127.

29 Ebenda 2,126–127.

30 Vergil Aeneis 6,792.

31 Paulus, Helmut-Eberhard: Wo liegt Hesperien? Ein Essay, in: Orangerie. Die Wiederentdeckung eines europäischen Ideals (= Orangeriekultur Bd. 16/17), Berlin 2019, S. 48–66 (54–55).

32 Sicher nicht vertretbar ist die in Populärmedien noch immer verbreitete Behauptung, dass der Goldene Apfel in den Orangerien eine »Machtdemonstration« und ein »Sinnbild für Prunk und königliche Stärke« sei. Mit derart kurzgegriffenen Plattitüden könnte die Existenz der Orangerien in den Klöstern und bei den bürgerlichen Humanisten nicht im Ansatz erklärt werden. Jüngst hat sich die Süddeutsche Zeitung sich zu der gleichfalls unsinnigen Behauptung verleiten lassen: »Die Orangerie war der Superlativ der Reichen« (Nr. 266 vom 18/19.11.2023, S. 57).

33 Publiziert 1713, siehe hierzu: Meyer, 1713 (wie Anm. 22).

34 Publiziert 1714, siehe hierzu: Volkamer 1714 (wie Anm. 21).

35 Hierzu ausführlich Paulus, 2022 (wie Anm. 22), S. 51–55 und 106–107.

36 Die Interpretation bei Nürmberger, 2020 (wie Anm. 22), S. 103, dass die Passage in der Schenkungsurkunde vom 15.09.1703 »Ihro allhier geschenkten und nunmehr von deroselben unter den Namen Elisabethenburg anders aufgebaueten Haußes« eine nachträgliche planerische oder bauliche Veränderung des bereits gegebenen Bestandes (neuerbautes steinernes Haus von 3en Gaden) beinhalte, ist nicht haltbar. Der Begriff »anders« wird zu dieser Zeit üblicherweise im Sinne von »anderweitig« verwendet.

37 Der dynastischen Tradition entsprechend benannten die Kurfürstinnen ihre Schlösser nach ihrem Namen.

38 Geburts- und Todesdatum von Gottfried von Gedeler können nur indirekt erschlossen werden. Er wurde vor dem Umzug seines Vaters Elias Gedeler nach Nürnberg im Jahr 1660 geboren und ist zwischen seiner letzten urkundlichen Erwähnung am 28.07.1718 bzw. seiner zuletzt nachgewiesenen Tätigkeit 1726 in Magdeburg und der Beerdigung seiner Witwe am 29.10.1738 verstorben. Hierzu Nürmberger, 2020 (wie Anm. 22), S. 40–42 und 209.

39 Erlanger Stadtansichten 2003, Kat. Nr. 2.6; Staatsbibliothek Bamberg A 240 R 1248.

40 Es kann hier dahingestellt bleiben, ob das Grundstück jemals zur Gänze in einen Hofgarten verwandelt werden sollte. Jedenfalls stand schon mit der Ausführung der ersten Gartenbaumaßnahmen dessen geplante endgültige Größe fest, weil 1604 bereits die Sichtachsen gen Osten angelegt wurden. Dies schließt allerdings nicht aus, dass die Bepflanzung der Gartenkompartimente schrittweise erfolgte oder innerhalb dieses anfangs bestimmten Hofgartenbereichs planerische und gestalterische Veränderungen vorgenommen wurden.

41 Schreiben des Obermarschalls an Kurfürst Lothar Franz von Schönborn v. 15. Februar 1704. Siehe Kämpf, Margarete: Das fürstbischöfliche Schloß Seehof bei Bamberg, Bamberg 1956, S. 175, Quelle 34.

42 In Analogie zur Inschrift am Brunnen laut David Meyer, Harangue 1713: »CHRISTIANI ERNESTI, BELLICAM FORTITUDINEM, METALLO EXPRESSAM VIDES, TOTUM ANIMUM VIDERES, SI VIVAX INGENIUM [...] EXPRIMI METALLO POSSET«.

43 Siehe die obigen Ausführungen zum Teatro Olimpico in Vicenza.

44 Minerva-Pallas Athene war unter dem Wahlspruch PIETAS AD OMNIA UTILIS die metaphorische Schutzgöttin von Markgraf Christian Ernst.

45 Vgl. Frenzel, 1959 (wie Anm. 22), S. 9–10.

46 Von »Colonia« im Sinne von Ansiedlung. Als Schutzherr der Kolonisation gilt Herkules.

47 C. Sallustii Crispi De Bello Iugurthino 1,5.

48 Übersetzung des Verfassers.

49 Henkel, Arthur; Schöne, Albrecht (Hg.): Emblemata. Handbuch zur Sinnbildkunst des XVI. und XVII. Jahrhunderts, Stuttgart/Weimar 1967/1996, Sp. 289.

50 Ebenda, Sp. 109.

51 Vergil Bucolica, Ekloge 4.

52 Die Diktion »AB UNO CONDECORANTUR OMNIA« ist ein zu dieser Zeit geflügeltes Wort, das sich eigentlich auf Gott bezieht. Besonders aufschlussreich ist das Emblem zu diesem Motto in Henkel; Schöne (Hg.), 1967/1996 (wie Anm. 49), Sp. 108, das einen Knaben zeigt, der sich mit einem Löffel aus einer dem Fels entsprungenen Quelle bedient.

53 Zum Wortlaut der weiteren Inschriften siehe Paulus, »In königlichem Flor« 2022 (wie Anm. 22), S. 90–94.

54 Paulus, 2011 (wie Anm. 22), S. 159–165.
55 Vergil Bucolica, Ekloge 4.
56 Die Bezeichnung »Famabrunnen« ist zumindest irreführend.
57 Der Lorbeer steht für Ruhm und Ehre, die dem Genius gebührt, abgeleitet aus dem Attribut des Gottes Apoll. Als Kranz wird der Lorbeer dem Sieger sportlicher oder geistiger Wettbewerbe oder auch kriegerischer Schlachten verliehen. Kern ist dabei die Auszeichnung des zu ehrenden Genius, der sich durch seine Tugenden in Wettbewerb und Taten (Opera) so bewährt hat, dass ihm dieses Attribut verliehen wird. – Vgl hierzu auch Ripa, Cesare: Iconologia 1603, S. 19.
58 Rupprecht, 2002 (wie Anm. 22), S. 266.
59 Rupprecht, 1984 (wie Anm. 22), S. 47–58 (53).
60 Rupprecht, Erlanger Schloss in Darstellungen Paul Deckers 2002, insbesondere S. 267–269.
61 Möseneder, 2014 (wie Anm. 22), S. 173–212.
62 Fontana di Quattro Fiumi auf der Piazza Navona, von 1648 bis 1651 unter der Regie von Gian Lorenzo Bernini entstanden.
63 Vergil, Bucolica, Ekloge 4,4–30 und Aeneis 8, 627–731.
64 Zum Goldenen Zeitalter: Paulus, Helmut-Eberhard: Die Pomeranzenwelt des Lothar Franz von Schönborn, in: Orangeriekultur in Oberfranken, Berlin 2016 (= Orangeriekultur Bd. 13), S. 25–58. – Ders.: Das Goldene Zeitalter Roms als neuzeitliche Metapher, in: Orangeriekultur in Österreich, Ungarn und Tschechien, Berlin 2014 (= Orangeriekultur Bd. 10), S. 193–208. – Ders.: Das Goldene Zeitalter im Garten. Orangerie als inszenierte Allegorese, in: Die Gartenkunst 23 (2011), S. 195–204. – Paulus, 2009 (wie Anm. 22), S. 198–212.
65 So die Formulierung bei Volkamer.
66 Paulus, 2022 (wie Anm. 22), S. 75–78 und 99–108.
67 Ebenda, S. 62–64 und 71–72. – Zur merkantilen Gründung siehe Jakob, 1986 (wie Anm. 22), S. 44–71.
68 Vgl. die humanistischen Wettbewerbe der »Opera des Herkules«. – Hierzu Paulus, 2015 (wie Anm. 2), S. 53– 79.
69 Fischer von Erlach, Johann Bernhard: Entwurff Einer Historischen Architectur, Wien 1721, Bd. IV, T. II.
70 Paulus, 1975 (wie Anm. 22), S. 94.
71 Inschrift am Brunnen.
72 Paulus, 2019 (wie Anm. 6), S. 169–172.
73 Ebenda, S. 172–180.
74 Hierzu Paulus, 2016 (wie Anm. 22), S. 145–147.
75 Nach den Angaben der Rudel-Chronik fand die Verbringung in den 1750er Jahren statt. – Hierzu Nürmberger, 2020 (wie Anm. 22), S. 189 Anm. 1069.

Warschauer Exotenkultur in den königlichen Residenzen der Wettiner

Die Warschauer Gärten der Hesperiden im 17. Jahrhundert[1]

Die ersten hundert Jahre der Hauptstadtwürde Warschaus waren eine schwierige Zeit, die vor allem durch die Verwüstungen des Krieges zwischen Schweden und Polen in den Jahren 1655 bis 1660, auch Zweiter Nordischer Krieg oder im Polnischen schwedische Sintflut genannt, geprägt war.[2] Trotz der Verheerungen blühte die stark von der italienischen Kultur inspirierte Gartenkunst in der Stille der königlichen und adligen Schlossgärten auf. Zugleich entwickelte sich auch eine Kultur der Kultivierung exotischer Pflanzen. Im Gebiet Warschaus des 17. Jahrhunderts gab es bereits mehrere Residenzen mit bedeutenden Sammlungen exotischer Pflanzen und Gebäuden für ihre Kultivierung. Auf der Grundlage der bisher bekannten Archivmaterialien lassen sich sechs Residenzen von Monarchen und auch von Magnaten identifizieren, die eine wichtige Rolle in der Orangeriekultur Warschaus gespielt haben.

Erwähnenswert ist die einst prächtige königliche Residenz von Władysław IV. Vasa (1595, reg. 1632–48), bekannt als Villa Regia. Der dortige Garten hat wahrscheinlich die erste gemauerte Orangerie (ca. 40 × 12 Meter) in Warschau, die als separates Gebäude entweder durch Giovanni Battista Gisleni (1600–72) oder Agostino Locci (1601–60) geplant war. Aus der Mitte des 17. Jahrhunderts wird berichtet[3], dass in einigen Warschauer Magnatenhäusern ein spezieller Raum für die Kultivierung von Gemüse und Obstbäumen eingerichtet wurde. Um 1724 wurde August II. Eigentümer der Residenz Villa Regia im Zustand einer Ruine[4] mit den Überresten[5] des Gartens und der Orangerie.[6]

Ein weiteres Beispiel ist das Schloss Belvedere mit einem italienischen Garten in der südlichen Vorstadt von Warschau (im Gebiet der sogenannten Ujazdower Berge, südlich von Schloss Ujazdów). Es gehörte[7] dem Großkanzler von Litauen, Krzysztof Zygmunt Pac (1621–84) und ist ebenfalls ein Beispiel der aktiven Kultivierung fremdländischer Pflanzen im Warschau des 17. Jahrhunderts. Dokumenten zufolge befand sich im unteren Teil des Gartens ein gemauertes Feigenhaus, in dem neben Feigen auch Zitrusbäumchen überwintert wurden.[8] Dieses kleine Ensemble wurde 1727 zusammen mit einer kleinen Pflanzensammlung von August II. erworben.[9] Im Zusammenhang der Warschauer Exotenkultur ist der Sommersitz von König Jan III. Sobieski (1629, reg. 1674–96) in Wilanów erwähnenswert. Im Jahr 1684 schickte Cosimo III. Medici, Großherzog der Toskana, in Begleitung eines florentinischen Gärtners eine Ladung von acht Kisten voller Wertgegenstände aus Florenz nach Wilanów, darunter auch Setzlinge exotischer Pflanzen.[10] Sie fanden ihren Platz in einem kleinen hölzernen Pomeranzenhaus – wahrscheinlich das erste Warschauer Pomeranzenhaus, das August II. in seiner neuen Residenzstadt gesehen hat.[11]

Warschauer Gartenkultur in der Zeit der sächsischen Kurfürsten

Als der sächsische Kurfürst Friedrich August I. (1670, reg. 1694–1733), genannt der Starke, als August II. 1697 den polnischen Thron bestieg, nahm er nicht nur neue Territorien in Besitz, sondern auch das kulturelle und künstlerische Erbe, in dem die Gartenkunst und Gartenkultur keine Ausnahme waren. Für August II. hatte die Übernahme der Residenzen seiner Vorgänger und ihre räumliche Verknüpfung zu einem weitläufigen Landschaftskomplex, die mit der Leitinvestition des so genannten Sächsischen Palais besiegelt wurde, eine starke Imagebedeutung. Während der Regierungszeit von August II. und August III. veränderten sich sowohl die Zahl der sächsischen Kurfürstensitze in Warschau als auch die Anzahl der Zentren für die Kultivierung der königlichen Sammlungen von exotischen Pflanzen.

Die botanische Vielfalt der Exotensammlungen

Während der Regierungszeit von August II. befanden sich vierzehn Güter in Warschau und den Vororten in seinem Besitz. Diese Fülle blieb nicht ohne Einfluss auf den Umfang der königlichen Sammlungen exotischer Pflanzen, die vor allem auf den Anwesen des sogenannten Sächsischen Palais und der ehemaligen Sommerresidenz Johann III. von Sobieski in Wilanów angelegt wurden.

Informationen über die botanische Vielfalt und den Umfang der Sammlungen, die in den königlichen Gärten Warschaus angelegt wurden, sind auf relativ zahlreiche Quellen verstreut. Sie sind jedoch unterschiedlich ausführlich und nehmen sowohl die Form von äußerst detaillierten Garteninventaren als auch lakonischen Mengenangaben[12] an, wie beispielsweise einige von August II. durchgeführte Pflanzenbestellungen. Alle bisher aufgefundenen historischen Quellen ermöglichen es, den allgemeinen Zustand der botanischen Ressourcen der königlichen und adligen Residenzen in Warschau vom späten 17. bis zum 18. Jahrhundert zu identifizieren. Dies vermittelt eine Vorstellung vom Entwicklungsstand der Orangeriekultur in Warschau und ermöglicht es, eine Referenzgruppe der Pflanzenarten zu unterscheiden.

Der Kultivierung exotischer Pflanzen im Warschau der Barockzeit wurde bisher kein Forschungsinteresse entgegengebracht. Erst 2019 hat Dipl.-Ing. Landschaftsarchitekt Jacek Kuśmierski, ein Experte für die historischen Gärten, bahnbrechende Forschungen auf diesem Gebiet begonnen. Der erste, der sich in der Forschung mit der Analyse von Quittungen für Bestellungen exotischer Pflanzen durch den Warschauer Hof Augusts II. befasste, war Roland Puppe. Auf der Grundlage der von Roland Puppe 2001 veröffentlichten[13] Studie und Analyse der Dokumente[14] des Staatsarchivs in Dresden lässt sich der Umfang der königlichen Sammlung exotischer Pflanzen in Warschau abschätzen.

Nach heutigem Kenntnisstand kann davon ausgegangen werden, dass die Warschauer Sammlung exotischer Pflanzen August II., die zwischen 1716 und 1732 entwickelt wurde, in ihrer Blütezeit etwa 1000 Exemplare umfasste, die vor allem in den zwei Residenzen Sächsisches Palais Warschau und Sommerschloss Wilanów beheimatet waren. Nach heutigem Wissensstand könnten fast 70 % eines solchen umfangreichen Pflanzenbestandes Zitrus, etwa 15 % Lorbeer, 10 % Buchsbaum und 7 % Eiben, in Kübeln gezogen, gewesen sein.

Eines der nicht realisierten Projekte der königlichen Orangerie von August III. aus dem Jahr 1745 bietet eine Grundlage für die Schätzung des Umfangs der damaligen Sammlung.[15] Anhand der schematischen Darstellungen von Pflanzen in Gefäßen auf dem Entwurf des Gebäudes lässt sich schätzen, dass es für etwa 500 Pflanzen vorgesehen war. (Abb. 1)

Der tatsächliche Umfang und die botanische Vielfalt dieser Sammlung sowie ihre Verteilung auf die Warschauer Residenzen sind Gegenstand weiterer Studien. Ein neues Licht auf diesen Aspekt werfen die Informationen, die der Direktor der Warschauer Abteilung des Königlichen Bauamtes in den Jahren 1724–53[16], Joachim Daniel Jauch (1688–

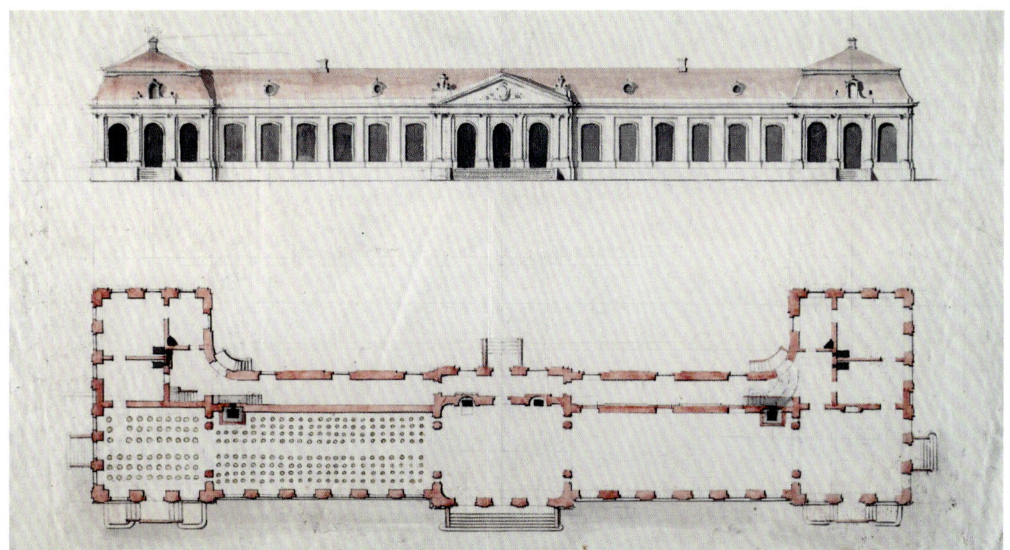

1 Entwurf von C. F. Pöppelmann für die neue königliche Orangerie im Sächsischen Garten, 1744–45, SächsStA Dresden, 12884 Karten, Risse, Bilder, Schr. 007, F 089, Nr. 011q

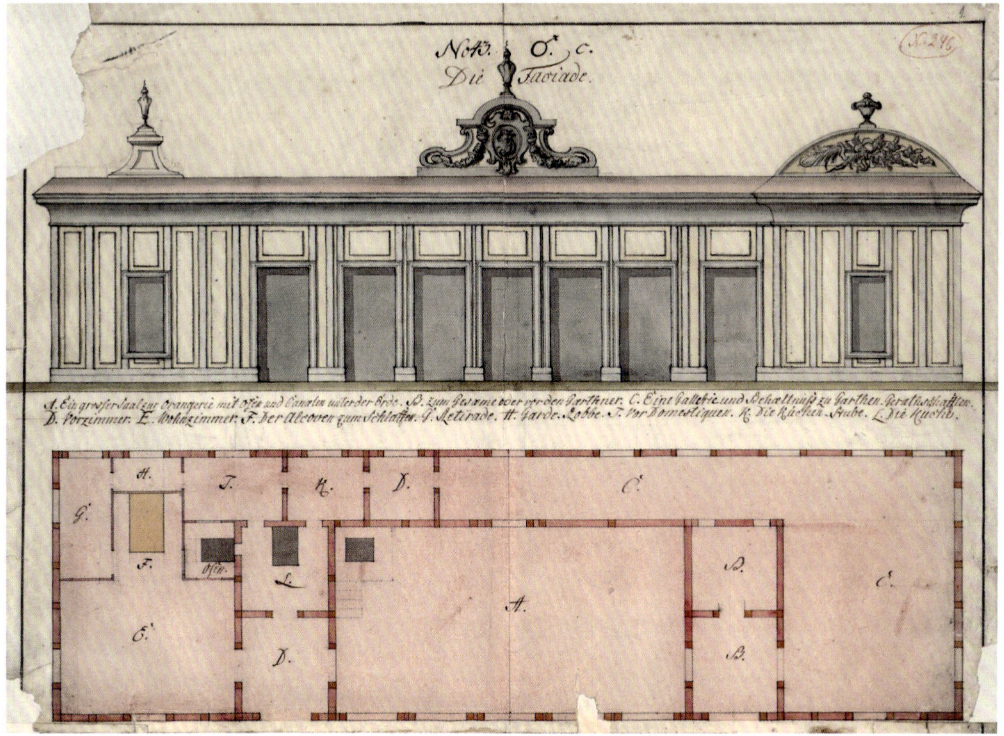

2 Entwurf von J. D. Jauch für seine Orangerie in Solec an der Weichsel bei Warschau, 18. Jahrhundert, Библиотека Российской академии наук (БАН) Санкт-Петербург, Bibliothek der Russischen Akademie der Wissenschaften Sankt Petersburg, ĄğI꜀. 246, k. 12

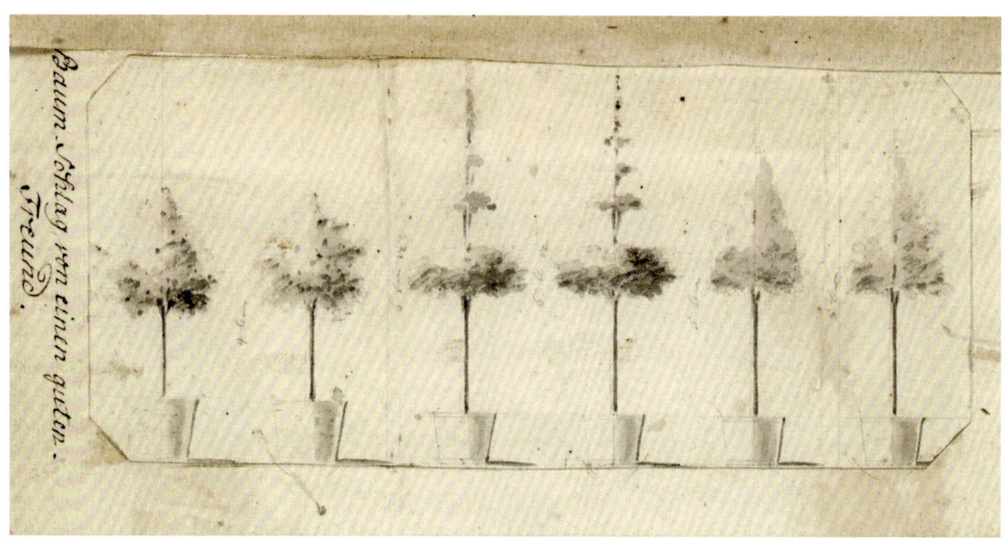

3 Ausschnitt aus einer Karte aus J. D. Jauchs Stammbuch mit einer Anleitung zum Formen von Orangen- und Lorbeerbäumen, BN, AFRys.151/III, Bl. 67

1754), hinterlassen hat. Er war Besitzer eines Gutshofs am Weichselufer in Warschau[17], der einst der Familie Sobieski[18] und später August II. gehörte. Im Laufe der Zeit erweiterte er sein Anwesen um einen fast zwei Hektar großen Ziergarten[19] mit einem Pavillon und einer Orangerie.[20] (Abb. 2)

Das sogenannte »Jauchsche Stammbuch«[21] dokumentiert ein breites Spektrum der Zierpflanzensorten und zeigt, wie man die Zitrus- und Lorbeerbäume in Töpfen[22] kultivieren soll. (Abb. 3) Die zahlreichen botanischen Darstellungen verraten nicht nur Jauchs Liebe zum Gartenbau. Es ist sehr wahrscheinlich, dass Jauchs private botanische Sammlung ganz oder teilweise den aktuellen Bestand der königlichen Gärten in Warschau widerspiegelte.

Gestalterische und symbolische Funktion der Pflanzengefäße

Über die Art der Gefäße, die in den Warschauer Gärten während der Herrschaft der Wettiner verwendet wurden, gibt es ebenfalls relativ umfangreiche Quellen. Von unschätzbarem Wert sind vor allem die Relikte von Gefäßen, die bei den 2007–11 durchgeführten archäologischen Ausgrabungen im Gartenbereich von Wilanów gefunden wurden.[23] Dabei konnten die Reste von vier Arten keramischer Gefäße identifiziert werden. Darunter gab es viele Fragmente von Fayencevasen des Typs Cache-Pot aus der niederländischen Werkstatt De Metalen Pot. Mehr als 20 Vasen dieses Typs, verziert mit dem Wappen der Familie Sieniawski, waren von Elżbieta Sieniawska für Wilanów in Auftrag gegeben worden.[24] August II. erwarb nach langem Bemühen 1730 die Pacht der Wilanów-Residenz mit der damaligen Orangerie und Pflanzensammlung. Ein markanter Kübel, der mit diagonalen weißen und grünen Streifen bemalt war, hebt sich deutlich von den anderen aus der Wilanower Sammlung ab. Ein solcher Behälter erscheint erstmals auf einem Gemälde, das ein großes Feldlager, das 1732 in Czerniaków bei Warschau stattfand, dokumentiert.[25] Ein Gefäß dieses Typs

4 Ausschnitt aus dem Entwurf für die Neugestaltung eines Teils des Gartens der Königin am Sächsischen Palais, SächsStA Dresden, 12884 Karten, Risse, Bilder, Schr. 007, F 089, Nr. 011e; Nr. 011m

erscheint später in den Inventaren der Wilanower Residenz[26] und findet sich auch in den Entwürfen[27] für den Sächsischen Garten aus den 1750er Jahren. (Abb. 4) Die Farbgebung und Verzierung dieser Gefäße scheint auf Eindrücke August II. vom Farbenreichtum des venezianischen Lagunenraums mit Regimentsfarben zurückzuführen zu sein.[28] Es ist auch sehr wahrscheinlich, dass Gefäße mit ähnlicher Dekoration, die sich wiederum auf die Farben der wettinischen königlichen Fahnen (weiß, rot, grün) beziehen, gelegentliche Veranstaltungen in Warschau während der Herrschaft Augusts III. schmückten.[29] (Abb. 5)

Erwähnenswert ist die mögliche Verwendung der Darstellungen von Pflanzengefäßen zu Propagandazwecken.[30] Alle Militärmanöver am Kaninchenberg (Królikarnia) wurden zusammen mit ausgewählten architektonischen und künstlerischen Elementen auf den Seiten eines Manuskriptalbums verewigt. In den wenigen identifizierten Exemplaren dieses Albums, die in ganz Europa verstreut sind[31], fällt die Inkonsequenz der Autoren bei der Darstellung der Töpfe mit den Orangenbäumen auf. Bemerkenswert ist die Abbildung eines Gefäßes, die darauf hindeutet, dass es aus Keramik mit einem kobaltfarbenen Ornament gefertigt ist.[32] Die Frage ist, ob es die Absicht der Autoren oder vielleicht die Anregung von August II. war, dass es an Porzellangefäße erinnern sollte? Dies erscheint denkbar, zumal das erwähnte Albumexemplar an Georg II., König von Großbritannien, geschickt wurde, der auf dem Warschauer Campement nicht anwesend war.[33]

5 Bernardo Bellotto, Blick auf Warschau von der Terrasse des Königsschlosses (1773), Ausschnitt; Darstellung von Holzkübeln mit dreifarbigen, unterbrochenen Streifen, MNW MP228

6 Darstellung eines bemalten Kübels mit einem Orangenbaum aus der Dekoration des Projekts zur Ausgestaltung des nördlichen Teils des Sächsischen Gartens, SächsStA Dresden, 12884 Karten, Risse, Bilder, Schr. 007, F 089, Nr. 011t; Nr. 011e

Die zahlreichen Abbildungen von Gefäßen für exotische Pflanzen, die die königlichen Gärten von August II. und August III. schmücken sollten, finden sich sowohl in Zeichnungen, die die Bauabsichten der Monarchen widerspiegeln, als auch in Entwürfen für gelegentliche Dekorationen der Warschauer Höfischen Feste. Die meisten dieser Bilder scheinen aber künstlerische Visionen zu sein, die nicht in die Realität umgesetzt wurden. Am seltensten sind Abbildungen von Gefäßen, die den Anschein erwecken, als seien sie entweder aus Keramik oder Porzellan gefertigt.[34] Das häufigste Motiv sind hingegen Gefäße, die in einer an Stuckarbeit erinnernden Weise bemalt sind.[35] (Abb. 6) Das gleiche Ziermotiv bei der Darstellung der Pflanzgefäße ist auch in den Zeichnungen von M. D. Pöppelmann für den Bau des Dresdner Zwingers erkennbar.[36] Die schriftlichen Quellen aus der Epoche, die die königlichen Residenzen der Wettiner in Warschau betreffen, bestätigen aber eine solche Ziertechnik nicht. In den Quellen wird lediglich erwähnt, dass die Pflanzkübel bemalt waren, ohne jedoch die Art der Technik zu nennen.[37]

Durch das Prisma der für die Imagestrategie von August II. so wichtigen Wilanów-Residenz, durch Inventare[38] anderer Warschauer Residenzen, archäologische Forschungsergebnisse und Ikonographie gewinnen wir ein Bild von der Vielfalt der Gefäße für die Kultivierung von Pflanzen im Warschau des 18. Jahrhunderts.[39]

Die architektonischen Entwürfe, die während der Regierungszeit von August II. für Warschau angefertigt wurden, sind außergewöhnlich spärlich, wenn es um die Präsenz von Kübelpflanzen geht. In der chronologischen Abfolge der Projekte scheint nur das Konzept zur Erweiterung und Gestaltung des Gartens von Schloss Ujazdowski erwähnenswert zu sein, in dem tatsächlich zum ersten Mal die Kübelpflanzen als Element

7 Unrealisiertes Gartenprojekt am Schloss Ujazdowski, SächsStA Dresden, 12884 Karten, Risse, Bilder, Schr. 007, F 090, Nr. D32c

der Gartengestaltung erscheinen.[40] (Abb. 6) Dies hängt unmittelbar mit der Möglichkeit der königlichen Anlagen zur Unterbringung exotischer Pflanzen zusammen, die der Warschauer Hof Augusts II. durch Bauinvestitionen im Sächsischen Garten erst in den Jahren von 1716 bis 1720 erlangte.[41]

Das einzige Projekt, das von Anfang an die Einführung von Pflanzen in Gefäßen in gestalterischem Sinn vorgesehen hat und auch realisiert wurde, war die kleine Gartenanlage Augusts II. beim Pavillon auf dem Gipfel vom Kaninchenberg bei Warschau.[42] In dieser Zeit von 1730 bis 1733 verfügte August II. dank der ausgedehnten Orangerie im Sächsischen Garten und der Orangerie in Wilanów über die größte Kapazität zur Unterbringung fremdländischer Pflanzen.

Eine ganz andere Intensität des Auftretens der Darstellungen von Kübelpflanzen auf den Entwürfen der königlichen Anlagen in Warschau lässt sich während der Regierungszeit August III. beobachten. Die damals ausgeführten Entwürfe für die Vergrößerung des Sächsischen Gartens[43] und Entwürfe für Freiluftveranstaltungen[44] sind reich an Darstellungen von Kübelpflanzen, die als integrale Bestandteile der Gartengestaltung gedacht waren. Dies hat in erster Linie mit der Stabilisierung des von August II. ab 1716 in Warschau geschaffenen Bestandes von Orangeriepflanzen zu tun. An dieser Stelle soll angemerkt sein, dass August III. nur eine Orangerie in Warschau besaß und nicht zwei wie sein Vater. Stattdessen hatte er eine bessere Kenntnis des gärtnerischen Marktes im Königreich, die es ihm bereits 1735[45] ermöglichte, den Lieferanten der nach Warschau bestellten Zitruspflanzen zu wechseln.

Warschauer Orangerien der Wettiner – zwischen Ambition und Realität

Das erste Projekt, das für August II. und wahrscheinlich zu einem großen Teil von ihm selbst ausgearbeitet war, und den Bau einer Orangerie vorsah, ist ein auf 1710–17 datiertes Projekt[46] für die Erweiterung des Schlosses und Gartens in Ujazdów. Dieses Projekt zeigt den Bau einer Orangerie unter der geplanten Schlossterrasse. (Abb. 7, 8) Diese erkennbare Reminiszenz an die Orangerie von Versailles scheint der Idee, in Großsedlitz eine Terrassenorangerie zu errichten[47] vorauszugehen, blieb aber im Gegensatz für immer eine unverwirklichte Vision. Der Bau einer Orangerie wurde auch in das Programm einer Reihe von

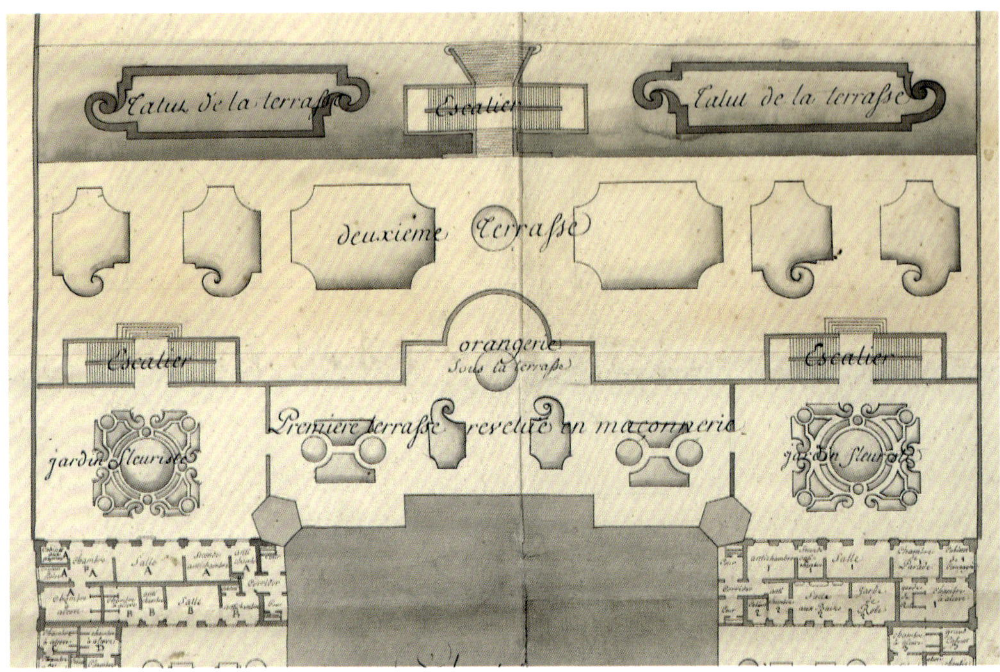

8 Ein Fragment eines nicht realisierten Projekts zur Erweiterung des Ujazdowski-Schlosses um einen Garten und eine Terrassen-Orangerie, MNK XV-Rr.-5128

Projekten aufgenommen, die für die ehemalige Villa Regia vorbereitet wurden. Von den erhaltenen zehn Projekten zur Umgestaltung des Geländes enthalten zwei[48] die Idee, ein Gebäude für die exotischen Pflanzen nach Johann Sigmund Deybel zu errichten. Die erste Variante[49] des Projekts zeigt einen kleinen (ca. 10 × 17 Meter) gemauerten Pavillon auf einem langgestreckten achteckigen Grundriss. Der Pavillon, der sich im nördlichen Teil des geplanten Gartens befand, sollte seinen Zwilling im südlichen Teil haben, wo ein Badepavillon geplant war. Das gesamte Projekt wurde nicht realisiert. Die nächste Variante[50] zeigt bereits eine völlig andere Idee. Im untersten Teil des Gartens sollte ein Komplex aus zwei Gebäuden entstehen, von denen eines ein Gewächshaus von ca. 42 auf 7 Meter Größe sein sollte. Wie im vorherigen Fall sollte das Gewächshaus ein Spiegelbild in Form eines gemauerten Gärtnerhauses haben. Das Projekt wurde auch nicht realisiert.

Im nördlichen Teil des Schlossgartens in Wilanów war für August II. in den 1720er Jahren ein Komplex aus zwei Gebäuden, d. h. einer Orangerie (ca. 44 × 11 Meter) und einem Feigen- oder Gewächshaus (ca. 25 × 9 Meter), geplant.[51] Mit Bleistift wurde auf dem Plan, wahrscheinlich von Johann Sigmund Deybel, auch der Umfang einer möglichen Erweiterung (ca. 24 × 8 Meter) des Gebäudes eingezeichnet. Leider ist das architektonische Aussehen der Orangerie und des Feigenhauses, die vor Sommer 1732 errichtet[52] worden sind, noch nicht bekannt.

Das architektonisch interessanteste und am längsten existierende Orangeriegebäude der sächsischen Kurfürsten in Warschau diente ursprünglich einem ganz anderen Zweck. Die Festlegung des Terrains für die

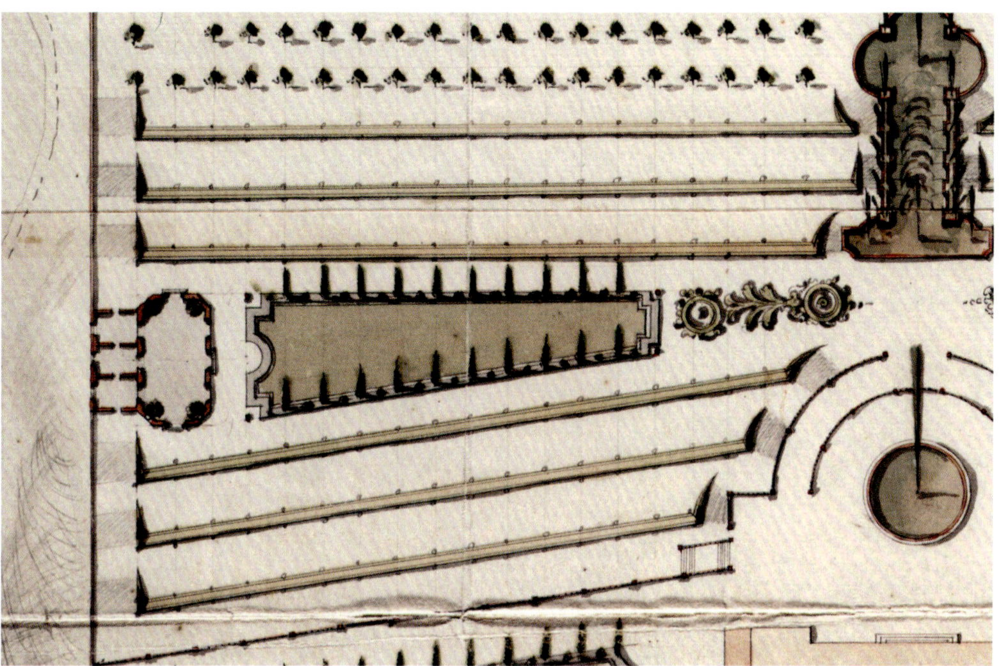

9 Ein Fragment der Gartengestaltung des Casimirschen-Palais mit einer kleinen Orangerie von J. S. Deybel, 1728, SächsStA Dresden, 12884 Karten, Risse, Bilder, Schr. 007, F 090, Nr. 022c

künftige Residenz Augusts II., bekannt als Sächsisches Palais, hat den Kauf[53] einer Menge von Grundstücken erfordert. Unter den dazu erworbenen Gutsanlagen befand sich auch die damalige Residenz von Jerzy Ignacy Lubomirski, bekannt als Bokumsches Palais.[54] Dieses Gebäude wurde zwischen 1714 und 1716 zu einem Theater[55] und einem großzügigen Gartenpavillon umgebaut. Die Innenräume wurden mit orientalischen Textilien und Möbeln dekoriert und das Gebäude wurde als Türkisches Palais bezeichnet.[56] Die nach Süden ausgebaute Gartenfassade des ehemaligen Bokumschen Palais war für kurze Zeit (1714–16) eine Theaterbühne.[57] Um 1716 wurden Bauarbeiten durchgeführt, um das Gebäude in eine Orangerie umzuwandeln.[58] An der Nordseite wurde eine nach Süden ausgerichtete Pflanzenhalle angebaut. Diese verband so das ehemalige Lubomirskische Palais mit einem kleinen, etwa acht mal acht Meter messenden, Pavillon, wahrscheinlich die erste königliche Orangerie von August II. in Warschau. (Abb. 9)

Eine Orangerie in einem zu diesem Zweck umgebauten Herrenhaus war jedoch nicht die von August II. beabsichtigte endgültige Lösung. Einer der Entwürfe für die Vergrößerung des Sächsischen Gartens sah den Bau von zwei neuen Orangerien vor, die den westlichen Teil des Gartens flankieren sollten.[59] Die auf dem Plan eingezeichneten Gebäude sollten aus drei Bauteilen bestehen, von denen das mittlere einen verzierten Risalit mit einem Hauptein- und -ausgang haben sollte. Jeder von ihnen sollte etwa 59 Meter lang und 11 Meter breit sein. Das Konzept für diese beiden Bauten wurde jedoch nicht verwirklicht.

Bis zum plötzlichen Tod Augusts II. im Februar 1733 gab es immer wieder visionäre

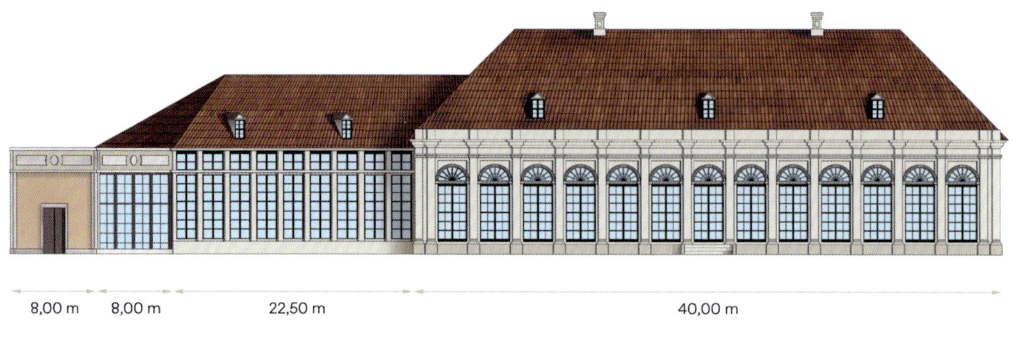

10 Ansicht der Fassade der königlichen Orangerie im Sächsischen Garten im Zustand aus den Jahren 1720–63, Rekonstruktion Ł. Przybylak, 2023

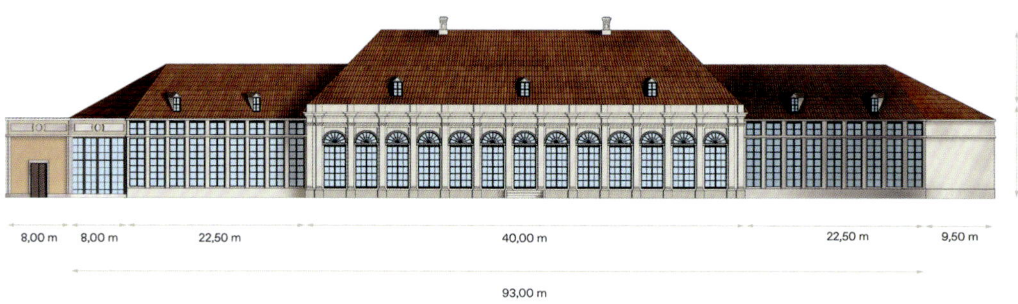

11 Ansicht der Fassade der königlichen Orangerie im Sächsischen Garten im geplanten Zustand 1745, Rekonstruktion Ł. Przybylak, 2023

Entwürfe zur Erweiterung des Sächsischen Schlosses und des dazugehörigen Gartens. Einer davon sah den Bau einer weiteren Variante der Orangerie in der Nähe des ehemaligen Bokumschen Palais vor.[60] Hier sollte eine Orangerie von beeindruckenden Ausmaßen entstehen, etwas mehr als 90 Meter lang und 11 Meter breit. Und obwohl auch diese architektonische Vision nicht verwirklicht wurde, erscheint sie als richtungsweisend für die weiteren Planungsphasen des Sächsischen Gartens. Nach Entwürfen von 1745 sollte die neue königliche Orangerie am Sächsischen Palais etwa 466–526 exotische Pflanzen aufnehmen.[61] Das von Carl Friedrich Pöppelmann entworfene, jedoch nie errichtete Gebäude[62] entsprach nahezu dem Entwurf für die obere Orangerie in Großsedlitz[63] von 1720.

Gleichzeitig entstand auch eine Serie des Entwurfs für den nördlichen Teil des Sächsischen Gartens in drei Varianten. Die erhaltenen Zeichnungen[64] zeigen sowohl einen Plan als auch eine Ansicht des Orangerie Gebäudes von August II., erweitert um den neuen Ostflügel. Der Entwurf, der wahrscheinlich ebenfalls von Carl Friedrich Pöppelmann stammt, zeigt eine aus vier Teilen bestehende Orangerie, von der der neue Ostflügel als Laurarium[65] benutzt werden sollte. Die als solche

12 Ausschnitt aus einem Gemälde von Bernardo Bellotto, auf dem das Dach der königlichen Orangerie im Sächsischen Garten zu sehen ist, 1779, Zamek Królewski w Warszawie, ZKW455, Foto: A. Ring, L. Sandzewicz

konzipierte königliche Orangerie ähnelte in ihrer baulichen Gestaltung verblüffend dem neuen Gewächshaus im Dresdner Schmeltzgarten.[66] (Abb. 10)

Aber auch diese Vision blieb unverwirklicht, und die königliche Orangerie blieb in ihrer damaligen Form bestehen. Sie war ein so großes Gebäude, dass sie teilweise das westliche Panorama von Warschau bestimmte, wie es auch Bernardo Bellotto in einem seiner Gemälde verewigte.[67] (Abb. 11)

Die königliche Orangerie im Sächsischen Garten war eines von zwei Gebäuden, die auf Initiative von August II. über die Entwurfsphase hinausgingen. Das zweite, dessen Aussehen und Innenausstattung der Zeit August II. bisher unbekannt ist, ist die Orangerie des Schlosses in Wilanów. Die große Orangerie des Sächsischen Gartens blieb zum großen Teil in ihrer Form aus den Jahren 1720–63 bis ca. 1810 erhalten.[68] Lediglich die Pflanzenhalle, der Westflügel, war in den 1790er Jahren stark reduziert geworden.[69] (Abb. 12)

Während der Herrschaftszeit von August III. wurde die Infrastruktur des Sächsischen Gartens für die Kultivierung exotischer Pflanzen noch durch den Bau von Ananashäusern vergrößert. Diese Bauten sind auf mehreren Generalplänen[70] und Entwürfen[71] des Gartens abgebildet und werden auch durch die polnischen Gärtner des 19. Jahrhunderts erwähnt.[72]

Exotische Pflanzen – Hintergrund und Zweck der höfischen Feste

Der letzte erwähnenswerte Hauptaspekt der Orangeriekultur in den Residenzen von August II. und August III. in Warschau ist die Verwendung exotischer Pflanzen als Kulisse für höfische Feste und auch als Aushängeschild für deren Organisation. Zu den größten Veranstaltungen dieser Art während der Regierungszeit von August II. gehörten die Fronleichnamsfeierlichkeiten. Die Veranstaltungen, die vor allem im Schlosshof des Sächsischen Palais stattfanden, wurden von

13 Foto eines verlorenen Entwurfs für eine Gelegenheitsdekoration (mit Zitrusfrüchten geschmücktes Tafelzelt) im Sächsischen Garten, Deutsche Fotothek, df_hauptkatalog_0113142

einem Pflanzenschmuck begleitet, der aus Lorbeerbäumen in bemalten Holzkübeln[73] und Orangenbäumen in Töpfen[74] bestand. Baumeister Joachim Daniel Jauch[75], der für die Aufstellung der Kübelpflanzen verantwortlich war, ließ mit ihnen vor allem den zentralen Teil des Schlosshofs[76] mit einem eigens für diesen Anlass errichteten Altar schmücken.[77]

Das Jahr 1732 war für Warschau, seine Bewohner und hochrangigen Besucher definitiv eine Zeit, in der sie sich intensiv mit fremdländischen Pflanzen beschäftigen konnten. Wenige Tage nach dem Fronleichnamsfest fand in den südlichen Vorstädten Warschaus das schon erwähnte »Große Campement« statt. Es ist bisher das einzige bekannte und dokumentierte Ereignis im Warschau des 18. Jahrhunderts, für das eigens Orangenbäume angekauft wurden.[78]

Orangenbäume wurden vom wettinischen Hof in Warschau auch sozusagen als »natürliche Fruchtkörbe« verwendet, um den Gästen frisches Obst zu servieren. Ein Beispiel dafür, wie einfallsreich sie genutzt wurden, ist der Entwurf[79] für ein königliches Tischzelt, das in einer Seitenallee[80] des Sächsischen Gartens aufgestellt wurde, wahrscheinlich anlässlich der Feierlichkeiten zum Namenstag der Kaiserin Anna von Russland im Jahr 1736. Dem Entwurf zufolge sollten sieben Orangenbäume in der Achse des Tisches platziert werden, wobei Tischplatte und Tischtuch die Töpfe vollständig verdecken sollten. (Abb. 13) Auch der Haupteingang des Zeltes sollte überreich mit fruchtbehangenen Zitruszweigen geschmückt werden.

Zitruspflanzen wurden am Hof der Wettiner nicht nur als Zierbäume verwendet. Ob unter Feldbedingungen wie beim Lustlager in Zeithain 1730[81] oder im Inneren des sogenannten Großen Salons[82] am Sächsischen Palais in Warschau, Zitruszweige und Früchte waren ebenso wie ganze Bäumchen wichtige Elemente des festlichen Rahmens. Ein Bei-

14 Entwurf eines Beistelltisches in Form eines Orangenbaums von 1730, SächsStA Dresden, 10006 Oberhofmarschallamt, N 1, Nr. 23a, Bl. 200

15 Entwurf von 1736 für eine Gelegenheitsdekoration im Sächsischen Garten in Form einer Reihe von hölzernen Obelisken, Soldaten und Zypressen in Kübeln, SächsStA Dresden, 12884 Karten, Risse, Bilder, Schr. 007, F 089, Nr. 009h

spiel dafür ist eine Tischdekoration[83] für die Geburtstagsfeierlichkeiten der Kaiserin Anna Romanowa aus dem Jahr 1736. Der Entwurf für den damals im Inneren des Pavillons im Sächsischen Garten gedeckten Tisch zeigt ein reich geschmücktes Konfektbuffet mit Orangenfrüchten, die sorgfältig zwischen Konfekt und Blumen angeordnet werden sollten. Zu

16 Illustration aus dem Stammbuch von J. D. Jauch, die ein blühendes Kakteenexemplar in der königlichen Orangerie im Sächsischen Garten zeigt, 1747, BN, AFRys.151/III, Bl.: 64a, 64a

diesem Anlass nahm die Tafel auch die Form eines prächtigen Orangenbaums[84] an, von dessen Stamm die im Pavillon versammelten Gäste speisten. (Abb. 14)

Wie die exotischen Pflanzen waren auch deren Gefäße in der Regierungszeit August III. Gegenstand individueller Entwürfe für Dekorationen zu wichtigen Feierlichkeiten. Beim Beispiel des Projekts[85] für die Dekoration des Fronleichnamsfestes im Sächsischen Palais im Jahr 1736 sieht man z. B. hoch aufragende Zypressen[86] in speziell gestalteten Gefäßen. (Abb. 15)

Die Welt der exotischen Pflanzen besaß auch Faszination für das kulturelle und höfische Zeremoniell. Einem schriftlichen Bericht von Joachim Daniel Jauch[87] aus dem Jahr 1747 zufolge fand in der Nacht vom 24. auf den 25. Juni 1747 in der königlichen Orangerie des Sächsischen Palais ein besonderes Abendessen statt. Es wurde für 100 Personen organisiert, um die Blüte eines *Selenicereus grandiflorus* aus der königlichen Pflanzensammlung zu feiern.[88] Dieses Ereignis, zu dem der Herrscher seine Gäste in der Orangerie versammelt hat, ist bis jetzt als einzigartig in Geschichte Warschaus anerkannt. (Abb. 16)

Die Kultivierung exotischer Pflanzen am Hof von August II. und August III. in Warschau ist ein künstlerisches und kulturelles Phänomen, das in Warschau zwar bereits vor den Forschungen des Autors bekannt war, aber nicht in seinem vollständigen Ausmaß. Besonders bemerkenswert ist hierbei die Verbreitung der Kultivierung exotischer Pflanzen und ihre buchstäbliche Zurschaustellung.

Anhang 1

Abschrift einer Bestellung von Zitruspflanzen anlässlich des so genannten Großen Campements in Warschau 1732, zusammen mit einer Notiz des königlichen Hofgärtners Schultz über einen unglücklichen Vorfall im Zusammenhang mit der Bezahlung des Zitruspflanzenkaufs.

»Auf Ihro höchstseel: Königl: Majest: allergnädigsten Mündtl: Befehl habe im Jahr Anno 1731. folgende Orangen-Bäume aus Holl- und Engelland anhero vershreiben müßen, als:

Nº 1. 4. Stück schöne groß Krönichte tragbare Orangen-Bäume zu 2. und 2½ Ellen hoch, auch 14. 15. bis 16. Zoll starck,
Nº 2. 20. Stuck auch tragbare Orangen-Bäume, zu 2. und 2½ Ellen hoch 9. bis 10. Zoll starck,
Nº 3. 26. Stück dito, zu 3. 4. bis 5. Ellen hoch, und 8. 9. bis 12. Zoll starck
Nº 4. 142. Stück dito, zu 1½. auch bis 3. Ellen hoch, und 7. 8. 9. bis 12. Zoll starck

Sa:
192. Stück das st: aufs genaueste 6. #.
Thut
1152. Duc.
–
Solche Bäume seynd bey allhiesigen Câmpement
um den Pavillon rangiert und gebrauchet worden
Ihro höchstseel: Königl: Majest: haben mir auch die
selben bezahlen laßen wollen, weil aber die
Abreise nach Sachßen Bald darauf erfolget
ist es so geblieben, auch nach dero wieder An
hero künfft wegen zugestoßener Unpäßlich
keit und darauf erfolgten höchstseel: ableben
nichts deßwegen ferner vorgenommen worden.
mithin solche Bäume sämtl. mir zum großen
Schaden unbezahlt zurück gegeben worden.

Joachim Heinrich Schultz«

Sammlung: Sächsisches Staatsarchiv Hauptstaatsarchiv Dresden
Signatur: 10026 Geheimes Kabinett, Nr. Loc. 00774/03, Fol. 153
Abschrift: Dipl.-Ing. Landschaftsarchitekt Łukasz Przybylak

Anhang 2

Abschrift von Joachim Daniel Jauchs Bericht über eine Kaktusblüte aus der Warschauer Sammlung von Augustus III. 1747. Handschriftlicher Bericht im so genannten »Jauchsche Stammbuch« (PL: Sztambuch Joachima Daniela Jaucha) enthalten.

»Diese drey Cerei Americani Serpentes, auf einem geschlungenen Stängel, haben sich zu Warschau in der Koeniglichen Orangerie den 24ten Junij, Anno 1747. bey Untergang der Sonnen eröffnet und geblühet, den 25ten bey Aufgang der Sonnen aber wieder geschlossen. Ohngeacht etliche 100. Personen Zuschauer die Nacht in dem Orangen Saal sich auftgehalten, und sie angesehen; So hat sich dennoch der Geruch so starck von diesen Bluhmen befunden, daß es die Dünste aller anwesenden Menschen, weit übertroffen hat. Auch sind in selbiger Stunde noch zwey an einzelnden geschlungenen Stängel, in gleicher Figur geblühet, und in gleicher Stunde wieder vergangen. Dieses ist die erste Blühte in Sieben Jahren gewesen. Zu einigen Zeiten blühen Sie in Fünft Jahren, zu weilen in Neun Jahren. Es wird diese Bluhme vor eine derer schönsten gehalten und in der Botanique die Koenigin genannt. Es ist merckwürdig, daß bey der Eröffnung der Knospe, sich eine schnelle Bewegung zeiget, die aber nachgehends, da sie wieder geschloßen, alles Ansehen verliehret, und darnieder hänget wie bey Litt: A. et B. angezeiget. Die gantze Höhe des geschlungenen Stängel, mit denen Bluhmen ist drey Ellen, vier Zoll gewesen, die mittelste Bluhme über den Diameter Achthalb Zoll, die andere rechter Stand Siebenhalb Zoll, die kleinere zur lincken 5 ¼ Zoll. Die Dicke des geschlungenen Stängels ist eckicht, und eine kleinen Daumen Starck. So schoene und wohlrichend diese Bluhmen gewesen; so hat sie dennoch die Vergänglichkeit sehr bald in ein schlechtes Ansehen verzetzet.«

Sammlung: Muzeum Narodowe w Warszawie (DE: Nationalmuseum in Warschau)
Signatur: AFRys.151/III
Abschrift: Dipl.-Ing. Landschaftsarchitekt Łukasz Przybylak

Anmerkungen

1 Dieser Text wurde im Rahmen einer Doktorarbeit von Dipl.-Ing. Łukasz Przybylak unter der Leitung von Prof. Dr. Marcus Köhler von der Technischen Universität (TU) Dresden erstellt, die durch die Beauftragte der Bundesregierung für Kultur und Medien im Rahmen des Immanuel-Kant-Stipendienprogramms im Zeitraum 2021–23 gefördert wurde. Die Teilnahme des Autors an der 42. Tagung des Arbeitskreises Orangerien in Deutschland e. V. wurde durch die Förderung (Travel Award) der Graduiertenakademie der TU Dresden ermöglicht.

2 Przybylak, Łukasz: Hauptstadt des Sächsischen Gartenbarocks an der Weichsel. Warschau als Residenzstadt der sächsischen Kurfürsten und Könige von Polen, in: Copernico. Geschichte und kulturelles Erbe im östlichen Europa: https://www.copernico.eu/de/themenbeitraege/hauptstadt-des-saechsischen-gartenbarocks-der-weichsel-warschau-als-residenzstadt-der-saechsischen-kurfuersten-und-koenige-von-polen [19.01.2024].

3 Jarzębski, Adam: Gosciniec abo krotkie opisanie Warszawy z okolicznosciami iey dla kompaniey dworskiey. Przez Adama Jarzemskiego muzyka I.K.M. y budowniczego Viazdowskiego wydany, Adam Jarzębski, Warszawa 1643, S. 33 – bezeichnet als »Gartenbaukammer« (PL: Izba ogrodnicza).

4 Sächsisches Hauptstaatsarchiv (SächsStA) Dresden, 12884 Karten, Risse, Bilder, Schr. 007, F 090, Nr. 024.

5 Erndtel, Christian Heinrich: Warsavia Physice Illustrata, Sive De Aere, Aquis, Locis Et Incolis Warsaviae, Eorundemque Moribus Et Morbis Tractatus ; Cui Annexum Est Viridarium, Vel Catalogus Plantarum Circa Warsaviam Nascentium, Dresden 1730, S. 24.

6 AGAD (DE: Hauptarchiv für historische Akten in Warschau), Sign.: 1-402/178-05, Bl. 03.

7 Czyż, Anna Sylwia: Belweder Krzysztofa Zygmunta Paca i jego żony Klary Izabelli, in: Artifex Novus 1(2017), Warszawa 2017, S. 10–27.

8 ANK (DE: Nationalarchiv in Krakau), Sign.: 29/637/2781, Bl. 1–3.

9 Kolmasiak, Mariusz: Belweder 1818–2018, Warszawa 2018, S. 13.

10 Przybylak, Łukasz: Die Zitrussammlung des Schlosses in Wilanów – Geschichte und Perspektiven, in: Zitrusblätter. Mitteilungen des Arbeitskreises Orangerien in Deutschland e. V., 21/2021, S. 1–3.

11 Kuśmierski, Jacek: Die Zitrussammlung von König Johann III. Sobieski in Schloss Wilanów, in: Zitrusblätter. Mitteilungen des Arbeitskreises Orangerien in Deutschland e. V., 26/2023, S. 8–10, hier S. 9.

12 SächsStA Dresden, 10026 Geheimes Kabinett, Loc. 00774/03.

13 Puppe, Roland: »Ew. Königl. Mayst. ein Plaisir zu thun vermeinet,…«. Über die Orangerie und den Ober-Lustgärtner des Sächsischen Gartens in Warschau (1713–1739), in: Hortus Vitae. Księga pamiątkowa dedykowana Andrzejowi Michałowskiemu, Red., Arszyński, Marian et al., Warszawa (Ośrodek Ochrony Zabytkowego Krajobrazu Narodowa Instytucja Kultury), Warszawa 2001, S. 185–190. – S. auch: Ders.: »Ew. Königl. Mayst. ein Plaisir zu thun vermeinet, …«, in: Orangerien – Von fürstlichem Vermögen und gärtnerischer Kunst (= Schriftenreihe des Arbeitskreises Orangerien in Deutschland e. V. Bd. 4), Dresden 2002, S. 56–64.

14 SächsStA Dresden, 10026 Geheimes Kabinett, Loc. 00774/03.

15 Friedrich August II. von Sachsen (1696, reg. 1733–63), als August III. ab 1733 König von Polen. – SächsStA Dresden, 12884 Karten, Risse, Bilder, Schr. 007, F 089, Nr. 011q.

16 Hentschel, Walter: Die sächsische Baukunst des 18. Jahrhunderts in Polen, Berlin 1967, S. 43–51.

17 Landesamt für Denkmalpflege Sachsen (LfDS), PS M4 IV B, Bl. 7.

18 SächsStA Dresden, 12884 Karten, Risse, Bilder, Schr. 007, F 085, Nr. 029l.

19 SächsStA Dresden, 11373 Kartensammlung des Sächsischen Staatsarchivs, KA F 007, Nr. 056a.

20 Библиотека Российской академии наук (БАН) (DE: Bibliothek der Russischen Akademie der Wissenschaften), ĄġĮ. 246, k. 12.

21 BN (DE: Nationalbibliothek in Warschau), Sign.: AFRys.151/III.

22 Ebenda, Bl. 67.

23 Przybylak, Łukasz, »The baroque garden in Wilanów – its form, history and perspectives«, in: Mőcsényi Mihály Kertművészeti és Kerttörténeti Műhely és Konferenciasorozat. Barokk Kertművészet / Baroque Garden Art., Red. Sólyom, Barbara; Szabó, Patricia; Herczeg, Ágnes, Budapest (Ormos Imre Alapítvány) 2022, S. 158–181.

24 Kuśmierski, Jacek: Die Zitrussammlung von von Schloss Wilanów im 18. Jahrhundert, in: Zitrusblätter. Mitteilungen des Arbeitskreises Orangerien in Deutschland e. V., 27/2023, S. 8–11, S. 9.

25 Przybylak, Łukasz: ›Erholung vom Krieg‹ ist ›notwendig und nützlich‹ – Feldresidenzen August des Starken in Sachsen und Polen, in: Die Gartenkunst 35/1(2023), Worms 2023, S. 45–61.

26 Nestorow, Rafał; Sito, Jakub: Rezydencja i dobra wilanowskie w świetle materiałów archiwalnych z Biblioteki Czartoryskich w Krakowie (rkps 11318 I 11358), in: Ad Villam Novam, 3(2010), Muzeum Pałacu Króla Jana III w Wilanowie, Warszawa 2010, S. 130, 148.

27 Z. B.: SächsStA Dresden, 12884 Karten, Risse, Bilder, Schr. 007, F 089, Nr. 011e; 12884 Karten, Risse, Bilder, Schr. 007, F 089, Nr. 011m.

28 Przybylak, Łukasz, Zwischen Nützlichkeit, Sentiment und Propaganda. Relikte und künstlerische Darstellungen der Pflanzenbehälter der Warschauer Gärten aus der Zeit der Polnisch-Sächsischen Union, in: Zitrusblätter. Mitteilungen des Arbeitskreises Orangerien in Deutschland e. V., 27/2023, S. 12–14, S. 13.

29 S. z. B.: SächsStA Dresden, 12884 Karten, Risse, Bilder, Schr. 007, F 090, Nr. 037 hoch a, b; 12884 Karten, Risse, Bilder, Schr. 007, F 090, Nr. 038q.

31 Przybylak, Łukasz: ›Necessary and useful‹ – Augustus the Strong's 1732 field residence at the top of Rabbit Hill in Warsaw, in: Polska Akademia Nauk Komitet Architektury i Urbanistyki, Politechnika Warszawska (Hg.): Architecture and town planning Quarterly, Bd. 17 1/2022, Warszawa 2022, S. 4–57, S. 44.

32 Przybylak, 2023 (wie Anm. 28), S. 13.

33 Royal Collection Trust, Sign.: RCIN 727038.a.

34 Przybylak, 2023 (wie Anm. 28), S. 13.

35 Z. B. SächsStA Dresden, 12884 Karten, Risse, Bilder, Schr. 007, F 089, Nr. 011t; 12884 Karten, Risse, Bilder, Schr. 007, F 089, Nr. 011e.

36 Balsam, Simone: ›L'Orangerie Royale de Dresden‹ – Garten der Hesperiden, in: Arbeitskreises Orangerien in Deutschalnd e. V. (Hg.): Orangeriekultur in Sachsen. Die Tradition der Pflanzenkultivierung (= Orangeriekultur Bd. 12), Berlin 2015, S. 34–46, S. 42.

37 Königlich-Polnischer und Churfürstlich-Sächsischer Hoff- und Staats-Calender, 1733, S. 18 in der Sammlung der Sächsischen Landes- und Hochschulbibliothek (SLUB) Dresden, Sign.: Hist.Sax.I.179–1733.

38 Z. B. »Lustracja dworku na Nowym Świecie przedanego od Pana Poniatowskiego wojewody i generała Księstwa Mazowieckiego Wielm. Panu Andrzejowi Malechowskiemu, łowczycowi kaliskiemu jako odebrał z budynkami, z karczmą, z ogrodem, z inwentarzem w posesję.« (DE: »Lustration des Herrenhauses in Nowy Swiat, eingereicht von Herrn Poniatowski, dem Woiwoden und General des Herzogtums Masowien, an den Hochwürdigen Herrn Andrzej Malechowski, Jäger von Kalisz, als mit Gebäuden, mit Gasthaus, mit Garten, mit Vieh in das Anwesen aufgenommen.«), 1748, AGAD, Sign. 1/345/0/3.1/177.

39 Nach Darstellung von Dipl. -Ing. Jacek Kuśmierski in: Przybylak, 2021 (wie Anm. 10), S. 1.

40 SächsStA Dresden, 12884 Karten, Risse, Bilder, Schr. 007, F 090, Nr. D32c.

41 Hentschel, 1967 (wie Anm. 16), S. 154.

42 Przybylak, 2022 (wie Anm. 31), S. 46–52.

43 Z. B.: SächsStA Dresden, 12884 Karten, Risse, Bilder, Schr. 007, F 089, Nr. 011m.

44 Z. B.: SächsStA Dresden, 12884 Karten, Risse, Bilder, Schr. 007, F 089, Nr. 011c.

45 Perłakowski, Adam: Kariera i upadek królewskiego faworyta. Aleksander Józef Sułkowski w latach 1695–1738, Kraków (Historia Iagellonica) 2013, S. 124–125.

46 MNK (DE: Nationalmuseum in Krakau), Sign. MNK XV-Rr.-5128.

47 Jahn, Peter Heinrich: Großsedlitz oder Pillnitz? Entwürfe für Gartenschlösser und Orangerien aus dem Milieu des Dresdner Oberbauamts – Stellungnahme zu Fehlzuweisungen und Versuche von Neuzuweisungen, in: Staatliche Schlösser, Burgen und Gärten Sachsen gGmbH (Hg.): Die Barocke Idee. Fürstliche Barocke Sommerresidenzen, Dresden 2022, S. 36–51, S. 50.

48 SächsStA Dresden, 12884 Karten, Risse, Bilder, Schr. 007, F 090, Nr. 022c; Schr. 007, F 089, Nr. 011m.

49 SächsStA Dresden, 12884 Karten, Risse, Bilder, Schr. 007, F 090, Nr. 022c.

50 SächsStA Dresden, 12884 Karten, Risse, Bilder, Schr. 007, F 089, Nr. 011m.

51 Львівська національна наукова бібліотека України імені В.Стефаника (DE: Wissenschaftliche Nationalbibliothek der Ukraine von Wasyl Stefanyk in Lviv), Sign. 94421.

52 Планъ главнаго въ мазовецкомъ воеводствь Города, и резиденціи королей польскихъ варшавы, при Рькь висль, съ предместіями и окружнымъ месмоположеніемъ. снятъ. 1732 году (DE: Plan der wichtigsten Stadt und Residenz der Könige von Polen in der Provinz Masowien, Warschau an der Weichsel, mit Vororten und Umgebung. Aufgenommen im Jahr 1732), AGAD, Sign.: PL 1 402 86-16 0001.

53 Hentschel, 1967 (wie Anm. 16), S. 151–158.

54 Ebenda, S. 154.

55 Ebenda.

56 Hentschel, 1967 (wie Anm. 16), S. 154.

57 Żórawska-Witkowska, Anna: Muzyka na dworze Augusta II w Warszawie, Warszawa 1997, S. 223–224.

58 Ebenda.

59 SächsStA Dresden, 12884 Karten, Risse, Bilder, Schr. 007, F 087, Nr. 007d.
60 SächsStA Dresden, 12884 Karten, Risse, Bilder, Schr. 007, F 089, Nr. 001A.
61 SächsStA Dresden, 12884 Karten, Risse, Bilder, Schr. 007, F 089, Nr. 011kk.
62 SächsStA Dresden, 12884 Karten, Risse, Bilder, Schr. 007, F089, Nr. 011q.
63 Jahn, 2022 (wie Anm. 47), Seite 50, Abb. 12. – Auch bei; Balsam, Simone: Das irdische Paradies im Garten. Barocke Orangerien und ihre Pflanzen, in: Staatliche Schlösser, Burgen und Gärten Sachsen gGmbH (Hg.): Die Barocke Idee. Fürstliche Barocke Sommerresidenzen, Dresden 2022, S. 83–92, S. 90, Abb. 6.
64 SächsStA Dresden, 12884 Karten, Risse, Bilder, Schr. 007, F 089, Nr. 011e; MNW (DE: Nationalmuseum in Warschau), Sign.: Rys.Pol.15164 MNW.
65 MNW, Sign.: Rys.Pol.15164 MNW.
66 SächsStA Dresden, 10006 Oberhofmarschallamt, Nr. Cap. 04, Nr. 08.
67 Plac Żelaznej Bramy, Bernardo Bellotto, 1779, Sammlung: Zamek Królewski w Warszawie, Sign.: ZKW455.
68 BN Warszawa, Sign.: ZZK 2 297.
69 SächsStA Dresden, 10026 Geheimes Kabinett, Loc. 03510/06.
70 Львівська національна наукова бібліотека України імені В.Стефаника (DE: Wissenschaftliche Nationalbibliothek der Ukraine von Wasyl Stefanyk in Lviv), Sign. 94379, 94396. – SächsStA Dresden, 10026 Geheimes Kabinett, Loc. 03510/06.
71 Львівська національна наукова бібліотека України імені В.Стефаника (DE: Wissenschaftliche Nationalbibliothek der Ukraine von Wasyl Stefanyk in Lviv), Sign. 94380.
72 Szwejcerowa, Aniela; Brachfogel, Andrzej: Edmund Jankowski. Wspomnienia ogrodnika, Warszawa 1972, S. 346.
73 Königlich-Polnischer und Churfürstlich-Sächsischer Hoff- und Staats-Calender, 1733, S. 18 in der Sammlung der Sächsischen Landesbibliothek – Staats- und Universitätsbibliothek Dresden (SLUB), Sign.: Hist.Sax.I.179-1733.
74 Ebenda.
75 Ebenda.
76 SächsStA Dresden, 12884 Karten, Risse, Bilder, Schr. 007, F 087, Nr. 007g.
77 SächsStA Dresden, 12884 Karten, Risse, Bilder, Schr. 007, F 087, Nr. 009l.
78 Siehe Anhang Nummer 1.
79 SLUB, Deutsche Fotothek, Sign.: df_hauptkatalog_0113142.
80 SächsStA Dresden, 12884 Karten, Risse, Bilder, Schr. 007, F 090, Nr. 038b.
81 Przybylak, 2023 (wie Anm. 25), S. 51–52.
82 SächsStA Dresden, 10006 Oberhofmarschallamt, N 1, Nr. 23a, Bl. 197–200.
83 Ebenda, Bl. 197–199.
84 SächsStA Dresden, 10006 Oberhofmarschallamt, N 1, Nr. 23a, Bl. 200.
85 SächsStA Dresden, 12884 Karten, Risse, Bilder, Schr. 007, F 089, Nr. 009h.
86 Königlich-Polnischer und Churfürstlich-Sächsischer Hoff- und Staats-Calender, 1737, Sign.: SLUB Hist.Sax.I.179-1737, S. 38.
87 Biblioteka Narodowa w Warszawie (DE: Nationalbibliothek in Warschau), Sign.: AFRys.151/III, Bl.: 64a, 64r.
88 S. Anhang 2.

Vogelhäuser und Orangerien in deutschen Gärten der Frühen Neuzeit

Hans Lange zum 75. Geburtstag

Der folgende Beitrag fasst in einem chronologischen Überblick erste kursorische Überlegungen zur funktionalen Verwandtschaft und Vergleichbarkeit von Orangerien und Vogelhäusern in Gärten der Frühen Neuzeit zusammen. (Abb. 1) Der Begriff »Vogelhaus« bezeichnet dauerhafte oder ephemere Gebäude mit verschiedenen Funktionen der Vogelhaltung. Nach der Art der Vögel wird nur in Einzelfällen unterschieden wie bei »Taubenhaus«, »Fasanerie«. Der erst seit dem 18. Jahrhundert auch im deutschen Sprachraum häufiger verwendete französische Begriff »Volière« meint nicht immer ein Gebäude, sondern kann auch abgegrenzte Gartenbereiche bezeichnen, in denen Lauf- oder Wasservögel gehalten werden. Das von Varro beschriebene Ornithon gab Anlass zu zahlreichen Rekonstruktionen und wurde eines der typologischen Vorbilder für Vogelhäuser in der Nachantike.[1] In der Gartenkunst der Frühen Neuzeit waren Vogelhäuser weit verbreitet. Bei weitem nicht alle von ihnen gehörten zu Menagerien; häufig handelte es sich um unabhängige Gartengebäude.[2] Dass die Größe und Art der Vögel grundsätzlich verschiedenartige Anlagen und verschieden ausgestattete Käfige und Bauten zu ihrer Haltung erfordert, liegt auf der Hand. Nur wenige der Bauten haben überlebt, eine übergreifende Untersuchung oder Erfassung steht noch aus.[3] Eine Untersuchung der Vogelhäuser bewegt sich im Schnittfeld von Garten-, Architektur- und Sammlungsgeschichte. Untereinander und im europäischen Kontext konkurrierten manche deutschen Fürsten auf dem

1 Zitruszweig im Schnabel eines Vogels, Deckengemälde im Treppenhaus von Schloss Oranienbaum, um 1700, Foto: I. Lauterbach, 2023

Gebiet ihrer im Garten zusammengeführten und ausgestellten Natursammlungen, Pflanzen und Tiere. Vogelhäuser, in denen Vögel wegen der Schönheit ihres Gesangs oder der Schönheit und Besonderheit ihres Federkleids, ihrer Gestalt und ihres Habitus gehalten und präsentiert wurden, wurden immer durch Fürstinnen und Fürsten errichtet, die auch südländische und exotische Pflanzen sammelten. Die Wahrnehmung der Zitrus und der Vögel spricht auf überraschende und wohltuende Weise die Sinne an: nicht nur den Augensinn, sondern – bei der Zitrus – auch den Geruchssinn und Geschmack und – bei den Singvögeln – das Gehör. Mehr noch als andere in Menagerien gehaltene Tiere, die in erster Linie als Kuriosa wahrgenommen wurden, trugen die Singvögel, ebenso wie die Zitrus und duftende Blüten, dazu bei, dem Garten außergewöhnliche sinnliche und heterotopische Qualitäten zu verleihen.

Wider die »Schwermütigkeit«

Den Gang in den Garten beschreiben Autoren des 16. Jahrhunderts als Therapeutikum. Vogelhäuser erwähnt schon das Büchlein »Lustgärten und Pflantzungen mit wunndsamer zierd« (Straßburg 1530). Im Kapitel »von fürstlichen Ziergärten« heißt es, ein Garten vertreibe »Königen und großen Herren« die »Schwermütigkeit«.[4] Daher sollten in der Nähe des Gebäudes aus Bäumen, rankenden Pflanzen und Eisendraht Vogelhäuser für Nachtigallen, Stieglitze, Hänflinge und andere Singvögel errichtet werden. Der liebliche Gesang der Vögel vertreibe die Schatten vom Gemüt. Damit kommt ihnen in der Definition der therapeutischen, rekreativen Qualitäten des frühneuzeitlichen Gartens eine wichtige Rolle zu.

So gut wie alle bedeutenden Gärten des 16. Jahrhunderts waren nicht nur mit Überwinterungshäusern für Zitrus, sondern auch mit Vogelhäusern ausgestattet, etwa der Garten der kaiserlichen Hofburg in Wien oder der Stuttgarter Lustgarten.[5] Ihr Aussehen ist meistens unbekannt. Im Augsburger Garten des Raymund Fugger, der für seine südländischen Gewächse gerühmt wurde, standen in den 1520er Jahren Vogelhäuser aus Draht.[6] 1580 sah Michel de Montaigne in einem der Fuggerschen Gärten vor den Toren Augsburgs ein Vogelhaus von gewaltigen Dimensionen, 14 Meter im Quadrat und vier bis fünf Meter hoch, um zehn bis zwölf Fichten und einen Brunnen herum aus Drahtgeflecht konstruiert. In ihm hielt man Tauben und andere Vögel. Eine grundlegende Quelle zur Naturgeschichte der Vögel im 16. Jahrhundert ist das »Vogelbuch« von Conrad Gessner, »Icones avium omnium« (Zürich 1560). (Abb. 2) So

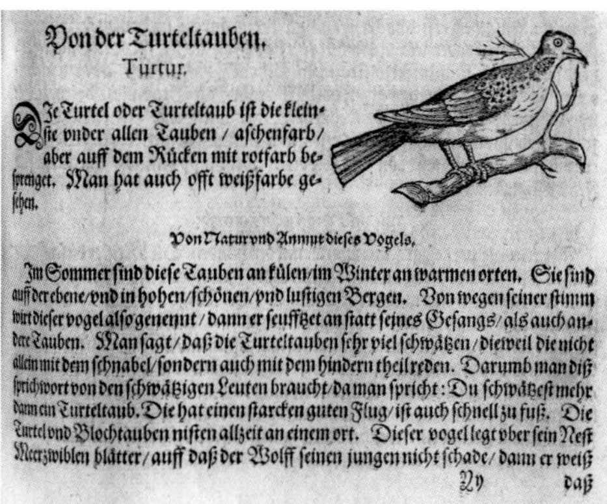

Von der Turteltauben.
Turtur.

DJe Turtel oder Turteltaub ist die kleinste vnder allen Tauben / aschenfarb / aber auff dem Rücken mit rotfarb besprenget. Man hat auch offt weißfarbe gesehen.

Von Natur vnd Annmut dieses Vogels.

Jm Sommer sind diese Tauben an külen / im Winter an warmen orten. Sie sind auff der ebene / vnd in hohen / schönen / vnd lustigen Bergen. Von wegen seiner stimm wirt dieser vogel also genennt / dann er seufftzet an statt seines Gesangs / als auch andere Tauben. Man sagt / daß die Turteltauben sehr viel schwätzen / dieweil die nicht allein mit dem schnabel / sondern auch mit dem hindern theil reden. Darumb man diß sprichwort von den schwätzigen Leuten braucht / da man spricht: Du schwätzest mehr dann ein Turteltaub. Die hat einen starcken guten Flug / ist auch schnell zu fuß. Die Turtel vnd Blochtauben nisten allzeit an einem ort. Dieser vogel legt vber sein Nest Meertzwiblen blätter / auff daß der Wolff seinen jungen nicht schade / dann er weiß

Yy daß

2 Conrad Gessner, Turteltaube, aus: Conrad Gessner: Vogelbuch oder Außführliche beschreibung, und lebendige, ja auch eygentliche Controfactur und Abmahlung aller und jeder Vögel, Frankfurt am Main 1600, S. 529

wie auf dem Bauernhof die Fürsorge für den Hühnerhof und das Federvieh im allgemeinen Frauensache war, ist auch im Halten seltener Vögel eine genderspezifische, weibliche Liebhaberei zu erkennen; dies ist in mehreren Fällen belegt. In Augsburg besorgte Hans Fugger, ein großer Gartenliebhaber, der empfindliche südländische Pflanzen und seltene Gemüse sammelte und pflanzen ließ, für seine Töchter seltene Vögel, denn »meine Döchter [haben] an sondere Lust zum Gefliegel«. 1576 waren es unter anderem »welsche Hennen«.[7] Bei der Münchner Residenz hatte Herzog Albrecht V. in den 1550er-Jahren für seine Gemahlin Anna, Tochter von Kaiser Ferdinand I. und Anna von Böhmen, ein gemauertes Vogelhaus errichten lassen, das eine Studiensammlung lebender »Naturalien« beherbergte. Sie gestattete interessierten Gästen und Gelehrten, die ungewöhnlichen Vögel zu beobachten.[8] Für Anna ließ Albrecht auch einen Lustgarten anlegen, der Pflanzensammlungen umfasste. Ihre besonderen Interessen für die Welt der Natur und die Vogelwelt thematisierte Hans Mielich 1556 in einem Porträt der Herzogin. Er gab sie mit ungewöhnlichen Attributen wieder: einer Tischuhr, einem Glasväschen mit Märzenbechern und einem Distelfink. Der Stieglitz wurde seines Gesangs wegen in Käfigen und Vogelhäusern gehalten.[9]

Auch im Breslauer Garten des Laurentius Scholz standen unweit des Winterungshauses für die Sammlung seltener Pflanzen zwei »Aviaria« für Singvögel, die auf dem 1588 datierten Kupferstich der Anlage zu sehen sind: mit Drahtgeflecht geschlossene pyramidale Aufbauten über einem gemauerten Podest.

»Erquickung« und »Kurzweil«

Nach den Varro-Rekonstruktionen des 16. Jahrhunderts, etwa durch Pirro Ligorio, stellte erstmals Salomon de Caus Vogelhäuser als eine architektonische Gattung vor.[10] 1615 publizierte er Entwürfe für stattliche Gebäude. Etwa 28 Meter im Quadrat misst eine dieser Volieren (Abb. 3a+b), gemauert, mit Öfen und vergitterten Fenstern und Dachöffnungen versehen, die im Winter verschalt werden konnten. Brunnen mit hydraulischen Automaten sollten Vogelzwitschern imitieren. Im temperierten Klima sollten seltene Vögel gehalten sowie Pomeranzen, Zitronen und Feigen überwintert werden. Wie er sich diese nicht unproblematische Kohabitation konkret vorstellte, schreibt De Caus allerdings nicht. Besteht einerseits eine funktionale Nähe zwischen dem Vogelhaus für nicht einheimische Vögel und dem Überwinterungshaus für kälteempfindliche Pflanzen, so widersprechen sich andererseits die Ansprüche an die Vogelhaltung und die Kultur seltener Pflanzen. Für diese verschiedenen Nutzungen wurden daher getrennte Gebäudetypen entwickelt.

Der Ulmer Stadtbaumeister Joseph Furttenbach zeigt in seiner »Architectura civilis« (Ulm 1628) und der »Architectura recreationis« (Ulm 1640) Gärten mit großen Vogelhäusern. Sie bestehen aus Eisenstangen und Drahtgeflecht und ähneln den angrenzenden Laubengängen. Brunnen und Bäume in ihrem Inneren bilden das natürliche Habitat der Vögel nach. (Abb. 4) Der Fürst erfreue sich, so Furttenbach, am »gesang und freyen Gebahren« der Vögel, die zu seiner »Erquickung« und »Kurzweil« beitrügen.[11]

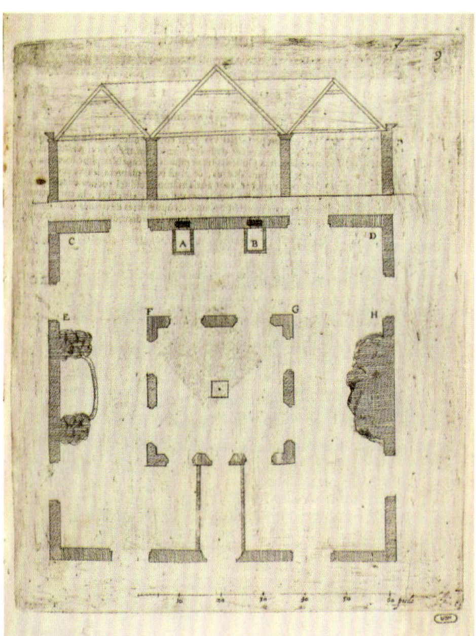

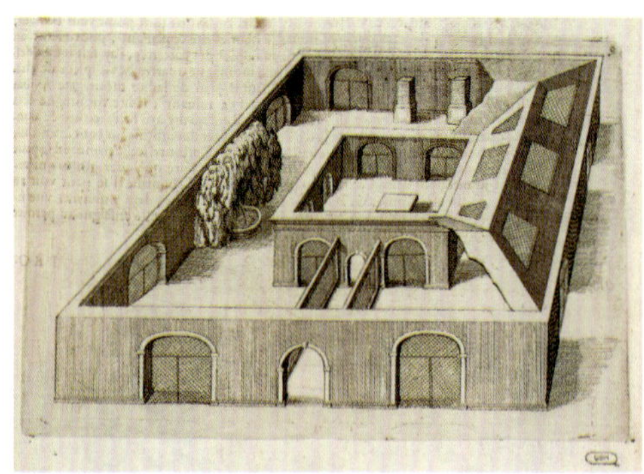

3a+b Salomon de Caus, Grundriss und Prospekt eines Vogelhauses, aus: Salomon de Caus: Les Raisons des forces mouvantes, Frankfurt am Main 1615, Bd. 2: Ou sont desseignées plusieurs grotes et fontaines propres pour l'ornement des palais maisons de plaisances et jardins, Problesme VIII (Grundriss) und Problesme IX (Prospekt), Universitätsbibliothek Heidelberg

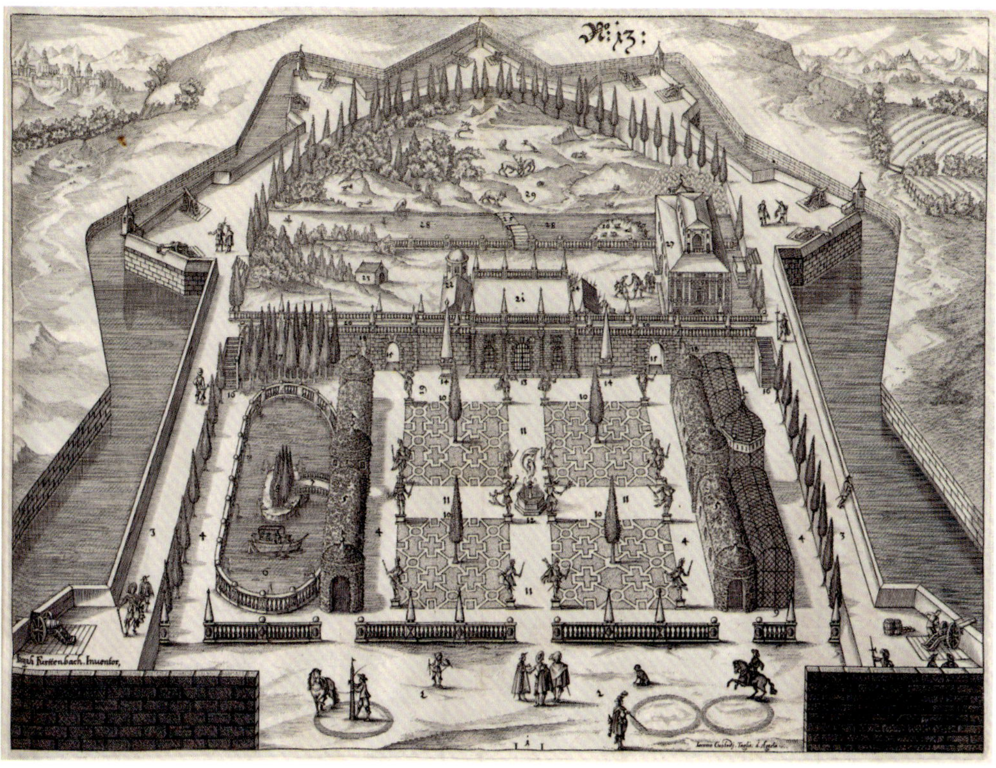

4 Joseph Furttenbach, »Ein Lust- und Thiergarten«, aus: Joseph Furttenbach, Architectura civilis, Ulm 1628, Taf. 13

»Tausenderley Formen und Arten«

Nach dem Dreißigjährigen Krieg entstanden in einer vorübergehenden Phase des Friedens und der Prosperität im deutschsprachigen Raum große Hofgärten. Der durch die Handelskompanien etablierte Austausch mit Ostasien, Mittel- und Südamerika förderte die Neugierde auf exotische Pflanzen und Tiere, die zu begehrten Objekten fürstlicher Sammlungen wurden. Die in den barocken Hofgärten untergebrachten und auf verschiedene Arten präsentierten Pflanzen- und Tiersammlungen offenbaren in vielen Fällen ein echtes Interesse – wenn nicht gar eine Passion – der Fürsten für die Welt der Natur. Die Vogelhäuser in deutschen Hofgärten des 18. Jahrhunderts sind damit auch ein Phänomen des Sammlungswesens ihrer Zeit.

Obwohl Menagerien und Vogelhäuser in deutschen Hofgärten des späten 17. Jahrhunderts und im 18. Jahrhundert nicht selten sind, werden sie in den in dieser Zeit publizierten deutschsprachigen Architektur- und Gartentraktaten kaum behandelt.[12] Eine Ausnahme ist bei Leonhard Christoph Sturm anzutreffen, Architekt am Hof von Mecklenburg-Schwerin.[13] Seine Beschreibung von Vogelhäusern, die mit kleinen Brunnen und Bäumen ausgestattet und deren Gebäudeöffnungen und Dach mit Drahtgitter verschlossen waren, lässt Varros Vogelhaus assoziieren. Auf der Suche nach Vogelhäusern wird man auch in der Hausvaterliteratur der Zeit um 1700 fündig, etwa bei Franz Philipp Florin.[14] In Nürnberg gebe es in manchen Bürgerhäusern besonders ausgestattete Stuben mit Nistgelegenheiten

5a+b Franz Philipp Florin, Vogelhaus und Orangerie, aus: Franz Philipp Florin: Oeconomus prudens [...] Grosser Herren Stands und Adelicher Haus-Vatter, Nürnberg 1719, S. 974 (Vogelhaus) und 952 (Orangerie)

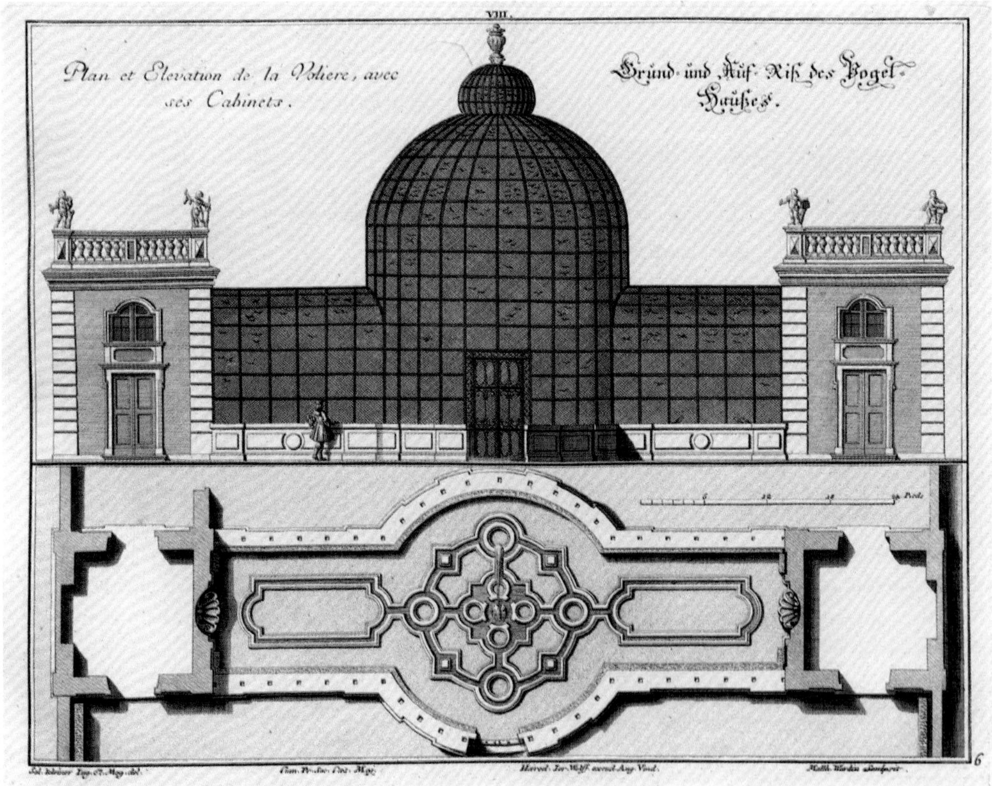

6 Die Voliere im Kammergarten des Prinzen Eugen in Wien, 1737, aus: Salomon Kleiner: Résidences mémorables, Heft 8, Augsburg 1737, Taf. 6

für gezähmte Kanarienvögel. In fürstlichen Menagerien und Vogelhäusern werden »allerhand rare, auch Indianische, Geflüg« gehalten, »sowohl von Papegoyen, als Raben, und kleinen Indianischen Vögelein, Türckischen Tauben, Phasan-Hünern, Schwanen, Gänsen, Enten, Pfauen, von allerley Arten«.[15] Florin betont, es sei dem Bauherrn überlassen, wie er sein Vogelhaus gestalte, denn es »können tausenderley Formen und Arten sich recommandiren; und mag sich ein Liebhaber nach der Natur und Art derjenigen Vögel richten, die er hegen will. Die weich und zarter Natur sind, als Canarien-Vögel und kleine Türckische Turtel-Täublein, oder andere Indianische Vögelein, mögen wohl vor Kälte verwahret werden, wenn sie nicht crepiren sollen. Wozu dann nöthig, daß sie, neben den Drath-Häusern, auch eigene Apartemant finden, worinn sie mögen der Wärme geniessen.«[16] Florinus zeigt ein Vogelhaus und eine Orangerie im Garten als denselben Gebäudetypus: Am Mittelpavillon ansetzende und im Halbrund ausschwingende Kolonnaden fassen einen Vorplatz ein. (Abb. 5 a+b)

Eine Beschäftigung mit dem antiken Vorbild Varro scheint in Deutschland erst im frühen 18. Jahrhundert eingesetzt zu haben.[17] Architektonische Vorbilder sahen die Fürsten, ihre Architekten und Gärtner auf Reisen in Residenzen und Gärten: in Frankreich in Fontainebleau, Versailles und Chantilly; in Italien etwa im Garten der Villa Borghese in Rom. Den Uccelliere im Giardino segreto der Villa Borghese in Rom[18] beispielsweise folgt das Vogelhaus mit einer geschwungenen Drahtkuppel, das Fürstbischof Franz Anton Fürst Harrach vor 1721 im Garten von Mirabell in Salzburg errichten ließ.[19] Harrach hatte in Rom studiert und kannte die Villa und ihren Garten.

Die architektonisch aufwendigste Menagerie des frühen 18. Jahrhunderts im deutschsprachigen Raum errichtete Johann Lucas von Hildebrandt 1716–19 für Prinz Eugen beim Belvedere in Wien. Salomon Kleiners Vorzeichnungen für das Belvedere-Stichwerk vermitteln den Reichtum der Sammlung lebender Pflanzen und Tiere.[20] Mit Hildebrandts hochbedeutendem Orangeriegebäude beim unteren Belvedereschloss korrespondierte eine – nicht erhaltene – Voliere für Singvögel im Boskett am oberen Ende des Kammergartens. Es handelte sich um eine Hybridkonstruktion aus steinernen Eckpavillons und einer im Mittelteil von einer Kuppel überhöhten Holz- und Drahtkonstruktion. (Abb. 6)

Seit dem frühen 18. Jahrhundert wuchs unter den deutschen Fürsten das wissenschaftliche Interesse an exotischen Vögeln, die in eigenen Vorrichtungen gehalten wurden – Käfigen, Volieren, abgetrennten Gartenrevieren.[21] Als Präsentationsorte verschiedener Teile der fürstlichen Natursammlungen waren die Voliere und die Orangerie oft architektonische Äquivalente im Garten, etwa im Neuen Werk in Gottorf[22] (S. 164, Abb. 7) oder in einem Gartenentwurf von François Cuvilliés dem Jüngeren. (Abb. 7)

Für die bedeutenden Sammlungen des Karlsruher Hofgartens war der Gärtner Christian Thran verantwortlich, seit 1726 im Dienst von Markgraf Karl Wilhelm von Baden-Durlach.[23] 1733 reiste Thran, ein Pionier der Botanik seiner Zeit, mit einer durch den kursächsischen Hof geplanten und finanzierten Expedition nach Nordafrika und kehrte von dort mit seltenen Pflanzen und Tieren für die markgräflichen Sammlungen zurück. Zum Karlsruher Hofgarten gehörten neben einer Menagerie mehrere Orangerien und Glashäuser mit Tausenden von Zitrusbäumchen und seltenen Pflanzen in Kübeln, eine Menagerie und mehrere Vogelhäuser für verschiedene Vogelarten.[24] Nichts von alledem ist erhalten. Im Orangerieparterre stand ein riesiges Vogelhaus für Kanarienvögel, eine aus Drahtgitter konstruierte etwa 60 Meter lange

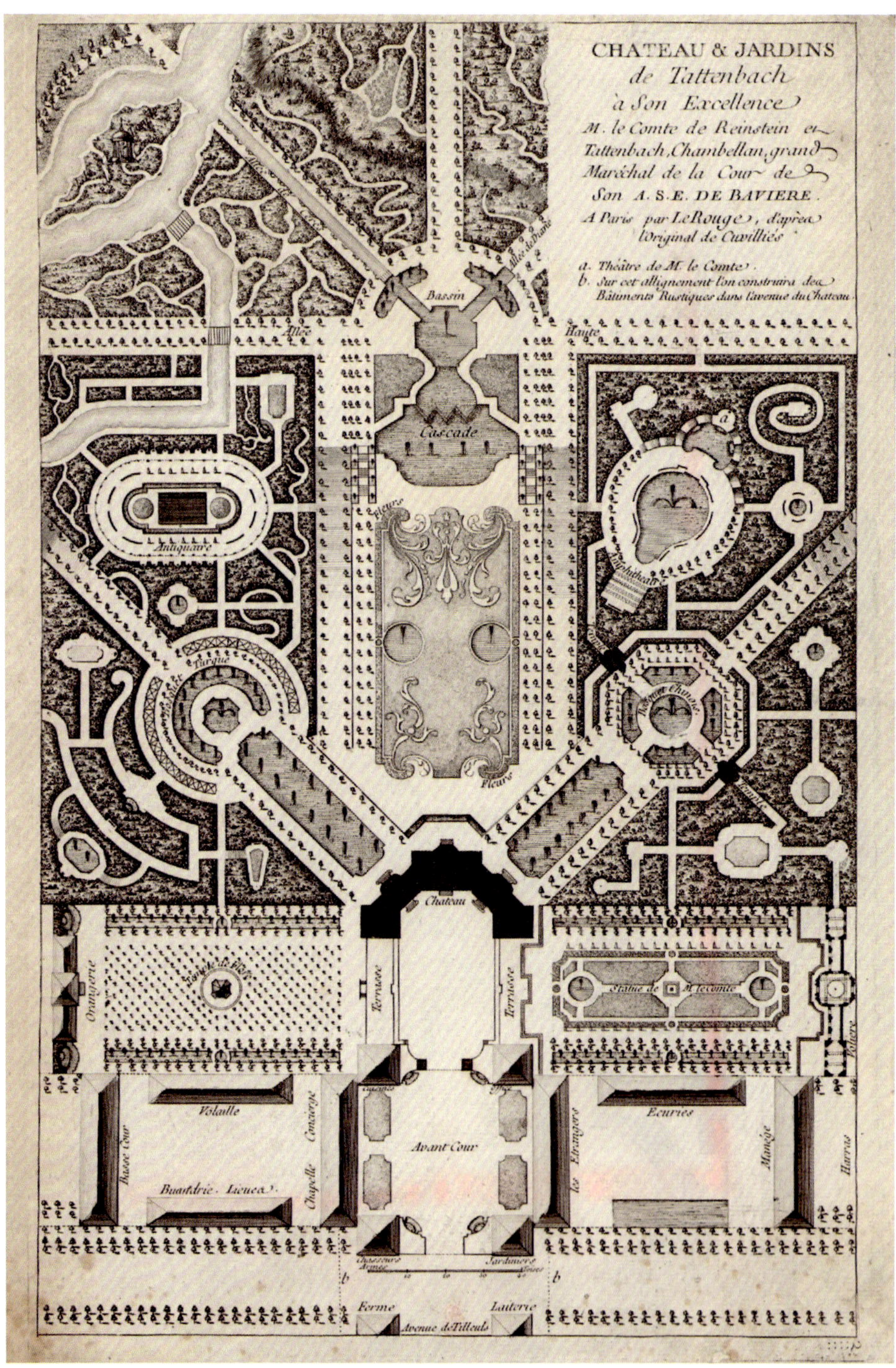

7 François Cuvilliés der Jüngere, Orangerie und Vogelhaus in einem Gartenprojekt für den Garten von Tattenbach, aus: Georges-Louis Le Rouge: Huitième cahier des jardins anglo-chinois, Paris [1781], Taf. 2

8 G. Pfaunz nach Christian Thran, Vogelschau des Karlsruher Lustgartens, 1739, Detail mit dem Orangerieparterre und Vogelhaus

Galerie mit drei Kuppeln über dem in der Art einer flachen Tonne gestalteten Gitterdach. (Abb. 8) Da das Kanarienhaus im Winter beheizt wurde, muss es auch gemauerte und gegen die Witterung geschützte Gebäudeteile gehabt haben. Die Größe des Kanarienhauses und seine Kombination mit dem Orangerieparterre, in dem die Zitruskübel im Sommer aufgestellt waren, war ungewöhnlich. Keyßler notierte 1740, dass die tagsüber frei im Garten umherfliegenden 300 Vögel abends freiwillig in ihr Haus zurückkehrten.[25]

Im frühen 18. Jahrhundert waren die bereits seit dem 16. Jahrhundert in Europa bekannten Kanarienvögel die beliebtesten zahmen Singvögel. Der »Nouveau traité des serins de Canarie« von Jean-Claude Hervieux de Chanteloup (Paris 1709) war das maßgebliche Werk zur Natur und Haltung der Kanarienvögel, es wurde 1712 ins Deutsche übersetzt und mehrfach neu aufgelegt.[26] Begleitet von Notenbeispielen schildert der Autor seine pädagogischen Methoden, um den Vögeln bestimmte Melodien beizubringen: Préludes, Aires, Marches. Wichtig sei es, die musikalische Dressur nicht zu übertreiben, da das Vogelhirn nicht alles fassen könne und die Vögelchen nur zu oft vorzeitig der Überforderung erlägen. Die Kanarienvögel wurden nicht nur wegen ihres melodiösen Zwitscherns geschätzt, sondern auch wegen ihres Federkleides in leuchtenden Gelb- und Rottönen. Im Karlsruher Orangeriegarten flatterten also zwischen den Zitrusbäumchen, die auch im Sommer ihre leuchtendfarbigen Früchte trugen, die Kanarienvögel umher, deren Gefieder dieselbe Farbskala aufwies wie die Zitrusfrüchte. Die strahlenden Farben der Vögel, der Früchte und des Blattwerks sowie der liebliche Gesang der Vögel und der intensive Duft der Zitrusblüten dürften sich an heißen oberrheinischen Sommertagen zu einem intensiven, paradiesischen Garteneindruck verdichtet haben.

»Doves, nightingales, and a thousand melodious birds«[27]

Mit exotischen Singvögeln, Fasanen, Pfauen und Hühnern dominiert die Vogelwelt jede chinoise Raumausstattung der 1740er und 1750er Jahre. Die räumliche Nähe der Volieren zu chinoisen Gartenbereichen macht deutlich, dass es sich bei ihnen häufig um Motive des Exotismus handelte. Fresken von Gottfried

9 Gottfried Bernhard Goetz, Deckenfresko im Festsaal von Schloss Leitheim, Ausschnitt mit dem Glashaus, 1751, Foto: I. Lauterbach, 2017

Bernhard Goetz im Festsaal von Schloss Leitheim in Schwaben, entstanden 1751, beispielsweise zeigen chinesische Volieren. Im Deckenfresko ist ein Glashaus für Zitrus und andere kälteempfindliche Pflanzen mit einer extravagant geschwungenen Fassade und turmähnlich an den Gebäudeecken vorspringenden Erkern wiedergegeben. (Abb. 9)

China wurde in Europa im 18. Jahrhundert als ein von seinen Herrschern wohlgeordnetes, den Untertanen Glück verheißendes Reich betrachtet, das im Blick von Europa aus als politische Utopie erschien. So ließ Markgräfin Wilhelmine von Bayreuth sich im Deckendekor des Japanischen Kabinetts im Alten Schloss der Eremitage St. Johannis bei Bayreuth als Kaiserin von China darstellen. Den Garten der Eremitage ließ sie erheblich umgestalten und erweitern.[28] Im Nordboskett, unweit des Japanischen Salettl, entstanden 1746 zwei Vogelhäuser, eines davon ist erhalten. Wenig später gab sie das sogenannte Neue Schloss in Auftrag. Die Anlage war in der Erbauungszeit 1748–49 zunächst als Menagerie konzipiert, wenig später wurde sie zur Orangerie umgebaut. Eine Zeichnung von Johann Thomas Koeppel, um 1757, zeigt auf der obersten Terrasse den Apollo- oder Sonnentempel und die als Orangerie dienende Kolonnade, im unteren Bereich ein Treillage-Halbrund, das durch zwei Vogelhäuser abgeschlossen wird. (Abb. 10) Diese aus Lattenwerk und Draht konstruierten Gebäude existieren nicht mehr, ebensowenig eine weitere, größere Voliere neben dem Apollotempel. Markgräfin Wilhelmine war bekanntlich sehr musikalisch, komponierte und musizierte. Die drei großen Vogelhäuser und die Orangerie gehören zu einer von der persönlichen Bildung und den künstlerischen Neigungen der Auftrag-

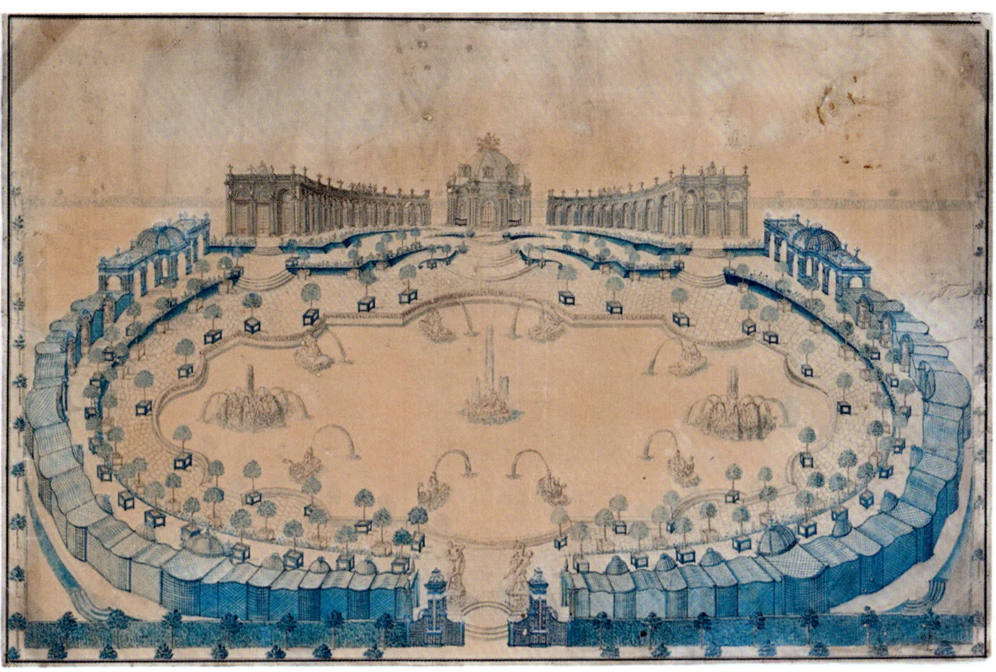

10 Bayreuth, Die Orangerie und Vogelhäuser in der Eremitage St. Johannis, um 1750

geberin geprägten komplexen kosmologischen Gartenkomposition, welche die Natur und die Künste in Einklang brachte und Anspielungen auf das ferne Reich China enthielt.

William Chambers hob in der »Dissertation on oriental gardening« (London 1772) hervor, wie wichtig Vögel für die chinesischen Gärten seien, da ihr Anblick und ihr lieblicher Gesang den Gesamteindruck belebten. Jeder anglo-chinesische Garten war daher mit Pavillons oder Galerien für die Vogelhaltung in den Bosketts ausgestattet. (Abb. 11)

11 Burgsteinfurt, Das chinesische Vogelhaus im Bagno, 1787, aus: Georges-Louis Le Rouge: Cahier des jardins anglais contenant ceux du Bagno à Steinforten Westphalie, Paris 1787, Taf. 12

Im »gesellschaftlichen Verein«

Im Landschaftsgarten wurden Volieren immer häufiger nur aus aus einem möglichst filigranen Drahtgeflecht errichtet, um die Illusion zu wecken, die gehaltenen Vögel hielten sich dort aus freien Stücken auf. Wie in den Fabeln Äsops und Jean de La Fontaines wurde das Zusammenleben der Vögel auf dem Hühnerhof oder in der Voliere als Spiegelbild der menschlichen Gesellschaft wahrgenommen. Jacques Delille, der auch in Deutschland hochberühmte Verfasser des Lehrgedichts »Les jardins« (Paris 1782), erkannte im Geflügelhof politische und Sozialstrukturen wieder: »Famille, nation, république, royaume«.[29] Friedrich Ludwig von Sckell erwähnte 1818 »zierliche Lauben aus eleganten Gittern, die […] eine Menge Vögel von verschiedenen Arten in einen gesellschaftlichen Verein aufnehmen.«[30] Die Vögel belebten das idealisierte Bild der Natur im Garten, und sie regten dazu an, das Zusammenleben im »gesellschaftlichen Verein« zu reflektieren.

Fazit

Die Haltung von Singvögeln in Lustgärten geht bis auf die Antike zurück. Will man einen vollständigen Eindruck frühneuzeitlicher Gärten als Natur- und als Klangräume gewinnen, so gehörten die Vögel und die Volieren hinzu. Seit dem frühen 18. Jahrhundert wuchs unter den deutschen Fürsten das Interesse an exotischen Vögeln, die gesammelt und je nach ihrer Art in Käfigen, Volieren oder abgetrennten Gartenrevieren gehalten wurden. Die Schönheit der Vögel und ihres Gesangs und ihr ungewohnter Habitus – Flug, Picken, Radschlagen – wurden in besonderen Gartenbereichen und Behausungen inszeniert. Waren gemauerte Volieren und Orangerien oft architektonische Äquivalente, so folgten die Vogelhäuser in deutschen Gärten insgesamt keiner einheitlichen architektonischen Typologie. Die Baugattung war von der Art und Größe der gehaltenen Vögel abhängig und häufig von hybrider Materialität – Stein, hölzernes Lattenwerk, Draht –, um den Tieren einerseits Nist- und Rückzugsräume zur Verfügung zu stellen und ihnen andererseits die Illusion eines natürlichen Habitats zu bieten. Viele Vogelhäuser wurden in oder bei Bosketts errichtet. Zur Ausstattung gehörten häufig Wasserbecken und kleine Gehölze. Nur wenige Vogelhäuser haben überlebt, und nur die wenigsten von ihnen dienen noch heute ihrem ursprünglichen Zweck. Sie entstanden häufig im selben Gartenbereich wie die Gebäude für die Pflanzensammlungen. Die Sammlungen für Flora und Fauna ergänzten einander.

Anmerkungen

1 Cellauro, Louis / Richaud, Gilbert: Varro's Aviary at Casinum (Part I). Reconstructions and Interpretations from the Renaissance to the Nineteenth Century, in: Die Gartenkunst, 27, 2015, S. 207–230.

2 Loisel, Gustave: Histoire des ménageries de l'antiquité à nos jours, Paris 1912, 3 Bde. – Paust, Bettina: Studien zur barocken Menagerie im deutschsprachigen Raum, Worms 1996.

3 Bardati, Flaminia u. a. (Hg.): Encager le ciel. Histoire, anthropologie et esthétique des volières, Paris (im Druck), darin: Lauterbach, Iris: « Une myriade de formes et de variétés » : les volières dans les jardins allemands du XVIIIe siècle.

4 Lustgärten und Pflantzungen mit wunndsamer zierd, Straßburg 1530, Bl. 4a.

5 Martz, Jochen: Die ehemaligen Gärten der Wiener Hofburg, in: Österreichische Zeitschrift für Kunst und Denkmalpflege, 51, 1997, S. 537–551. – Gugenhan, Stefan: Die Landesherrlichen Gärten zu Stuttgart im 16. und 17. Jahrhundert, Stuttgart 1997.

6 Zu den Augsburger Beispielen siehe: Lauterbach, Iris: »Lustgärten und Pflanzungen mit wundersamer Zierd«. Augsburger Gartenkunst der Frühen Neuzeit im Kontext, in: Tacke, Andreas u. a. (Hg.): »Gartenlust« und »Gartenzierd«. Aspekte deutscher Gartenkunst der Frühen Neuzeit, Petersberg 2023, S. 66–90.

7 Karnehm, Christl (bearb.) unter Mitarb. von Maria Gräfin von Preysing: Die Korrespondenz Hans Fuggers von 1566 bis 1594. Regesten der Kopierbücher aus dem Fuggerarchiv, München 2003, Bd. I, Einleitung, S. 67 und 68.

8 Lauterbach, Iris: *Magnificentia* und *spectaculum*: Herzog Albrecht V. von Bayern, Herzogin Anna und die Welt der Natur. Die herzoglichen Hofgärten im gartenhistorischen Kontext, in: Dauser, Regina u. a. (Hgg.): Herzog Albrecht V. von Bayern – Wissenshorizonte eines europäischen Dynasten, Berlin (im Druck).

9 Gessner, Conrad: Vogelbuch oder Außführliche beschreibung, und lebendige, ja auch eygentliche Controfactur und Abmahlung aller und jeder Vögel, Frankfurt am Main 1600, S. 56 zum Stieglitz: »Diese Vögel werden in den Häusern in Kebichen umb des Gesangs willen erhalten.«

10 Caus, Salomon de: Les Raisons des forces mouvantes, Frankfurt am Main 1615, Bd. 2: Ou sont desseignées plusieurs grotes et fontaines propres pour l'ornement des palais maisons de plaisances et jardins.

11 Furttenbach, Joseph: Architectura civilis, Ulm 1628, S. 31.

12 Paust, 1996 (wie Anm. 2).

13 Sturm, Leonhard Christoph: Vollständige Anweisung, grosser Herren Palläste, Augsburg 1718, S. 59–63.

14 Florin, Franz Philipp: Oeconomus prudens et legalis oder allgemeiner klug- und rechts-verständiger Haus-Vatter, Nürnberg u. a. 1705; Ders.: Oeconomus prudens [...] Grosser Herren Stands und Adelicher Haus-Vatter, Nürnberg 1719, S. 974–978.

15 Florin, 1719 (wie Anm. 14), S. 976.

16 Florin, 1719 (wie Anm. 14), S. 974.

17 Cellauro/Richaud, 2015 (wie Anm. 1).

18 Campitelli, Alberta/Costamagna, Alba: Villa Borghese. L'Uccelliera, la meridiana e i giardini segreti, Roma 2005.

19 Friedl, Guido: Über das Vogelhaus im Garten des Schlosses Mirabell zu Salzburg, in: Barockberichte, 46/47, 2007, S. 105–114.

20 Kleiner, Salomon: Représentation des animaux de la ménagerie de S.A.S. Monseigneur le Prince Eugene, Augsburg 1734. – Kleiner, Salomon: Résidences mémorables [...] Représentation exacte des édifices et jardins de Son Altesse Sérénissime Monseigneur Le Prince Eugene, Augsburg, Heft 6 (1736), Heft 8 (1737), Heft 9 (1738). – Gröschel, Claudia: »Ausländische Thiere und frembde Gewächse«. Menagerie und Orangerie des Prinzen Eugen von Savoyen in seinem Sommerpalais am Rennweg in Wien, in: Die Gartenkunst, 20, 2008, S. 335–354.

21 Siehe etwa die Tiersammlungen der Herzöge von Mecklenburg: Puntigam, Sigrid / Staatliche Schlösser, Gärten und Kunstsammlungen Mecklenburg-Vorpommern in Verbindung mit der Landesbibliothek Mecklenburg-Vorpommern Günther Uecker (Hg.): Der Mecklenburgische Planschatz. Architekturzeichnungen des 18. Jahrhunderts aus der ehemaligen Plansammlung der Herzöge von Mecklenburg-Schwerin, Dresden 2020, 2 Bde.

22 Asmussen-Stratmann, Karen: Das neue Werk von Gottorf. Rekonstruktion, Geschichte und Bedeutung eines norddeutschen Terrassengartens des 17. Jahrhunderts, Petersberg 2022, S. 76f., 80, Abb. 17. – Vgl. auch den Beitrag von Karen Asmussen-Stratmann in diesem Band.

23 Stadtarchiv Karlsruhe/Pretsch, Peter (Hg.): Eine Afrikareise im Auftrag des Stadtgründers. Das Tagebuch des Karlsruher Hofgärtners Christian Thran 1731–1733, Karlsruhe 2008; Karl Wilhelm 1679–1738, Ausst.-Kat. Karlsruhe, München 2015.

24 Schuhmann, Werner: »Die Entwicklung und Bedeutung des barocken Lustgartens von Karlsruhe-Baden unter besonderer Berücksichtigung der Orangerien«, in: Allerley Sorten Orangerie, Potsdam 2001 (= Schriftenreihe des Arbeitskreises Orangerien in Deutschland e. V., 3), S. 88–92.

25 Keyßler, Johann Georg: Neüeste Reise durch Teutschland, Böhmen, Hannover 1740, S. 140.

26 Hervieux de Chanteloup: Jean-Claude: Neuer Tractat von denen Canarien-Vögeln, Leipzig 1712.

27 Chambers, William: A dissertation on oriental gardening, London 1772, S. 26.

28 Habermann, Sylvia: Bayreuther Gartenkunst. Die Gärten der Markgrafen von Brandenburg-Culmbach im 17. und 18. Jahrhundert, Worms 1982. – Paulus, Helmut-Eberhard: Der Hofgarten Eremitage zu Bayreuth im Spannungsfeld zwischen Poetenhain und Philosophengarten. Orangeriekultur als Spiegel des Paradigmenwechsels im allegorischen Themengarten des 18. Jahrhunderts, in: Archiv für Geschichte von Oberfranken, 97, 2017, S. 147–183.

29 Delille, Jacques: Les Jardins, Paris 1782, S. 90.

30 Sckell, Friedrich Ludwig von: Beiträge zur bildenden Gartenkunst für angehende Gartenkünstler und Gartenliebhaber, München 1818, S. 238.

Das Palmenhaus des Regensburger Handelsherrn Georg Friedrich von Dittmer auf der Donauinsel Oberer Wöhrd

Zu den Ergebnissen der archäologischen Grabung im Herbst 2018

Seit Jahrhunderten verbindet sich im Gefühlsleben europäischer Menschen die Palme mit der Sehnsucht nach dem Süden und der Metapher paradiesischer Natur. Die Reiseliteratur des 19. Jahrhunderts stilisierte die Palme sogar zum exotischen Symbol der fernen und zugleich heilen Welt. Zu Beginn des 18. Jahrhunderts hatte sich Prinz Eugen von Savoyen in seinem berühmten Belvedere-Garten in Wien ein Glashaus errichten lassen, in dem er ebenfalls Palmen kultivierte. Für ihn waren die südländischen Pflanzen damals eine Ergänzung seiner vielteiligen Orangerie, in der er überwiegend mittelmeerische Pflanzen versammelte, vor allem Zitrusgewächse, die ihm ein Stück der Verheißung des »Goldenen Zeitalters« und das Ambiente eines von der Antike inspirierten Lebens- und Sammlungskosmos sicherten.

Im Zuge des Wandels von der älteren barocken zur jüngeren Orangeriekultur der Aufklärungszeit kamen im Laufe des späten 18. und frühen 19. Jahrhunderts neue Pflanzen in Mode, die aus immer exotischeren Weltregionen importiert wurden. Die Palmen spielten weiterhin eine Rolle, doch wurden sie nun immer weniger solitär in Pflanzgefäßen gehalten als vielmehr zeitweise ausgesetzt in den Themengärten oder zum wesentlichen Bestandteil inszenierter Wintergärten. Mit den Möglichkeiten der Dampfmaschine und der Stahl-Glas-Architektur entstanden schließlich gigantische beheizte Kristallpaläste mit ganzjährigem Pflanzenbestand, sodass das 19. Jahrhundert zur Epoche der großen Palmenhäuser wurde, mit Beispielen etwa in London und Brüssel, Wien und Berlin.

Palmen in Regensburg

Wer von Palmen in Regensburg spricht, der denkt zuerst an das fürstliche Haus Thurn und Taxis und insbesondere an den Wintergarten im 1883–88 errichteten Südflügel des Schlosses St. Emmeram. Die dortige Palmenkultur ist jedoch verhältnismäßig jung. Kaum bekannt ist, dass Regensburg im erlesenen Reigen der als Statussymbole errichteten Palmenhäuser mit einem zwar kleinen aber durchaus frühen Beispiel aufwarten konnte. 1795 erwarb der Regensburger Handelsherr Georg Friedrich von Dittmer (1727–1811) ein Grundstück für seine Villa im venezianischen Stil und ließ sich dafür im zugehörigen Küchengarten ein Palmenhaus errichten.[1] Und wäre dieses Palmenhaus erhalten geblieben, dann zählte es mit seiner frühen Entstehung und seinen aufschlussreichen metaphorischen Bezügen zur Persönlichkeit des Bauherrn zu den kuriosen Sehenswürdigkeiten in diesem Kreis.

Die Garteninsel des Oberen Wöhrd

Die Regensburger Episode in der Geschichte europäischer Palmenhäuser spielte sich inmitten der Donau ab. Im 18. Jahrhundert wandelte sich dort die Insel des Oberen Wöhrd vom Quartier der Fischer und Schiffsmeister zu einem attraktiven Viertel bürgerlicher Gärten und Sommerhäuser.[2] Noch im 19. Jahrhundert eine idyllische Garteninsel wurde sie im letzten Jahrzehnt des 20. Jahrhunderts – trotz aller Hochwassergefährdung – zum begehrten naturnahen Wohngebiet in der Stadt und entwickelte sich zu einem Quartier hochpreisiger Investitionen und nach oben offener Spekulation. Seither steht die einst lockere, von Gärten bestimmte Bebauung unter erheblichem Verdichtungsdruck, sodass der überkommene Charakter dieses weitgehend zum »UNESCO-Welterbe Altstadt Regensburg mit Stadtamhof« zählenden Stadtquartiers gefährdet ist und faktisch eine rasante Dezimierung auch der historisch prägenden Bausubstanz stattfindet.

Der bedauerliche Abbruch eines markanten und zugleich geschichtsträchtigen Gebäudes am Westende der historischen Bebauungszone der Insel veranlasste im Herbst 2018 die Denkmalbehörden zur letztmöglichen Sicherung der Geschichtszeugnisse durch eine archäologische Grabung.[3] Zu diesem Zeitpunkt war das ehemalige Garten- und Pflanzenhaus im Küchengarten von Georg Friedrich von Dittmer bereits zum Bodendenkmal herabgewürdigt. Die Befunde der Sicherungsgrabung konnten im Ergebnis zwar nicht den obligatorisch veranlassten, auf die historischen Festungsanlagen bezogenen Dokumentationsauftrag untersetzen, sehr wohl aber die hohe Geschichtsträchtigkeit des untersuchten Areals und seiner unmittelbaren Umgebung unter Beweis stellen.[4]

Auslösende Ursache für die Grabung war die – aus denkmalfachlicher Sicht schon im Ansatz kaum zu verantwortende – Genehmigung zur Überbauung eines charakteristischen Teiles der historischen Stadtbefestigung der alten Reichsstadt.[5] Ein derartiger Eingriff an diesem Standort ließ eo ipso, also ohne sonderliche Inanspruchnahme des menschlichen Denkvermögens, eine hohe Befunddichte an Zeugnissen der spätmittelalterlichen und frühneuzeitlichen Stadt- und Befestigungsgeschichte erwarten. Die schließlich unter geradezu schikanösem Zeitdruck ermöglichte archäologische Grabung musste sich in den Abläufen auf die engen Grenzen der Baugrube einschränken[6], in die nach vorgelegter Planung die zukünftige, durchaus opulente Tiefgarage eines für die Garteninsel zweifellos überdimensionierten Bauvorhabens eingebracht werden sollte.[7]

Die mit dieser Tiefbaumaßnahme verbundene Störung des Kulturbodens und des Bodendenkmals ging in ihrer Tatsächlichkeit allerdings weit über die in den Plänen dargestellten Grenzen der Baugrube hinaus, weil einerseits schon technisch die Befunde an den Abbruchkanten in Mitleidenschaft gezogen wurden und andererseits die Unzuverlässigkeit der beauftragten Baufirma in der baulichen Praxis zu ungeregelten Grenzüberschreitungen führte. Im Ergebnis dieser Situation zwischen Recht und Realität konnten die anstoßenden Bereiche der Wall- und Bastionsanlage also gerade nicht mehr erfasst werden.[8]

Die archäologische Grabung musste sich des Weiteren auf einen kleinen Teilbereich innerhalb des historischen Gartenbereichs beschränken, der im Laufe des 18. Jahrhunderts im Innern der Bastion zu liegen kam, obwohl er sich in der Gesamtheit untrennbar mit dem Namen eines Großen der Reichsstadt, mit Georg Friedrich von Dittmer verbindet.[9] Eine Prospektion der Schnittstellen und der Übergänge, folglich auch des historischen Kontextes zu den unmittelbaren Anschluss- und Nachbarbereichen konnte nach hier stattgefundener Auslegung der Gesetzes- und Rechtslage nicht durchgeführt werden, obwohl die wertvollen Anschlüsse absehbar und ursächlich durch das Bauvorhaben gestört und in aller Konsequenz auch unwiderruflich zerstört wurden. Die Grabungsfläche musste selbst das östliche Drittel des Baugrundstücks noch aussparen, da es laut Versicherung der Bauherrnseite von der Baumaßnahme nicht berührt würde.[10] In der daraus gefolgerten

Entscheidung durfte auch das entsprechende östliche Drittel des Garten- und Pflanzenhauses nicht mehr vollständig ergraben und dokumentiert werden, obwohl es in letzter Konsequenz doch der Beseitigung in Vollzug der Neubaumaßnahme anheimfiel.

Dennoch führten die innerhalb der eng begrenzten Baugrube geretteten Befunde zu hochinteressanten Entdeckungen. Sie stehen im aufschlussreichen Zusammenhang mit der einstigen, für das gesellschaftliche Leben der Reichsstadt bedeutenden Insel-Promenade und der 1654 angelegten Allee, die den traditionsreichen Festplatz der Reichsstadt erschloss. Die dortige Theater- und Festwiese diente dann seit dem 19. Jahrhundert wiederholt den im Stadtleben beachteten Turnfesten, sodass sich daraus das Sportgelände der Regensburger Turnerschaft entwickelte, währenddessen die Allee bis heute den Grundstock des sogenannten Regensburger Inselparks bildet.[11]

Für eine historische Gartenanlage in unmittelbarer Angrenzung an diese Promenade war allein schon aus der städtebaulichen Lage ein hoher repräsentativer Anspruch und ein standesgemäßes Dekorum zu erwarten. Alle diese Zusammenhänge bestätigen im Nachhinein ebenso schmerzlich wie eindrücklich den außerordentlichen Wert des tatsächlich gegebenen, behördlich aber leider nicht erkannten Geschichtsdenkmals, das – und dies ist ebenso wenig nachvollziehbar – von der Baugenehmigungsbehörde schon vor den Ermittlungsergebnissen und damit vor Beginn der Grabung dem gänzlichen Abbruch preisgegeben wurde.[12]

Der durch die Grabung erwiesene Kontext der Befunde mit dem anschaulichen Bestand des einzigartigen Ensembles der Villenanlage des Georg Friedrich von Dittmer unterstreicht nochmals in eindrücklicher Weise die städtebauliche Individualität und die besondere gartendenkmalpflegerische Bedeutung des Oberen Wöhrd

1 Georg Friedrich von Dittmer (1727–1811) nach einem zeitgenössischen Stich um 1800

für das UNESCO-Welterbe in Regensburg. Als eine über Jahrhunderte gewachsene historische Gartensiedlung durfte die Insel ihr einzigartiges kulturgeschichtliches Zeugnis noch bis an die Schwelle des 21. Jahrhunderts ablegen, um dann aber zum Opfer der sogenannten »Zeitenwende« zu werden, die für sich verbal eine »grüne Nachhaltigkeit« propagiert, um in den tatsächlichen verwinkelten Entscheidungsprozessen jenes Gegenteil zu realisieren, das sich im Ergebnis und ersichtlich auf dem Oberen Wöhrd in Regensburg als ein banales Stück des kulturellen Defizits offenbart. (Abb. 1)

Der Bauherr Georg Friedrich von Dittmer

Das von der archäologischen Grabung betroffene Gartenanwesen Lieblstraße 39 – historisch überliefert unter den beiden alten Haus-Nummern Lit. D 159 und 160 – gehörte einst dem Regensburger Handelsherrn und Bankier Georg Friedrich von Dittmer[13], dem zu Ende des alten Reichs erfolgreichsten Kaufmann der Reichsstadt. Die außergewöhnliche Gestaltung seines Garten- und Pflanzenhauses als Palmenhaus kann nur im biographischen Kontext dieser interessanten Persönlichkeit erkannt und angemessen gewürdigt werden.

Georg Friedrich Dittmer entstammte einer Kaufmannsfamilie in Pommern und beendete seine Ausbildung als Zwanzigjähriger in Stettin. Nach Tätigkeiten in Nürnberg und Bayreuth folgte 1751 der Wechsel zur Regensburger Firma des Johann Eberhard, die in Schiffsfracht mit Wein, Halleiner Salz und österreichischen Bergwerksprodukten handelte. Der Verschiffung des Salzes in den Westen und nach Norden folgte in Gegenfracht die Lieferung von Wein aus den Lagen an Rhein, Main und Neckar. Ergänzt wurde das Geschäft durch eine Schiffsmeisterei und den Betrieb von Lagerhäusern. 1758 heiratete Dittmer die Tochter des Firmenchefs und stieg 1760 zum Mitinhaber der nun erweiterten Firma Eberhard & Dittmer auf. 1781 wurde Dittmer Alleininhaber der Firma. Diese expandierte sowohl im Salzhandel als auch im Vertrieb österreichischer Bergwerkserzeugnisse. Für das letztere Segment gelang Dittmer die bemerkenswerte Ausweitung der Produktpalette auf Plattenkupfer, Rosettenkupfer und Quecksilber aus verschiedenen Regionen der Donaumonarchie und des Balkans. Über Köln und Amsterdam gelang ihm der Verkauf von Kupfer sogar bis nach Westindien. Österreichischen Zinnober und niederösterreichische Fertigprodukte aus Metall, wie Sensen, vertrieb er bis Petersburg und Riga. In der Schiffsfracht bespielte er Zentraleuropa von der Mündung des Rheins bis zur ungarischen Donau.

Aufgrund seines finanziellen Vermögens und seiner internationalen Geschäftsbeziehungen stieg er 1767 zum kurfürstlich bairischen Hofkammerrat und 1769 zum »Hofbanquier« auf. Zusammen mit dem Frankfurter Bankhaus Gebrüder Bethmann gewährte er 1793 Österreich eine Anleihe über 400000 Gulden und 1794 Baiern eine Anleihe über 700000 Gulden. Persönliche Darlehen an das Haus Wittelsbach kamen hinzu.[14]

Georg Friedrich von Dittmer wäre in der Persönlichkeit unvollständig eingeschätzt, wenn man seine Verdienste um Kunst und Wissenschaft, sein Engagement zu gesellschaftlichen Ereignissen und insbesondere in der seinerzeit hochgeschätzten Gartenkunst nicht angemessen würdigte. An seiner Tafel speiste neben dem Geheimen Rat Georg von Lori (1723–1787), dem Mitbegründer der Kurfürstlich Bairischen Akademie der Wissenschaften, auch Graf Damian Hugo Philipp von Lehrbach (1738–1815), eine graue Eminenz am kurbairischen Hof, von Kurfürst Karl Theodor zum geistlichen Geheimrat ernannt und als Ritter in den St. Georgsorden aufgenommen. Ein weiterer Gast war der am kurfürstlichen Hof einflussreiche Benjamin Thompson, seit 1785 Ehrenmitglied der Kurbairischen Akademie der Wissenschaften, seit 1791 Reichsgraf von Rumford, der als Schöpfer des Englischen Gartens in München den in den Gartenkünsten erfahrenen Georg Friedrich von Dittmer sicher inspiriert haben dürfte. Die 1789 von Rumford aufgenommenen Arbeiten zur Anlage des Englischen Gartens sahen einst eine in den Park integrierte Musterlandwirtschaft vor, die sogenannte Schweizerei, die als Variante der oberitalienischen Villa wohl Dittmer zur Anregung diente, wenn man seinen weiteren Lebenslauf betrachtet.

1781 gelang Dittmer der Aufstieg in den Adelsstand. Mit dem Diplom vom 17. Februar 1781 wurde er von Kaiser Joseph II. um seine Verdienste in Erweiterung des österreichischen Kupfervertriebs mit dem erblichen Titel »Edler von Dittmer« ausgezeichnet. Höchst aufschlussreich ist das von Georg Friedrich Dittmer erwählte, ihm mit dem Diplom verliehene Wappen. Es zeigt in einem gevierten Schild einen silbernen Anker im 1. und 4. Feld sowie einen grünen Palmbaum im 2. Und 3. Feld. Während der Anker unzweifelhaft für den auf der Schiffsmeisterei gründenden Handel steht, hat es mit dem Palmbaum eine sehr persönliche Geschichte auf sich, auf die hier noch einzugehen sein wird.

Das für Georg Friedrich von Dittmer erfolgreiche Jahr 1781 wurde ihm in mehrfacher Hinsicht zum Schicksalsjahr. Der Aufstieg zum Alleininhaber der Firma einerseits und die Aufnahme in den österreichischen Adelsstand andererseits, veranlassten ihn zum Erwerb und Ausbau des standesgemäßen Adelspalais am Regensburger Haidplatz. Noch im Jahr der Nobilitierung wurde er zudem in Wien am 24. November in die Loge »Zur gekrönten Hoffnung« aufgenommen. Nur ein Jahr später trug ihm das große Engagement als Logenbruder am 1. Dezember 1789 die Ehrenmitgliedschaft in der Regensburger Loge »Die Wachsende zu den 3 Schlüsseln« ein. In bemerkenswerter Öffentlichkeit bekannte sich Georg Friedrich von Dittmer zur Philosophie der Aufklärung und den freimaurerischen Idealen, über die nicht zuletzt die Ausstattung seiner 1795 errichteten Gartenvilla ein beredtes Zeugnis bis heute ablegt.[15]

Im Jahr 1789 folgte die Erhebung Dittmers in den Reichsritterstand. Sein Wappen fand nun zur Mehrung um einen goldenen Herzschild, der zwei gekreuzte Hämmer über einem Erzberg zeigt. Bildlich wird somit der Anlass erkennbar, der zu dieser weiteren Standeserhebung führte. Es waren seine Verdienste um den Absatz österreichischer Bergwerksprodukte. Im Jahr 1800 stieg Dittmer schließlich in den Reichsfreiherrenstand auf. Nun erhielt sein Wappenschild noch die entsprechende Krone des Freiherrenstands.

Zwei Palais in der Stadt und zwei Rittergüter auf dem Land

Nach adeliger »Convention« musste der Nobilitierung die standesgemäße Repräsentation auch in architektonischer Hinsicht folgen. Zu Ende des Jahrs 1781 erwarb Georg Friedrich Dittmer, kurz zuvor als »Edler von Dittmer« in den Adelsstand erhoben, das Erlbeck'sche Haus am Haidplatz inmitten der Reichsstadt Regensburg, um es zum zeitgemäßen und vor allem standesgemäßen Palais umzubauen. 1808 konnte er – mittlerweile sogar zum Reichsfreiherrn nobilitiert – das Haus um das östlich benachbarte Anwesen erweitern und bis 1809 vom fürstprimatischen Hofbaumeister Emanuel Joseph von Herigoyen mit einer den Ansprüchen adeliger Repräsentation genügenden Fassade versehen lassen. Zu dieser Zeit war Georg Friedrich von Dittmer allerdings aus dem Handelshaus schon ausgeschieden, das bereits seine Schwiegersöhne führten.

Schon dem ersten Ausbau des Stadtpalais von 1781 folgte im Jahr 1795 die Errichtung der Gartenvilla auf dem Oberen Wöhrd, bestehend aus Gartenpalais, Park und Küchengarten.[16] Diesem Anwesen kommt eine Schlüsselrolle in mehrfacher Hinsicht zu, auf die noch näher einzugehen sein wird. Es ist bezeichnend für die Persönlichkeit des Georg Friedrich von Dittmer, dass er sich bei der Errichtung seines standesgemäßen Gartenpalais nicht für das Vorbild eines üblichen barocken Lustschlösschens, sondern für den besonderen Typus der venezianischen Villa, also das ländliche Gut des freien Bürgers entschied, bei dem Garten und landschaftlich schöne Lage zum konstituierenden Dekorum und einer Metapher der Geistesfreiheit wurden.

Das Jahr 1795 wurde für Dittmer zu einem weiteren Schicksalsjahr. Nur kurz vor dem Erwerb der Grundstücke auf dem Oberen Wöhrd war sein jüngerer Sohn Heinrich Adolf im Alter von 30 Jahren verstorben. Schon bald

2 Die Gartenvilla des Georg Friedrich von Dittmer auf dem Oberen Wöhrd in Regensburg, Ansicht von Süden, Foto: H.-E. Paulus, 2023

nach Beginn der Baumaßnahme verstarb auch noch der ältere Sohn Johann Georg Friedrich. Sodann verheiratete Dittmer im September eben dieses Jahres seine Tochter Friederike Amalie mit dem Compagnon Carl Christian Thon, wohl auch in dem dringenden Bedürfnis, sich die Nachkommenschaft nun durch Enkel zu sichern, nachdem seine Söhne kinderlos geblieben waren. Die spürbare Eile in den Entscheidungen Dittmers zeigt sich zeitgleich auch im laufenden Bauvorhaben der Villa auf dem Oberen Wöhrd. Sie sollte ihm zum »geistigen Werk des Jahres 1795« werden, wenn man der steinernen Inschrifttafel an der Nordseite des Gebäudes Glauben schenken darf; und in der Tat scheint die von ihm gewählte konzeptionelle Idee auch baulich eiligst umgesetzt worden zu sein, wenn man bedenkt, dass der Ankauf des Grundstücks, die überraschende Planänderung und der Beginn der baulichen Umsetzung alle noch in die Frist des Jahres 1795 fielen. Nach realistischer Einschätzung der Umstände dürften sich aber die Vollendung und innere Ausstattung des Gartenpalais und vor allem die Anlegung des zugehörigen Parks und der für eine derartige Villa unentbehrlichen Funktionsgärten wohl doch noch bis ins Folgejahr hingezogen haben.[17]

Vier Jahre später konnte sich Georg Friedrich von Dittmer schon wieder dem Erwerb neuer Liegenschaften widmen. Unmittelbar vor den Toren der Reichsstadt kaufte er 1799 die vormals im Herzogtum Pfalz-Neuburg, seit 1777 auf kurfürstlich-bairischem Territorium gelegenen adeligen Herrschaften Etterzhausen an der Naab und Pettendorf als Rittergüter. Damit erwarb er die Landstandschaft im Kurfürstentum. Der Erwerb seiner Rittergüter fiel in eine Zeit des wirtschaftlichen Wandels im Hause Dittmer. Ausgelöst wurde er 1798 durch die Kündigung der Handelsverträge für österreichische Bergwerksprodukte seitens der Wiener Finanz- und Hofkammer. Wenig später folgte die Beendigung der Salzverträge seitens der Regierung in München. Die wichtigsten wirtschaftlichen Säulen des Dittmerschen Handelshauses waren damit weggebrochen.[18] Mit den beiden Rittergütern sollte also nach allen Anzeichen die notwendige Konsolidierung des Vermögensbestands erfolgen. Andererseits führte Dittmer das Handelshaus noch bis zum 1. Januar 1803 fort, um es dann doch seinen Schwiegersöhnen zu übergeben. Mit dem Ausbau des Gutes in Etterzhausen zu einem landwirtschaftlichen Mustergut widmete sich Dittmer nachfolgend anderen und wieder neuen Aufgaben.

Das bemerkenswerte bauliche Engagement Georg Friedrich von Dittmers findet seinen Abschluss jedoch erst mit der Erweiterung seines Stadtpalais bis 1809. In seinem baulichen Gesamtwerk spielt die Gartenvilla auf dem Oberen Wöhrd eine besonders herausragende Rolle, bis heute. (Abb. 2)

Eine Gartenvilla auf dem Oberen Wöhrd

Als sichtbares Zeichen seines Standes und Vermögens, ebenso seiner persönlichen Einstellung zu den gesellschaftlichen Fragen der Zeit, ließ sich Georg Friedrich von Dittmer im Jahr 1795 innerhalb der Reichsstadt eine Gartenvilla ganz nach dem Vorbild der venezianischen Villen auf der Terraferma errichten.[19] Die Errichtung eines Gartenpalais war für einen Adeligen im unmittelbaren Umkreis des kaiserlichen oder kurfürstlichen Hofes eine standesgemäße Selbstverständlichkeit. Umso bemerkenswerter erscheint die Entscheidung Dittmers für den Typus der Villa, also jene republikanische Variante des ländlichen Sitzes, die ihren Ursprung in einem humanistischen Ideal hatte und zum Muster der venezianischen Gesellschaft wurde, die sich als Träger einer aristokratischen Republik von freien Bürgern verstand. Für den überzeugten Freimaurer Dittmer muss die Wahl eines venezianischen Vorbilds und insbesondere das Modell der venezianischen Landvilla geradezu ein Stück Selbstverwirklichung gewesen sein. In keinem anderen Bautypus manifestierte sich der Geist der Aufklärung deutlicher als in der Villa der venezianischen Terraferma.[20]

Zur Anregung diente Dittmer sehr naheliegend die bauliche Gliederung einer Villa im Valpolicella, die als Vorlage durch publizierte Stichdarstellungen wohlbekannt und unter den damaligen Fachkundigen der Gartenkunst ein Geheimtipp war, die Villa Allegri-Arvedi in Cuzzano di Grezzana.[21] Zunächst wollte Dittmer noch den Vorgängerbau, das 1780 von Franz Joseph Freiherr von Berberich errichtete Gartenpalais »Carlslust« nur umbauen lassen. Doch dann entschloss er sich mit dem Erwerb des Anwesens im Mai 1795 sehr kurzfristig zur Errichtung des gänzlichen Neubaus, noch im Jahr des Erwerbs.[22]

Gegenüber dem italienischen Vorbild ließ Dittmer seinen Bau auf dem Oberen Wöhrd etwas breiter anlegen und im Dekor vereinfachen, um ihn dem Stil des Klassizismus zeitgemäß anzupassen. Die Bauleitung oblag dem in Thurn- und Taxisschen Diensten stehenden Joseph Sorg (1749–1808). Das eigentliche Konzept dürfte von Dittmer selbst stammen, wenn man den Angaben von Joseph Sorg in seinem Lebenslauf Glauben schenken darf, in dem er vermerkt, dass er lediglich »mit Rat und Tat«, also nicht als der Inventor beteiligt war.[23] Die erhabene architektonische Wirkung des herrschaftlichen Gartenpalais in der Symbiose aus venezianischer Eleganz und aufgeklärter Klassik, aus großbürgerlicher »Commodité« und freiherrlicher »Convenance« zeigt sich seit der Trassenerhöhung der Lieblstraße leider beeinträchtigt. Nachvollziehbar blieb die besondere und für eine klassische Villa kennzeichnende Einbindung in die Natur- und Kulturlandschaft, die sich nicht zuletzt darin äußert, dass die Haupterschließung des Gartenpalais auch nach der inneren Disposition über die Gartenseite erfolgt. Dieser wichtige Aspekt wird unterstrichen durch das zur Gartenseite ausgerichtete Treppenhaus, das in der architektonischen Wirkung und seinem Dekorum auf den Zutritt in das Gartenpalais von Norden angelegt ist.[24] Der die Gesamtanlage prägende, konzeptionell zugehörige Park in seiner Symbiose aus Natur und Kunst, auch mit der gleichermaßen von der Aufklärung und der zeitgemäßen China-Mode geprägten hochinteressanten Programmatik, ist heute leider verwildert. Durch die zwar gut gemeinte, letztlich aber nicht zu Ende gedachte Erschließung des Donauuferwegs ist er der zusätzlichen Gefährdung durch Vandalismus ausgesetzt.

Das Innere seines Gartenpalais widmete der Bauherr der Göttin Minerva-Pallas Athene, dem allegorischen Sinnbild der Weisheit. Ein opulentes Bildprogramm sollte die Räumlichkeiten durchziehen und in seiner Programmatik dieses Gartenpalais zu einem wahren Tempel der freimaurerischen Kontemplation werden lassen. Dittmer war hier nicht nur Auftraggeber, sondern der eigentliche Schöpfer des Gesamtprogramms. Ein Großteil dieser Malereien ist bis heute erhalten geblieben.

In diese nach seinen individuellen Vorstellungen gestaltete Gartenvilla auf dem Oberen Wöhrd zog Dittmer sich bezeichnenderweise auch als Privatier zurück, als er 1803 aus dem Handelshaus ausschied und die Leitung seinen beiden Schwiegersöhnen übertrug. Einige Jahre sollten ihm dort noch vergönnt sein, bis er am 16. September 1811 im Alter von 85 Lebensjahren verstarb.

Entsprechend seinem Testament vom 24. Juli 1801 fiel die Villa in das Erbteil des Familienzweigs Thon-Dittmer. Mit allen Zugehörungen blieb sie noch bis 1830 im Besitz der Familie, wurde aber, offenbar in Vorbereitung der Erbschaftsregelungen, von seinem Schwiegersohn Carl-Christian von Thon-Dittmer (1764–1831), noch kurz vor dessen Tod verkauft.[25] Erwerber war der fürstlich Thurn- und Taxissche Oberjustizrat Johann Baptist Liebl, nach dem die Erschließungsstraße zum Palais heute benannt ist. Wie lange Liebl die Gartenvilla mit ihren sämtlichen Zugehörungen besaß, ist nicht geklärt. Im Jahr 1864 waren jedenfalls der Küchengarten und 1868 auch das Gartenpalais in anderem Besitz.[26] Heute wird die Villa im Volksmund nach den späteren Besitzern seit dem 20. Jahrhundert als die »Villa Lauser« bezeichnet.

Zum Gesamtkomplex von Dittmers Villa gehörten nach heutigem Kenntnisstand zumindest zwei Gärten. Der attraktive Ziergarten im landschaftlich-chinoisen Stil erstreckte sich über die sogenannte Fischerinsel, eine der Villa unmittelbar nördlich vorgelagerte kleine Donauinsel. Doch für den unerlässlichen Nutz- und Küchengarten war in diesem engeren Umgriff um das Gartenpalais kein Platz. Dittmer erwarb deshalb etwa gleichzeitig das weitere Grundstück Lit. D 159–160 auf dem Oberen Wöhrd für den Nutz- und Küchengarten in fußläufiger Entfernung zum Gartenpalais. Der Küchengarten lag westlich der Villa und gerade noch innerhalb der reichsstädtischen Befestigung, die seit 1645 aus einer Wallanlage mit drei Bastionen bestand. Dittmers Küchengarten besetzte den stadtseitigen Bereich der mittleren Bastion und wurde von dieser umschlossen.

Schon 1986, zur Inventarisation der Dittmerschen Anwesen für den Baualtersplan zum Oberen Wöhrd, stellte sich die Frage, wo eigentlich die für eine Villenanlage dieses Formats dem venezianischen Vorbild entsprechende Orangerie in Gestalt eines Garten- und Pflanzenhauses untergebracht war.[27] Da im unmittelbaren Umgriff des Gartenpalais der Platz dafür fehlte, lag schon damals die Vermutung nahe, dass Orangerie und Pflanzenhaus im westlich gelegenen Nutz- und Küchengarten verortet werden müssen.[28]

Ein Leben im Zeichen der Palme

Auch wenn die Quellenlage bezüglich des konkreten Standorts von Orangerie und Pflanzenhaus lückenhaft ist, so hielt doch Dittmers

3a Wappen des Georg Friedrich von Dittmer im Giebeltympanon seines Gartenpalais auf dem Oberen Wöhrd, in: Baualtersplan Regensburg VIII, Abb. 158, Foto: Dieter Komma, 1986

3b Wappen des Georg Friedrich von Dittmer im Wappenbuch der österreichischen Monarchie 1831–1868, erstellt von Tyroff

Gartenpalais zwei Hinweise auf den Kontext innerhalb des Villenkomplexes bereit, einen augenfälligen und einen eher verdeckten.

Im Dreieckstympanon des südwärtigen Giebels zur Straße zeigt das Wappen des Georg Friedrich von Dittmer neben dem Anker der Schiffsmeister überdeutlich auch die Palme. (Abb. 3a) In der zum Wappen gehörigen Helmzier wedelt der Edelmann geradezu euphorisch mit einem Palmzweig. Es handelt sich dabei um ein sprechendes Wappen mit zugrundeliegender Geschichte. Schon mit der Erhebung in den Adelsstand 1781 führte Georg Friedrich Edler von Dittmer das Wappen mit geviertem Schild, das neben dem silbernen Anker auch den grünen Palmbaum im 2. und 3. Feld präsentierte. (Abb. 3b) Daher stellt sich die Frage, was es mit diesem Palmbaum auf sich hat.

Schon nach altchristlicher Tradition ist der Palmbaum ein Abbild des immergrünen Paradiesbaums, der für das Leben, insbesondere das Ewige Leben und das Paradies ganz allgemein steht. Wohlbekannt zu Dittmers Zeiten sind auch Emblem und Motto der 1617 in Weimar gegründeten »Fruchtbringenden Gesellschaft«, des von 1617 bis 1680 aktiven sogenannten Palmenordens, der unter Berufung auf Psalm 92,13 und unter der Devise »Alles Zu Nutzen« den Palmbaum als das Attribut des Gerechten sieht, der »im Lichte des Herrn wächst und beständig grünt«. Die dafür aufschlussreiche Passage des Psalms lautet: »Der Gerechte wird grünen wie ein Palmbaum, er wird wachsen wie die Zeder auf dem Libanon. Denn die da gepflanzt sind im Hause des Herrn werden grünen in den Vorhöfen unseres Gottes«.

Doch darüber hinaus ist die Palme auch ein bekanntes Freimaurer-Symbol, ebenso wie die in Psalm 92 genannte Zeder. In diesem speziellen Zusammenhang steht sie für Aufrichtigkeit und Rechtschaffenheit, folglich auch für die »Gerechtsamkeit« des daraus erwachsenden Werkes. Dieser metaphorische Hintergrund, ergänzt um die Tatsache, dass Georg Friedrich von Dittmer ein sehr überzeugter und bekennender Freimaurer war, lässt offenbar werden, dass er mit dem selbst gewählten Palmenwappen sein persönliches Lebensmotto in die Bildsprache zu übersetzen beabsichtigte. Bleibt somit die naheliegende

4 Anwesen Lieblstraße 39 innerhalb der Bastion des Oberen Wöhrd, Ausschnitt aus dem Baualtersplan Regensburg VIII

Frage, wie diese bildliche Devise ihren konkreten Niederschlag im stattlichen Bauprogramm des Handelsherrn fand, das sich in einem anspruchsvollen architektonischen Spektrum zwischen Stadtpalais und Landgut, zwischen Villa und Gartenkunst artikulierte.

Die Antwort wurde in mehrfacher Weise geliefert, wovon hier nur zwei Aspekte genannt sein sollen. Zunächst erinnern wir uns nochmals der Innenausstattung im Gartenpalais und der zentralen Rolle der Göttin Minerva-Pallas Athene im dort manifestierten Bildprogramm. Denn die als Zentralgestalt im Deckenbild des Saales inszenierte Minerva steht nicht für sich alleine. Sie gibt uns auch einen entscheidenden allegorischen Hinweis auf den besonderen Symbolgehalt der Palme. Bekanntlich ist die Palme der Geburtsort des antiken Lichtgottes Apollon, damit eine Metapher der aufgehenden Sonne. Und aus der Kombination mit Minerva ergibt sich ein sehr konkreter Hinweis, der einen freimaurerischen Tatbestand spiegelt. Er verdichtet sich im Emblem einer der ältesten und größten Logen des damaligen deutschen Sprachraums, der Leipziger Loge »Minerva zu den drey Palmen«. Durch Übernahmen und Vereinigungen datierte diese Loge auf das ehrwürdige Gründungsjahr 1741 und war zur Zeit Dittmers eine der größten und einflussreichsten Logen Deutschlands.

Die zweite architektonische Antwort lieferte innerhalb Dittmers Villenkomplex der Küchengarten mit seinem Garten- und Pflanzenhaus. Es bescherte der Suche nach einer Orangerie als Refugium immergrüner Gewächse nicht nur die erwartete Erfüllung, sondern räumte der Palme als dem persönlichen Baum des Georg Friedrich von Dittmer darüber hinaus einen Ehrenplatz ein. (Abb. 4)

Ein Küchengarten mit Palmenhaus neben der Villa

Der älteste Regensburger Stadtplan von 1812 zeigt das Grundstück von Dittmers Nutz- und Küchengarten mit zwei Nutzbauten, einem Stadel am Nordende des Gartens (Lit. D 159) und einem zweiten Bau an seiner östlichen Flanke (Lit. D 160). (Abb. 5) Der Garten selbst wird von einem Kreuzweg gegliedert und durch einen Hofplatz im Nordosten ergänzt. Südlich vor dem östlichen Nutzgebäude zeigt der Plan einen kleinen Ziergarten im dort verbliebenen Dreieck des Grundstücks. Nach stadtarchivalischer Überlieferung hat Dittmer den östlichen Stadel in seinem Garten zu einem Gartengebäude mit Gewächshaus umgebaut, was sich nach Lage und Ausrichtung des Gebäudes nach Süden wohl geradezu anbot.[29] Der Katasterplan von 1812 zeigt das Gebäude bereits in dieser exakten Ausrichtung nach Süden. Diese Angaben stimmen auch mit dem durch die Grabung verifizierten jüngeren Bau II überein, sodass man ihn mit dem von Dittmer errichteten Garten- und Pflanzenhaus identifizieren kann.

Wie die Grabung des Weiteren ergab, hatte der vorhergehende Bau I nicht nur etwas kleinere Dimensionen als das neue Gartengebäude, sondern war mit der Mittelachse ein Stück weiter nach Osten orientiert als der Nachfolgebau.[30] Die Fundamente seiner Nordfront wurden zu Teilen zwar vom neuem Gartengebäude wieder aufgenommen, doch stand der ältere Bau bezeichnenderweise parallel zur Befestigungslinie der Kurtinen, die Lage und Ausrichtung des seit 1645 errichteten Befestigungswalls auf dem Oberen Wöhrd bestimmte. Der Vorgängerbau von Dittmers Gartengebäude nahm folglich in der Funktion eines Stadels die analoge Position zum westlich benachbarten Schiffsmeisterstadel (Lauerer-Stadel)[31] auf, der wiederum vom 17. bis 18. Jahrhundert der Kurtine stadtseitig direkt an- und vorgebaut war. Bis zum Ende des 18. Jahrhundert war es eindeutig die Befestigungslinie, die – wohl schon aus strategischen Gründen – die Bebauung und den Zuschnitt der Gärten im Bereich von Schopperplatz und westlicher Lieblstraße bestimmte. Mit der Errichtung von Dittmers neuem Gartengebäude ab 1795 und dessen akkurater Ausrichtung auf den Sonnenstand nach Süden, traten aber offenbar die älteren strategischen Vorgaben in den Hintergrund, sodass Dittmer bei der Gestaltung seines Küchengartens zur

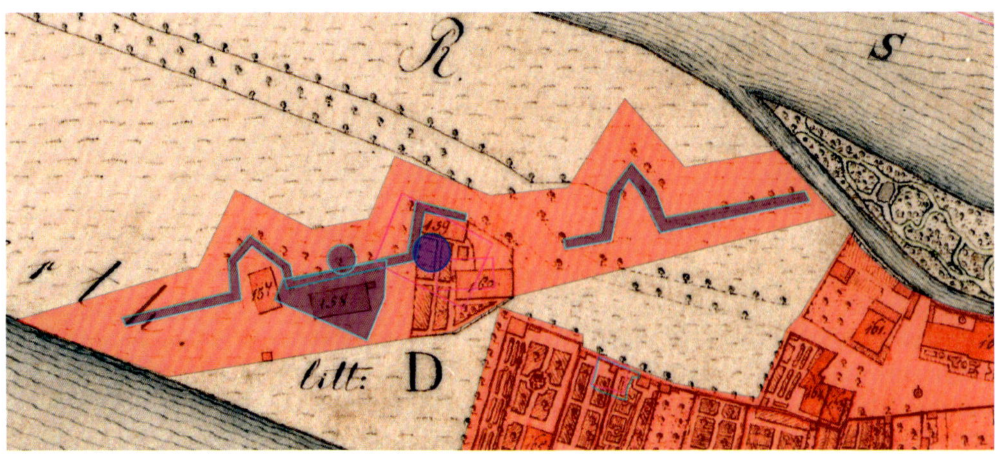

5 Katasterplan von 1812 mit eingefügter Grabungssituation

Villa den gärtnerischen Überlegungen Vorrang einräumen konnte.

Wie der gesamte Villenkomplex des Georg Friedrich von Dittmer auf der Donauinsel, so gelangte auch sein Küchengarten einschließlich des neuen Garten- und Pflanzenhauses um 1830 in andere Hände. Wahrscheinlich erwarb damals Johann Baptist Liebl zusammen mit der Villa auch den zugehörigen Küchengarten. Irgendwann zwischen 1830 und 1864 wurde das erdgeschossige Gartengebäude im Küchengarten zu einem zweigeschossigen Wohngebäude umgebaut, vielleicht im damals beliebten Typus der sogenannten Stadtvilla. Die niedrigeren Bereiche zu den drei Seiten des südwärtigen Palmensaals, also die ehemals westlichen, östlichen und nördlichen Bauteile um den höheren Kernbau mussten dabei nachträglich aufgestockt worden sein.[32] Wohl damals sind auch die Pflanzenräume westlich und östlich des großen mittleren Palmensaals unterteilt worden, um die notwendigen Voraussetzungen für das aus den überlieferten Plänen ablesbare, zu diesen Zeiten als besonders vornehm geltende »Appartement double« zu schaffen.

1864 folgte ein weiterer Umbau dieses Gebäudes, der erstmals durch einen überlieferten Bauplan dokumentiert ist, der auf den 13. Juni 1864 datiert.[33] Dieser Plan wurde allerdings später durch nachträgliche Einzeichnungen von anderer Hand und mit anderer Tusche überschrieben, was wiederholt Anlass zu Fehlinterpretationen gab.[34] Die darin enthaltenen jüngeren Kennzeichnungen durch Nummerierung und Nutzungsbeschreibung der Räume können jedoch nicht für das Jahr 1864 in Anspruch genommen werden, sondern müssen der späteren Umnutzung zum sogenannten »Blatternspital der Stadtkommune« zugeordnet werden. Der Plan markiert in heutiger Gestalt also gleich zwei zeitlich verschiedene und jeweils verändernde Eingriffe, die entsprechender Differenzierung bedürfen.[35]

In der Phase von 1864 wurde ausweislich der Kennzeichnungen dieses Plans die nachträgliche Unterkellerung mit dem nach Norden gerichteten Kellerhals und im Antritt nach Osten orientierten Kellerabgang eingebracht. Ferner fand die räumliche Halbierung des ehemaligen großen Palmensaals im südwärtigen Kernbau und damit dessen Auflassung statt. Eine Teilung erhielt auch der oblonge Funktionsbereich im nördlich daran anschließenden Raum. Die Unterteilungen der Räume westlich und östlich des Kernbaues, die Aufstockung des Obergeschosses und die Einbringung der Treppe in das Obergeschoss müssen jedoch schon vor 1864 erfolgt sein. Die 1864 eingebrachte nachträgliche Unterkellerung unter dem Kernbau erhielt die schon im Baualtersplan von 1987 beschriebene, auffallend niedrige Ziegeltonne.[36] Bei dieser Begehung für den Baualtersplan von 1987 waren die alte Struktur des Wohngebäudes in der Disposition eines »Appartement double«, die unterschiedlichen Geschosshöhen im Obergeschoss, schließlich die höheren Fußbodenniveaus in den Räumen unmittelbar über dem südwärtigen Palmensaal noch nachvollziehbar.

Eine weitere Veränderung traf das Gebäude durch die Umnutzung zum sogenannten »Blatternspital der Stadtkommune«, also einer ad hoc notwendigen medizinischen Quarantäne-Einrichtung, die höchstwahrscheinlich durch die bekannte Pocken-Epidemie von 1870/71 in unmittelbarer Folge des deutsch-französischen Krieges veranlasst war. Die Epidemie wurde in ganz Deutschland durch die Transporte der französischen Kriegsgefangenen ausgelöst, die im Unterschied zu den deutschen Truppen nicht ausreichend durchgeimpft waren. Die Epidemie brach bereits im Herbst 1870 in vielen deutschen Städten aus und hielt sich in verschiedenen Wellen bis 1873. Erst für diese Zeit ab 1870 ist auch die Nutzung des Gebäudes

6 Bestand des Gebäudes Lieblstraße 39 vor dem Abbruch 2018, Ansicht von Süden (UDschB P 1060975)

Lieblstraße 39 als Krankenanstalt nachweisbar, die nach derzeitigem Kenntnisstand bis 1906 andauerte.[37]

Die durch weitere Pläne nachweisbare bauliche Maßnahme von 1934 umfasste lediglich die Beseitigung des Abortanbaues an der Nordfassade des Gebäudes sowie den Anschluss des gesamten Anwesens an die städtische Entwässerung und Kanalisation.[38] Die Verbringung der Aborte in das Gebäudeinnere bedingte den weitgehenden Umbau des Treppenhauses und wohl auch die Verlegung des Kellerabgangs, der nun parallel zur Südwand der Treppendiele[39] zu liegen kam, obwohl die Planzeichnung diesbezüglich nicht eindeutig ist.

Im äußeren Erscheinungsbild des Hauses muss die Planung des Umbaus von 1864 zur Beseitigung der verglasten Bereiche geführt haben. Die Planung zeigt für den Mittelbereich deutlich die Einfügung einer zurückgesetzten, gemauerten vierachsigen Südfassade anstelle des ursprünglich verglasten Bereiches.[40] In dem für die erste Hälfte des 19. Jahrhunderts typischen neopalladianischen Stil sollten die seitlichen zweiachsigen Bauteile des Hauses risalitartig vorgezogen erscheinen. Doch äußerlich war das Haus schon mit diesem Umbau nicht mehr als ein Gartengebäude oder gar als ein Palmenhaus erkennbar, sondern musste als Wohngebäude in Erscheinung treten.[41] Letztlich sollten aber spätere Fassadenrenovierungen und Fensterauswechslungen, also Eingriffe, die denkmalpflegerisch zumeist als geringfügig gelten, den Charakter des Hauses so tiefgreifend beeinträchtigen, dass es seiner ursprünglichen architektonischen Bestimmung nicht mehr gerecht werden konnte. Zu Ende des 20. Jahrhunderts zeigte sich das einstige Gartengebäude gar in einem Zustand, dessen Äußeres ungeübten Betrachtern einen nur geringen historischen Anspruch vorzutäuschen drohte. (Abb. 6)

Dennoch gab es auch zu dieser Zeit noch unübersehbare Hinweise auf die hohe Geschichtsträchtigkeit der Anlage. Der dem Gebäude zugehörige Garten ist als frühe Anlage

7 Archäologische Grabung 2018, Luftbildfoto, Grundriss des Garten- und Pflanzenhauses mit den Pflanzgruben in der Osthälfte des Palmensaals in Planum 1 (BLfD DJI 0005)

im ersten Katasterplan von 1812 verzeichnet. (Abb. 5) Er schloss sich dem Gartengebäude westlich mit seiner Kreuzweg-Erschließung an. Dass es sich bei diesem Anwesen um den bedeutenden Garten des Georg Friedrich von Dittmer handelte, konnte 1987 im Baualtersplan zur Stadtsanierung Regensburg Band VIII publiziert werden.[42] Das Hauptgebäude des dokumentierten Gartens war seitdem unter Lieblstraße 39 (Lit. D 160) als Dittmers Gartengebäude mit Gewächshaus identifiziert und in die Denkmalliste eingetragen.[43] Es war also allgemein bekannt, dass sich hinter dem unscheinbaren Äußeren des städtebaulich noch immer markant gelegenen Gebäudes eine geschichtsträchtige Anlage verbarg, die einem bedeutenden Bürger der Stadt und einem ihrer erfolgreichsten Handelsherrn zuzuordnen war, dessen Wirken das Stadtbild bis auf den heutigen Tag prägt.

Der Abbruch des Gartengebäudes als Anlass der archäologischen Grabung

Dem 2018 vollzogenen, letztlich unverzeihlichen Abbruch des Hauses ging die Streichung aus der Denkmalliste voraus. Immerhin wurde der Abbruchantrag im Jahr 2018 aber dann doch zum Auslöser eines spannenden Erkenntnisprozesses. Denn die Kollegen der archäologischen Denkmalpflege erkannten die historische Bedeutung des Ortes und wollten den Geheimnissen der Stadtbefestigung auf die Spur kommen. Allerdings konnten – auch bedingt durch den Zuschnitt der Grabungsfläche – keine neuen Erkenntnisse zur Wallanlage, sondern Erkenntnisse zur schon 1987 im Baualtersplan verzeichneten Gartenanlage gewonnen werden. Auf diesem Weg fand das »Bodendenkmal« des ehemaligen Gartengebäudes zur mustergültigen archäologischen Freilegung und konnte schließlich als Palmenhaus identifiziert werden.[44]

Zur Überraschung fand man also nicht Wall und Graben, sondern verrußte Heizka-

8 Archäologische Grabung 2018, Schnitt Nord-Süd durch den Palmensaal und den Fußbodenaufbau im Profil 28 (ADILO IMG 7204)

näle und in das Fußbodenpflaster eingelassene, groß dimensionierte und zugleich ummauerte Pflanzgruben. Leider kam es aufgrund der bereits erteilten Baugenehmigung nicht zum Erhalt der Befunde oder gar zu einer Rekonstruktion, sondern zu deren vollständiger Beseitigung.[45] Um sich eine Vorstellung von dem einstigen Palmenhaus zu machen, ist man folglich ausschließlich auf die Erkenntnisse aus der archäologischen Grabung angewiesen. (Abb. 7, 8)

Die archäologische Grabung von 2018

Das Anlass gebende Bauvorhaben auf dem Grundstück Lieblstraße 39 zielte auf einen neuen Wohnkomplex mit Tiefgarage, der die komplette Beseitigung der bestehenden Architektur und unwiederbringliche Eingriffe in den Kulturboden einforderte. Betroffen war davon auch der gesamte bauliche Bestand, das zuletzt als Wohnhaus genutzte Hauptgebäude, zugleich Nachfolgebau von Dittmers Garten- und Pflanzenhaus, ferner der westlich davon gelegene, 1953 errichtete und 1957 nach Norden erweiterte Bungalow und die nordwestlich gelegene Lagerhalle von 1957. Auf dem Hofplatz im Norden des Grundstücks wurde noch das kleine Nebengebäude beseitigt. Lagerhalle und Nebengebäude nahmen bis dahin mit ihrem Grundriss in Grenzbebauung zur Grundstücksaußenseite den aussagekräftigen kurvierten Verlauf der historischen Bastion von 1645 auf. Die Lagerhalle von 1957 belegte mit ihren nördlichen Teilen noch immer maßidentisch den Platz des ehemaligen barocken Holzschneider-Stadels (Lit. D 159) und in den südlichen Teilen den Bereich des um 1795 angelegten Dittmerschen Küchengartens. Der Bungalow von 1953 befand sich ebenfalls im zentralen Bereich dieses Gartens.

Von der Neubaumaßnahme wurde das komplette Grundstück erfasst und auch der Kulturboden in seiner Gesamtheit gestört. Doch musste die archäologische Prospektion sich auf den engen Bereich der geplanten Tiefgarage und damit das westliche Drittel des Grundstücks beschränken. Folglich lag bereits das östliche Drittel des im Voraus zum Abbruch freigegebenen Hauptgebäudes schon außerhalb der archäologischen Grabung und wurde in deren Rahmen auch nicht über das oberste Planum 1 hinaus abgetragen.[46] Bedauerlicherweise entgingen sämtliche historischen Spuren unterhalb des obersten Planums damit einer Dokumentation. Entgegen den Angaben der Planungsseite fielen diese Bereiche bei der Durchführung der Baumaßnahme dann doch der Störung und im letzten Ergebnis der völligen Zerstörung durch Abtragung anheim. Die vorherige archäologische Erfassung und Dokumentation des dortigen Kulturguts wäre an sich von der Bauherrnseite sicherzustellen gewesen. Doch vermochte sie sich auf der Grundlage unzureichender Einzeichnungen in den Plänen und ungenauer Angaben zu den tiefbaulichen Abschachtungen – nicht zuletzt unter Verweis auf die bereits genehmigten Baupläne – dieser Rechtspflicht zu entziehen, letztlich zum Schaden der Allgemeinheit.

Leider erwies sich die Bauherrnseite auch im Verlauf der Grabung nicht als kooperativ. Sie verweigerte die vereinbarte Absteckung der Baugrube[47], sodass die Eingrenzung des

Grabungsareals im Augenmaß erfolgen musste und zur Rechtssicherheit der Denkmalbehörden auf eine Dokumentation von Befunden in den Grenzbereichen verzichtet wurde.[48] Für das Hauptgebäude suchte die Grabungsleitung das Defizit, das hinsichtlich der Erfassung des östlichen Drittels entstanden war, im verbliebenen Untersuchungsbereich mittels verdichteter Plana im Halbmeterabstand zu kompensieren.[49]

Die Ausgrabung und Dokumentation wurde der Firma ADILO GmbH Archäologische Dienstleistungen Oberpfalz mit Sitz in Parsberg übertragen. Am 16. Oktober 2018 begann der Bodenabtrag. Mit dem Ortstermin vom 26. Oktober 2018 wurde die archäologische Grabung aufgenommen und zum 14. Dezember 2018 beendet.[50] Sie umfasste drei Grabungsschnitte. Schnitt 1 wurde westlich des Hauptgebäudes angelegt, erfasste also den ehemaligen Gartenbereich und den Vorgängerbau des Lagerhauses. Schnitt 2 umfasste den Bereich des Hauptgebäudes. Der Schnitt 3 verlief nördlich des Hauptgebäudes und schloss sich in östlicher Richtung dem Schnitt 1 an, erfasste also den ehemaligen Hofplatz. Grundsätzlich wurde in vier Plana bis zum anstehenden Boden in die Tiefe gegraben. Nur im Bereich des Hauptgebäudes wurden zusätzliche Plana in der Abtiefung von jeweils einem halben Meter angelegt, soweit sie innerhalb des Untersuchungsbereichs lagen.[51] Dokumentarisch wurde das Hauptgebäude mit Schnitt 2 erfasst. Dabei wurde in Planum 1 das abgetragene Gebäude vollständig, in den folgenden Plana jedoch nicht mehr ergraben. Der westliche Gebäudeteil wurde in Schichten von jeweils einem halben Meter Abstand abgetragen. Dadurch entstand das zwischengefügte Planum 1.1. Ansonsten wurde der Keller des Hauptgebäudes dokumentarisch mit Planum 2 erfasst.[52]

Obwohl grundsätzlich bis zum anstehenden Boden untersucht wurde, bildeten der Brunnen[53], der im Mittelbereich des ehemaligen Gartens zu Tage kam, und die Sickergrube[54] westlich des Hauptgebäudes Ausnahmen. Deren Sohle lag tiefer als die Unterkante der Baugrube für den Neubau, die zugleich die Maßnahmengrenze bildete. Dies hat Auswirkungen auf die Auswertbarkeit der Befunde in diesen Bereichen. Der Brunnen im Zentrum des Gartens[55] kann nur mit Vorbehalt datiert werden. Entsprechend seiner Ziegelbauweise und der innerhalb seiner Baugrube aufgefundenen Blumentopfscherben wird er der Phase nach der Auflassung des Pflanzenhauses zugeordnet.[56] Er dürfte in der 1. Hälfte des 19. Jahrhunderts angelegt worden sein.

Eine ältere Datierung erscheint für die Sickergrube vor dem westlichen Ortgang des ehemaligen Garten- und Pflanzenhauses naheliegend.[57] Unterhalb einer quadratischen Eisenüberdeckung befand sich ein runder Sickerschacht, überwiegend aus Bruchsteinmauerwerk mit Ziegelfragmenten. In der geschnittenen Brunnenwandung war ein feiner gelber Kalkmörtel zu erkennen, der an der Innenwand des Brunnens nicht als Fugenmörtel sichtbar war. Die Bruchsteine waren in den Boden gesetzt, mit ihrer geglätteten Fläche zur Innenseite. Von Norden führte ein Steinrohr in das Innere des Brunnens. Es bildete offenbar die Zuleitung aus dem nördlichen Traufbereich des Gartengebäudes. Ein weiteres – offensichtlich deutlich jüngeres – Rohr aus Eisen im Boden fungierte als Überlauf und stellte die Verbindung zum Brunnen im Zentrum des Gartens her.[58] Auch hier kann die Datierung nur mit Vorbehalt erfolgen. Die Bauweise mit Bruchsteinen und Ziegelfragmenten könnte sehr gut in die Zeit um 1800 passen und damit zeitgleich zur Errichtung von Dittmers Garten- und Pflanzenhaus stehen. Die ablesbare Funktion zum nördlichen Traufbereich des Garten- und Pflanzenhauses vermag diese Vermutung zu bestätigen.

9 Archäologische Grabung 2018, Ansicht der Situation von Südwesten, Blick auf den Ostteil des Garten- und Pflanzenhauses (BLfD IMG 4165)

Auf die weiteren Befunde aus der Grabung soll hier nur so weit eingegangen werden, als sie im Kontext von Küchengarten und Gartengebäude zu neuen Erkenntnissen führen. Der besonders aussagekräftige Grabungsbefund lag in jenem südseitigen Mittelbereich des ehemaligen Garten- und Pflanzenhauses, der die höhere Bebauung für den Palmensaal aufwies. Leider sind gerade dort die Befunde durch den jüngeren Keller von 1864 gestört. Erhalten blieben allerdings die Fundamente der Kamine, jeweils an den nördlichen Ecken des Palmensaals, die durchgehend in allen Planunterlagen nachweisbar sind. Sie spielen für die Beheizung und die Bestimmung der historischen Heizräume eine maßgebliche Rolle. Erhalten blieb ferner im Fundament der Verlauf der massiven Nordwand des Palmensaals. Aus dem Befund darf auf eine tragende Wand mit effektvoller Dämmwirkung nach Norden geschlossen werden.[59]

Schon aus dem Grundriss ergibt sich damit die klare Disposition des Pflanzenhauses. Das Rechteck des großen südseitigen Palmensaals wird jeweils an der West- und Ostseite von einem zwar schmaleren, doch bis in die Tiefe des Gebäudes reichenden Pflanzenraum flankiert. Beide Räume wurden ebenso wie der Palmensaal beheizt. Nördlich des Palmensaals besetzte der Funktionsraum den verbliebenen Bereich zwischen den flankierenden Pflanzensälen. Der Funktionsraum bot damit ideale Voraussetzungen für die Lagerung des Brennholzes und zur Bedienung der Heizzentralen.

Eine vollständige Übersicht über das Gebäude gibt nur Planum 1. (Abb. 7) Das ent-

10 Osthälfte des Palmensaals mit den Pflanzgruben, Planum 1 der Grabung 2018 (ADILO IMG 1432)

→ 11 Heizkanal in der Osthälfte des Palmensaals (ADILO IMG 1446)

12 Westlicher Pflanzensaal mit Schleife des Heizkanals, Planum 1 der Grabung 2018 (ADILO IMG 1535)

→ 13 Westlicher Pflanzensaal, Kreuzungspunkt der Heizkanalschleife und Anschluss an den westlichen Kamin (ADILO IMG 1588)

sprechende archäologische Luftbildfoto zum Gesamtgebäude lässt – im unteren Teil des Bildes – den rechteckigen Bereich des massiven Kernbaues für den Palmensaal erkennbar werden. Dessen linke Hälfte ist durch den Keller von 1864 gestört. In dessen rechter Hälfte haben sich aber zwei runde Pflanzgruben vollständig, eine weitere zur Hälfte und der im Raum rundum laufende Rauchkanal der ehemaligen Kanalheizung in aussagekräftigen Fragmenten erhalten. (Abb. 9–13) Die Größe der ummauerten Pflanzgruben lässt auf die einstige Besetzung mit Palmen schließen. Vergleichbare Pflanzgruben blieben auch im Palmenhaus von Kloster Wilhering bei Linz erhalten, sodass es hinsichtlich der Verwendung keine Zweifel geben kann.

Als besonders qualitätvolle Befunde erweisen sich die gut erhaltenen Fragmente der Rauchkanalheizungen. Die Grabung erbrachte zwei separate »Schleifen« an Heizkanälen, die eine im Palmensaal in der Mitte des Gebäudes[60] und die andere im Pflanzenraum des Westteils.[61] Beide Schleifen waren an den westlichen Schornstein des Hauses angeschlossen. Für den nicht untersuchten Ostteil des Gebäudes kann eine weitere derartige Anlage nur vermutet werden, wahrscheinlich in analoger Gestaltung zum Westteil. Sie konnte jedenfalls im Planum 1 nicht erfasst werden. Dieses Planum erbrachte nur die Ergebnisse der jüngeren Umbauten zum »Appartement double« in der 1. Hälfte des 19. Jahrhunderts, die zur Unterteilung des östlichen Pflanzenraums und zur Einrichtung einer völlig anderen Art von Beheizung führten. Der Befund umfasste hier lediglich das Fragment eines Fuchses in der Nordostecke des Raums anstatt einer Heizkammer zum vorhandenen Kamin in der Nordwestecke analog der Westseite des Gebäudes.[62]

Die beiden ergrabenen Schleifen der Rauchkanalheizung zeigen unterschiedliche Bauweisen, sodass sie auch funktional voneinander unabhängig waren.[63] Bei beiden Kanälen ist ein deutlicher Anstieg erkennbar, der auf die Position der ursprünglichen Heizquelle schließen lässt, die sich am tiefsten Punkt des Heizkanals befunden haben muss. Dieser Bereich liegt bereits im rückwärtigen Funktionsraum, also unmittelbar nördlich jenes Schornsteins in der Nordwestecke des großen Palmensaals, der bis zum Abbruch des Gebäudes Bestand hatte. In der Grabung zeigte sich die Heizkammer allerdings vom Einbau des Kellerabgangs für die nachträgliche Unterkellerung von 1864 stark gestört. Doch nur diese Position macht den Verlauf der Heizkanal-Schleifen innerhalb des Grundrisses und auch die Überkreuzung kurz vor der Einmündung in die Heizzentrale erklärlich.[64] Die Heizkammer lag also im Funktionsbereich, aus dem heraus auch ihre Beschickung von Norden erfolgte.[65]

Von besonderer Aussagekraft ist die Befundlage zur Rauchkanalheizung des westlichen Pflanzenraumes.[66] Der Heizkanal wurde in Form einer länglichen Schleife errichtet und überkreuzte sich selbst unmittelbar vor der Einmündung in den Schornstein. Die Einmündung in den Schornstein lag ca. 80 Zentimeter vertikal über dem Fuchs, der die Verbindung zur Feuerstelle herstellte. Zwischen dem tiefsten und dem höchsten Punkt im Nordosten des Kanals verlief der Anstieg im Uhrzeigersinn. An der Überkreuzung war zu erkennen, dass die Kanäle von einer flachen Tonne überwölbt waren. Der Boden bestand aus Ziegelsteinen, überwiegend aus vier Läufern, von denen jeweils die beiden mittleren sichtbar und die äußeren von der sechs Ziegel hohen Wandung überdeckt waren. Im Verlauf des Kanals änderte sich das Format der Ziegel gelegentlich, sodass in der Sohle bis zu drei Ziegel sichtbar waren. Die Innenseiten des Heizkanals waren allesamt durch Ruß geschwärzt.[67] Der vom Heizkanal umschlossene Bodenbereich bestand aus einer sandigen Verfüllung.

Der Heizkanal des Palmensaals zeigte sich an zwei Stellen durch den jüngeren Kellereinbau unterbrochen und zur querliegenden »U-Form« reduziert. Sein Anstieg war flacher angelegt als im westlichen Pflanzensaal. Von der Überwölbung waren keine Reste mehr vorhanden. Die weitere Bauweise und die Rußspuren entsprachen im erhaltenen Bereich dem westlichen Pendant. Doch verlief der Anstieg hier im Gegenuhrzeigersinn. Die Höhendifferenz an den beiden abgeschnittenen Stellen des Kanals lag bei 13 Zentimetern. Das höhere Niveau im Norden deutet auf eine einst analoge Überkreuzung des Kanals vor der Einmündung in den westlichen Schornstein hin.[68]

14 Fundament der Nordwand des Palmensaals, Ansicht von Norden (ADILO IMG 1571)

15 Sickergrube vor der Westfront des Garten- und Pflanzenhauses (ADILO IMG 1601)

Während im westlichen Pflanzensaal der Boden zwischen den Heizkanälen lediglich aus einer sandigen Verfüllung bestand, waren in den Palmensaal rund gemauerte Pflanzgruben eingebracht.[69] (Abb. 14, 15)

Von den in Planum 1 noch erkennbaren drei Exemplaren erwies sich die westliche, durch den nachträglichen Kellereinbau auf die Hälfte beschnittene Pflanzgrube so erheblich gestört, dass keine weiteren Schlüsse gezogen werden können.[70] Der Aufbau der beiden ergrabenen Pflanzgruben weiter östlich unterschied sich wiederum deutlich. Das nördliche Exemplar[71] war noch in Form eines abgeschnittenen Kegelstupfs erhalten, zeigte sich aus Ziegeln im Rund gemauert und wies eine Bodenplatte auf.[72] Die südliche der beiden gemauerten Pflanzgruben[73] beruhte auf einer gänzlich anderen Bauweise. Sie bestand aus einer runden Öffnung, die in einen rechteckigen, aus Ziegelsteinen gemauerten und gedeckten Kasten eingelassen war. Die Rundung war im Innern auf der Ost- und Westseite in Ziegelbauweise zusätzlich ausgemauert und stieß an der Nord- und Südseite direkt an die rechteckige Einfassung bzw. den Heizkanal. Eine Bodenplatte war nicht vorhanden. Bemerkenswert erscheint die Tatsache, dass diese Pflanzgrube wesentlich näher am Heizungskanal lag als das nördliche Exemplar, sodass auch der Wurzelballen direkter mit Wärme versorgt werden konnte.[74] Neben der unterschiedlichen Bauweise funktionsgleicher Elemente scheint es innerhalb des Gewächshauses auch architektonisch mehrere aufeinanderfolgende Bauphasen gegeben zu haben, eine Erkenntnis, die der üblichen Praxis bei derartigen Bauten entspricht und durch das Profil 28 bestätigt wurde. (Abb. 8)

Zur baulichen Struktur des Gebäudes

Der massiv ummauerte Mitteltrakt des Gartengebäudes – aufgrund der gemauerten Pflanztröge wohl der einstige Palmensaal – wurde seitlich von je einem weiteren Pflanzenraum und rückwärtig von einem Funktionsraum flankiert. Auch im einstigen baulichen Bestand waren diese Unterschiede nachvollziehbar. Der Mitteltrakt des Palmensaals wies höhere Fußboden- und Deckenniveaus gegenüber den flankierenden Bereichen im Osten, Westen und Norden auf. Er verfügte über eine Rauchkanalheizung, die in der Nordwestecke ihren Ausgang nahm und mit einer Schleife an den dort befindlichen Rauchkamin zurückführte. Die zugehörige Heizzentrale befand sich unmittelbar nördlich dieses Kamins im Funktionsraum. Der nachträgliche Einbau eines Kellers im Jahr 1864 nutzte naheliegender Weise die Vertiefung zur Feuerkammer für den Kellerhals. Die Kaminanlage blieb bis zum Abbruch des Gebäudes erhalten.

Der westliche Pflanzensaal verfügte ebenfalls über eine Rauchkanalheizung. Sie wurde von der gleichen Heizzentrale aus bedient, verfügte aber über einen eigenen, vom Palmensaal unabhängigen Heizkreis. Über das räumliche Pendent auf der Ostseite können aus zwei Gründen keine verlässlichen Aussagen gemacht werden, einerseits wegen der auf das oberste Planum eingeschränkten Prospektion, andererseits wegen der offensichtlich jüngeren Überformung dieses Bereichs in Raumteilung und Beheizung. Die Reste eines Fuchses in der Nordostecke des verkleinerten Raums lassen auf eine völlig andere Variante der Temperierung schließen, wohl für eine dem gesellschaftlichen Aufenthalt dienende Sala terrena oder eine Variante des Regensburger Gartensalettl. Die Nordwand des Palmensaals enthielt in den Ecken die maßgeblichen Rauchkamine, die über alle baulichen Änderungen einer derartigen Anlage hinweg eine absolute Konstante bilden. Die Heizungsanlagen befanden sich daher in bautechnischer Logik im rückwärtigen Funktionsbereich des Gebäudes mit jeweils direktem Anschluss an die Schornsteine.

Völlig offen muss hier die Frage bleiben, ob es für die Temperierung des östlichen Pflanzensaals eine weitere Feuerungsanlage direkt am östlichen Kamin gegeben hat. Damit hätte man den Ostbereich in Analogie zum westlichen Pflanzensaal betreiben können. Eine gewisse Wahrscheinlichkeit spricht allerdings für die dreiteilige Konzeption der ursprünglichen Anlage dieses doch anspruchsvollen Garten- und Pflanzenhauses. Demnach könnte man im Ostteil eine Temperierung als »Kalthaus« analog zum »Warmhaus« im westlichen Pflanzensaal erwarten. Dies läge auch in logischer Konsequenz zur aufwendigen, durch die Grabung erwiesenen Installation der voneinander unabhängigen und einzeln regulierbaren Heizkreise. Will man diesen Überlegungen beitreten, dann wäre für den zentralen Palmensaal, das westliche Warmhaus und das östliche Kalthaus von einer jeweils eigenen Temperierung auszugehen.

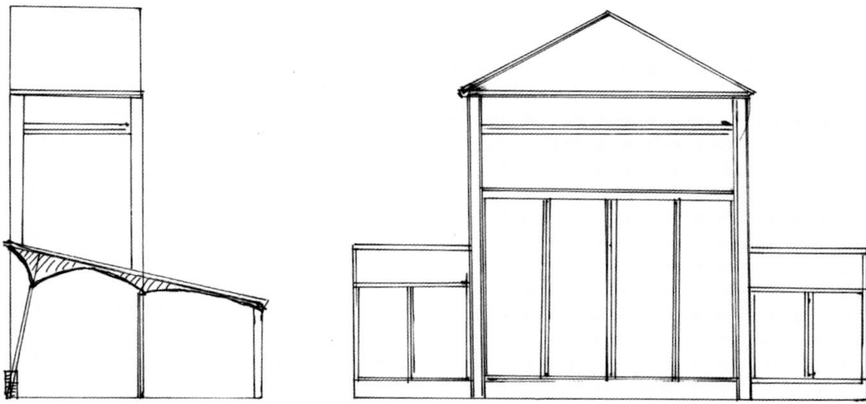

16 Schematische rekonstruktive Darstellung des Dittmerschen Palmenhauses, Seitenansicht mit Schnitt (links) und Frontalansicht (rechts)

17 Die kleine Orangerie von Schloss Karlstein in Regenstauf, Foto: H.-E. Paulus, 2019

Überlegungen zu einer veranschaulichenden Rekonstruktion

Über die einst aufgehende Architektur im Detail lässt sich heute nur noch spekulieren. (Abb. 16) Dennoch zeichnet sich – auch im Seitenblick auf die bekannten Palmenhausbilder eines Karl Blechen – ab, dass der südwärtige rechteckige Mittelbau wohl dem Palmenbestand vorbehalten war und daher eine entsprechende Höhe erreichen musste. Er dürfte die Seitenteile des Baues also deutlich überragt haben. Dies bestätigte auch einst der mittlerweile abgebrochene Bestand. Denn mit dem Umbau des Gebäudes zu einem Wohnhaus noch vor 1864 wurde aus dem hohen Kernbau ein Mitteltrakt, dessen Niveaus in Decke und Fußboden deutlich über denen der Seitenteile lagen. Die Gebäudehöhen bis unter Dach dürften spätestens 1864 angeglichen worden sein. Doch für die Zeiten Dittmers muss man sicher von verschiedenen Höhen der Bauteile ausgehen. Für die sichtlich niedrigeren seitlichen Teile wäre dann eine schlichte, nach Norden abfallende Pultdachkonstruktion vorstellbar, denn nur diese gewährleistet die mit der Grabung erwiesene Traufe im Norden. Die Vorderseite von Dittmers Garten- und Pflanzenhaus dominierte aber mit Sicherheit der hoch aufragende Palmensaal zusammen mit den weiteren, damals in üblicher Weise verglasten Südfronten, um den Pflanzen möglichst viel Licht zukommen zu lassen.

Zur Veranschaulichung darf man wohl von einem einfachen Typus ausgehen, wie er später zum Vorbild vieler Klein-Orangerien im frühen 19. Jahrhundert wurde. Ein derartiges Beispiel hat sich nur wenige Kilometer entfernt etwa mit der Orangerie von Schloss Karlstein in Regenstauf erhalten. (Abb. 17) Anstelle des dortigen Mittelsalons hinter der Giebelfront müsste man sich jedoch den hohen Palmensaal vorstellen, um sich dem Typus des Dittmerschen Gartengebäudes anzunähern.

Sicherlich gehörte das Palmenhaus des Freiherrn von Dittmer in Regensburg zu den frühen Beispielen seiner Gattung. Es dürfte daher noch immer deutliche Anleihe an den älteren Orangeriehäusern genommen haben. Mit großer Wahrscheinlichkeit war die Anlage kein Glashaus nach heutigem Verständnis mit einem verglasten Dach. Es dürfte vielmehr dem Typus des Pflanzenhauses mit massivem Dach und weitgehend geschlossenen Seitenwänden, gleichzeitig jedoch einer großzügigen Aufglasung der Südseite entsprochen haben.

Überlegungen zur architekturgeschichtlichen Einordnung

Der in Regensburg kurz nach 1795 entstandene Bau war wohl ein typisches Kind der Zeit. Obwohl wir über die Höhenentwicklung keine Angaben haben, verweisen die archäologischen Befunde doch auf die damals übliche Pflanzenhausarchitektur. Zu den innovativen Architekten der Zeit gehörte der im Großherzogtum Baden tätige Friedrich Weinbrenner, bekannt durch die Bauten des frühen 19. Jahrhunderts für den Botanischen Garten in Karlsruhe. Er entwarf 1822 auch ein Gewächshaus für die Markgräfin Christiane Louise, das konstruktiv dem Palmenhaus Dittmers vergleichbar erscheint, obgleich das Regensburger Beispiel deutlich kleiner ausfiel.

Die Besonderheit des Regensburger Palmenhauses liegt in der Tatsache, dass es noch zu reichsstädtischer Zeit entstand, also in einer Epoche, die oft zum Niedergang der Stadt stilisiert wird. Dass hier manche Korrektur angebracht erscheint, offenbart schon die Tatsache, dass sich mit Georg Friedrich von Dittmer ein Handelsherr und Bankier in der Stadt niederließ, der damals globale Wirtschaftsbeziehungen unterhielt. Sein Speditionswesen bespielte die für den europäischen Fernhandel maßgeblichen Ströme von Rhein und Donau. Seine Beziehungen reichten bis Westindien. Auf diesen Wegen konnte er sich wohl auch Zugang zu den damals begehrten exotischen Pflanzen verschaffen. Darüber hinaus zeichnete ihn aber wohl auch eine hohe Wertschätzung der Gartenkunst aus, wie sich dies im Kontext vom erwählten Familienwappen bis zum baulichen Engagement zwischen Villa und Garten spiegelt.

Anmerkungen

1 Paulus, Helmut-Eberhard: Baualtersplan zur Stadtsanierung Regensburg VIII – Oberer und Unterer Wöhrd, St. Katharinen-Spital, Steinerne Brücke, München 1987, S. 21–23 und 150–151.

2 Paulus, Helmut-Eberhard: Regensburg zwischen den Wassern. Ein historischer Ausflug auf die Wöhrde der alten Reichsstadt, in: Regensburger Almanach 1990, S. 89–95.

3 Fritsch, Maximilian W.: Blaue Traube, Spital, Gärtnerhaus. Beispiele verlorener Geschichtszeugnisse in Regensburg, in: Verhandlungen des Historischen Vereins von Oberpfalz und Regensburg 162, 2022, S. 391, 397, 393–395.

4 Für die Überlassung der Grabungsdokumentation und die Genehmigung zur Veröffentlichung ist dem Bayerischen Landesamt für Denkmalpflege, vertreten durch Frau Dr. Silvia Codreanu-Windauer, herzlichst zu danken. Zur archäologischen Grabung: Fachliche Betreuung: Bayerisches Landesamt für Denkmalpflege (BLfD), Referat B II Niederbayern/Oberpfalz, Dienststelle Regensburg, Dr. S. Codreanu-Windauer, Adolf-Schmetzer-Straße 1, 93055 Regensburg. Durchführung der Grabung und Dokumentation: ADILO GmbH, Burgstraße 8, 92331 Parsberg. Wissenschaftliche Grabungsleitung: Dr. P. Camatta, Dr. H. Fahimi, M. Fugiel (M.A.). Örtliche Grabungsleitung: Dipl.-Ing. J. Brandt, Dr. P. Camatta, Dr. H. Fahimi, M. Fugiel (M.A.)

5 Paulus, Helmut-Eberhard, Die Befestigung der Reichsstadt Regensburg und ihr Wandel bis zum Ende des 19. Jahrhunderts, in: VHVO 139, 1999, S. 47–66 (58).

6 Grabungsbericht der Firma ADILO an das Bayerische Landesamt für Denkmalpflege (BLfD), verfasst von Max Fugiel (M.A.), 2019.

7 Tiefe 3,50 Meter.

8 Grabungsbericht 2019 (wie Anm. 6).

9 Paulus Baualtersplan, 1987 (wie Anm. 1), S. 21–23, 150–151. Nach der Litera-basierten Regensburger Haus-Nummerierung, bezogen auf Wachten und Haus-Nummern, handelt es sich um die Anwesen Lit. D 159 und Lit. D 160.

10 Grabungsbericht 2019 (wie Anm. 6).

11 Paulus Baualtersplan, 1987 (wie Anm. 1), S. 22–23.

12 Ein erster Zwischenbericht hierzu erschien in: Zitrusblätter. Mitteilungen des Arbeitskreises Orangerien in Deutschland e. V. Nr. 26/2023, S. 18–19.

13 Zu Georg Friedrich von Dittmer: Bauer, Karl: Regensburg. Kunst-, Kultur- und Alltagsgeschichte, 5. Aufl. Regensburg 1997, S. 278–279. – Reinhold, Beate: Das Dittmer'sche Gartenpalais am Oberen Wöhrd. Eine Freimaurer-Villa als kulturgeschichtliches Zeugnis des späten 18. Jahrhunderts, in: Denkmalpflege in Regensburg, Bd. 7, Regensburg 2000, S. 57–69. – Chrobak, Werner: Das Thon-Dittmer-Palais, Regensburg 2019 (= Kulturführer Regensburg 25), S. 37–53.

14 Chrobak, 2019 (wie Anm. 13), S. 41–42.

15 Hierzu: Chrobak, 2019 (wie Anm. 13), S. 52. – Reinhold, 2000 (wie Anm. 13), S. 62–66.

16 Die Tafel im gut einsehbaren Sockelbereich der Nordfassade zum Garten mit der Inschrift: »G. F. v. D./1795« wird bei Reinhold, 2000 (wie Anm. 13), S. 60 als Grundstein für den Baubeginn gedeutet. Dies würde ein analoges Pendent an der Fassade für die Vollendung erwarten lassen, etwa im Bereich des Giebels. Ein solches existiert jedoch nicht. Nach der von der Freimaurerei stark geprägten Lebensphilosophie des Bauherrn liegt es weitaus näher, in der Jahreszahl einen Hinweis auf die »geistige Geburt« des Gesamtprojekts, nämlich die von der Idee der Freimaurerei bestimmte Villa zu sehen.

17 Reinhold, 2000 (wie Anm. 13), S. 60 geht von einer Bauzeit von zwei Jahren aus.

18 Chrobak, 2019 (wie Anm. 13), S. 49–50.

19 Zur Geschichte der Villa: Paulus Baualtersplan 1987, S.131–137. – Bauer, 1997 (wie Anm. 13) S. 418–420.

20 Zur aufklärungsbezogenen Ausstattung derartiger Villen: Paulus, Helmut-Eberhard: Das Goldene Zeitalter Roms als neuzeitliche Metapher, in: Orangeriekultur in Österreich, Ungarn und Tschechien (= Orangeriekultur Bd. 10), Berlin 2014, S. 193–208; 206–207.

21 Siehe hierzu die Abbildung in Volkamer, Johann Christoph: Continuation der Nürnbergischen Hesperidum, Nürnberg 1714, Taf. V.

22 Bestätigung durch die Inschrifttafel in der Nordfassade der Villa. Zu den Daten der Entstehung: Paulus Baualtersplan 1987, S. 131–136.

23 Reinhold, 2000 (wie Anm. 13), S. 61.

24 Das Gartenpalais Dittmers ist in seinem baulichen und bildlichen Bestand bis heute nur unzureichend analysiert. Für das Treppenhaus stellt sich zudem das Problem, dass es mit seinem Treppengeländer und seinen Malereien um 1903 umgestaltet wurde und die bisherigen Deutungen zwischen den Zeitphasen 1795, 1903 und 1929 nicht differenziert haben.

25 Im Familienvertrag vom 28.10.1831, abgeschlossen nach dem Tod von Carl-Christian von Thon-Dittmer, ist das Gartenpalais bereits nicht mehr Bestandteil des aufzuteilenden Familienvermögens. Hierzu Chrobak, 2019 (wie Anm. 13), S. 58–59.

26 Das Gartenpalais ist ab 1868 als »Café National« mit einem inoffiziellen Spielcasino überliefert.

27 Paulus Baualtersplan, 1987 (wie Anm. 1), S.131–137.

28 Paulus Baualtersplan, 1987 (wie Anm. 1), S.150–151.

29 Paulus Baualtersplan, 1987 (wie Anm. 1), S. 150–151 und die Planbeilagen.

30 Grabungsbericht, 2019 (wie Anm. 6), S. 14–15. Befunde 93, 103 und 107. Profil 28. Fotos ADILO, IMG 7204, 7207 und 7208.

31 Hausnummer Lit. D 158, später Schopperplatz 5, Flur Nr. 904; Der Stadel wurde 1951 zugunsten einer Lagerhalle abgebrochen. Hierzu Paulus Baualtersplan, 1987 (wie Anm. 1), S. 190.

32 Paulus Baualtersplan, 1987 (wie Anm. 1), S.150–151.

33 Ebenda.

34 So auch im Grabungsbericht , 2019 (wie Anm. 6), S. 20.

35 So bereits Paulus Baualtersplan, 1987 (wie Anm. 1), S.150–151.

36 Paulus Baualtersplan, 1987 (wie Anm. 1), S. 151.

37 Die im Grabungsbericht geäußerte Vermutung, dass das Blatternspital schon 1864 prophylaktisch eingerichtet worden sei, kann im Blick auf die historischen Ereignisse nicht nachvollzogen werden.

38 Plan vom 16.04.1934, Bauregistratur Stadt Regensburg, Lieblstr. 39.

39 Im Plan als »Vorplatz« bezeichnet.

40 Plan vom 13.06.1864, Bauamtsregistratur Stadt Regensburg, Lieblstr. 39.

41 Zum Abbruch des damals aus dem Umbau hervorgegangenen Gebäudes: Fritsch, 2022 (wie Anm. 3), S. 391–397, 393–395.

42 Paulus Baualtersplan, 1987 (wie Anm. 1), S.150–151.

43 Denkmäler in Bayern Band III.37, Stadt Regensburg: Ensembles, Baudenkmäler, Archäologische Denkmäler, bearb. v. Anke Borgmeyer, Achim Hubel, Andreas Tillmann, Angelika Wellnhofer, Regensburg 1997, S. 372.

44 Herzlicher Dank gilt dem Bayerischen Landesamt für Denkmalpflege, Frau Dr. Silvia Codreanu-Windauer, für den fachlichen Austausch und die Überlassung der Grabungs-Dokumentation zur Auswertung.

45 So Fritsch, 2022 (wie Anm. 3), S. 395 wörtlich: »Damit findet sich von dem Anwesen keine Spur mehr«.

46 Grabungsbericht, 2019 (wie Anm. 6), S. 4.

47 Ortstermin vom 29.11.2018 im Beisein von Vertretern des Bauherrn, des BLfD, der Unteren Denkmalschutzbehörde, der Baufirma Hess, sowie der Firma ADILO GmbH.

48 Befund 109 befand sich wahrscheinlich außerhalb der Baugrube und wurde daher, nach Absprache zwischen Herrn Loré (Fa. ADILO) und Herrn Dr. Dallmeier (Untere Denkmalschutzbehörde Stadt Regensburg) nicht weiter dokumentiert. Das Profil 31 mit den Befunden 100 und 111 wurde nicht durch die größte Ausdehnung der Befunde geschnitten, sondern so, dass das Profil noch mit Gewissheit innerhalb der Baugrube lag.

49 Grabungsbericht, 2019 (wie Anm. 6), S. 5.

50 Grabungsbericht, 2019 (wie Anm. 6).

51 Grabungsbericht, 2019 (wie Anm. 6), S. 5.

52 Grabungsbericht, 2019 (wie Anm. 6), S. 6.

53 Ebenda, Befund 23.

54 Ebenda, Befund 36.

55 Ebenda, Befund 23. Besonders aussagekräftig die Fotos ADILO, IMG 1464, 1490 und 1530 im Grabungsbericht, 2019 (wie Anm. 6).

56 Ebenda, S. 19.

57 Ebenda, Befund 36. Besonders aussagekräftig die Fotos ADILO, IMG 1546 und 1601.

58 Ebenda, S. 26–27, Befund 23.

59 Ebenda, Befund 25 und 42. Foto ADILO IMG 1557.

60 Ebenda, Befund 15 und Profil 28. Foto ADILO IMG 1446.

61 Ebenda, Befund 33. Fotos ADILO IMG 1535, 1555 und 1588.

62 Ebenda, Befund 20–22. Foto ADILO, IMG 1454.

63 Ebenda, S. 16.

64 Ebenda, Befund 33–35. Fotos ADILO, IMG 1555 und 1588.

65 Mit dieser naheliegenden Deutung muss der Interpretation und Vermutung im Grabungsbericht, 2019 (wie Anm. 6), S. 16 widersprochen werden.

66 Ebenda, Befund 33–35.

67 In S-N-Ausdehnung umfasste der Kanal 640 cm in O-W-Ausrichtung 380 cm.

68 Insgesamt hatte der ergrabene Teil des Kanals eine O-W-Ausdehnung von 490 cm und eine S-N-Ausdehnung von 500 cm.

69 Grabungsbericht, 2019 (wie Anm. 6), Befunde 12 und 16. Foto ADILO IMG 1433.

70 Ebenda, Befund 14 und 17. Foto ADILO IMG 1450.

71 Ebenda, Befund 13. Foto ADILO IMG 1438.

72 Insgesamt war die Wandung, zum Zeitpunkt der Dokumentation, sieben Ziegellagen hoch. Da die oberste Lage Mörtelreste aufwies, ist davon auszugehen, dass diese Pflanzgrube ursprünglich noch höher war. Im Inneren befand sich eine Putzschicht sowohl an der Wand als auch am Boden. Beim Verputz handelte es sich um einen, circa 1 cm stark aufgetragenen, weißen Kalkputz. An der Oberfläche waren keinerlei Reste sichtbar, welche Rückschlüsse auf die ursprüngliche Verfüllung zuließen. Weitere Hinweise zur Gleichzeitigkeit von Pflanzgrube und Heizkanälen im Grabungsbericht, 2019 (wie Anm. 6), S. 18.

73 Ebenda, Befund 16. Fotos ADILO IMG 1442, 1451 und 1615.

74 Im Innern wurde die Wandung der kreisförmigen Struktur durch gemauerte Kreissegmente und die anstoßenden Wandungen der Rechteckstruktur und des Kanals gebildet. Die runde Form wurde mit dem entsprechenden Auftrag von Mörtel erreicht. Der Mörtel befand sich allerdings ausschließlich an der Wandung und wies gleichfalls keine Reste der früheren Verfüllung auf. Weitere Erläuterungen im Grabungsbericht, 2019 (wie Anm. 6), S. 18.

Die Nymphenburger Pflanzenhäuser von Friedrich Ludwig von Sckell

Über ihre baulich-technische Ausstattung unter hortologischen Aspekten

Prolog

»Pflanzenhaus« – diesem Begriff wohnt eine Dualität inne: Pflanzenhäuser sind Bauwerke für Pflanzen, sie vereinen Gebautes und Gewachsenes, sie sind dem Bauwesen und dem Gartenbau gleichermaßen zugehörig. Deshalb beschäftigten sich nicht nur Architekten und Baumeister, sondern auch Gartenkünstler und Gärtner mit der Planung und Ausführung, mit der Errichtung und Einrichtung von Pflanzenhäusern. Über die Notwendigkeit, Gärtner ihre Pflanzenhäuser selbst entwerfen zu lassen oder sie zumindest bei der Planung und Realisierung intensiv zu Rate zu ziehen, äußerte sich Johannes Rosenkranz bereits 1769 in seiner Publikation »Aufmerksamer Holländischer Gärtner«, die von Wilhelm Christian Rudloff, »Hochfürstl. Ysenburg. [scher] Baum= und Plantagen=Gärtner in Offenbach« 1783 »in verbesserter Schreibart« herausgegeben wurde: »In Deutschland werden die Orangen=Häuser durchgängig von denen Baumeistern gebaut, welche ohne den Gärtner mit zu ihrem Entwurf zu nehmen, wohl sehr schöne und nach allen Regeln einer künstlichen Architektur eingerichtete Häusser aufstellen; allein, wenn der Baumeister nicht zugleich Gärtner ist, die Behandlung der Gewächse nicht versteht und also darauf bey seinem Bau keine Rücksicht nimmt; so wird nichts vollkommenes zu Stande kommen können. Viel besser wäre es, wenn dergleichen Häuser durch die Gärtner entworfen und gebaut würden, wodurch nicht nur viel unnöthige Kosten gesparet würden, sondern auch mehr auf den inneren Werth und Nutzen als auf die äussere ohnehin zum Zweck unnütze Pracht gesehen würde«.[1]

Der bayerische Hofgarten-Intendant Friedrich Ludwig von Sckell (1750–1823, 1808 geadelt) war in der idealen Lage, seine Pflanzenhäuser selbst planen zu können, denn mit kurfürstlichem Reskript vom 30. Mai 1804 wurde ihm das alleinige Recht zugebilligt, die Entwürfe für die Gewächshäuser und anderen Bauwerke für die herrschaftlichen Gärten eigenständig ausarbeiten zu dürfen, obwohl ihre Ausführung und Finanzierung in die Zuständigkeit der Hofbau-Intendanz fielen.[2]

Abriss der Planungs- und Baugeschichte

Die Planungs- und Baugeschichte der Pflanzenhäuser, die nach Entwürfen von Friedrich Ludwig von Sckell für die botanische Sammlung des bayerischen Königs Max I. Joseph (1756–1825, reg. 1799–1825, bis 1805 als Kurfürst) im Hofgarten Nymphenburg entstanden, wird hier nur insoweit dargelegt, als es für die zeitliche Einordnung der auf uns überkommenen schriftlichen und zeichnerischen Unterlagen geboten erscheint. Den inhaltlichen Schwerpunkt bilden vielmehr die relevanten baulichen und technischen Einzelheiten dieser Gewächshäuser. Dabei wird das Hauptaugenmerk auf das 1816 erbaute »Geranienhaus« gerichtet, da es sich um das einzige der von Sckell geplanten Pflanzenhäuser handelt, das in seiner gestalterischen, baulichen und funktionellen Konzeption sowie mit wesentlichen charakteristischen

1 Hofgarten Nymphenburg, Areal der königlichen Pflanzensammlung mit den drei Sckell'schen Gewächshäusern und den ihnen vorgelagerten Freiflächen; von rechts nach links: Pflanzenhaus von 1807 (seit 1868 »Eisernes Haus«), Pflanzenhaus von 1816 (seit 1954 als »Geranienhaus« bezeichnet), Pflanzenhaus von 1820 (»Palmenhaus«, hier noch im Planungsstadium mit Maßangaben), unsigniert und undatiert, um 1819, BSV, Gärtenabteilung, Plansammlung, Inv.-Nr. Mü 01-05-022

Bestandteilen auf uns überkommen ist.[3] Das Gebäude wurde 1845 als »kleines Gewächs-Haus«, 1882 als »sog. kleine Häuser« und 1884 als »mittleres Gewächshaus« bezeichnet.[4] Im ersten Drittel des 20. Jahrhunderts wechselten die Benennungen häufig: 1914 »Kleines Stehhaus«, wohl 1915 »Stehhäuser«, 1923 »Kleine Gewächshäuser« und 1932 »Kleines steinernes Ueberwinterungshaus (früher Azaleenhaus)«.[5] Die Bezeichnung »Azaleenhaus« wurde erstmals 1916 gebraucht, fand nach einer Unterbrechung 1935 erneut Eingang in den amtlichen Schriftverkehr und wurde noch im Februar 1953 verwendet.[6] Erst 1954 erhielt das Nymphenburger Pflanzenhaus von 1816 den Namen »Geranienhaus«, wobei der Grund für die Abkehr von dem inzwischen durchaus etablierten und diesem Bauwerk gewiss angemessenen Namen »Azaleenhaus« aus den überlieferten Akten nicht hervorgeht.[7] Aufgrund der relativ späten Einführung der Bezeichnung »Geranienhaus« wird dieser Gebäudename im Folgenden stets in Anführungszeichen gesetzt, zumal auch kein direkter Bezug zu Friedrich Ludwig von Sckell gegeben ist.

Carl August Sckell (1793–1840), Schüler, Neffe und Schwiegersohn von Friedrich Ludwig von Sckell und zugleich dessen Nachfolger im Amt des bayerischen Hofgarten-Intendanten, publizierte 1837 als Erster die zeitliche Reihenfolge der Erbauung der drei Nymphenburger Pflanzenhäuser und ihre damaligen Bezeichnungen: »Das zweyte im Jahre 1816 vollendete Gewächshaus ist das kleinste«; das 1807 erbaute Haus nannte er das »ältere« und das 1820 errichtete »das dritte

2 Hofgarten Nymphenburg, Entwurf für ein Pflanzenhaus mit Mittelpavillon, unsigniert und undatiert, wohl 1815, BSV, Gärtenabteilung, Plansammlung, Inv.-Nr. Mü 01-05-112

Pflanzenhaus«.[8] In Bezug auf das Letztere fügte er hinzu: »auch das Palmenhaus genannt«, wobei er es an anderer Stelle auch als »großes Gewächshaus« bezeichnete.[9]

Vom 1807 errichteten Pflanzenhaus sind eigenartigerweise keine Baupläne überliefert. Nur die akkurate, 1812 von Carl August Sckell angefertigte Bestandszeichnung mit Horizontalschnitt und Ansicht der Südfassade belegt den ursprünglichen Zustand dieses Gebäudes.[10] Nach einem verheerenden Brand in der Silvesternacht 1866 wurde es 1867/68 von Hofbau-Inspektor Carl Mühlthaler (1822–nach 1892) als »Eisernes Haus« wieder aufgebaut.[11]

Friedrich Ludwig von Sckell wählte den Standort für das erste Pflanzenhaus äußerst weitsichtig aus, nicht nur im Hinblick auf die optimale Ausrichtung nach Süden, die günstige Lage zum Kanal als Entnahmestelle von Gießwasser sowie die Zuordnung geeigneter Präsentations- und Nutzflächen im Umfeld, sondern vor allem auch hinsichtlich der Möglichkeit späterer Ergänzungen. (Abb. 1) Es lag auf der Hand, dass sich angesichts des anhaltenden botanischen Interesses des Monarchen und des stetig anwachsenden Bestandes an neuen exotischen Pflanzen über kurz oder lang Bedarf an einem weiteren Gewächshaus für die königliche Pflanzensammlung in Nymphenburg ergeben würde. Die Umstände, die dazu führten, dass allerdings neun Jahre vergingen, bis es zum Bau eines zweiten Gewächshauses kam, sind in den einschlägigen Akten nicht vermerkt. Auch ist unklar, wann dafür ein erster, offenbar bereits wenig später modifizierter Entwurf entstand.[12] (Abb. 2) Die auffälligsten Unterschiede dieses Entwurfs zum 1816 ausgeführten Gebäude sind der deutlich niedrigere Mittelpavillon mit einem Innenraum, der sich über die gesamte Grundriss-

3 Zweiter Hofküchengarten Nymphenburg, »Ananas=Haus im Königlichen Garten zu Nÿmphenburg bei München«, Bestandszeichnung, Friedrich Zipf, 1827, Stiftung Preußische Schlösser und Gärten Berlin-Brandenburg, Plankammer, Mappe München, Foto: SPSG

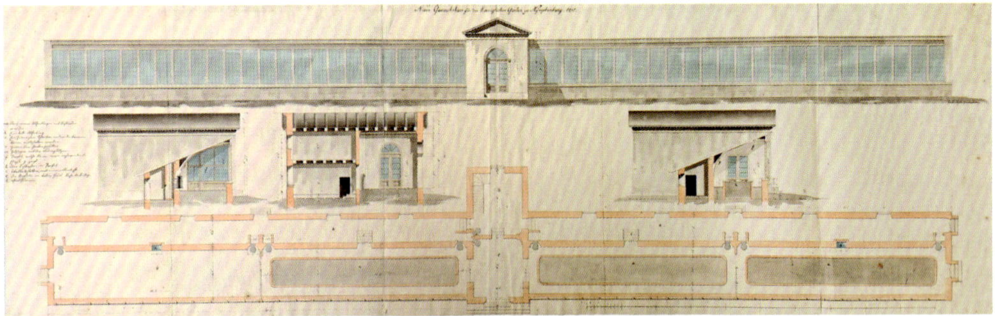

4 Hofgarten Nymphenburg, »Geranienhaus«, »Neues Gewaechshaus für den Koeniglichen Garten zu Nÿmphenburg«, Bauplan, unsigniert, 1815, Münchner Stadtmuseum, Sammlung Lang, Inv.-Nr. G-LVI/53

fläche des Pavillons erstreckte; das Eingangsportal des Mittelpavillons, das in seiner Gestaltung jenen des Hauses von 1807 gleicht; die zunächst 16 Fensterachsen je Flügel, die auf 18 erhöht wurden und dennoch deutlich unter den realisierten 24 Achsen blieben; die Zweiteilung jeder Fensterachse in ein oberes und ein unteres Fenster ungleicher Höhe; der Raum für die Pflanzen im Ostflügel, der nicht zweigeteilt war und folglich nur ein zusammenhängendes Lohbeet aufwies. Außerdem befindet sich auf diesem Blatt die in Form eines skizzierten Gebäudequerschnittes nur angedeutete Überlegung, das Gewächshaus mit gewölbter Decke und inklinierter Fensterwand auszuführen. Daraus ergibt sich eine gewisse Ähnlichkeit mit dem 1809 von Sckell geplanten und 1812 errichteten Ananashaus im zweiten Nymphenburger Hofküchengarten.[13] (Abb. 3)

Im Hinblick auf das neue Pflanzenhaus betonte Sckell in einem Schreiben vom 12. Oktober 1815, dass »die Königliche Hofgarten[-]Intendanz den Plan hier allerunterthänigst anschließt«; gleichzeitig verwies er auf das übliche Prozedere bei Baumaßnahmen: »Da die Königl: Hofgarten[-]Intendanz mit der Ausführung der Bauten, nie beauftragt wird, sondern dieses im Wirkungskreise der Königl: Bau[-]Intendanz liegt, so dürften auch die Baukosten, für das befragte Gewächshaus, von dieser Stelle, wenn ihr der Bauplan, wie gewöhnlich zur Prüfung übergeben werden wird, weit näher bestimmt werden können«.[14] Am Ende des Schreibens äußerte sich Sckell zum Termin der Fertigstellung: »Schließlich stellet der Unterzeichnete das allerunterthänigste Ansuchen, daß das neue Gewächshaus im nächsten September Monate 1816, vollendet werden möchte, weil es schon dermalen am Raum mangelt, die Pflanzen aufheben zu können«.[15] Am 28. Oktober 1815 erging das entsprechende Reskript des Königs an die Hofbau-Intendanz, dass »zur Unterbringung des beträchtl. ~~Pflanzen~~zuwachses an seltenen Pflanzen, wofür es im alten Gewächshause [von 1807] an Raum gebricht, ein neues Gewächshaus in Nymphenburg, nach dem ~~anliegenden~~ eingesendeten, hierdurch genehmigten Plan, bis Ende September künftigen Jahres [1816], vielmehr bis zum Eintritt des nächsten Spätherbstes, vollends erbaut werden solle«.[16] Daraufhin hatte Hofbau-Intendant Johann Andreas Gärtner (1744–1826) »die Voranschläge der Kosten anfertigen lassen, welche auf die Neuerbauung eines Gewächshauses in dem Königlichen Hofgarten zu Nimphenburg nach der von der Königlichen Hofgarten[-]Intendanz entworfenen Zeichnung« im nächsten Etat einzuplanen sind; er reichte die Kostenermittlung am 13. Dezember 1815 beim König ein.[17] Der überlieferte »Kostenanschlag« in sauberer Kurrentschrift über die Maurer-, Zimmerer- und Steinmetzarbeiten sowie die Wasserversorgung – d. h. für den Rohbau – datiert vom 1. Dezember 1815; für alle anderen Gewerke sind lediglich undatierte Notizen mit teilweise schwer lesbaren Handschriften auf uns überkommen.[18]

Bei dem im Schriftverkehr wiederholt erwähnten und von König Max I. Joseph genehmigten »Plan« handelt es sich mit hoher Wahrscheinlichkeit um die mit dem Anspruch eines repräsentativen Schauplans exakt ausgeführte und angemessen kolorierte Zeichnung mit der Beschriftung »Neues Gewaechshaus für den Koeniglichen Garten zu Nÿmphenburg. 1815«.[19] (Abb. 4) Das Blatt zeigt die Gesamtansicht von Süden, den Horizontalschnitt durch das komplette Gebäude sowie Querschnitte durch den Mittelpavillon, durch eine Abteilung mit Lohkasten und eine Abteilung ohne Lohkasten. Die Zeichnung gibt die einzelnen Räume und Bestandteile des Gebäudes bis hin zur technischen Ausstattung, wie Öfen, Lohkästen und Gießwasserbecken, einschließlich relevanter Maße konkret und damit durchaus »ausführungsreif« wieder; zudem verdeutlicht eine Legende die von Sckell geplante Funktionsverteilung innerhalb des Gewächshauses.

Als Ausführungsunterlagen für das »Geranienhaus« sind schließlich zwei Werkzeichnungen anzusehen, die beide die identische und zweifelsfrei der Entstehungszeit zuzuordnende Beschriftung »Theil des Grundrißes zum neuzuerbauenden Gewächshaus in den Königlichen Garten zu Nymphenburg ao. [anno] 1816« aufweisen.[20] (Abb. 16,17) Sie enthalten einige gegenüber dem repräsentativen Bauplan von 1815 veränderte bzw. ergänzte Details, wie die westliche Ansicht des Gebäudes und die Rückansicht des Pavillons, aber auch spezielle Maßangaben, z. B. die drei Mittelpunkte der Kurven zur Konstruktion der gewölbten Decke. Diese Unterlagen wurden vermutlich von Dionysius Zischl (1786–1828), dem Zeichner und Geometer der Hofgarten-Intendanz, um die Jahreswende 1815/16 nach den Vorgaben Friedrich Ludwig von Sckells und unter dessen Aufsicht angefertigt. Zur Umrechnung der Maßangaben der historischen Baupläne ist Folgendes anzumerken: 1806 wurde im Königreich Baiern das Dezimalsystem für das Längenmaß »Fuß« – zuweilen auch als »Schuh« bezeichnet – eingeführt. Ungeachtet dessen zeigen die auf den Werkzeichnungen des »Geranienhauses« von 1816 und des Palmenhauses von 1817 dargestellten Maßleisten noch immer die Duodezimal-Einteilung des Fußes in 12 Zoll. Demzufolge wurden die daraus entnommenen Maße auf der Basis des Duodezimalsystems in das metrische System übertragen.[21]

Frühe Bestandsaufnahmen der Sckell'schen Pflanzenhäuser

Obwohl das »Geranienhaus« unter den drei Nymphenburger Gewächshäusern die geringste gestalterische Attraktivität aufwies, scheint es dennoch zu Beginn des 19. Jahrhunderts bei fachkundigen Besuchern besonderes Interesse hervorgerufen zu haben. Für sie waren offensichtlich die hier realisierten technischen Lösungen interessanter als die ansprechendere Architektur der anderen Pflanzenhäuser. Zum einen fertigte der preußische Garteneleve Friedrich Zipf (1806–1863) eine sorgfältig ausgeführte und kolorierte Zeichnung des »Geranienhauses« an, die er mit »Gewächshaus in dem Königlichen Garten zu Nymphenburg bei München« bezeichnete.[22] Auf dem Blatt fügte er seinem Namen die Bemerkung hinzu: »fecit in München 1827«. Zipf benutzte unverkennbar den repräsentativen Bauplan von 1815 als Vorlage, auch wenn er die Wiedergabe sowohl der Ansicht von Süden als auch des Horizontalschnittes jeweils auf den östlichen Teil des Pflanzenhauses und den Mittelpavillon beschränkte. Ein deutlicher inhaltlicher Unterschied bestand jedoch darin, dass er in der äußeren Abteilung des Ostflügels kein Lohbeet darstellte.

Zum anderen fügte der bedeutende britische Gartenfachmann John Claudius Loudon (1783–1843), der sich selbst intensiv mit dem Bau von Gewächshäusern beschäftigte, den 1833 in »The Gardener's Magazin« und 1835 in »The Encyclopaedia of Gardening« publizierten Berichten über seine im Herbst 1828 durchgeführte Besichtigung von Nymphenburg ausschließlich Abbildungen des »Geranienhauses« bei.[23] Die auf einfachen Strichzeichnungen basierenden Holzstiche in der typischen Loudon'schen Manier zeigen die Gesamtansicht von Süden, den kompletten Horizontalschnitt sowie Querschnitte durch eine Abteilung mit Lohbeet und eine Abteilung mit angedeuteter Treppenstellage. Sie stimmen in den meisten Details mit dem Bauplan von 1815 überein und stellen sicherlich vereinfachte und damit auf das Wesentliche beschränkte Nachzeichnungen dieser Unterlage dar.

1820 kam es nach über zweijähriger Vorbereitung zum Bau des dritten Nymphen-

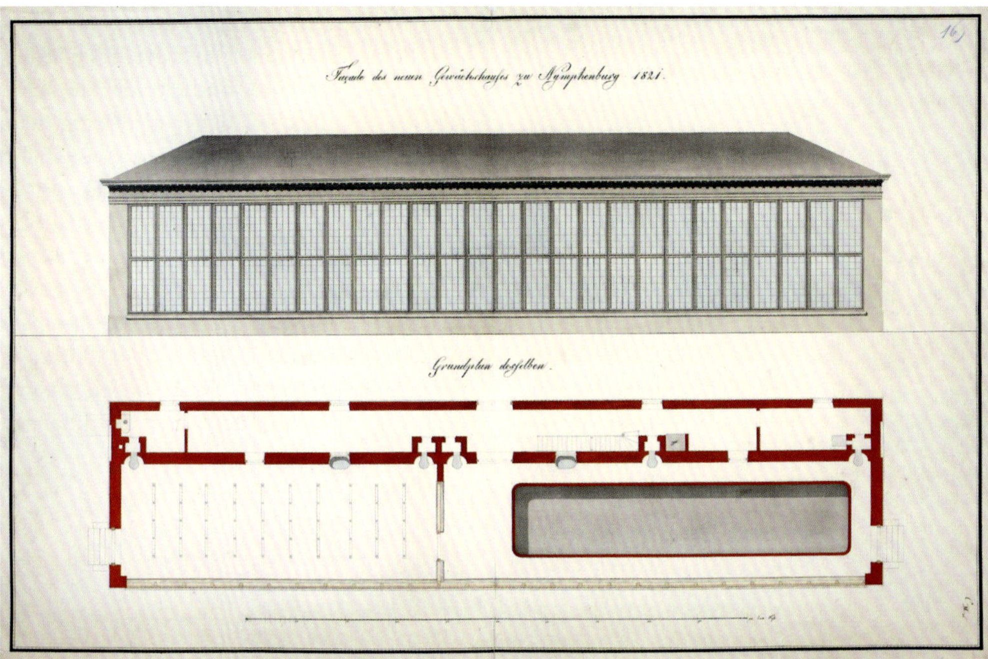

5 Hofgarten Nymphenburg, Palmenhaus, »Facade des neuen Gewächshauses zu Nymphenburg 1821« und »Grundplan desselben«, Bestandszeichnung, unsigniert, 1821, BSV, Bauabteilung, Plansammlung, Inv.-Nr. 712 PH4.012

burger Gewächshauses, des Palmenhauses.[24] Von dieser Maßnahme sind der vollständige Kostenüberschlag vom 1. August 1818 sowie vier Baupläne erhalten geblieben.[25] Außerdem wurde das Gebäude direkt nach seiner Vollendung 1821 in nahezu allen baulichen und technischen Einzelheiten zeichnerisch sehr genau erfasst und in einem aus fünf Blättern bestehenden Konvolut umfassend dokumentiert.[26] (Abb. 5) Auch Friedrich Zipf schuf 1827 ein allerdings relativ kleinformatiges Übersichtsblatt mit der Bezeichnung »Grundplan des neu erbauten großen Gewächshauses im Königlichen Lustgarten zu Nymphenburg«, das Ansichten des Palmenhauses von Süden und Osten, den Horizontalschnitt sowie zwei Gebäudequerschnitte umfasst.[27]

Zu den frühen Bestandsaufnahmen gehört letztlich auch der »Grund Plan der Gewächshäußer und die dabei [befindliche] Blumenanlage im Königl Hofgarten zu Nymphenburg«, den der als Architekt ausgebildete, ab 1808 in Nymphenburg tätige und 1852 in den Ruhestand versetzte »Hofbauconducteur« Ludwig Puille 1854 anfertigte.[28] Dabei handelt es sich um weitgehend detailgetreue Horizontalschnitte der drei Sckell'schen Pflanzenhäuser, die die räumliche Konzeption der Gebäude, ihre Ausstattung mit Lohkästen und Stellagen sowie ihr gartenkünstlerisch gestaltetes Vorfeld, einschließlich der dort vorhandenen Stellagen, wiedergeben. (Abb. 19)

Die »vordere Glaswand« als senkrechte Fensterwand

Ein charakteristisches Element der von Sckell für die königliche Pflanzensammlung im Hofgarten Nymphenburg und den Botanischen Garten der Akademie der Wissenschaften vor dem Karlstor in München entworfenen

6 Hofgarten Nymphenburg, »Geranienhaus« (rechts angeschnitten) mit einem nicht ausgeführten Verbindungsbauwerk zum geplanten Palmenhaus (links angeschnitten), signiert mit »v. Sckell«, 1817, Münchner Stadtmuseum, Inv.-Nr. G-MI/1703 (Ausschnitt)

Pflanzenhäuser ist die fast exakt nach Süden orientierte senkrechte Fensterwand. Der anonyme Verfasser eines undatierten, im Nachlass des preußischen Gartendirektors Peter Joseph Lenné (1789–1866) enthaltenen Berichtes schrieb, dass die »Gewächshäuser nach Sckell'scher Manier mit einer senkrechtstehenden Reihe Fenstern gebaut« waren.[29] Sckell selbst äußerte über »die vordere Glaswand«, dass sie »nicht inklinirt, sondern senkrecht aufgestellt« wurde: »Diese Konstruktion ist für Gewächshäuser nicht allein weit schöner und dauerhafter, sondern auch den Pflanzen (wenigstens nach meiner Erfahrung) weit zuträglicher«.[30]

7 Botanischer Garten München, Pflanzenhaus von 1812, Ansicht des westlichen Gebäudeteils mit geöffneten Klappfenstern, unsigniert und undatiert, um 1830, BSV, Gärtenabteilung, Plansammlung, Inv.-Nr. Mü 01-05-223 (Ausschnitt)

Der Bauplan von 1815 verdeutlicht die Gliederung und damit die äußere Erscheinung der beiden rund 35,6 Meter langen Fensterwände. (Abb. 4) Jede der 48 Achsen enthielt nur ein Fenster mit einer Höhe von 3,07 m (10' 6") und einer Breite von 1,46 m (5') bei einer reinen Glasfläche von 2,99 m (10' 3") auf 1,28 m (4' 4½").[31] (Abb. 6) Sowohl der Bauplan von 1815 als auch die Werkzeichnungen von 1816 geben den prinzipiellen Aufbau der Fensterwand im Querschnitt zu erkennen, ohne jedoch die Fensterbeschläge wenigstens anzudeuten. Auch in den bislang bekannten Gebäudeansichten wurden keine Beschläge dargestellt. Der für das »Geranienhaus« wohl Anfang Dezember 1815 angefertigte Entwurf für den »Schloßer uberschlag« enthält folgende, vermutlich unvollständige Angaben: »48 Rahmen zu 5 breit et 10 Schuh hoch jed[e]r mit 2 Winkelhacken 2 Winkelbänd[er] 1 Kreuzband, 1 AufspreitzStange 3 anleghaken 3 Klöbel [Kloben] 7 Fensterstangl [;] der Schein[-] und Winkelhacken Eingelaßen mit Niet Näg[e]l et Schrauben befestigt«.[32] Anhand dieser Archivalien sind keine gesicherten Aussagen zur Befestigung und Funktionsweise der einzelnen Fenster des »Geranienhauses« möglich. Es bleibt unklar, ob es sich um seitlich schwenkbare Flügelfenster oder um ausstellbare Klappfenster mit Scharnieren an den oberen Rahmen handelte. In diesem Zusammenhang ist auf die um 1830 entstandene Ansicht des westlichen Teils des Pflanzenhauses im Botanischen Garten München zu verweisen, die eine senkrechte Fensterwand mit zahlreichen geöffneten Klappfenstern wiedergibt.[33] (Abb. 7) Dabei ist jedoch zu berücksichtigen, dass diese Fenster mit oberem Anschlag nur etwa halb so hoch waren wie jene des »Geranienhauses«. Die Bauzeichnung für einen 1812 im zweiten Nymphenburger Hofküchengarten errichteten Pfirsich-Treibkasten mit inklinierter Fensterwand zeigt Klappfenster, die bei einer Höhe von immerhin

8 Zweiter Hofküchengarten Nymphenburg, Klappfenster für einen »Treibkasten, für Pfirsig und Weintrauben zu treiben«, Bauzeichnung mit Erläuterungen von Sckell, 1812, BSV, Gärtenabteilung, Plansammlung, Inv.-Nr. Mü 01-05-110 (Ausschnitt)

2,85 m (9' 9") und einer Breite von 1,24 m (4' 3") nur auf einfachste Art befestigt waren, indem auf den Fensterrahmen angebrachte Metallbänder in zwei Haken oberhalb der Fenster eingehängt wurden.[34] (Abb. 8) Interessanterweise war auch in Preußen bis 1837 an den Pflanzenhäusern »im Bereich der königlichen Gärten […] das transportable Gewächshausfenster das übliche«.[35]

Der Kostenüberschlag vom 1. August 1818 für das Palmenhaus mit seinen 26 zweigeteilten Fensterachsen enthält eine weitergehende Spezifizierung: »26 unt: [untere] Fensterrahmen jeder mit 3 Falzleisten 10' 6" h: [3,07 m] 1 Tragstange, 1 Aufspreizstange mit Docken, 1 Steften, 2 Anleghacken 4 Klöbl [Kloben] 2 eingelass. Scheinhacken 2 Winck[e]lhacken mit ganier.hintertheil und Kreutzband mit ganier, 6 Mutterschrauben und 28 Nietnägl« sowie »26 obere Fensterrahmen mit eingelass: Beschläg zu jed: 3 Falzleisten a 10' 6" h: [3,07 m] 1 Tragstange, 2 Spreitzstangen mit 2 Dockenklöben, 2 Einhäng-

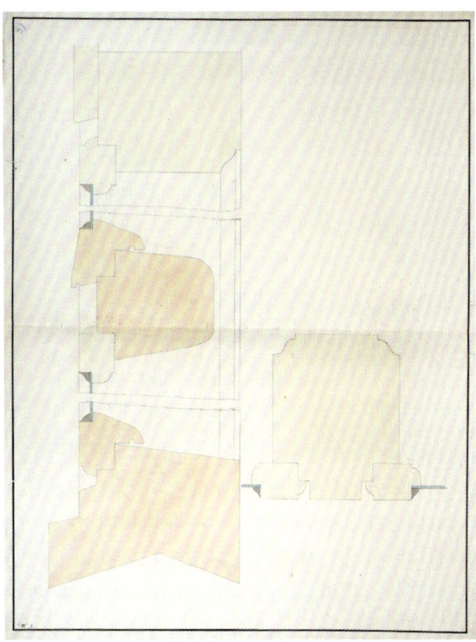

9 Hofgarten Nymphenburg, Palmenhaus, vertikaler Teilschnitt durch die Fensterwand mit Schwelle (unten), Kämpfer (Mitte) und Blendrahmen (oben) sowie Horizontalschnitt durch einen Ständer der Fensterwand (rechts), Bestandszeichnung, unsigniert und undatiert, wohl 1821, BSV, Bauabteilung, Plansammlung, Inv.-Nr. 712 PH4.004

steften, 2 Anleghacken mit 4 Klöbl, 2 Scheinhacken, 2 Wincklband samt ganierhintertheil 4 Mutterschrauben und mit 30 Nietnägln anzuschlag[en]«.[36] Da alle Fenster des Palmenhauses und des »Geranienhauses« je vier schmale Felder mit senkrecht angeordneten Glasscheiben aufwiesen, liegt die Vermutung nahe, dass es sich bei den im Kostenüberschlag für jeden Fensterrahmen vorgesehenen »3 Falzleisten« um die drei vertikalen Sprossen handelte, die aufgrund ihrer Falze die Aufnahme und Verankerung der Glasscheiben ermöglichten.

Eine der 1821 entstandenen Bestandszeichnungen des Palmenhauses ist ausschließlich der Konstruktion der Fenster gewidmet. (Abb. 9) Der vertikale Teilschnitt durch die Fensterwand mit einem oberen und einem unteren Fenster zeigt unten den der Natursteinabdeckung der Sockelmauer angepassten Blendrahmen, die sogenannte Schwelle, in der Mitte den Kämpfer und oben den an den Rähm angrenzenden Blendrahmen, wobei auch die Flügelhölzer der beiden Fenster einschließlich Glasscheibe und Kittfase erfasst sind. Bemerkenswert erscheint die am unteren Fensterrahmen nur innen vorhandene Wassernase, die wohl wegen des in größerer Menge an der Fensterinnenseite herablaufenden Kondenswassers als notwendig erachtet wurde. Der offenbar als wirklicher Wetterschenkel angesehene untere Rahmen des oberen Fensters wies dagegen innen und außen Wassernasen auf. Erwähnenswert ist außerdem der Horizontalschnitt durch einen Ständer der Fensterwand mit den rechts und links anschlagenden Fensterrahmen samt eingekitteten Glasscheiben. Er verdeutlicht, dass die im Pflanzenraum sichtbaren senkrechten Kanten der Ständer – der repräsentativen Funktion dieses Gewächshauses als Präsentationsort der »königlichen« Palmen entsprechend – mit Karniesprofilen verziert waren.

Angesichts der detaillierten Wiedergabe von zwei Eckwinkelbändern in Kombination mit einem Kreuzband samt Kloben ist mit hoher Wahrscheinlichkeit davon auszugehen, dass es sich im Fall des Palmenhauses um Flügelfenster mit seitlichem Anschlag handelte. Darüber hinaus wurde sowohl in der Ansicht als auch im Vertikalschnitt ein kleines, nach innen zu öffnendes Klappfenster abgebildet, das zwischen zwei senkrechten Sprossen eines großen Gewächshausfensters eingefügt war. (Abb. 10) Der Kostenüberschlag für das Palmenhaus enthält eine Position, die vermutlich damit in Verbindung steht, auch wenn die Anzahl dieser Klappfenster gering erscheint, weil nicht einmal jede dritte Fensterachse damit ausgestattet werden

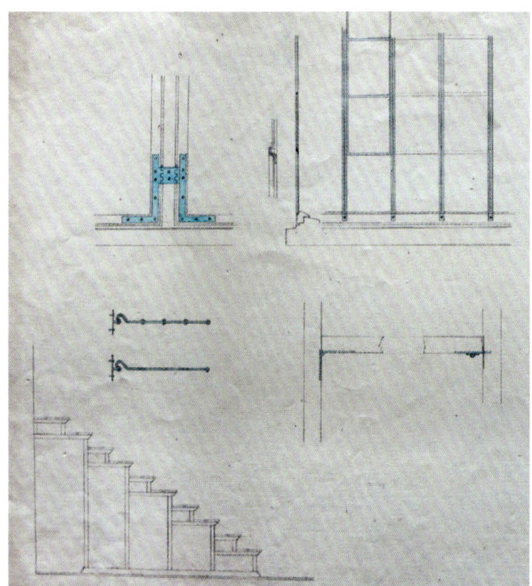

10 Hofgarten Nymphenburg, Palmenhaus, Fensterbeschläge, Lüftungsklappe und Aufspreizstange sowie Querschnitt durch eine Treppenstellage mit zehn Stufen, Bestandszeichnung, unsigniert und undatiert, wohl 1821, BSV, Bauabteilung, Plansammlung, Inv.-Nr. 712 PH4.007 (Ausschnitt)

konnte: »8 Fensterrahmen zu die Glaswand mit eingelass: Beschläg[en], zu jeder 2 Fischband, 4 Scheinhacken [,] 2 Vorreiber, 2 Fensterknöpf mit Schrauben«.[37] Es ist zu vermuten, dass das »Geranienhaus« im Interesse eines besseren Lüftungsregimes ebenfalls Lüftungsklappen in ähnlicher Ausführung innerhalb der großen Fenster aufwies. Dafür spricht der von Hofgärtner Karl Höß (1830–95) 1890 gestellte Antrag, »bei die kl. [kleinen] Gewächshäuser ist [...] die Neuherstellung der Ventilationsklappen fortzusetzen«; zugleich gab er an, dass das Palmenhaus »ebenfalls neuer Ventilationsklappen« bedarf.[38] Heute ist im oberen Teil der Fensterwand des »Geranienhauses« in jeder zweiten Fensterachse ein kleines ausstellbares Klappfenster, stets versetzt zur Lüftungsöffnung im Sockel, vorhanden. (Abb. 11) Diese »Ventilationsklappen« können von innen mit sogenannten Oberlichtöffnern, die um 1912 von der Münchener Firma Franz Blab produziert und vertrieben wurden, einzeln per Hand bedient werden.[39]

Die Gewächshausfenster dürften beim häufig erforderlichen Lüften aufgrund ihrer Größe und ihres erheblichen Gewichtes keineswegs optimal zu bedienen gewesen sein, was die Gefahr von Beschädigungen in sich barg. Bereits in den 1830er und 1840er Jahren wurden wiederholt notwendige Reparaturen gemeldet. Im August 1833 hieß es: »Im kleinen Haus neue Fensterrahmen zu machen«.[40] Besonders aussagekräftig ist die Aufstellung von 1843 für alle drei Nymphenburger Pflanzenhäuser: Im »alten Gewächshaus« waren 12 Fenster, im »kleinen Gewächshaus« 10 Fenster und im Palmenhaus 12 Fenster »neu umzurahmen, oder anschenkeln. [...] Die Verkittung beÿ den Gewächshaustafeln, Mistbeetfenster ist sehr nothwendig«.[41] Mit »Gewächshaustafeln, Mistbeetfenster« waren zweifelsohne die großen, nur als Ganzes zu öffnenden Fenster gemeint. Im November 1882 schilderte Hofgärtner Höß die inzwi-

11 Schlosspark Nymphenburg, Palmenhaus und »Geranienhaus« mit Klappfenstern am oberen Rand der Fensterwand, Lüftungsschiebern im Sockelmauerwerk sowie Befestigungselementen für Strohdecken am Dachgesims, um 1952, BSV, Gärtenabteilung, Fotosammlung Nymphenburg, Foto: Christian Bauer

schen äußerst kritische Situation: »Das Gebälke und die Fensterrahmen an den sog. kleinen [Gewächs-]Häusern im Nymphenburger Hof=Garten sind auf das dringen[d]ste einer Renovation bedürftig; – es ist bereits soweit gekommen, daß kein Fensterflügel mehr, ohne befürchten zu müssen [,] daß derselbe auseinanderfällt, behufs Lüftung – geöffnet werden kann! In Folge dieses Mißstandes können die vorderen Plätze an den Fenstern, welches ja die besten sind, zur kalten Winterszeit nicht benützt werden, weil schon bei - 5 °R. [- 6,25 °C] der Frost eindringt«.[42] In der Vorlage der »Baufallwendungen« für das Jahr 1885 forderte Höß erneut »die Reparatur der Gewächshausfenster, namentlich an den sog. klein[en] G[ewächs]häusern«.[43]

Die Holzkonstruktion der Fensterwand stellte generell wegen ihrer Anfälligkeit gegenüber der für ein Gewächshaus typischen von außen und innen wirkenden Feuchtigkeit einen Schwachpunkt dar, sowohl im Hinblick auf die an der Unterkante waagerecht eingebaute Schwelle als auch auf die senkrechten Ständer. In der Liste der Baufallanträge für das Jahr 1912 wurde die Position »Auswechslung der Schwellen und Träger bei den kleinen Gewächshäusern /Fortsetzung der östlichen Seite/« mit dem Randvermerk »ausgeführt« versehen.[44] Ebenso erfolgten als Maßnahmen der Bauunterhaltung 1935 zunächst das »auswechseln der verfaulten Holzkonstruktion in der Glaswand des Azaleenhauses« und 1936 das »Ausbauen der verfaulten Holzschwelle in der Glaswand des Azaleenhauses und Einbringung einer Betonschwelle«.[45] Diese Betonschwelle ist noch heute vorhanden.

Die jetzige Verglasung der Fensterwand des »Geranienhauses« geht mit Sicherheit auf die Reparaturen nach dem Zweiten Weltkrieg zurück. Andreas Reiter (1883–1962), der Leiter der Schloss- und Gartenverwaltung Nymphenburg, berichtete 1948, dass in seinem Zuständigkeitsbereich »rd. 284 Bombeneinschläge zu verzeichnen« waren, »davon allein 146 im Park und in der Gärtnerei«.[46] Bereits während des Krieges hatte er über die Gewächshäuser notiert: »durch Bombentreffer sämtliche Scheiben am 23.12.1943 zersplittert«.[47] 1950 ergänzte Reiter: »Das eiserne große Haus, welches durch Bombentreffer schwer beschädigt war, wurde vollkommen überholt, neu gestrichen und verglast«.[48] Das »Geranienhaus« wurde bei den anglo-amerikanischen Luftangriffen demnach nicht direkt getroffen, doch führten die Druckwellen der Detonationen in unmittelbarer Nachbarschaft zur Zerstörung der Glasscheiben auch dieses Pflanzenhauses. Der Grund für den Bogenschnitt, den die Scheiben in einigen Teilbereichen nach 1945 erhielten, ist nicht überliefert. In den historischen Zeichnungen der Sckell'schen Gewächshäuser sind ausschließlich rechteckige Scheiben dargestellt, wobei in einer Detailzeichnung von 1821 auch eine geringfügige Überlappung sichtbar ist. (Abb. 10)

Zu einem in den ausgewerteten Archivalien nicht genannten Zeitpunkt kam es zu einem Systemwechsel von beweglichen Fenstern hin zur festen Verglasung. Gegenwärtig besitzt jeder Gebäudeflügel des »Geranienhauses« 24 Fensterachsen, die zwischen den Ständern der Tragkonstruktion fest eingebaut sind. Jede Fensterachse weist vier senkrechte Scheibenreihen auf, die in eiserne T-Profile eingepasst sind und durch jeweils eine Querstrebe mit L-Profil stabilisiert werden. Insgesamt ist davon auszugehen, dass die heute vorgefundene Ausführung der Fensterfront in vielen technischen Einzelheiten nicht auf Friedrich Ludwig von Sckell zurückgeht. Auf alle Fälle wurde aber – trotz wiederholter Eingriffe zu unterschiedlichen Zeiten – das Prinzip der senkrechten, klar gegliederten und von hoher Lichtdurchlässigkeit geprägten Fensterwand konsequent beibehalten. (Abb. 24)

Die »Luftschieber« und »Luftkanäle« im Gebäudesockel

1837 und 1838 forderte der Nymphenburger Hofgärtner Ludwig Lang: »In allen Gewächshäusern sind die Luftschieber auszubessern, noch besser theilweise mit Kupfer neu zu machen«.[49] Lang beantragte auch in der Folgezeit jährlich bis zum Etatjahr 1846/47 die Ausbesserung der »Luftschieber«.[50] Demnach muss es frühzeitig – zusätzlich zu den Lüftungsmöglichkeiten im Bereich der Fensterwand – an anderen Stellen des »Geranienhauses« Luftschieber aus Metall gegeben haben. Allerdings sind auf dem Bauplan von 1815 und den Werkzeichnungen von 1816 weder im Grundriss und in der Ansicht noch im Querschnitt Lüftungsöffnungen im Sockelmauerwerk des »Geranienhauses« erkennbar. Möglicherweise erfolgte ihr nachträglicher Einbau in den späten 1820er Jahren auf Betreiben von Carl August Sckell, der beim 1824 realisierten Nymphenburger Vermehrungshaus nach »englischer Bauart« eine geeignete Belüftungsmöglichkeit für ungünstige Wetterlagen schuf, in dem er die Außenwände als zweischaliges Mauerwerk mit Hohlräumen und kleinen, bei Bedarf verschließbaren Öffnungen ausführen ließ.[51] Im Übrigen verwies auch Friedrich Ludwig von Sckell darauf, dass es bei einer zwingend notwendigen Lüftung Probleme in solchen Fällen geben kann, »wo keine eigene[n] Luft=Kanäle bestehen« und man »der kalten Winde wegen keine Fenster öffnen darf«.[52]

Bemerkenswert ist zudem, dass 1882 im Rahmen der Änderung der Zuständigkeiten für die Unterhaltung der in den königlichen Hofgärten befindlichen »Bauobjekte« in einer umfangreichen Auflistung der gärtnerischen Gebäude und ihrer baulichen und technischen Ausstattung unter der Rubrik »Pflanzen=Culturräume« ausdrücklich »Ventilationsvorrichtungen (Luftkanäle)« genannt wurden.[53] Ende des 19. Jahrhunderts scheint die Lüftungsmethode mit verschließbaren Öffnungen in den »Parapetmauern« oder »Plinthmauern«, d. h. den aus Mauerwerk bestehenden Gewächshaussockeln, weit verbreitet gewesen zu sein. Julius und Carl David Bouché beschrieben sie eingehend in ihrem 1886 publizierten Standardwerk »Bau und Einrichtung der Gewächshäuser«.[54] 1893 fand sie sogar Aufnahme in das »Handbuch der Architektur«: »Die Lüftung der Culturhäuser, wie aller Pflanzenhäuser überhaupt, geschieht meist in einfacher Weise. In den milden Mittagsstunden zur Winterszeit wird am Fuß des Hauses Luft eingelassen, am besten durch doppelt verschließbare Oeffnungen im Steinsockel oder durch einen Luftschacht«, was selbstverständlich einer »Gegenlüftung« im oberen Bereich des Hauses bedurfte.[55]

Ob die heutigen Lüftungsöffnungen im Sockel des »Geranienhauses« bereits frühzeitig vorhanden waren und ob ihre jetzige Anzahl, Anordnung und Form jener des 19. Jahrhunderts entspricht, entzieht sich bislang unserer Kenntnis. Heute weist jeder Gewächshausflügel – konsequent versetzt zu den kleinen Lüftungsklappen im oberen Teil der Fensterwand – zwölf Öffnungen in der Sockelzone auf, die mit rund 35 mal 29 Zentimeter großen, in Metallrahmen eingepassten Schieberplatten aus verzinktem Eisenblech versehen sind. Mit ihrer Hilfe kann die Zufuhr von Frischluft per Hand stufenlos geregelt werden.

Die Lüftungsöffnungen des »Geranienhauses« führten in den 1980er Jahren zu einer Fehlinterpretation dieses Pflanzenhauses als »Weinhaus«, denn seinerzeit wurde die Auffassung vertreten, man habe früher durch diese Öffnungen Zweige von Rebstöcken zum Treiben in das Haus wachsen lassen. In Folge dieser auf einem Irrtum beruhenden und in keiner Weise durch historische Quellen belegten Behauptung wurden auf einem parallel zum »Geranienhaus« verlaufenden Beetstreifen insgesamt 18 Weinstöcke gesetzt

12 Schlosspark Nymphenburg, »Geranienhaus«, Vegetationsstreifen parallel zum Gebäudesockel mit Wein-Kordon, Viburnum-Hochstämmchen und bodendeckenden Rosen, Foto: R. Herzog, 1996

13 Schlosspark Nymphenburg, »Geranienhaus« mit einer direkt an das Gebäude anschließenden wassergebundenen Wegefläche; erkennbar sind die Lüftungsschieber im Sockelmauerwerk sowie die Haken an der Fensterwand mit darin eingelegten Brettern zur Befestigung der Strohdecken, um 1948, Foto: Privatbesitz

und anschließend in der Art eines Kordons an waagerecht angebrachten Drahtseilen gezogen.[56] Bereits vorher waren hier – statt Kübelpflanzen aufzustellen – Viburnum-Kugelbäumchen in regelmäßiger Anordnung sowie bodendeckende Rosen gepflanzt worden.[57] (Abb. 12) Dadurch wiesen der Gebäudesockel und der unmittelbar angrenzende Wegebereich einen Bewuchs auf, der im völligen Widerspruch sowohl zur Sckell'schen Gestaltungskonzeption als auch zum einstigen Betriebsablauf stand: Bei strenger Kälte war direkt am Gebäude uneingeschränkte Bewegungsfreiheit erforderlich, um die Fensterwand problemlos mit Strohmatten bedecken und diese fixieren zu können. Noch um 1950 war die ursprüngliche Situation mit der bis an das Gebäude heranreichenden wassergebundenen Wegedecke nahezu unverfälscht erhalten. (Abb. 13)

Die »Strohdecken-Rollen« an der Fensterwand

Johann Georg Krünitz verwies 1779 in seiner »Ökonomischen Encyklopädie« unter dem Stichwort »Gewächs=Haus« darauf, dass man »bey kaltem Wetter [...] die aufrecht stehenden Fenster mit Matten, Läden oder gepichter Leinwand bedecken kann«.[58] In Pierers Universal-Lexikon von 1859 wurden diese Matten an Gewächshäusern als »Vorsetzdecken von Stroh« bezeichnet.[59]

An den Fensterwänden der Sckell'schen Pflanzenhäuser gab es ebenfalls einen derartigen Schutz gegen das Eindringen der Kälte, wie aus dem anonymen Bericht im Lenné-Nachlass hervorgeht: »Die Deckung geschiehet durch Strohdecken, welche vermittelst Schnüren rolleauartig aufgezogen und herabgelassen, und durch Laden gegen den Wind gesichert werden können«.[60] Der für das »Geranienhaus« vermutlich Anfang

Dezember 1815 angefertigte »Schloßer uberschlag« enthält die Position »zu dem Aufzug der Strohdecken 96 Meßingne Radel samt Gabeln«, d. h. zwei Stück je Fensterachse.[61] Im Kostenanschlag für das Palmenhaus vom 1. August 1818 sind die erforderlichen Bestandteile detaillierter, aber nur für 25 statt 26 Fensterachsen aufgeführt: »50 mess: [messingene] Radl zu[r] Aufziehung der Strohdecken […] 50 eis: [eiserne] Gabeln mit Holzschrauben […] 50 Strohdeckstangen zu beschlagen mit 100 Zwingen, 50 Ringl[-]Kloben und 50 hacken«.[62] Aus dem Rechnungsbuch der Hofbau-Intendanz für das Finanzjahr 1820/21 geht hervor, dass Franz Höß (1781–1864), der technisch und handwerklich sehr versierte »Brunnpolier« der Hofbau-Intendanz, letztlich 52 »meßingne Rollen« lieferte.[63] In einer der Bestandszeichnungen des Palmenhauses von 1821 ist eine solche Rolle mit stabiler Halterung in der Seitenansicht dargestellt. (Abb. 14)

Von 1842 bis 1846 forderte Hofgärtner Ludwig Lang in seinen Anzeigen der erforderlichen Reparaturen stets, die »Strohdecken[-] Rollen […] sind auszubessern«.[64] Obwohl die ständig der Witterung ungeschützt ausgesetzten Strohmatten, Rollen und Seile einem enormen Verschleiß unterlagen, wurde an dieser

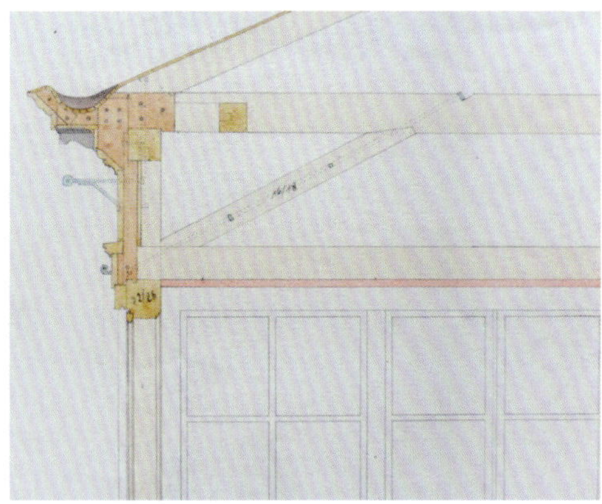

14 Hofgarten Nymphenburg, Palmenhaus, Vorrichtung zum »Aufzug der Strohdecken« am Dachgesims, Bestandszeichnung, unsigniert und undatiert, wohl 1821, BSV, Bauabteilung, Plansammlung, Inv.-Nr. 712 PH4.006 (Ausschnitt)

15 Schlosspark Nymphenburg, Palmenhaus und »Geranienhaus« mit zusammengerollten Strohdecken im Bereich des Dachgesimses; im Vordergrund der 1886 errichtete »Blumensalon«, um 1930, Foto: Privatbesitz

allem Anschein nach bewährten Technik sehr lange festgehalten. Ein aus den 1930er Jahren stammendes Foto zeigt die aufgerollten Strohdecken oberhalb der Fenster des »Geranienhauses« und des Palmenhauses. (Abb. 15) Die Vorrichtungen zum Aufhängen dieser Matten gingen später vollständig verloren. Dagegen blieben im westlichen Abschnitt der Fensterwand des »Geranienhauses« die kräftigen, nahezu rechtwinklig gekrümmten Eisenhaken erhalten, in die die zur Befestigung der Strohmatten gegen Wind dienenden Bretter und Latten eingelegt wurden. (Abb. 13) Auch der in den 1830er Jahren zuweilen als »Salon« bezeichnete Raum im Mittelpavillon des Geranienhauses bedurfte offenbar eines zusätzlichen Schutzes gegen eindringende Kälte, denn 1833 wurde beantragt, die »Salon=Thür zu reparieren und vor selbe eine Winterthür zu machen«.[65] Noch heute belegen die starken Stützkloben an der Laibung der repräsentativen Eingangstür den damals vorgenommenen Einbau einer Vortür.

Während im Winter die »Vorsatzdecken« unverzichtbare Bestandteile der Pflanzenhäuser bildeten, waren im Sommer »Schattendecken« zur Optimierung der Kulturbedingungen erforderlich. Theodor Rümpler äußerte sich 1882 über den Schutz der Gewächshauskulturen vor zu starker Sonneneinwirkung und empfahl den Einsatz von »licht geknüpften Rohr- und Spandecken«, da »Strohdecken […] in der Regel einen zu dichten Schatten« verursachen.[66] Bouché schilderte 1886 die verschiedenen Möglichkeiten der äußeren Beschattung von Gewächshäusern und nannte unter anderem »Schattendecken aus gewebten Stoffen«, »Schattendecken aus Rohr«, »Holzstabdecken« und »Holzlattendecken«.[67] Sicherlich wurden auch bei den Sckell'schen Pflanzenhäusern im Sommer die dichten »Vorsetzdecken« gegen Schattendecken ausgetauscht. Auf einer 1846 entstandenen Ansicht der vier westlichen Fensterachsen des Gewächshauses im Botanischen Garten in München sind unterschiedlich herabgelassene Schattierungselemente, vermutlich Rollos, in bräunlichem Farbton zu erkennen.[68] Für 1837 ist belegt, dass in diesem botanischen Garten auf einem Glashaus »mit liegenden Fenstern […] die Orchideaen durch einen vorhängenden Streifen Leinwand beschattet« wurden.[69]

Die Pflanzenräume mit gewölbter Decke und verglasten »Scheidewänden«

Carl August Sckell schrieb 1837, dass das »im Jahre 1816 vollendete Gewächshaus […] theils zur Blumenzucht, theils zur Anzucht der jungen Pflanzen überhaupt bestimmt« war.[70] Aus diesen gartenbaulichen Aufgaben ergab sich die klare räumliche und funktionelle Gliederung des Grundrisses, die der Bauplan von 1815 mit seiner Legende anschaulich widerspiegelt.[71] (Abb. 4) Demnach wiesen die beiden Flügel des Gebäudes je zwei Abteilungen für die Kultivierung der Pflanzen auf, und zwar »Dreÿ warme Abtheilungen mit Lohkästen versehen« sowie »Eine kalte Abtheilung«. Die vier Abteilungen besaßen identische Abmessungen; sie waren jeweils 17,45 Meter lang, 4,49 Meter breit und an der Fensterwand 3,92 Meter hoch.[72] Parallel zur Nordseite aller Abteilungen verlief ein schmaler Gang, der als »Holzlegen, mit den Feuerplätzen« bezeichnet wurde. Er war durch den Rückraum des Mittelpavillons mit der Treppe ins Obergeschoss zwar nicht komplett unterbrochen, aber doch so stark eingeengt, dass sich zwei eigenständige Abschnitte ergaben. Sie enthielten jeweils vier Vorgelege, die im Kostenanschlag für die Maurerarbeiten vom 1. Dezember 1815 »Ofenhäußle« genannt wurden.[73] Von hier aus erfolgte die rückseitige Bedienung der in den Pflanzenräumen aufgestellten eisernen Öfen.[74] Der nach Süden orientierte Hauptraum des Mittelpavillons war gedacht als »Zimmer zum Schreiben, und wo die Saamen können aufbehalten werden«. Im Obergeschoss des Pavillons befand sich das »Zimmer für Gartengesellen«, später schlicht »Gehilfenzimmer« genannt, wodurch die Anwesenheit von gärtnerischem Personal gewährleistet war, dem der nächtliche Heiz- und Wachdienst oblag.[75]

Friedrich Ludwig von Sckell maß der Bedeutung des Lichtes für die Pflanzen einen hohen Stellenwert bei und legte sie seinen Überlegungen zur Ausformung und Ausstattung der Innenräume der von ihm geplanten Gewächshäuser zugrunde: »Da die Pflanzen weit weniger das Licht als die Sonnenstrahlen entbehren können, so habe ich auch im inner[e]n Gewächshause gesucht, dieses dadurch zu vermehren, daß ich die Scheidewände, die die verschiedenen Abtheilungen und ihre Wärme=Grade trennen, durch Glaswände gebildet und die Decke nicht horizontal, sondern nach einer Ellypse herunter gebogen habe, damit sie mehr Lichtstrahlen aufzunehmen und diese wieder auf die Pflanzen zu reflektiren im Stande ist«.[76]

Der markante raumprägende Bestandteil der gärtnerischen Kulturräume des »Geranienhauses« ist die noch heute nahezu unverändert erhaltene Decke mit ihrer im weiten Bogen von der Fensterwand bis zu der nur rund 1,20 Meter hohen Rückwand reichenden Wölbung. (Abb. 16, 18) Im anonymen Bericht im Lenné-Nachlass fand diese spezielle Deckenform nur bei dem 1812 errichteten Gewächshaus des Botanischen Gartens in München Erwähnung, erstaunlicherweise nicht unter dem Aspekt der Verteilung des Lichtes im Raum, sondern der Erwärmung: Die »gewölbte Hinterwand und die aufrechtstehenden Fenstern, haben indeß den Vortheil, daß bey einer Richtung des Hauses nach Südost in den Wintermonaten bey den geringsten Sonnenstrahlen, das Haus schnell erwärmt und dadurch Brennmaterial erspart wird«.[77] Diese Feststellung belegt, dass die gewölbte Decke als Voute wirkte, die die Luftströmung und damit die Wärmezirkulation innerhalb des Raumes günstig beeinflusste.

Die Trennung der beiden Flügel des »Geranienhauses« in je zwei, zumindest im Westflügel unterschiedlich erwärmte Abteilungen erfolgte durch die von Sckell ausdrücklich genannten »Scheidewände« oder »Glaswände«, d. h. durch schmale, aus einer verglasten Holzkonstruktion bestehende Wände. (Abb. 17) Im »GlaserUberschlag« hieß es: »glas Wand zu glasen mit ein[er] Glas thür mit 89 tafl [Tafeln] zu 12 et 13 Zoll [29,2 × 31,6 cm] samt Bleÿ und Kitt« unter Angabe der Stückzahl »2«.[78] Ähnlich lautete auch die Position im 1809 erstellten »Glasers Bedarf« für das Ananashaus im zweiten Nymphenburger Hofküchengarten: »1 Glaswand mit 130 Taffeln 12'' in □ [130 quadratische Tafeln von 29,2 cm Seitenlänge] zu verglasen«.[79] Im Kostenüberschlag für das Palmenhaus wurde das erforderliche Material für die Scheidewand getrennt nach »Zimmermans=Arbeit« und »Glaser=Arbeit« aufgeführt: »181 Schuh [52,8 m] eich: 4'' Riegl [eichene Riegel mit einem wohl quadratischen Querschnitt von 9,7 cm] zur Abtheillungswand mit Glasrahmen« bzw. »1 Glaswand mit einer doppelten [d. h. zweiflügligen] Glasthür [...] mit 64 groß: Kitt=Tafln zu 2' 4'' br: [breit] und 2' 6'' h: [hoch]«.[80] Da das Palmenhaus im Inneren fast doppelt so hoch war wie das »Geranienhaus« musste hier die Trennwand zwischen den beiden Abteilungen selbstverständlich eine größere Dimension erhalten; bemerkenswert ist, dass dabei auch deutlich größere Glasscheiben mit einer Breite von 68 und einer Höhe von 73 Zentimetern verwendet wurden. In Vorbereitung einer 1881 notwendigen Reparatur der Decke des Palmenhauses formulierte Carl Mühlthaler: »Abtragen der mittleren Glaswand bestehend aus 15 Rahmen incls. des Riegelgerippes«.[81] In den Werkzeichnungen von 1816 ist eine der Trennwände des »Geranienhauses« in ihrer Grund-

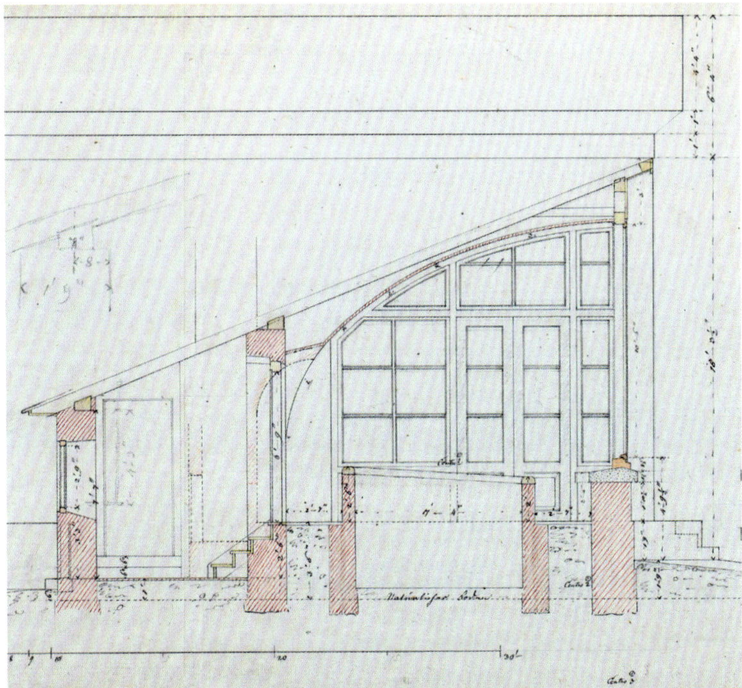

16 Hofgarten Nymphenburg, »Geranienhaus«, Gebäudequerschnitt durch einen gärtnerischen Kulturraum mit gewölbter Decke, Lohkasten und Trennwand zwischen zwei Abteilungen, Ofennische und Heizgang (links) inklusive Vertikalschnitt durch die senkrechte Fensterwand (rechts), Werkzeichnung, unsigniert, 1816, BSV, Gärtenabteilung, Plansammlung, Inv.-Nr. Mü 01-05-114 (Ausschnitt)

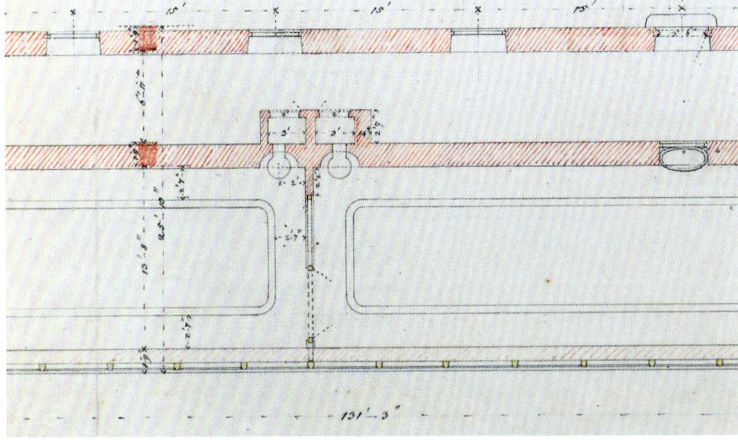

17 Hofgarten Nymphenburg, »Geranienhaus«, Horizontalschnitt durch den Ostflügel mit Trennwand zwischen zwei Abteilungen sowie Lohkästen, Gießwasserbehälter, Öfen und Heizgang mit Vorgelegen, Werkzeichnung, unsigniert, 1816, BSV, Gärtenabteilung, Plansammlung, Inv.-Nr. Mü 01-05-113 (Ausschnitt)

18 Schlosspark Nymphenburg, »Geranienhaus«, gärtnerischer Kulturraum im Westflügel mit gewölbter Decke, senkrechter Fensterwand und Fußboden mit grauer Splittüberdeckung, Foto: R. Herzog, 1996

struktur aus waagerechten und senkrechten »Riegeln« ohne Glasscheiben sowie eine zweiflüglige Tür im Südteil der Trennwand dargestellt; diese Tür war 1815 weiter nördlich und deshalb relativ ungünstig in der Nähe von zwei Öfen vorgesehen. (Abb. 16, 17, 4) Im Bauplan von 1815 wurde die Trennwand durch die bläuliche Kolorierung der Glasscheiben besonders hervorgehoben. Ihre Verglasung war klar strukturiert mit sechs gerahmten »Fenstern«, die jeweils vier senkrechte Reihen mit rechteckigen Scheiben aufwiesen, wobei die Deckenwölbung speziell zugeschnittene Zwickelscheiben erforderte. (Abb. 4) Die Sockel der beiden »Scheidewände« sollten aus Mauerwerk »1 Stein dick« errichtet werden.[82]

Die Trennwand im Westflügel des »Geranienhauses« wurde später vollständig entfernt, wodurch eine zusammenhängende Gewächshausabteilung entstand. (Abb. 18) Die »Glaswand« im Ostflügel wurde dagegen in eine massive Wand mit eiserner Schiebetür umgewandelt. Der Zeitpunkt für diese beiden baulichen Veränderungen geht aus den ausgewerteten Archivalien nicht hervor. Einen Eindruck von der raumhohen verglasten Trennwand im Palmenhaus vermitteln die Bestandszeichnung von 1821, aber auch ein Foto, das jedoch nicht die ursprüngliche Sckell'sche »Scheidewand« zwischen der warmen und der kalten Abteilung zeigt, sondern eine aus einer Eisenkonstruktion bestehende »Glaswand«, die zur Bildung eines Windfangs am westlichen Ende der Pflanzenhalle nachträglich eingebaut worden war. (Abb. 22, 23)

Die Lohkästen und Stellagen

Der Bauplan von 1815, aber auch die wohl erst Anfang 1816 erstellte Werkzeichnung des Grundrisses wiesen in drei der vier Ab-

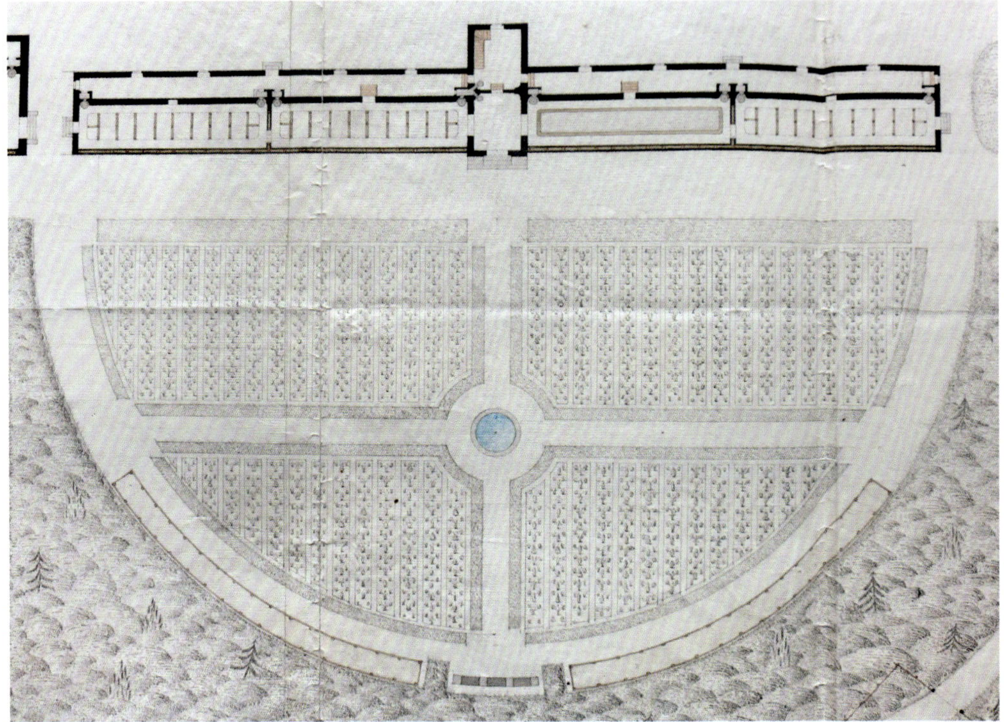

19 Hofgarten Nymphenburg, »Geranienhaus«, Horizontalschnitt mit vorgelagerter Freifläche, Bestandszeichnung, Ludwig Puille, 1854, BSV, Bauabteilung, Plansammlung, Inv.-Nr. 712 PH 4.014 (Ausschnitt)

teilungen des »Geranienhauses« jeweils ein großes Lohbeet auf. Der undatierte Entwurf der auszuführenden Malerarbeiten enthielt ebenfalls Anstriche für die »Holzerne bedekung der 3 lohKästen«.[83] Dagegen wurden im Kostenanschlag vom 1. Dezember 1815 unter den Maurerarbeiten nur zwei Lohkästen mit Mauern »1 Stein dick« aufgeführt.[84] Demnach scheint es kurz vor Baubeginn zum Verzicht auf einen dritten Lohkasten gekommen zu sein. Friedrich Zipf jedenfalls bildete in seiner Zeichnung von 1827 im äußeren Pflanzenraum des Ostflügels kein Lohbeet ab. Außerdem kam es einige Jahre später zu einer weiteren Reduzierung, wie die Anzeige der Baumaßnahmen für das Jahr 1832/33 belegt: »Den Lohkasten im kleinen Haus einzufüllen und zu pflastern«.[85] Folglich entspricht es der tatsächlichen Ausstattung, wenn Puille 1854 nur noch in der inneren Abteilung des Ostflügels einen Lohkasten darstellte. (Abb. 19) Die Beschränkung auf letztlich ein Lohbeet resultiert wohl einerseits daraus, dass ein Teil der unempfindlicheren Pflanzengattungen und -arten nicht im »Geranienhaus« ausgesät und dort in ihrer frühen Anzuchtphase kultiviert wurde. Diese Annahme stützt sich auf ein »Verzeichniß der neuen Gartenbauten [...] im Jahre 1816/17«, das den von der Hofgarten-Intendanz gestellten Antrag enthielt, »2 neue Frühbettkästen für die Sämereyen [Aussaaten] der ausländischen Gewächse« herzustellen.[86] Andererseits dürften Veränderungen des Pflanzensortiments nach der Thronbesteigung durch König Ludwig I. (1786–1868, reg. 1825–1848) dazu geführt haben, dass sich der Platzbedarf für die Kulturphase in den warmen Abteilungen mit Lohbeeten verringerte und zugleich die Einrichtung einer weiteren kalten Abteilung mit Stellage erforderlich wurde.

Im Bauplan für das »Geranienhaus« von 1815 waren die Einfassungsmauern der Lohkästen mit gleicher Höhe dargestellt. Demgegenüber gibt der Gebäudequerschnitt in der Werkzeichnung von 1816 zu erkennen, dass sie unterschiedlich hoch sein sollten, parallel zu den Fenstern 0,58 m (2') und parallel zur Rückwand 0,73 m (2' 6''), woraus sich eine leichte Neigung der Oberfläche des Lohbeetes nach Süden ergeben hätte. (Abb. 16) Die Lohkästen im 1812 errichteten Ananashaus sowie im Palmenhaus wurden in ähnlicher Form geplant bzw. ausgeführt. (Abb. 3, 22) Die Lohkästen waren abgesenkt, allerdings nicht in das Erdreich hinein, sondern nur bis auf das Niveau des »Natürlichen Bodens«, d. h. bis zur Oberkante des anstehenden Geländes. Dennoch ergab sich aufgrund des hohen Sockels des »Geranienhauses« und der innerhalb des Gebäudes in einer entsprechenden Höhe verlaufenden Wege eine Absenkung von 1,03 m (3' 6'') und dadurch eine Füllhöhe der Lohkästen bis zu ihren Maueroberkanten von 1,61 bis maximal 1,76 Metern.

Nach den Werkzeichnungen von 1816 sollten die Wandstärken der Lohkästen des »Geranienhauses« 17,03 Zentimeter (7'') betragen und die Mauerkronen durch starke Bretter mit gefasten Kanten geschützt werden. (Abb. 16) Für diese »Holzerne bedekung« von »188 quadrat Schuh« (16,01 m^2) je Kasten war – wie bereits oben erwähnt – ein Anstrich vorgesehen. Auch für den Lohkasten im Palmenhaus wurde im Kostenüberschlag für die »Zimmermans=Arbeit« eine hölzerne Mauerabdeckung aufgeführt: »166 Schuh [48,45 m] Frieß auf dem Treibkasten 8 et 10'' [19,5 × 24,3 cm]«.[87] Für die warme Abteilung des Pflanzenhauses von 1807 ist ein solcher hölzerner Mauerschutz ebenfalls belegt, wie aus einem zwischen 1811 und 1815 zu datierenden »Verzeichniß der Zimmer Reperation« hervorgeht: »Die zur Bedeckung des Lohkastens im warmen Haus gänzlich verfault und mit eichenen Laden zu ersetzen. meßt 136' [39,69 m] lang u. 11'' [26,75 cm] breit«.[88] Die Breite dieser hölzernen Mauerabdeckungen von 7, 8 und 11 Zoll war identisch mit der Wandstärke der jeweiligen Lohkästen. Das spricht dafür, dass die Stärken der Umfassungsmauern entsprechend der Größe und damit dem unterschiedlichen Volumen der Lohkästen variierten, um dem Seitendruck standhalten zu können, der sich aus der darin befindlichen Menge an Gerberlohe bzw. Pferdemist ergab.

Nur im »Geranienhaus«, und zwar in der inneren Abteilung des Ostflügels, ist ein mit hoher Wahrscheinlichkeit originaler Lohkasten erhalten geblieben, wenn auch mit verschiedenen Veränderungen. So wurde die Einfassungsmauer parallel zur Fensterwand um rund 0,55 Meter nach innen versetzt, sicherlich um auch nach der Installation von Heizungsrohren unterhalb der Fenster eine ausreichende Wegebreite und Bewegungsfreiheit garantieren zu können.[89] Der Abstand von der Fensterwand beträgt demzufolge heute knapp 1,30 Meter im Gegensatz zum nach wie vor unveränderten Abstand von 0,75 Meter (2' 7'') zwischen Lohkasten und innerer Wand mit der darüber aufsteigenden Deckenwölbung. Die beiden senkrechten Ecken des originalen Lohkastens sind deutlich abgerundet, wodurch Schäden am Mauerwerk vorgebeugt werden konnte, die angesichts des sehr beengten Arbeitsraumes und der ständig durchzuführenden Transporte von Pflanzen, Gießwasser, Erde, Blumentöpfen, Lohe und Dünger nicht auszuschließen waren. Die Mauerhöhe des Lohkastens beträgt jetzt einheitlich 0,78 Meter, die alte Mauerstärke durchschnittlich 18 bis 19 Zentimeter, was der ursprünglichen Stärke von rund 17 Zentimeter zuzüglich des beiderseitigen Putzes entspricht. Die an der Südseite neu errichtete Mauer ist dagegen nur 15 Zentimeter breit.

Die Planungsgeschichte lässt vermuten, dass die beiden äußeren Abteilungen des »Geranienhauses« von Anfang an Stellagen aufwiesen. Der im Westflügel vorhandene Lohkasten wurde – wie bereits erwähnt – zu Beginn der 1830er Jahre beseitigt und ebenfalls durch eine Stellage ersetzt. Dem Bauplan von 1815 war eine »Beilage« mit spezifischen Angaben zur »Staffelei im kalten Haus« angefügt.[90] Die Werkzeichnungen von 1815 enthalten dagegen keine Hinweise auf die Art und Form der ursprünglichen Stellagen. Puille stellte 1854 die in einem einheitlichen Raster errichtete Unterkonstruktion aller drei hölzernen Stellagen dar, die sich aus quer angeordneten Balken und senkrechten Pfosten zusammensetzte und die in der Längsrichtung eine Stabilisierung durch eine rechtwinklig an jede Stirnseite angefügte Stütze erfuhr. (Abb. 19)

Dass es sich im »Geranienhaus« bereits frühzeitig um Tischstellagen handelte, offenbart ein 1885 von Hofgärtner Karl Höß verfasstes Schreiben: »Die Pflanzen[-]Stellagen in den sog. Mittlerenhäusern von denen bisher immer die Rede ist, sind sog. Tafel=Stellagen gewesen und müssen nun, um die krautartigen Pflanzen dem Lichte näher zu bringen in Stufen=Stellagen umgewandelt werden[,] weil z. B. Geranien, Cinerarien, Cyclamen[,] Primula, Cuphea, Bouvardien[,] Echeverien etc […] nirgen[d]s anders als in den mittleren Häusern untergebracht werden können«.[91] Am Rand dieses Schreibens skizzierte Höß wohl selbst die isometrische Ansicht einer Tischstellage und den Schnitt durch eine Stellage mit sechs Stufen. (Abb. 20) Zur Erstausstattung der kalten Abteilung des Palmenhauses gehörte übrigens eine große Treppenstellage mit zehn Stufen. (Abb. 10)

Wenige Monate nach Fertigstellung des »Geranienhauses« wurden acht Stellagen in

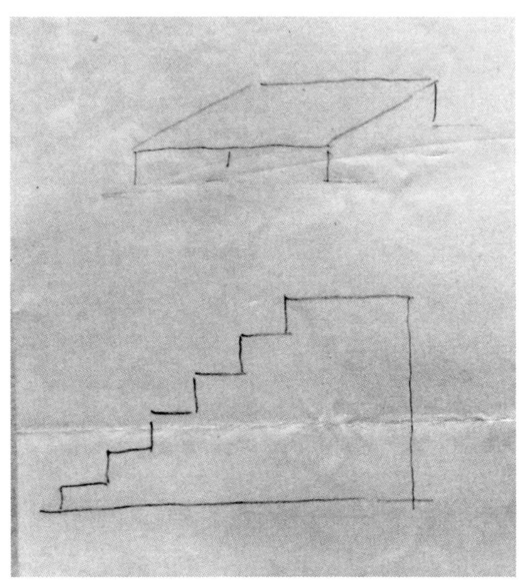

20 Hofgarten Nymphenburg, »Geranienhaus«, isometrische Ansicht einer Tischstellage und Querschnitt durch eine Treppenstellage mit sechs Stufen, unsigniert, 1885, Bayerisches Hauptstaatsarchiv München, Akt SchlV 1247, Schreiben vom 5. September 1885

Auftrag gegeben, die jedoch nicht der Kultivierung von Pflanzen innerhalb des Gebäudes dienten. Vielmehr begründete Friedrich Ludwig von Sckell am 26. Januar 1817 die »Verfertigung 8 Stück neuer Staffeleÿen« folgendermaßen: »Da sich theils durch eigne Vermehrung, theils durch Ankauf die Gewächshaus[-]Pflanzen dermassen vermehrt haben, daß die Nothwendigkeit eintratt, ein neues Haus zu erbauen, so fordern nun auch diese Pflanzen mehr Staffeleÿen, um sie im Sommer im Freÿen aufzustellen. Man stellet daher das allerunterthänigste Ansuchen, daß die Königliche Hofbau-Intendanz den allerhöchsten Auftrag erhalten möchte, 8 Stück neue Staffeleÿen, gleich jenen, die dem älter[e]n Gewächshaus [von 1807] gegen über stehen, für diesen wirklich dringenden Bedarf […] fertigen zu lassen«.[92] Am 21. März 1817 befahl der König die Ausführung, nachdem die Hofbau-Intendanz eine Kostenberechnung vorgelegt hatte.[93] Diese »Blumenstellagen bei dem neuen Gewächshaus im Lust[-]Garten zu Nimphenburg« besaßen gemauerte »Pfeiler«, für die 400 Mauersteine geliefert wurden; die eigentlichen Stellagen waren aus Holz gefertigt und erhielten einen Anstrich.[94] Da diese Stellagen im Freien auf bekiesten Flächen standen, wurden ihre Füße auf niedrige, gemauerte Postamente gesetzt, um einerseits die Standfestigkeit zu erhöhen und andererseits die Einwirkung der Bodenfeuchte zu verringern. Die acht Stellagen, bei denen es sich wahrscheinlich um Treppenstellagen handelte, fanden in halbkreisförmiger Anordnung vis-à-vis vom »Geranienhaus« am Südrand des neuen Gartenraumes Aufstellung.[95] (Abb. 1) Eine Verringerung ihrer Anzahl bzw. ihre völlige Umgestaltung erfolgte erst mit der Einordnung der »Statuen=Gruppe, das ›Urtheil des Paris‹ vorstellend« im Scheitelpunkt des halbrunden Platzes.[96] (Abb. 19)

21 Schlosspark Nymphenburg, »Geranienhaus«, Fußboden in der inneren Abteilung des Ostflügels mit originalen Solnhofener Kalksteinplatten sowie Ziegelbelag im Bereich des verschmälerten Lohkastens, Foto: R. Herzog, 2023

Die Fußböden aus Kalksteinplatten

Die als »Gänge« bezeichneten Verkehrsflächen innerhalb der gärtnerischen Kulturräume des »Geranienhauses« waren allem Anschein nach ursprünglich komplett mit Solnhofener Kalksteinplatten in den Farben Weiß und Grau befestigt. Die Werkzeichnung von 1816 enthält den Randvermerk: »bestellet wurden 900 Sollnnhofer Blatt [Platten] die halbscheide [Hälfte] von Weißer und die halbe von grauer farb zu 16½" et 16" und 2" dicke. 160 Deto [dito] zu 16½" et 17½" 2" dicke«.[97] Dieses Material wurde unter der Bezeichnung »Pflasterplatten zum k. neuen Gewächshaus in Nimphenburg« bei »Christoph Strauß Steinhauer in Sollnhofen« bestellt, und zwar tatsächlich in den auf der Zeichnung vermerkten Stückzahlen, Abmessungen und Farben.[98]

Auf den Vorteil von Kalksteinplatten gegenüber Ziegelbelägen hatte Sckell in einem Schreiben vom 12. Oktober 1815 hingewiesen, das sich auf das 1812 errichtete Ananashaus im zweiten Nymphenburger Hofküchengarten bezog: »Die Belegung des Bodens im neuen Treibhaus daselbst, mit Kellheimer Platten [...] ist nöthig, weil die dermaligen Ziegelplatten diesem schönen Haus, und der Ananas[-]Kultur p: p: zu viel Feuchtigkeit geben, die für beÿde sehr nachtheilig ist«.[99] König Max I. Joseph genehmigte am 28. Oktober 1815 die als dringend eingestufte und deshalb zeitgleich mit dem Bau des »Geranienhauses« realisierte Maßnahme.[100] Das Rechnungsbuch der Hofbau-Intendanz belegt unter der Position »Herstellung eines neuen Pflasters von Kelheimer Stein im Treibhaus des 2. Hofküchengartens zu Nimphenburg«, dass dieses Material von »Joh: [Johann] Strauß Steinhauer von Solnhofen« geliefert wurde.[101] Sowohl Sckell als auch die zuständigen Baubeamten verwendeten die Bezeichnungen für Solnhofener und Kelheimer Kalkstein demnach synonym, obwohl er aus verschiedenen

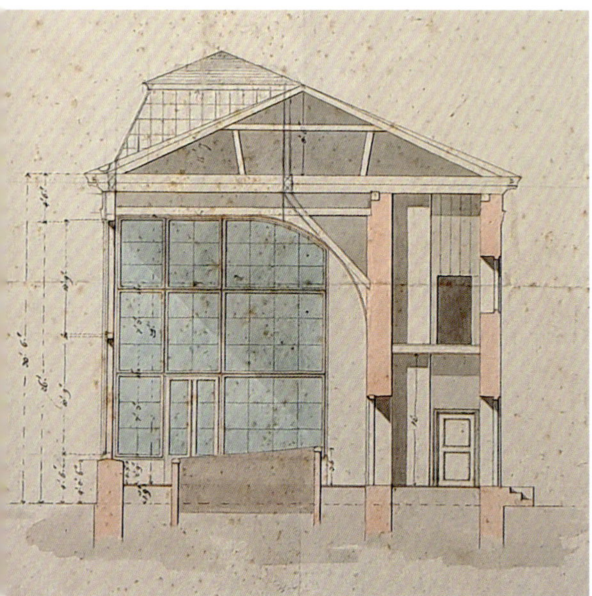

22 Hofgarten Nymphenburg, Palmenhaus, geplanter Dachaufbau mit verglasten Seitenwänden und opakem Dach, Bleistiftskizze in der originalen Bauzeichnung von 1817, unsigniert und undatiert, wohl 1862, Münchner Stadtmuseum, Inv.-Nr. G-MI/1703 (Ausschnitt)

23 Schlosspark Nymphenburg, Palmenhaus, »Glaswand« des Windfangs am westlichen Ende der Pflanzenhalle und den aus einer Tieferlegung des Fußbodens resultierenden Stufen, um 1952, BSV, Gärtenabteilung, Fotosammlung Nymphenburg, Foto: Christian Bauer

Abschnitten des Altmühltals stammte.[102] Im Kostenüberschlag für das Palmenhaus vom 1. August 1818 war unter »Steinmetz=Arbeit« ebenfalls aufgeführt: »1350. St: Solnhoferplatten a 16" [38,9 cm] in die [Pflanzen]Abtheilung«.[103]

Im Zuge der Beseitigung bzw. Verschmälerung der Lohkästen im »Geranienhaus« wurden die dadurch entstandenen Bodenflächen mit Ziegeln befestigt. (Abb. 21) Zeitpunkt und Gründe für die vollständige Änderung des Fußbodenbelags in dem zu einem durchgehenden Pflanzenkulturraum umgewandelten Westflügel konnten nicht ermittelt werden. Der Belag setzt sich heute aus Ziegeln unterschiedlicher Herkunft zusammen, wofür die unterschiedlichen Formate, Farbtöne und Erhaltungszustände sprechen. In den 1990er Jahren waren diese Ziegel mit grauem Splitt überdeckt, der 2002 in Vorbereitung der Ausstellung »Sckell und Nymphenburg« vollständig entfernt wurde.[104] (Abb. 18)

Im Hinblick auf den Fußboden des Palmenhauses erscheint eine Maßnahme erwähnenswert, die durch das Wachstum einer Pflanze erforderlich wurde. Hofgärtner August Klein schrieb im August 1862 an den Obersthofmarschall-Stab: »Die prächtige Palme Latania borbonica im großen Palmen-Hause hat sich seit einigen Jahren so entwickelt, daß sie oben an der Decke anstößt und wenn nicht geholfen wird, Schaden zu nehmen droht. Da dieselbe ein wirklich selten schönes und großes Exemplar und der Abhilfe wohl werth ist, so stellt der gehorsamst Unterzeichnete [...] die Bitte, daß die K. Hofbau-Intendanz angegangen werde, den Boden des Glashauses tiefer zu legen, wodurch an

Höhe gewonnen wird. Oben das Dach etwa mit einer Erhöhung (Kuppel) zu versehen, würde außer den vielen Kosten auch noch den Nachtheil haben, daß sich die Wärme in dieselbe hinaufzieht, während die untere Luftschicht eine für tropische Gewächse zu niedere und folglich nachtheilige Temperatur erhielte«.[105] Bei dieser »Latania borbonica« (heute *Latania lontaroides*) dürfte es sich um jenes Exemplar gehandelt haben, das König Max I. Joseph 1815 vom österreichischen Kaiser Franz I. als Geschenk erhielt und dem deshalb gleichermaßen eine herausragende wissenschaftliche wie kulturhistorische Bedeutung zukam.[106] Die Überlegung, eine Kuppel auf dem Palmenhaus zu errichten, fand ihren Niederschlag in einer mit Bleistift skizzierten Ergänzung der originalen Bauzeichnung von 1817 in Form eines gaubenartigen Aufbaus mit verglasten Seitenwänden und opakem Dach.[107] (Abb. 22) Diese Idee wurde nicht weiterverfolgt. Vielmehr legte Hofgärtner Klein mit der Bitte um Berücksichtigung im Bauetat 1862/63 einen »Speciellen Anschlag« über das »Tieferlegen des Bodens um vier Schuh [1,17 m] in der Palmen=Abtheilung des großen Gewächshauses im kgl. Schloßgarten zu Nymphenburg« vor, unter anderem mit den Leistungen »Aufbrechen des Kehlheimer Pflasters in den Gängen rings um das Palmenbeet«, Ausbau des »festen Kiesbodens« und neuerliches »Herstellen des Pflasters mit der Verwendung der vorhandenen Stückeln«.[108] Die Maßnahme wurde von der Hofbau-Intendanz jedoch zunächst zurückgestellt, sodass Obersthofmarschall Graf von Butler persönlich in Vorbereitung des nächsten Etats auf die dringende »Tieferlegung des Bodens im großen Palmenhause zu Nymphenburg« mit der Bemerkung verwies, diese Maßnahme »bei Vorlage des Etats pro 1863/64 bei S. M. dem Könige [Maximilian II.] zu befürworten, indem bei Unterlassung derselben die zu hoch gewordenen, sehr werthvollen Palmen sehr leiden würden«.[109] Die auf einem um 1952 entstandenen Foto innerhalb des Palmenhauses zwischen Windfang und Pflanzenhalle zu erkennenden, ursprünglich nicht vorhandenen Stufen dürften von dieser Tieferlegung des Fußbodens herrühren.[110] (Abb. 23)

Epilog

Noch zu Lebzeiten sah sich Friedrich Ludwig von Sckell mit heftiger Kritik an seinen Pflanzenhäusern konfrontiert, die äußerst polemisch und noch dazu anonym vorgetragen wurde.[111] Dagegen verwies Friedrich Weinkauff (1808–55) sehr sachlich auf die Schwachstellen der Sckell'schen Gewächshäuser des Botanischen Gartens in München, mit denen er sich während seiner Tätigkeit als leitender botanischer Gärtner auseinander zu setzen hatte.[112] Weinkauff äußerte sich 1854 über das aus drei Teilen bestehende Sckell'sche Pflanzenhaus: »Der botanische Garten zu München[,] von 1809 bis 1842 [sic!, 1812] von Skell [sic!] in entsprechender Weise, wenn auch sehr einförmig angelegt, hatte durch ihn ein 400 Fuss [116,74 m] langes, und, von aussen betrachtet, auch ziemlich hohes und tiefes Gewächshaus erhalten, das aber leider so unzweckmässig als nur möglich war. Der ›Meister in der Landschaft‹ hatte die Bedürfnisse der unter Glas zu haltenden Pflanzen nicht gekannt. Wir haben ihm dies nie zur Sünde angerechnet; er hatte eine dankbarere Aufgabe. Eine der Hauptbedingungen zum Leben dieser freundlichen Geschöpfe, ›das Licht‹, wurde von ihm nicht in dem Maase berücksichtigt, wie es nothwendig war [...]. Unsere Palmen [...] vergeilten, nahmen eine einseitige Bildung an, und es hatte längere Zeit das Aussehen, als wollten sie die Decke, einen gewöhnlichen Zimmerstrich, hinausschieben. [...] Die mühevolle Behandlung der Gewächse in düster[e]n Räumen, bei einer Beheizung mit eisernen Oefen etc. hatte dem botanischen Gärtner während mehr

24 Schlosspark Nymphenburg, »Geranienhaus«, Ansicht von Südosten mit dem 1968 in eine Gaststätte umgewandelten Palmenhaus im Hintergrund, 2019, Foto: R. Herzog

als zwölf Jahren [ab 1841] Gelegenheit verschafft, darüber nachzudenken, wie hier abzuhelfen sei«.[113]

Ungeachtet dessen muss man Friedrich Ludwig von Sckell aus heutiger Sicht zubilligen, dass er im ersten Viertel des 19. Jahrhunderts wichtige Impulse für den Bau von Pflanzenhäusern gab: »Zu den frühen Beispielen der nach wissenschaftlichen Erkenntnissen der Bautechnik und Botanik errichteten Gewächshäuser auf dem Kontinent gehören die Bauten von Friedrich Ludwig von Sckell [...]. Angeregt durch den gegen Ende des 18. Jahrhunderts in England verbreiteten klassizistischen Gewächshaustyp ist es sein Verdienst, diesen nach kontinentalen Erfordernissen weiterentwickelt zu haben. Man kann mit Recht sagen, daß er mit seinen Bauten, vor allem in Nymphenburg und im Alten Botanischen Garten München eine Raumkonzeption geschaffen hat, die in der Folgezeit für die Entwicklung des Gewächshausbaues in Deutschland von nachhaltiger Wirkung war«.[114] (Abb. 24)

Anmerkungen

1 Rudloff, Wilhelm Christian: Johannes Rosenkranz, aufmerksamer Holländischer Gärtner, in welchem die tägliche[n] Anzeigen aller Behandlungen von Mistbeeten, Treibkasten, Baumschnitt und Blumenwerk vollständig verfasset, Frankfurt am Main 1783, S. 52f.

2 Bayerisches Hauptstaatsarchiv München (BayHStA), MF 55814/1 (»Nimphenburg, Königl. Hofgarten, Kosten auf Anlagen, Bauten, Erweiterungen 1799–1810«), Reskript vom 30.5.1804, Punkt 11.

3 Herzog, Rainer: Das »Geranienhaus« im Schlosspark Nymphenburg. Eine kurze Betrachtung aus Anlass des 200. Jahrestages seiner Erbauung, in: Zitrusblätter 14/2017, S. 3–5.

4 Staatsarchiv München (StA M), SGSV 584 (»Ständige Bauausgaben«), Schreiben vom 25.10.1845. – BayHStA, SchlV 1247 (»Nÿmphenburg. Kgl. Schloßgarten. Die großen Gewächshäuser und das Palmenhaus. 1828–1890«), Schreiben vom 15.11.1882. – BayHStA, Hofbau-Intendanz, Rechnungen 563, »Kataster der Bauabtheilung des Koenigl. Obersthofmarschall=Stabes« vom Juli 1884, fol. 36.

5 StA M, SGSV 777 (Aktendeckel ohne Bezeichnung), Lichtpause »Kgl. Schloß Nÿmphenburg-München. Glashäuser. M. = 1 : 100« vom 2.2.1914. – Ebenda, »Bericht d. Gartenverwaltung über Verbesserung der Heizungen i Hofgt. Nymphenburg«, undatiert und unsigniert, S. 5 und 15. – Hofgarten Nymphenburg, Gebäudeverzeichnis 1923. – Hofgarten Nymphenburg, Gebäudeverzeichnis 1932, lfd. Nr. 7.

6 StA M, SGSV 520, Jahresbericht für das Haushaltsjahr 1916 vom März 1917 mit undatiertem Nachtrag »Ausserordentlicher Bauetat«, S. 14. – StA M, SGSV 521: Jahresbericht über das Haushaltsjahr 1935 vom 31.3.1936 und StA M, SGSV 521, Jahresbericht über das Haushaltsjahr 1936 vom 31.3.1937, Bauunterhaltung, Punkt 12. – StA M, SGSV 809 (»Neue Gartenschau«), Schreiben vom 4.2.1953.

7 StA M, SGSV 521, Jahresbericht für das Haushaltsjahr 1954 vom 17.8.1955.

8 Sckell, Carl August: Das königliche Lustschloß Nymphenburg und seine Gartenanlagen, München 1837, S. 78ff.

9 Ebenda, S. 80 bzw. 96.

10 Bayerische Verwaltung der staatl. Schlösser, Gärten und Seen München (BSV), Gärtenabteilung, Plansammlung, Inv.-Nr. Mü 01-05-111.

11 Herzog, Rainer: Über das Eiserne Haus im Schlosspark Nymphenburg. Anmerkungen zu den Beiträgen in den Zitrusblättern 10/2015, in: Zitrusblätter 11/2015, S. 8–11.

12 BSV, Gärtenabteilung, Plansammlung, Inv.-Nr. Mü 01-05-112.

13 Herzog, Rainer: Friedrich Ludwig von Sckell und die Ananastreiberei in Nymphenburg, in: Zitrusblätter 26/2023, S. 1–7.

14 BayHStA, MF 55814/2 (»Nimphenburg, Königl. Hofgarten, Kosten auf Anlagen, Bauten, Erweiterungen 1811–1820«), Schreiben vom 12.10.1815.

15 Ebenda, Schreiben vom 12.10.1815.

16 Ebenda, Reskript vom 28.10.1815.

17 Ebenda, Schreiben vom 13.12.1815.

18 BayHStA, Hofbauintendanz, Rechnungen 572, separates Konvolut mit der Bezeichnung »Gewachshaus. Exped[ie]rt«.

19 Münchner Stadtmuseum, Sammlung Lang, Inv.-Nr. G-LVI/53. – Susanne Glasl (Münchner Stadtmuseum, Abt. Grafik und Gemälde) danke ich sehr herzlich für ihre intensiven Recherchen und die Anfertigung von Arbeitsfotos.

20 BSV, Gärtenabteilung, Plansammlung, Inv.-Nr. Mü 01-05-113 und Mü 01-05-114.

21 1' (bayer. Fuß) entspricht 0,291859206 Meter; 1'' (bayer. Zoll) entspricht 0,0243216 Meter.

22 Stiftung Preußische Schlösser und Gärten Berlin-Brandenburg (SPSG), Plansammlung, Mappe München. – Die Zeichnung von Zipf ist vollständig abgebildet in Herzog, Rainer: Bayerische Gärten im Spiegel preußischer Akten, in: Thomas Drachenberg, Axel Klausmeier, Ralph Paschke und Michael Rohde (Hg.), Denkmalpflege und Gesellschaft. Detlef Karg zum 65. Geburtstag, Rostock 2010, S. 193–198.

23 Loudon, John Claudius: Notes and Reflections made during a Tour through Part of France and Germany, in the Autumn of the Year 1828, in: The Gardener's Magazine, vol. IX (1833), S. 392, Abb. 103. – Loudon, John Claudius: Gardening, as an Art of Design and Taste, in Bavaria, in: An Encyclopaedia of Gardening, London 1835, Book I, Part I, S. 150, Abb. 100.

24 BayHStA, MF 55814/2: Der erste Vorstoß Sckells ist durch ein Schreiben mit dem Betreff »Das Erbauen eines hohen und dritten Gewächshauses in dem Königlichen Garten zu Nÿmphenburg« vom 18.9.1817 belegt.

25 BayHStA, MF 55814/2, »Überschlag Derjenigen Kösten, welche auf Herstellung eines neuen Gewächshauses im Königl: Schloßgarten Dahier erlauffen dürften« vom 1.8.1818. – BSV, Bauabteilung, Plansammlung, Inv.-Nr. 712 PH4.010 (Gebäudequerschnitte), 712 PH4.011 (Horizontalschnitt mit westlichem Teil des »Geranienhauses«), 712 PH4.013 (Horizontalschnitt, Gebäudequerschnitte, Ansichten von Osten und Süden mit Verbindungsbauwerk zum »Geranienhaus«), 712

PH4.009 (»Haupt Gesims zum hohen Gewächshaus in Nÿmphenburg 1818. vSckell«). – Ein Exemplar der vorgenannten Bauzeichnung »712 PH4.013« mit der Beschriftung »Plan zum neu zu erbauenden hohen Gewächshause in dem Königl: Garten zu Nÿmphenburg 1817«, der eigenhändigen Unterschrift »v. Sckell« sowie dem entstehungszeitlichen Vermerk »Original« (links oben) befindet sich im Münchner Stadtmuseum, Sammlung Joseph Maillinger, Inv.-Nr. G-MI/1703.

26 BSV, Bauabteilung, Plansammlung, Inv.-Nr. 712 PH4.012 (Ansicht von Süden, Horizontalschnitt), 712 PH4.006 (Gebäudequerschnitt), 712 PH4.004 (Teilschnitte Fensterwand und Ständer), 712 PH4.005 (Längsschnitt Dachstuhl, spezielle Fenster), 712 PH4.007 (Querschnitt Dachstuhl und Stellage sowie Ofen, Fensterbeschläge, Lüftungsklappe). – Martin Bosch und Dr. Alexander Wiesneth (Bauabteilung der BSV München) danke ich vielmals für den konstruktiven Gedankenaustausch über die in diesen Zeichnungen dargestellten technischen Details.

27 SPSG (wie Anm. 22), Mappe München; darin auch zwei von Zipf angefertigte Zeichnungen des Sckell'schen Pflanzenhauses im Botanischen Garten München.

28 BSV, Bauabteilung, Plansammlung, Inv.-Nr. 712 PH 4.014.

29 Geheimes Staatsarchiv Preußischer Kulturbesitz Berlin (GStAPK), BPH, Rep. 192, Nachlass Lenné, Nr. 6, Reiseberichte und Denkschriften 1825–54, fol. 77/R f.

30 Sckell, Friedrich Ludwig von: Beiträge zur bildenden Gartenkunst, München 1818 (1. Aufl.), S. 199, 13.

31 Die Maße wurden den Werkzeichnungen für das »Geranienhaus« von 1816 (BSV, Gärtenabteilung, Mü 01-05-114 und Mü 01-05-113) und das Palmenhaus von 1817 (Münchner Stadtmuseum, G-MI/1703) entnommen.

32 BayHStA, Hofbauintendanz, Rechnungen 572 (wie Anm. 18), »Schloßer uberschlag«, Rückseite.

33 BSV, Gärtenabteilung, Plansammlung, Inv.-Nr. Mü 01-05-223. – Siehe hierzu Herzog, Rainer: Neue Erkenntnisse über die Darstellung eines Pflanzenhauses von Friedrich Ludwig von Sckell, in: Zitrusblätter 19/2019, S. 1–3.

34 BSV, Gärtenabteilung, Plansammlung, Inv.-Nr. Mü 01-05-110. – Vollständig abgebildet in Herzog, 2023 (wie Anm. 13), S. 6, Abb. 10.

35 Seiler, Michael: Das Palmenhaus auf der Pfaueninsel. Geschichte seiner baulichen und gärtnerischen Gestaltung, Berlin 1989, S.89.

36 BayHStA, MF 55814/2 (wie Anm. 25), Kostenüberschlag vom 1.8.1818, »Schlosser Arbeit«. – Bei dem Begriff »ganier« handelt es sich möglicherweise um die Verballhornung des französischen Wortes »garnir« im Sinne einer Abdeckung, Verkleidung oder Verstärkung.

37 Ebenda.

38 StA M, SGSV 587 (»Bauunterhalt von Gebäuden«): Randvermerk auf einem Schreiben vom 18.11.1890.

39 Hinz, Valentina und Franz, Stefan (Büro für historische Bauforschung München): Schloss Nymphenburg, »Geranienhaus«, Baudenkmal D-1-62-000-6228, Bauhistorische Untersuchung Nov. 2022 – Febr. 2023, S. 33.

40 StA M, SGSV 587, »Anzeige. Der Bauten und Reperaturen, welche im Königl: Lustgarten Nymphenburg für das Jahr 1833/34 erforderlich sind« vom 10.8.1833.

41 Ebenda, »Anzeige. Deren Bauten und Reperaturen [...] für das Etats=Jahr 1843 et 44« vom 18.5.1843.

42 BayHStA, SchlV 1247, Schreiben vom 15.11.1882.

43 StA M, SGSV 587, Entwurf vom 27.10.1884.

44 Ebenda, Auflistung der Baufallanträge pro 1912 vom 12.10.1911.

45 StA M, SGSV 521, Jahresbericht über das Haushaltsjahr 1935 vom 31.3.1936 bzw. Jahresbericht über das Haushaltsjahr 1936 vom 31.3.1937.

46 Ebenda, Jahresbericht für das Haushaltsjahr 1948 vom 31.3.1949.

47 StA M, SGSV 863 (»Blumengärtnerei«), »Pflanzeninventar des Hofgartens Nymphenburg« vom 7.8.1922 mit handschriftl. Notiz von Andreas Reiter auf dem Deckblatt.

48 StA M, SGSV 521, Jahresbericht für das Haushaltsjahr 1950 vom 31. März 1951.

49 StA M, SGSV 587, »Anzeige [...] für das Etats Jahr 1837 et 38« vom 2.8.1837 bzw. »Anzeige [...] für das Etats=Jahr 1838 et 39« vom 25.7.1838.

50 Ebenda, Anzeigen für die Etatjahre 1839/40 bis 1846/47.

51 Herzog, Rainer: Das Nymphenburger Gewächshaus »nach englischer Bauart« von 1824, in: Orangerie. Die Wiederentdeckung eines europäischen Ideals. Festschrift zum 40. Jahrestag der Gründung des Arbeitskreises Orangerien in Deutschland e. V. (= Orangeriekultur Band 16/17), Berlin 2019, S. 327–347, insb. S. 332.

52 Sckell, 1818 (wie Anm. 30), S. 201.

53 StA M, SGSV 587, Rundschreiben des Oberst-hofmarschall-Stabes betr. »Die Unterhaltung der Bauobjekte in den Königl: Hofgärten [,] hier Herstellung eines Baukatasters der Königl: Hofgärten« vom 23.12.1882.

54 Bouché, Carl David (Verf.) und Bouché, Julius (Hg.): Bau und Einrichtung der Gewächshäuser:

ein Handbuch für Gärtner und Baumeister, Bonn 1886 (1. Ausgabe), S. 147–150.

55 Kerler, Adalbert und Schmitt, Eduard: Pflanzenhäuser, in: Durm, Josef et al. (Hg.): Handbuch der Architektur, 4. Theil, 6. Halbband, 4. Heft: Gebäude für Sammlungen und Ausstellungen, Darmstadt 1893, S. 403–454, hier: S. 411.

56 Die Realisierung wurde von Rolf-Jochen Krebs veranlasst, der von 1985 bis 2005 die Schloss- und Gartenverwaltung Nymphenburg leitete. Seine Auffassung erläuterte er während der Besichtigung des »Geranienhauses« im Rahmen der 21. Jahrestagung des AK Orangerien am 13. September 2000.

57 Die Viburnum-Hochstämme wurden 1999 entfernt und die Rosen inzwischen durch eine gestalterisch zurückhaltende Bodendecke aus *Vinca minor* ersetzt. – Zur Fassadenbepflanzung des »Geranienhauses« siehe auch Herzog, Rainer: Das Geranienhaus im Schlosspark Nymphenburg. Ein Plädoyer gegen die Kletterpflanzen an der Südfassade des Mittelpavillons als Erwiderung auf den Artikel von Neven Denhauser in: Schönere Heimat, 105. Jg. (2016), Heft 4, S. 288–296, in: Zitrusblätter 15/2017, S. 7–9.

58 Krünitz, Johann Georg: Ökonomische Encyklopädie, Band 18, Berlin 1779, S. 80.

59 Pierer's Universal-Lexikon, Band 7, Altenburg 1859, S. 313.

60 GStAPK (wie Anm. 29), fol. 77/R f.

61 BayHStA, Hofbauintendanz, Rechnungen 572 (wie Anm. 18), »Schloßer uberschlag«, Rückseite.

62 BayHStA, MF 55814/2 (wie Anm. 25), Kostenüberschlag vom 1.8.1818, »Schlosser Arbeit«.

63 BayHStA, Hofbauintendanz Rechnungen 13 (»Geldrechnung der Königl: Hofbau Intendanz für das Finanzjahr 1820/21«), fol. 97.

64 StA M, SGSV 587, »Anzeige [...] für das Etats=-Jahr 1842 et 43« vom 3.6.1842 und Folgejahre.

65 Ebenda, »Anzeige [...] für das Jahr 1833/34« vom 10.8.1833.

66 Rümpler, Theodor (Hg.): Illustriertes Gartenbau-Lexikon, Berlin 1882, Eintrag »Beschatten«, S. 89.

67 Bouché, 1886 (wie Anm. 54), S. 125ff.

68 Löffler, August: Blick zur Abteikirche St. Bonifaz von Süden mit dem westlichen Teil des Botanischen Gartens im Vordergrund, 1846, Münchner Stadtmuseum, Inv.-Nr. G-P863.

69 Zitiert nach Hlavac, Christian: Die Wiener Hofgärtnerdynastie Antoine. Ein Beitrag zur Geschichte einer Gärtnerfamilie und zu Gärtnerreisen, in: Die Gartenkunst 30. Jg. (2018), Heft 2, S. 145–174, hier: S. 154.

70 Sckell, 1837 (wie Anm. 8), S. 79.

71 Die nachfolgenden Funktionsbeschreibungen sind der Legende auf dem Bauplan von 1815 (wie Anm. 19) entnommen.

72 Die Maßangaben basieren auf dem 1987 von Mechthild Stratmann erstellten Aufmaß des »Geranienhauses« (BSV, Gärtenabteilung, Plansammlung, Konvolut mit 6 Blättern, ohne Inv.-Nr.).

73 BayHStA, Hofbauintendanz Rechnungen 572, »Kostenanschlag [,] Welchen die Herstellung eines neuen Gewächshauses in dem Königlichen Lustgarten zu Nimpfenburg in Anspruch nehmen dürfte« vom 1.12.1815, fol. 1.

74 Zur Heizung der Sckell'schen Gewächshäuser siehe Herzog, Rainer: Carl August Sckell (1793–1840) und die ersten Warmwasserheizungen in deutschen Pflanzenhäusern, in: Arbeitskreis Orangerien in Deutschland e.V. (Hg.): Orangeriekultur in Bremen, Hamburg und Norddeutschland. Transport und Klimatisierung der Pflanzen (= Orangeriekultur Band 15), Berlin 2018, S. 140–172.

75 StA M, SGSV 587, Anzeige für das Etatjahr 1843/44 vom 18.5.1843 (»Gehülfenzimmer«). – StA M, SGSV 584, Schreiben vom 25.10.1845 (»Gehilfenzimmer«).

76 Sckell, 1818 (wie Anm. 30), S. 200. – In der Auflage von 1825 wurde diese Textpassage um den Begriff »(abatjour)« ergänzt (S. 182).

77 GStAPK (wie Anm. 29), fol. 78/R.

78 BayHStA, Hofbauintendanz Rechnungen 572 (wie Anm. 18), »GlaserUberschlag«.

79 BayHStA, MF 55814/1, Kostenüberschlag vom 15.11.1809.

80 BayHStA, MF 55814/2 (wie Anm. 25), Kostenüberschlag vom 1.8.1818, »Zimmermans=Arbeit« bzw. »Glaser=Arbeit«.

81 BayHStA, SchlV 1247, »Specieller Anschlag behufs der Baureparaturen im Etatsjahr 1882« vom Dezember 1881, Kostenberechnung.

82 BayHStA, Hofbauintendanz, Rechnungen 572 (wie Anm. 72), Kostenanschlag, fol. 1.

83 BayHStA, Hofbauintendanz, Rechnungen 572 (wie Anm. 18), »Mahler Uberschlag«, Rückseite.

84 BayHStA, Hofbauintendanz, Rechnungen 572, (wie Anm. 73), Kostenanschlag, fol. 1.

85 StA M, SGSV 587, »Anzeige der Bauten und Reperaturen, welche im Königl: Lustgarten Nymphenburg für das Jahr 1832/33 erforderlich sind« vom 11.8.1831.

86 BayHStA, Hofbauintendanz, Rechnungen 531 (»Baulichkeiten und verschiedene Reparationen im Klg. Residenz Schloß Nÿmphenburg 1816/17«), unsignierter und undatierter Antrag.

87 BayHStA, MF 55814/2 (wie Anm. 25), Kostenüberschlag vom 1.8.1818, »Zimmermans=Arbeit«.

88 BayHStA, Hofbau-Intendanz 531, »Verzeichniß der Zimmer Reperation«, undatiert.

89 StA M, SGSV 777 (wie Anm. 5), »Bericht der Gartenverwaltung über Verbesserung der Heizungen«, S. 5: Demnach wurde die erste Warmwasserheizung im Zusammenhang mit der 1886 erfolgten Errichtung des »Blumensalons« im südlichen Vorfeld des »Geranienhauses« in dem dafür eigens unterkellerten Mittelpavillon installiert. Zu einer umfangreichen Ergänzung und Verbesserung der Heizungsanlage kam es 1915/16; in der diesbezüglichen Lichtpause vom 2.2.1914 war an der Fensterwand vermerkt: »Vorhandene Heizfläche bleibt«.

90 In der Legende des Bauplans (wie Anm. 19) wurde angemerkt: »Die Staffelei im kalten Haus. Siehe die Beilage«; diese Beilage ist als verschollen anzusehen.

91 BayHStA, SchlV 1247, Schreiben vom 5.9.1885.

92 BayHStA, MF 55814/2, Schreiben vom 26.1.1817.

93 Ebenda, Reskript vom 21.3.1817 und Kostenüberschlag vom 15.3.1817.

94 BayHStA, Hofbauintendanz Rechnungen 9 (»Rechnung der königl: Hofbau Intendanz für das Finanzjahr 1816/7«), fol. 91, Rückseite.

95 In der »um 1819« zu datierenden Zeichnung des Areals der Pflanzensammlung sind die acht einzelnen Stellagen in Tusche eingetragen, wogegen die Skulpturengruppe nur mit Bleistift und Maßen skizziert wurde (BSV, Gärtenabteilung, Mü 01-05-022).

96 Sckell, 1837 (wie Anm. 8), S. 79. – BSV, Bauabteilung, Plansammlung, Inv.-Nr. 712 PH 4.014: Puille zeigte 1854 beiderseits der Skulpturengruppe jeweils nur eine lange, ansprechend gebogene und damit durchaus repräsentativen Anspruch erhebende Stellage.

97 BSV, Gärtenabteilung, Plansammlung, Mü 01-05-114.

98 BayHStA, Hofbauintendanz, Rechnungen 531, undatierte Anzeige.

99 BayHStA, MF 55814/2, Schreiben vom 12.10.1815.

100 Ebenda, Beschluss vom 28.10.1815.

101 BayHStA, Hofbauintendanz, Rechnungen 8 (»Rechnung der königl: Hofbau Intendanz 1815/16«), fol. 97. – BayHStA, Hofbauintendanz, Rechnungen 531: Erste Lieferungen durch Johann Jakob Strauß erfolgten bereits am 19.12.1815 »an schühigen Steinblatt 102 Stück graue, und 102 Stück weiße« sowie am 27.12.1815 »an 15½ zolligen Pflastersteinen 130 Stück«.

102 Im mittleren Altmühltal (Solnhofen, Eichstädt) wird Jura-Kalkstein (sog. »Jura-Marmor«), im östlichen Altmühltal dagegen Kelheimer Kalkstein (sog. »Auerkalkstein«) gebrochen.

103 BayHStA, MF 55814/2 (wie Anm. 25), Kostenüberschlag vom 1.8.1818.

104 Herzog, Rainer: Friedrich Ludwig von Sckell und Nymphenburg. Zur Geschichte, Gestaltung und Pflege des Schlossparks Nymphenburg, Begleitheft zur Ausstellung, München 2003.

105 BayHStA, SchlV 1247, Schreiben vom 9.8.1862.

106 Sckell, 1837 (wie Anm. 8), S. 82 bzw. 90.

107 Münchner Stadtmuseum, Sammlung Maillinger, Inv.-Nr. G-MI/1703.

108 BayHStA, SchlV 1247, »Specieller Anschlag« vom 16.8.1862.

109 Ebenda, Schreiben vom 4.8.1863.

110 Von 1966 bis 1968 wurde das Palmenhaus in eine Gaststätte umgewandelt. Dabei kam es zu gravierenden Eingriffen, denen wesentliche Teile der originalen Bausubstanz, einschließlich verschiedener noch im 19. Jahrhundert veränderter bzw. erneuerter Bestandteile, zum Opfer fielen, sodass heute keine gesicherten Aussagen mehr zur ursprünglichen baulich-technischen Ausstattung dieses Pflanzenhauses möglich sind. So ist auch ein naheliegender Vergleich technisch-konstruktiver Details der ursprünglichen Fenster des Nymphenburger Palmenhauses mit jenen der von 1812 bis 1818 – also zeitgleich mit den Sckell'schen Pflanzenhäusern – errichteten Orangerie in Oranienbaum, deren originale Fensterflügel ca. 2,60 m hoch und ca. 1,20 m breit sind, nicht mehr möglich. – Michael Keller (Kulturstiftung Dessau-Wörlitz) danke ich für die Übermittlung dieser Maße sowie den Hinweis auf den Aufsatz von Alex, Reinhard: Die Orangerie Oranienbaum – Bauhistorische Untersuchung und Restaurierung, in: Kulturstiftung Dessau-Wörlitz (Hg.), Oranien – Orangen – Oranienbaum, München und Berlin 1999, S. 24–30.

111 Siehe hierzu: Herzog, Rainer: Gewächshäuser »nach englischer Bauart« zu Beginn des 19. Jahrhunderts in Deutschland, in: Zitrusblätter, 19/2019, S. 11–15.

112 Zu Leben und Wirken von Weinkauff siehe Anonymus: Erinnerung an Friedrich Weinkauff, in: Allgemeine Zeitung München, Beilage zu Nr. 285 vom 12.10.1855, S. 4553. – Jgr. (Hermann Jaeger): Erinnerung an Friedrich Weinkauff, in: Gartenflora, 5. Jg. (1856), Erlangen, S. 127. – Anonymus: Personalnachrichten, in: Monatsschrift für Pomologie und praktischen Obstbau, 2. Jg. (1856), Stuttgart, S. 39.

113 Weinkauff, (Friedrich): Aus München (Rubrik »Notizen«), in: Gartenflora, 3. Jg. (1854), S. 101.

114 Kohlmaier, Georg; von Sartory, Barna: Das Glashaus. Ein Bautypus des 19. Jahrhunderts, München 1981 (1. Aufl.), 1988 (2. Aufl.), S. 444.

Anhang

Programm der 42. Jahrestagung

des Arbeitskreises Orangerien in Deutschland e. V.
vom 14. bis 16. September 2023
Tagungsort: Schloss Oranienbaum (Dessau-Wörlitz), Historischer Festsaal Schloss Oranienbaum
Orangeriekultur in den anhaltischen Landen und der Mitte Deutschlands
Kontinuierliche Orangeriepflanzenkultivierung unter den Bedingungen des Klimawandels
Veranstalter: Arbeitskreis Orangerien in Deutschland e. V., Kulturstiftung Dessau-Wörlitz
Kooperationspartner: Landesamt für Denkmalpflege und Archäologie Sachsen-Anhalt, DGGL e. V. Arbeitskreis Historische Gärten

14. September 2023

I. Orangerien in Anhalt und Mitteldeutschland

Orangeriekultur und Pflanzenhäuser in Anhalt. Ein Überblick im Rahmen der ehemaligen anhaltischen Fürstentümer, des Herzogtums Anhalt und des UNESCO-Welterbes Gartenreich Dessau-Wörlitz (Michael Keller)

Orangerien in der Mitte Deutschlands (Heike Tenzer)

»…der schönen Gärten Zier« – Notizen zur Frühzeit der Orangeriekultur in der Mitte Deutschlands (Simone Balsam)

»Von Welschen früchten vnd gesähmen«. Aspekte von Herrschaftsraumkonstitution in kursächsischen Lustgärten (ca. 1548–1648) (Leonora Braun)

Zur Sanierung und Wiederbelebung der Orangerie im Fürstlich Greizer Park (Jonathan Simon)

Das Glashaus des Klosters Tepla/Tepl: Chancen für seine Sanierung? (Marcus Köhler)

Bericht aus Tschechien zu den Projekten ORFIAN und NAKI (Dagmar Fetterová)

II. Rundgang durch den Zitrusgarten mit Praxisseminar

Besichtigung des Parterres und des Zitrusgartens von Schloss Oranienbaum, anschließend Praxisseminar »Kulturführung Orangeriepflanzen« (Sebastian Doil und Mitarbeiter)

15. September 2023

III. Orangeriekultur zwischen Klimawandel und täglicher Praxis

Die Klimaveränderung und ihre Folgen für den Pflanzenbestand und die Nutzung der historischen Orangerie im Neuen Garten Potsdam (Sabine Swientek)

Aktuelles zum Pflanzenbestand und den Veränderungen durch klimatische Einflüsse im Orangerieschloss Park Sanssouci (Tilo Seeger)

Burggarten Schwerin – ein kurzer Überblick über die Herausforderungen der letzten Jahre (Ralph Schmalz)

Die Klimaveränderung und ihre Folgen am Beispiel der Orangerie Kloster Neuzelle (Ralf Mainz)

Zur Herstellung haltbarer Pflanzgefäße (Sebastian Doil)

Herausforderungen bei der Orangeriekultur in Sachsen am Beispiel des Barockgartens Großsedlitz und des Schlossparks Pillnitz (Frithjof Pitzschel)

Veränderte Kulturbedingungen von Zitruspflanzen in den Glashäusern und im Schlosspark Schönbrunn aufgrund des Klimawandels (Christoph Reinagl)
Video über die Zitruskultur in Schönbrunn »Die Arbeit der Zitrusgärtner«

IV. Berichte zu Ereignissen und neuen Forschungen in anderen Regionen
Pflanzenhäuser und Orangeriekultur im Neuwerkgarten von Schloss Gottorf in Schleswig (Karen Asmussen-Stratmann)
Die Orangerie als Forum des Wettbewerbs ritterlicher Tugenden (Helmut-Eberhard Paulus)
Kultivierung exotischer Pflanzen im 18. Jahrhundert in den königlichen Residenzen der Wettiner in Warschau (Łukasz Przybylak)
Orangerien und Vogelhäuser in deutschen Gärten der Frühen Neuzeit. Ein Forschungsbericht (Iris Lauterbach)
Kurzbericht zum Palmenhaus Regensburg (Helmut-Eberhard Paulus)
Aus Anlass des 200. Todestags von Friedrich Ludwig von Sckell: Das Nymphenburger Pflanzenhaus von 1816 – ein entwicklungsgeschichtlicher Abriss (Rainer Herzog)
Vorstellung des 2. Internationalen Kongresses »Historical Botanical Gardens« 2024 in Wien-Schönbrunn (Claudia Gröschel)

Exkursion Wörlitz
Kurzexkursion nach Wörlitz, Palmenhaus und Palmengarten

Mitgliederversammlung

16. September 2023

V. Exkursion – Rundfahrt zu den Orangerien in Anhalt
Ganztagsexkursion
Schlosspark Mosigkau, Orangerie, Gärtnerei und Parterre
Orangerie Georgium
Orangerie Luisium

Die Programme aller Tagungen sind auf der Homepage des Arbeitskreises Orangerien in Deutschland e. V. einzusehen: www.orangeriekultur.de

Bildnachweis

Abkürzungen
Herzogin Anna Amalia Bibliothek Weimar (HAAB Weimar)
Bayerische Verwaltung der staatl. Schlösser, Gärten und Seen München (BSV)
Kulturstiftung Dessau Wörlitz (KsDW)
Landesamt für Denkmalpflege und Archäologie – Landesmuseum für Vorgeschichte – (LDA-LSA)
Landesamt für Denkmalpflege Sachsen (LfD Sachsen)
Sächsisches Hauptstaatsarchiv (SächsStA) Dresden
Staatliche Schlösser, Burgen und Gärten Sachsen gGmbH (SBG)
Stiftung Thüringer Schlösser und Gärten (STSG)
Stiftung Preußische Schlösser und Gärten (SPSG)

Titelabbildung
Transport eines alten Orangenbaums im Ehrenhof des Schlosses Oranienbaum um 1927, Foto: KsDW/Bildarchiv, Sign. v.0.0.0.9.7.1.6-304.
Rücktitel
Zitruspflanzen im Schlosspark Oranienbaum, Foto: KsDW/ H. Fräßdorf, 2014.

Pflanzenporträt (S. 16–17)
Risso, Antoine; Poiteau, Alexandre: Histoire naturelle Des Orangers [...]; Ouvrage Orné De Figures Peintes D'Apres Nature / Par A. Risso [...] Et A. Poiteau, Paris 1818, S. 72, Tab 30. [HAAB Weimar] https://nbn-resolving.org/urn:nbn:de:gbv:32-1-10015215203

Michael Keller (S. 19–31)
Abb. 1–3, 5–8: M. Keller.
Abb. 4, 10: KsDW / H. Fräßdorf.
Abb. 9: Privatbesitz.
Abb. 11: KsDW / P. Dafinger.

Heike Tenzer (S. 32–59)
Abb. 1: Kartengrundlage: Landeshauptarchiv Magdeburg, Bearbeitung Bettina Weber, LDA Sachsen-Anhalt.
Abb. 2, 5, 6, 9–12, 14, 18, 19, 21–23, 25, 27, 28, 35, 37: H. Tenzer.
Abb. 3, 4, 13, 15–17, 20, 24, 31–34, 36, 38, 39: Bildarchiv LDA.
Abb. 7, 8, 29, 30: LDA-LSA.
Abb. 26: Landesversicherungsanstalt Sachsen-Anhalt (Hg.): Der Neubau der Kinderheilanstalt Harzgerode 1931, Geleitwort Dr. Hübener, Landeshauptmann der Provinz Sachsen, Vorsitzender des Vorstandes der Landesversicherungsanstalt Sachsen-Anhalt, Pläne und Abbildungen, Entwurf und Oberbauleitung: Dipl. Ing. Godehard Schwethelm, o. O. 1931, o. S.

Simone Balsam (S. 60–82)
Abb. 1, 5, 17 a+b: SächsStA Dresden.
Abb. 2, 3, 7, 9, 10: Wikimedia Commons.
Abb. 4, 6: LfD Sachsen.
Abb. 12–16: Digitalisat SLUB Dresden.

Jonathan Simon (S. 95–101)
Abb. 1: Staatliche Bücher und Kupferstichsammlung Greiz.
Abb. 2: Bildarchiv STSG.
Abb. 3, 4: HAAS Architekten.
Abb. 5: F. Nagel.

Frithjof Pitzschel (S. 102–105)
Abb. 1, 2, 4, 6, 7: F. Pitzschel.
Abb. 3: SBG.

Ralf Mainz (S. 106–112)
Alle Grafiken und Abbildungen: R. Mainz.

Sebastian Doil (S. 113–118)
Abb. 1: Die Heimat – Anhalt Anzeiger.
Abb. 2–7, 9: S. Doil.
Abb. 8: K. Gerds.

Sabine Sawade (S. 119–126)
Alle Grafiken und Abbildungen: S. Sawade, SPSG.

Tilo Seeger (S. 127–133)
Alle Abbildungen: T. Seeger.

Ralph Schmalz und Inga Bruhn (S. 134–140)
Alle Abbildungen: R. Schmalz.

Christoph Reinagl (S. 141–146)
Alle Abbildungen: Chr. Reinagl.

Dagmar Fetterová (S. 147–156)
Abb. 1–25: D. Fetterová.
Abb. 26: A. Papáček.

Karen Asmussen-Stratmann (S. 157–171)
Abb. 1, 4, 6, 8, 12: Det Kongelige Bibliotek Kopenhagen.
Abb. 2: Stiftung Schleswig-Holsteinische Landesmuseen, Schloss Gottorf, Schleswig.
Abb. 3: M. Paarmann.
Abb. 7: Rigsarkivet, Kopenhagen.
Abb. 9, 13: Landesarchiv Schleswig-Holstein, Schleswig.
Abb. 10: Commelin, Jan: »Nederlantze Hesperides«, Leiden 1676.
Abb. 11: K. Asmussen-Stratmann.

Helmut-Eberhard Paulus (S. 172–206)
Abb. 1–10: H.-E. Paulus.

Łukasz Przybylak (S. 207–225)
Abb. 1, 4, 6, 7, 9, 14: SächsStA Dresden.
Abb. 2: Sign. Библиотека Российской академии наук (БАН), ĄģĮ. 246, k. 12.
Abb. 3, 16: Nationalbibliothek in Warschau, Biblioteka Narodowa w Warszawie.
Abb. 5: Nationalmuseum Warschau, Muzeum Narodowe w Warszawie.
Abb. 8: Nationalmuseum in Krakau, Muzeum Narodowe w Krakowie.
Abb. 10, 11: Ł. Przybylak.
Abb. 12: Zamek Królewski w Warszawie (ZKW): A. Ring, L. Sandzewicz.
Abb. 13: Deutsche Fotothek.

Iris Lauterbach (S. 226–237)
Abb. 1, 9: I. Lauterbach.
Abb. 2, 5 a+b, 6: Bayerische Staatsbibliothek München.
3 a+b, 4: Universitätsbibliothek Heidelberg.
Abb. 7, 11: Institut National d'Histoire de l'Art, collections Jacques Doucet.
Abb. 8: Landesarchiv Baden-Württemberg - Generallandesarchiv Karlsruhe.
Abb. 10: Historisches Museum Bayreuth.

Helmut-Eberhard Paulus (S. 238–262)
Abb. 1, 3 b: Wikimedia Commons.
Abb. 2, 16, 17: H.-E. Paulus.
Abb. 3 a, 4: Baualtersplan Regensburg VIII, Stadt Regensburg.
Abb. 5: M. Fritsch, Untere Denkmalschutzbehörde Stadt Regensburg
Abb. 6–15: Bayerisches Landesamt für Denkmalpflege, Archäologische Außenstelle Regensburg, und ADILO Archäologische Dienstleistungen, Parsberg, 2018.

Rainer Herzog (S. 263–292)
Abb. 1, 2, 7, 8, 16, 17: BSV, Gärtenabteilung, Plansammlung.
Abb. 3: SPSG Berlin-Brandenburg, Plankammer.
Abb. 4, 6, 22: Münchner Stadtmuseum.
Abb. 5, 9, 10, 14, 19: BSV, Bauabteilung, Plansammlung.
Abb. 11, 23: BSV, Gärtenabteilung, Fotosammlung Nymphenburg.
Abb. 12, 18, 21, 24: R. Herzog.
Abb. 13, 15: Privatbesitz.
Abb. 20: Bayerisches Hauptstaatsarchiv München.

Autorenverzeichnis

Dr. Karen Asmussen-Stratmann
Niedersächsische Akademie der Wissenschaften zu Göttingen
Projekt »Residenzstädte im Alten Reich (1300–1800)«
Wissenschaftliche Mitarbeiterin
c/o Christian-Albrechts-Universität zu Kiel
Philosophische Fakultät – Historisches Seminar
Olshausenstraße 40 – D-24098 Kiel
Mail: k.asmussen-stratmann@email.uni-kiel.de

Dr. Simone Balsam
D-01099 Dresden
Mail: simone.balsam@gmail.com

Leonora Braun
Institut für Sächsische Geschichte und Volkskunde e. V.
Wissenschaftliche Mitarbeiterin
Zellescher Weg 17 – D-01069 Dresden
Mail: l.braun@isgv.de

Inga Bruhn
Landtag Mecklenburg-Vorpommern | Referentin
Referat Z6 – Bewirtschaftung der Liegenschaften, Veranstaltungen Dritter, Welterbe
Lennéstraße 1 – D-19053 Schwerin, Schloss Schwerin
Mail: inga.bruhn@landtag-mv.de

Sebastian Doil
Abteilung Gärten & Gewässer | Referatsleiter Gartenunterhalt
Kulturstiftung Dessau-Wörlitz | Schloss Großkühnau
Ebenhanstraße 8 – D-06846 Dessau-Roßlau
Mail: sebastian.doil@gartenreich.de

Ing. Dagmar Fetterová
Nationales Denkmalinstitut, Arbeitsstelle Brno
náměstí Svobody 8 – CZ-601 54 Brno
Tschechische Republik
Mail: fetterova.dagmar@npu.cz

Rainer Herzog
Schweidnitzer Straße 15e – D-80997 München
Mail: herzog-rainer@gmx.de

Michael Keller
Abteilung Gärten und Gewässer | Abteilungsleiter
Kulturstiftung Dessau-Wörlitz | Schloss Großkühnau
Ebenhanstraße 8 – D-06846 Dessau-Roßlau
Mail: michael.keller@gartenreich.de

Prof. Dr. Iris Lauterbach
Zentralinstitut für Kunstgeschichte
Katharina-von-Bora-Straße 10 – D-80333 München
Mail: i.lauterbach@zikg.eu; iris.lauterbach@tum.de

Ralf Mainz
Stiftsplatz 7 – D-15898 Neuzelle
Mail: arbeitskreis@gartenkultur-neuzelle.de

Prof. Dr. Helmut-Eberhard Paulus
Albert-Lortzing-Straße 6 – D-93133 Burglengenfeld/Regensburg
Mail: artephil@gmx.de

Frithjof Pitzschel
Staatliche Schlösser, Burgen und Gärten Sachsen gGmbH | Bereich Gärten
Hauptallee 5 | Kavaliershaus G – D-01219 Dresden
Mail: frithjof.pitzschel@schloesserland-sachsen.de

Dipl.-Ing. Landschaftsarchitekt
Łukasz Przybylak
Sowia 2 m.9 – PL-00-318 Warszawa
Mail: lukasz.przybylak@mailbox.tu-dresden.de

Christoph Reinagl
Österreichische Bundesgärten
Feldgarten – Produktion Schönbrunn |
Abteilungsleiter
Schlosspark Schönbrunn – A-1130 Wien
Mail: Christoph.Reinagl@bundesgaerten.at

Sabine Sawade
SPSG, Abt. Gärten
Gartenmeisterin Neuer Garten
Allee nach Sanssouci 6 – D-14471 Potsdam
Mail: s.sawade@spsg.de

Ralph Schmalz
Landtag Mecklenburg-Vorpommern
Lennéstraße 1 – D-19053 Schwerin,
Schloss Schwerin
Mail: ralph.schmalz@landtag-mv.de

Tilo Seeger
SPSG, Abt. Gärten
Gartenmeister Orangerie Sanssouci
D-14414 Potsdam – Postfach 60 14 62
Mail: t.seeger@spsg.de

M. Eng. Jonathan Simon
Stiftung Thüringer Schlösser und Gärten |
Referat Gärten
Schloss Heidecksburg
Schloßbezirk 1 – D-07407 Rudolstadt
Mail: simon-j@thueringerschloesser.de

Heike Tenzer
Dipl. Ing. Landschaftsarchitektin, Referentin
Gartendenkmalpflege
Landesamt für Denkmalpflege und Archäologie
Sachsen-Anhalt
- Landesmuseum für Vorgeschichte -
Richard-Wagner-Straße 9 –
D-06114 Halle (Saale)
Mail: htenzer@lda.stk.sachsen-anhalt.de

Arbeitskreis Orangerien in Deutschland e. V. (Hg.)

Orangerie – Die Wiederentdeckung eines europäischen Ideals

Festschrift zum 40. Jahrestag der Gründung des Arbeitskreises Orangerien in Deutschland e. V.

(Schriftenreihe des Arbeitskreises Orangerien in Deutschland e. V., Band 16/17)

Festeinband, 536 Seiten, 407 überwiegend farbige Abbildungen
ISBN 978-3-86732-331-4
29,80 €

Seit vierzig Jahren folgt der Arbeitskreis Orangerien in Deutschland e. V. den Spuren der Orangeriekultur mittels Forschung, Dokumentation und Publikation. In dieser Festschrift – zugleich Doppelband 16/17 seiner Reihe – widmet er sich der Orangerie als einem komplexen Gesamtkunstwerk aus Natur und Kunst, das eine große Vergangenheit sowie eine starke Ausstrahlung bis hinein in die Gegenwart besitzt.

So wie einst dienen Orangerien auch heute der Präsentation und Kultivierung, der Nutzung, Pflege und Überwinterung exquisiter Sammlungen an Orangeriegewächsen, ebenso deren metaphorischer Inszenierung. Orangeriegebäude und ihre Pflanzensammlungen gehören zu den wichtigsten Elementen barocker Gärten und tragen wesentlich zur intuitiven Vermittlung historischer Zusammenhänge und ästhetischer Qualitäten bei.

Die Beiträge der 39. Jahrestagung des Arbeitskreises in Burghausen und der 40. Jahrestagung in Glienicke/Potsdam bilden den Grundstock dieses Bandes. Die Autoren versuchen, der vielschichtigen Bedeutung der Orangeriekultur als gelebtem Kulturerbe und dem aktuellen Auftrag für Wissenschaft und Forschung gerecht zu werden. Daher wird ein Bogen von der klassischen Orangeriekultur zwischen Metaphorik und Pflanzenpräsentation über die präsenten Orangerien als kunstvollen Inszenierungen eines Traums bis hin zur Praxis der Orangeriekultur als hoher Kunst der Pflanzenkultivierung gespannt. Und schließlich sind einige Beiträge einer Orangeriekultur als Schnittstelle zwischen Garten und Kulinarik gewidmet.

Anzeige

Arbeitskreis Orangerien in Deutschland e. V. (Hg.)

Orangeriekultur im Rheinland und in Westfalen

Beispiele der Recherche und Reaktivierung

(Schriftenreihe des Arbeitskreises Orangerien in Deutschland e. V., Band 18)

Broschur, 198 Seiten, 200 überwiegend farbige Abbildungen
ISBN 978-3-86732-406-9
19,80 €

Die Orangerien im Rheinland, in Westfalen und in den benachbarten Niederlanden bilden erstmals die thematischen Schwerpunkte einer Jahrestagung des Arbeitskreises Orangerien in Deutschland e. V. und sind nun Gegenstand dieser Veröffentlichung. Die in den letzten Jahrzehnten durchlässig gewordenen Grenzen ließen den hier erfassten geographischen Raum auch für den Bereich der Orangeriekultur wieder als zusammengehörige europäische Kulturregion erfahrbar werden. Ebenso entstanden länderübergreifende Kooperationen, die auf eine Erhaltung und Erneuerung sowohl des baulichen und gartenkünstlerischen als auch des pflanzlichen Erbes der Orangeriekultur zielen.

Entlang des Rheins sind die meisten Pflanzensammlungen und baulichen Anlagen seit Anfang des 19. Jahrhunderts zunehmend verlorengegangen. Gerade deshalb ist eine Bestandsaufnahme überfällig. Neben Schlössern des Rheinlands in Benrath, Augustusburg zu Brühl, Bonn oder Poppelsdorf stehen Gärten und Orangerien in Westfalen im Fokus.

Der Blick geht aber auch in die Niederlande und nach Belgien. Vor allem die Niederlande mit ihrem einst bedeutenden Handel überseeischer Pflanzen waren seit dem 17. Jahrhundert eine treibende Kraft bei der Entwicklung von Pflanzenhäusern und in der Methodik der Überwinterung. Sie wirkten vorbildhaft für die pflanzliche und technische Entwicklung der Orangerien, aber auch für deren architektonische Ausgestaltung und die Einbindung in den gärtnerischen Kontext.